Beratung 13

Die Buchreihe

Beratung

wird herausgegeben von

Prof. Dr. Frank Nestmann, Dresden
Prof. Dr. Hans Thiersch, Tübingen

Tübingen

Ruth Großmaß & Edith Püschel

Beratung in der Praxis

Konzepte und Fallbeispiele aus der Hochschulberatung

Deutsche Gesellschaft für Verhaltenstherapie
Tübingen
2010

Kontaktadressen:

Ruth Großmaß
Alice Salomon Hochschule Berlin
Alice-Salomon-Platz 5
12627 Berlin

E-Mail: grossmass@ash-berlin.eu

Edith Püschel
ZE Studienberatung und Psychologische Beratung
Freie Universität Berlin
Brümmerstraße 50
14195 Berlin

E-Mail: edith.püschel@fu-berlin.de

Bibliografische Information der Deutschen Nationalbibliothek
Die Deutsche Nationalbibliothek verzeichnet diese Publikation in
der Deutschen Nationalbibliografie; detaillierte bibliografische
Daten sind im Internet über http://dnb.d-nb.de abrufbar.

© 2010 dgvt-Verlag
Im Sudhaus
Hechinger Straße 203
72072 Tübingen

E-Mail: dgvt-Verlag@dgvt.de
Internet: www.dgvt-Verlag.de

Umschlaggestaltung: Frank Engel, Bielefeld
Layout: VMR, Monika Rohde, Leipzig
Belichtung: KOPP – desktopmedia, Nürtingen
Druck: Druckerei Deile GmbH, Tübingen
Bindung: Nädele Verlags- und Industriebuchbinderei, Nehren

ISBN 978-3-87159-713-8

Inhaltsverzeichnis

Vorwort

In einer sich rasch verändernden Welt finden sich auch lange etablierte Beratungsangebote in neuen Aufgaben und Funktionen wieder, vor neuem Klientel mit anderen Bedürfnissen und sie geraten in Veränderungsdruck von innen wie von außen. Das ist nicht nur in der Hochschulberatung der Fall, der sich dieses Buch widmet. Es gilt für die unterschiedlichen Beratungsdienste, die den Menschen heute in nahezu allen Lebenssphären Unterstützung und Hilfe anbieten. In dieser Entwicklungsphase professioneller und institutionalisierter Beratung bedarf es vor allem einer gewissenhaften und offenen empirischen Analyse und theoretischen Reflexion bisheriger Beratungserfahrungen und -leistungen als zentrale Bausteine, um neue Beratungsperspektiven zu entwickeln.

Ein Buch, über das sich Reihenherausgeber freuen!

Ruth Großmaß und Edith Püschel legen mit „Beratung in der Praxis – Konzepte und Fallbeispiele aus der Hochschulberatung" ein im wahrsten Sinne des Wortes „einmaliges" Werk zur Beratung vor. Noch nie (zumindest im deutschsprachigen Raum) ist es Autorinnen gelungen, Beratungskonzepte – also (makro-, meso-, mikro-)theoretische Grundlagen von Beratung – so systematisch konsequent, so nah und thematisch dicht sowohl in die spezifischen Beratungskontexte (hier das System und Setting Hochschule) einzubinden, als sie auch auf dem Hintergrund der verschiedenartigen Beratungsfunktionen und -ziele, der primären Zielgruppen, der Bedarfe und Bedürfnislagen zu diskutieren.

Insbesondere aber gelingt hier die immer schwierige Vermittlung einer theoretischen Reflexion beraterischer Handlungsrahmen und -modelle mit der Analyse einer professionellen Handlungspraxis ebenso stimmig wie umfassend. Nur Autorinnen wie Ruth Großmaß und Edith Püschel – Grenzgängerinnen zwischen (Beratungs-)Wissenschaft und (Beratungs-)Praxis in einem Feld Hochschule, in dem ihre Arbeiten sich idealtypisch tangieren und überlappen, langjährige Mitgestalterinnen, Akteurinnen und doch auch (selbst-)distanzierte und (selbst-)reflexive Beobachterinnen der Entwicklung von Hochschulberatung – können diese Aufgabe so authentisch und überzeugend erfüllen.

Unpublizierte Berichte und graue Papiere, Arbeitsmaterialien sowie Planungs- und Gestaltungsentwürfe aus einem inzwischen über dreißig Jahre professionalisierten Beratungsfeld und aus zwei wichtigen Standorten dieser Entwicklung erweisen sich als ideale Quellen der Rekonstruktion psychosozialer Beratungspraxis. Fassettenreiche Fallstudien, detaillierte Projektberichte und

nachvollziehbare Beratungserzählungen bleiben hier nicht lediglich auflo-
ckernde Vignetten und Illustrationen. Sie vermitteln vielmehr ein- und nach-
drücklich, wie dieses Beratungssystem entstanden ist und agiert: mit welchen
theoretischen und methodischen Fundierungen, mit und für wen und in welchen
Zuständigkeiten, mit welchen Aufgaben, Zielvorstellungen, Settings und Arbeitsformen, im Rahmen welcher Einflusskräfte und Veränderungstrends.

Insofern geht das Verdienst dieser Arbeit weit hinaus über eine konzeptionelle Einordnung und Analyse der Hochschulberatung als psychosoziale Beratung
und über eine thematische wie methodische Präzisierung von Beratungshandeln
an der Hochschule. Die Autorinnen liefern einen transparenten Aufweis promi-
nenter Beratungsanlässe, -bedürfnisse und -ziele, insbesondere studentischer
Klientele sowie eine system- und settingbezogene Rekonstruktion von Bera-
tungsnachfragen und Beratungsleistungen für unterschiedliche Institutionsmit-
glieder. Und es gelingt ihnen eine differenzierte Durchdringung der Beziehungs-
dynamiken als Basis von Beratungswirkung und -wirksamkeit sowie eine netz-
werksensible Aufklärung von organisatorischer und personaler Kooperation,
Koexistenz und Reibung von Beratung in und außerhalb der Hochschule.

So eröffnen Ruth Großmaß und Edith Püschel Aussichten darauf, wie eine
nachhaltige Entwicklung von Beratung an der Universität angesichts anstehen-
der und absehbarer Veränderungen der Bildungs- und Wissenschaftssysteme
vorstellbar wäre.

Hier wird (endlich!) ebenso theoretisch anspruchsvoll wie methodisch praktisch Beratung in ihrer Kernidentität von personen-, gruppen- und systembezo-
gener Informations-, Präventions-, Bewältigungs- und Rehabilitationsunterstüt-
zung und auch in ihrem ebenso beratungstypisch großen Kranz an flankieren-
den Aktivitäts- und Wirkungsbereichen konkret entfaltet – exemplarisch am
Beispiel Hochschulberatung, aber nicht weniger aufschlussreich für die vielen
anderen professionellen und institutionellen Beratungsfelder unserer Zeit, für
die diese Analysen noch anstehen und ausstehen.

Insofern leisten die beiden Autorinnen Pionierarbeit für Beratungswissenschaft, Beratungsforschung und Beratungspraxis.

Eine Beratungsprofessionalität und eine Beraterprofessionalisierung nicht
nur in der Hochschulberatung brauchen genau diese Arbeiten – zwischen Theoriebildung und Methodenentwicklung – systematischer Praxisreflexion und
-evaluation sowie kontextualisierter Verortung. Sie brauchen diese Quellen gerade heute in einer Zeit, in der nicht nur an der Hochschule „unter Bologna-
Druck", sondern auch in vielen anderen Beratungsfeldern „neue Beratungswel-
ten" entstehen, sich Beratungsaufgaben ebenso verändern wie Beratungsklien-
tele und in denen nach einer Beratungsetablierung der 70er Jahre nun auch neue
BeraterInnen-Generationen Erkanntes und Erreichtes erfahren und erlernen sol-

len, auch und insbesondere um selbst neue Perspektiven von Beratungstheorie und Beratungspraxis entwickeln zu können.

Danke Ruth Großmaß und Edith Püschel für dieses Buch!

Dresden, im Frühjahr 2010
Frank Nestmann

Zur Einführung

Untersucht man die kommunikative Praxis, die das akademische Leben von Hochschulen prägt, dann kommt „Beratung" in vielen Formen der Interaktion vor: Da gibt es den Austausch unter Studierenden, in dem Alltagstipps und -tricks zum Thema werden, die den Studienalltag erleichtern. Da gibt es das kollegiale Gespräch zwischen Wissenschaftler/innen, in dem Probleme der Forschungspraxis und Lösungsmöglichkeiten besprochen werden. Beide Formen der Alltagskommunikation haben Anteile wechselseitiger Beratung. Auch wenn eine Bibliotheksmitarbeiterin bei der Literaturrecherche behilflich ist, gibt sie Ratschläge und Tipps; der Mitarbeiter des Prüfungsamtes berät Studierende hinsichtlich des formalen Prozedere von Prüfungen. Und in den Sprechstunden von Hochschullehrerinnen findet Beratung bezüglich von Hausarbeiten oder fachlichen Studienschwerpunkten statt.

Neben diesen Formen von Alltagsberatung bzw. von Beratung, die mit anderen Funktionen verknüpft und im Gesprächsablauf von diesen auch nicht unterschieden ist, gibt es heute in den Universitäten sowie in einigen Fachhochschulen auch Einrichtungen, die – als Zentrale Studienberatungen, psychologische oder psychotherapeutische Beratungsstellen (bzw. einer Kombination daraus) – hauptamtlich und unabhängig von Lehre wie administrativen Aufgaben Beratung für Studierende anbieten.

Dieser zuletzt genannte Bereich der an den Hochschulen stattfindenden Beratung ist Gegenstand der hier vorgelegten Analysen. Beratung als eigenständige Aufgabe einer universitären Einrichtung wurde in dem Maße erforderlich, in dem sich die Universitäten zu Großinstitutionen entwickelten. Diese Form der Beratung nimmt in dem angesprochenen Spektrum von Beratungskommunikation eine besondere Rolle ein. Die Tätigkeiten der Beratungsstellen werden von eigens dafür (durch Studium und Zusatzausbildungen) qualifizierten Professionellen ausgeübt, sie erfolgen nach Konzepten, die im Team der Einrichtung für die Arbeit in der jeweiligen Universität entwickelt werden. Die in den zentralen Einrichtungen angebotene Beratung hat sich in den ca. 30 Jahren ihres Bestehens zu einer eigenständigen Fachrichtung psychosozialer Beratung entwickelt, von der auch Impulse und Anregungen für die übrige Beratungskommunikation innerhalb einer Hochschule ausgehen und die eine wichtige Ressource für die soziale Infrastruktur einer Hochschule darstellt. Wie ein solches Beratungssystem entsteht, auf welche Theorien bezogen Hochschulberatung verstanden werden kann, nach welchen Grundsätzen und Methoden professionelle Beratung in der Universität arbeitet, auf welche Probleme sie eingeht und welche Arbeitsformen und Settings für die Beratungsaufgaben entwickelt worden sind – das sind die Fragen, mit denen wir uns beschäftigen wollen.

Mehrere Gründe sprechen dafür, sich einer solchen Beschreibung von Beratung gerade zum jetzigen Zeitpunkt zu widmen. Erstens kann man heute konstatieren, dass die Etablierungsphase einer eigenständigen, fachlich ausgewiesenen Beratung abgeschlossen ist. Ein Blick in ihre Entstehungsgeschichte macht das deutlich. Zwar ist es Teil jeder akademischen Kultur, Studierenden bei ihrer Ausbildung und persönlichen Entwicklung Rat angedeihen zu lassen, und insofern ist Beratung generell Bestandteil des universitären Lebens. Wie allerdings Beratung ausgeübt und organisiert wird, kann sehr unterschiedlich sein, die Vorstellungen darüber, welche Unterstützung die Studierenden benötigen und wie man dies am besten tut, ist eng mit den jeweiligen Besonderheiten der nationalen Bildungskultur und den regionalen Bedingungen der Hochschullandschaft verbunden. Spezielle Beratungseinrichtungen sind deshalb weder historisch noch geografisch eine Selbstverständlichkeit; sie entstehen vor allem in den westlichen Industrieländern und auch dort zu unterschiedlichen Zeiten. In den angelsächsischen Ländern gibt es beispielsweise seit den 1940er Jahren erste universitäre „counselling services". In (West-)Deutschland beginnt die Entwicklung mit ersten Anstößen in den 1950er Jahren, ausgiebigen Debatten in den 1960er Jahren – der Ausbau eines landesweiten Systems von Hochschulberatungseinrichtungen ist seit Anfang der 1970er Jahre zu beobachten. Hauptberuflich ausgeübte Beratung an Hochschulen ist seitdem entwickelt und in den vergangenen ca. 30 Jahren professionalisiert worden. Den inzwischen erreichten Stand der Beratungsarbeit zu beschreiben, scheint uns deshalb angezeigt. Unser persönliches Motiv, uns als Autorinnen des Themas anzunehmen, ist gleichfalls eng mit dieser Entstehungsgeschichte verbunden. Beide Autorinnen waren eine Zeit in der Beratungseinrichtung einer Universität (FU Berlin und Universität Bielefeld) tätig, die von heute aus gesehen als Entstehungszeit dieser Fachrichtung psychosozialer Beratung bezeichnet werden kann. Auf Grund dieser historischen Bedingungen waren und sind wir beide – dies ist bei der Entstehung neuer Professionen auch in anderen Feldern zu beobachten – mit der Beratungstätigkeit auch persönlich stark identifiziert, was zu großem Engagement sowohl bei der Etablierung von Beratung an der jeweiligen Universität als auch im diesen Prozess begleitenden Fachdiskurs sicher nicht unerheblich beigetragen hat.

Ein zweiter Grund, erarbeitete Konzepte und Einsichten für Fachdiskussionen aufzubereiten, ist in durch den Bologna-Prozess angestoßenen Veränderungen der Hochschulen und – damit verbunden – der Hochschulberatung zu finden. Die aktuelle Hochschulreform – Einführung der gestuften Studiengänge und nahezu zeitgleich einer größeren Autonomie der Hochschulen, in einigen Bundesländern verbunden mit dem Erheben von Studiengebühren – hat wie jede größere Reform Auswirkungen auf Aufgabenstellung und Spielräume der Beratungseinrichtungen: Neue Beratungsanforderung entstehen durch stärker strukturierte Studiengänge und den zunehmenden Einsatz von „blended learning". Die Einbeziehung von Beratern in die zu den Studienkonzepten gehörende Vermittlung von Schlüsselkompetenzen bzw. Soft Skills machen in einem Bereich (Redetraining und Schulung von Selbstpräsentation), der lange Zeit Teil von Beratungsaktivitäten war, eine neue Abgrenzung der Beratung von der studiengangsbezogenen Lehre erforderlich. Die generelle Verschiebung der universitären Aufmerksamkeit von Studienabbruch und Drop-out zum Gewinnen von leistungsstarken Studierenden führt auch in der Beratungsarbeit zu neuen Akzenten; galt es lange Zeit Fehlentwicklungen zu verhindern, die zu Studienabbruch oder Studienzeitverlängerung führen, so sollen heute auch durch die Beratungsarbeit „richtige" Wahlen unterstützt und Studienbedingungen optimiert werden. Veränderungen wie die hier genannten sind, wenn auch in unterschiedlicher Ausprägung, an allen Universitäten zu beobachten. Dies trifft in den Beratungsstellen auf eine Situation, in der die fachliche Etablierung abgeschlossen scheint und sich bei den Mitarbeiter/innen ein Generationswechsel vollzieht – allerdings ohne dass sichergestellt wäre, dass das in den vergangenen 30 Jahren entwickelte Know-how und die in der Praxis in einer Form von „work in progress" entstandenen Analysen und Konzepte angemessen dokumentiert sind und für die anstehenden Innovationen ausreichend zur Verfügung stehen.

Auf diesem Hintergrund haben wir uns entschieden, Arbeitsmaterialien, graue Literatur und in Jahresberichten versteckte Arbeitskonzepte zu sichten, die im fachlichen Diskurs formulierten Standards, Methoden und Beratungsdesigns aufzugreifen und dies alles verbunden mit einer theoretischen Analyse der Hochschulberatung der Fachöffentlichkeit zur Verfügung zu stellen. Ergebnis dieser Bemühungen ist das vorliegende Buch, von dem wir hoffen, dass es sowohl für die in der Hochschulberatung Tätigen als auch für Ausbildungszwecke Nützliches bietet.

Während der Zeit, in der wir an diesem Projekt gearbeitet haben, hat die Diskussion um die Bildungsberatung – zu der ja auch Beratung an Hochschulen zu zählen ist – von anderer Seite neue Anstöße erhalten. Die OECD-Studie (OECD & Europäische Gemeinschaften 2004) hat in Deutschland zu einer bildungspolitischen Initiative zur Verbesserung von Weiterbildung und Bildungsberatung geführt. Die „Bestandsaufnahme in der Bildungs-, Berufs- und Beschäftigungsberatung" (Rambøll-Studie des BMBF 2007) beschreibt für die deutsche Beratungslandschaft eine große Heterogenität der Angebote sowie die Notwendig-

keit weiterer Professionalisierung – auch dort, wo Beratung als Teilfunktion neben anderen ausgeübt wird. Kriterien für die „Qualität und Professionalität in
Bildungs- und Berufsberatung" wurden 2008 im Auftrag des BMBF (Schiersmann, Bachmann, Dauner & Weber 2008) entwickelt. Was in diesen den Ge-
samtbereich von Bildungs- und Berufsberatung strukturell oder quantitativ in
den Blick nehmenden Arbeiten offenbleibt, sind Antworten auf Fragen der konkreten Ausgestaltung entsprechender Beratungsangebote: Wie entsteht eine
professionelle und zugleich zielgruppenspezifisch wie lernbiografisch diversifizierte Beratung? Wie entwickelt man professionelles Beratungs-Know-how
und feldspezifische Sachkenntnis als flexible Kompetenz? Worauf können konkrete Arbeitskonzepte gestützt werden? – Wir sind der Meinung, dass die Hochschulberatung, eine professionelle Fachrichtung von Bildungsberatung, hierfür
Anregungen liefern kann.

So scheint – um einige Aspekte zu nennen, die über die Hochschulberatung
hinaus wichtig sein können – die positive Auswirkung zentraler Beratungseinrichtungen, die professionelle pädagogische und psychologische Kompetenz
mit Feldkompetenz verbinden, auch auf die Alltagsberatung ihres Umfeldes
und für die Qualität von Beratung, die in Verbindung mit administrativen oder
Management-Funktionen ausgeübt wird, relativ groß zu sein. Die Absicht „personenbezogen" zu beraten, stellt ja allein noch nicht sicher, dass auch die Ver-
arbeitungsperspektive der Ratsuchenden (= der Ausgangspunkt professioneller
Beratung) Basis der Kommunikation ist. Nur wenn dies der Fall ist, wird aber
die erforderliche Orientierungsleistung erbracht. Die Erfahrungen der Hochschulberatung zeigen, dass zentrale Beratungseinrichtungen (mit ihrem fachlichen Blick auf den Kommunikationsprozess) durch Kooperation mit und Beratung von anderen Einrichtungen zur Verbesserung der Gesprächsführung und
des Personenbezugs auch dort beitragen, wo Beratung eine Nebenfunktion anderer Aufgaben ist. Ein weiterer Aspekt, der für die Bildungsberatung insgesamt von Bedeutung sein kann, ist der Umgang mit Wissen und Information.
Die Identifizierung von Beratung mit dem Zur-Verfügung-Stellen möglichst
umfassender Informationen – eine aus der strukturellen Perspektive naheliegen-
de Position, die jedoch dem Orientierungsbedarf der Personen nicht entspricht
– taucht in den aktuellen Diskussionen zur Bildungsberatung immer wieder auf.
Sie hat in den vergangenen Jahren den Etablierungsprozess von Studienberatung mancherorts sehr erschwert – eine erweiterte (Weiter-)Bildungsberatung
müsste diesen Fehler eigentlich nicht wiederholen. Ein weiterer Aspekt, der
sich auf andere Beratungsfelder übertragen lässt, ist eine zentrale Einsicht aus
der Praxis von Hochschulberatung: Auch bei der Ausdifferenzierung weiterer
Tätigkeitsbereiche sollte im Zentrum aller Beratungstätigkeit immer das Beratungsgespräch mit den individuellen Ratsuchenden stehen – nur im Beratungs-

gespräch wird erkennbar, welches Wissen, welche Kompetenzen, welche Unterstützung erforderlich sind, um individuelle Lernbiografien zu gestalten, nur von hier aus lassen sich Beratungskonzepte entwerfen, die dann auch größeren Zielgruppen anzubieten sinnvoll ist.

Hauptanliegen unseres Buches bleibt jedoch, den Professionalisierungsprozess der Hochschulberatung selbst zu stärken und Perspektiven für die weitere Entwicklung klären zu helfen. Vieles, was Berater und Beraterinnen tun, bleibt im Berufsalltag/in der Praxis verborgen – und damit auch einer kritischen Reflexion entzogen. Das Buch möchte den Blick für die vielfältigen Aspekte von Beratung im Feld der Hochschule öffnen und ein angemessenes Beratungsverständnis explizieren. Voraussetzung dafür scheint uns ein ganzheitlicher Blick sowohl auf die mit dem Studium gegebenen Lebensbedingungen und Arbeitsanforderungen als auch auf die damit verbundenen Orientierungsbedürfnisse und Beratungsprozesse zu sein. Die Ausdifferenzierung unterschiedlicher Unterstützungsangebote – auf der Ebene der Fachberatungen, im Umfeld der Studienförderung, durch Career-Services und Zentren zum Erwerb von Schlüsselkompetenzen – entspricht der Komplexität der Ausbildungssituation. Den Orientierungsbedürfnissen der Studierenden und den sich wandelnden Problemlagen kann man jedoch nur gerecht werden, wenn diese Komplexität auch einer ganzheitlichen Betrachtung unterzogen wird. Die Orte, an denen dies geschieht, sind in der gegenwärtigen Hochschullandschaft die zentralen Beratungsstellen (von deren unterschiedlicher Organisationsstruktur und Trägerschaft erst einmal abgesehen werden kann). Die Quellen für Professionalität und Qualität von Beratung, die sich im Etablierungsprozess dieser Einrichtungen als wichtig erwiesen haben, werden wahrscheinlich auch für die weitere Entwicklung von Bedeutung sein: eine solide Ausbildung von Beratern und Beraterinnen (Hochschulstudium und Zusatzausbildung), die multidisziplinäre Zusammensetzung des Beratungsteams, gute Kenntnisse der hochschulpolitischen Entwicklung (= überregionale und örtliche Feldkenntnis), Vernetzung in der Hochschule (und aktiver Akteurstatus), Vernetzung mit anderen Beratungseinrichtungen, Mitarbeit in Fachverbänden, Mitarbeit in fachwissenschaftlichen Kontexten und Einbeziehung des fortlaufend sich weiterentwickelnden wissenschaftlichen Diskurses in die Arbeit (sowohl sozialwissenschaftlicher Daten über die sich verändernde Situation Studierender als auch Ergebnisse empirischer Beratungsforschung und ausgewählter Bereiche psychotherapeutischer Forschung). Diese Aufzählung mag in dieser kompakten Form hoch anspruchsvoll erscheinen – sie ist jedoch nicht als Einzelleistung individueller Berater/innen gemeint, sondern bildet das für die Fachrichtung Hochschulberatung notwendige und (arbeitsteilig) einzubringende Spektrum beratungsrelevanter Gesichtspunkte ab. Nicht jede Beratungseinrichtung muss das gesamte

Spektrum abdecken; es muss aber als Bezugsrahmen einer fachlich reflektierten Beratungspraxis jedem Team zur Verfügung stehen. In den Beschreibungen der folgenden Kapitel haben wir versucht, diese Aspekte berücksichtigend die Erfahrungen und Herausforderungen der Praxis aufzugreifen und in möglichst anschaulicher Form die Arbeitsweise fachlich begründeter Beratung an Hochschulen aufzuzeigen. Sie stellen daher auch einen Beitrag zum Diskurs über erfolgreiche Praxismodelle dar.

Zwei Anmerkungen seien der Lektüre ausdrücklich vorangestellt:

➢ Ziel unserer Darstellung ist es, ein möglichst breites Spektrum von Arbeitsbereichen, die für die Hochschulberatung von Bedeutung sind, zu beschreiben und in einen theoretischen und methodischen Begründungskontext zu stellen. Damit ist kein normativer Anspruch verbunden, etwa in der Art jede Einrichtung müsse das Gesamtspektrum von möglichen Beratungstätigkeiten abdecken und genau den hier vorgestellten Konzepten folgen. Uns ist sehr wohl bewusst, dass das jeweilige Fächerspektrum einer Hochschule die Beratungsschwerpunkte akzentuiert, dass die Ausstattung und die Größe einer Beratungsstelle den Handlungsspielraum von Beratung bestimmen und dass beispielsweise der Ausbildungshintergrund der Berater/innen die Projektideen und Zugänge zu den einzelnen Beratungsthemen beeinflusst.

➢ Der Wunsch die jeweils dargestellten Analysen und Konzepte möglichst nah an der Praxis zu verdeutlichen und anschaulich zu machen, hat uns bewogen, immer wieder Fallbeispiele und Projektbeschreibung aus der eigenen Praxis in die Darstellung einzubauen. Damit bekommen die Beratungserfahrungen und -konzeptionen, wie sie in Berlin und Bielefeld entwickelt worden sind, ein größeres Gewicht, als ihnen bezogen auf die Hochschullandschaft insgesamt zukommt. Es mag der Eindruck entstehen, es seien vor allem diese beiden Standorte, an denen die Hochschulberatung entstanden und entwickelt worden ist. Dies ist natürlich nicht der Fall, viele der Beispiele könnten sicher auch aus anderen Beratungseinrichtungen stammen, nur – wir hätten diese nicht so anschaulich und genau beschreiben können.

Der Aufbau des Buches folgt insofern einer sachlichen Systematik, als zunächst eine theoretische Einordnung und Analyse der Beratung an Hochschulen als einer Fachrichtung psychosozialer Beratung vorgenommen wird, aus der sich auch die zentralen Themen und Methoden ableiten lassen. Das zweite Kapitel beschreibt die Kernaufgabe der Hochschulberatung, die Beratungsarbeit mit Studierenden, indem die einzelnen Problembereiche studentischen Lebens dargestellt, Beratungsziele entwickelt und darauf bezogene Arbeitskonzepte, Methoden und ein Beratungsansatz entwickelt werden. Im dritten Kapitel geht es um Beratungsschwerpunkte, die dadurch entstehen, dass die Einrichtung von

Personen und Institutionen innerhalb der Hochschule als Serviceeinrichtung mit psychologischer Kompetenz wahrgenommen und in Anspruch genommen wird. Im vierten Kapitel widmen wir uns dann der in den Beratungsprozessen wirksamen Beziehungsdynamik, die für den Erfolg bzw. die Wirksamkeit einer Beratung eine wichtige Rolle spielt. Wie in anderen Fachrichtungen von Beratung arbeitet auch die Hochschulberatung nicht isoliert, sondern in einem Netz von Kooperationsbeziehung – dies ist Thema des fünften Kapitels. Die Besonderheit von Beratung an Universitäten, nämlich innerhalb eines relativ geschlossenen sozialen Raumes zu operieren, der zugleich Forschungseinrichtung, Ausbildungsinstitution, Lebenswelt und Großorganisation ist, führt – parallel zur Entwicklungsdynamik der Universität – zu einer relativ hohen Ausdifferenzierung der Beratung. Dies zeigt sich in den stattfindenden Kooperationen innerhalb der Hochschule und eröffnet auch ein relativ großes Spektrum von Entwicklungsmöglichkeiten. Wenn diese Möglichkeiten als Anregung von Infrastrukturverbesserungen in der Universität genutzt werden sollen, ohne die Beratungsperspektive aufzugeben und der Verführung zu erliegen, mit den Innovationen identifiziert und sichtbar sein zu wollen, dann gilt es eine Rolle im akademischen Feld einzunehmen, die sich als aktiver Akteurstatus beschreiben lässt und zugleich im Schatten bleibt. Im abschließenden sechsten Kapitel versuchen wir auf dem Hintergrund der erarbeiteten Beschreibungen und Analysen Perspektiven der Hochschulberatung aufzuzeigen, die sich aus den Herausforderungen aktueller und abzusehender Veränderungen des Hochschul- und Wissenschaftssystems ergeben.

Da wir davon ausgehen, dass – je nach Verankerung in oder Interesse an der Hochschulberatung – unterschiedliche Leseinteressen auf unser Buch zurückgreifen lassen, haben wir trotz der inhaltlichen Systematik des Aufbaus die einzelnen Kapitel so verfasst, dass sie auch für sich gelesen werden können. Zwar wird immer an das zuvor Entwickelte angeknüpft, aber die Voraussetzungen sind nicht so, dass die Kapitel isoliert betrachtet unverständlich würden.

1 Theoretische Zugänge: Rahmenbedingungen und zentrale Konzepte der Hochschulberatung

Was ist Beratung? Beraterisches Handeln bedarf einer kritischen Distanzierung, um Voraussetzungen, Handeln und Wirkungen aus der Alltagsroutine zu lösen und aus der Sicht unterschiedlicher Disziplinen reflektieren zu können. Als professionelle Praxis greift Beratung auf ein breites Spektrum von sozialwissenschaftlichen Theorien und empirischen Ergebnissen zurück. Im Folgenden sollen die wichtigsten Theoreme und Daten beschrieben werden, auf die sich die Hochschulberatung in ihrer Praxis stützt und auf die auch in den sich anschließenden Konzeptbeschreibungen rekurriert wird:

Soziologisch gesehen gehört Beratung – ebenso wie Sozialarbeit, Psychotherapie, freie Bildung und (jenseits von Schule ausgeübte) Pädagogik – zu den „neuen Professionen" (Bourdieu 2001, 199–204). Diese Professionen haben sich im Verlauf des 20. Jhs. herausgebildet und verdanken sich der zunehmenden Komplexität des Alltagslebens. Beratung entsteht – nach ersten Diskussionen um die Jahrhundertwende – in den 1920er Jahren und erfährt in der Reformphase der 1960er/70er Jahre einen weiteren Ausbau. An Hochschulen war so etwas wie Beratungsbedarf seit den 1950er Jahren zunehmend spürbar. Die Ausdifferenzierung der Wissenschaften und die Zunahme der Studentenzahlen machten den Ausbau der Universitäten erforderlich, es folgten Umstrukturierungen und Reformen – seit Mitte der 1960er Jahre war dann von „Massenuniversitäten" die Rede. Die Unterstützung der Studierenden bei der Wahl von Fächern und Studienschwerpunkten, bei der Bewältigung ihres Alltags und den Herausforderungen des akademischen Arbeitens konnte nicht mehr in den überkommenen Strukturen („Zimmerwirtin", Mittagstisch, Studentenverbände, Korps, Gespräch mit dem Professor) geleistet werden. Neben einer inhaltlichen Reform von Studiengängen wurde eine Reihe neuer Projekte und Einrichtungen geschaffen, die das Strukturproblem der Universität lösen sollten. Als neue Institution wurden in diesem Zusammenhang Beratungsstellen eingerichtet.

Die Rahmenbedingungen und die zentralen Konzepte der gegenwärtigen Hochschulberatung sind in den vergangenen 30 Jahren aus diesen Anfängen heraus entwickelt worden – ein eigenständiges Arbeitsfeld professioneller Beratung ist dabei entstanden. Beratung an Hochschulen ist auf die Anforderungen der Universität und die spezifischen Merkmale einer akademischen Ausbildung zugeschnitten, sie unterscheidet sich daher in vielen Punkten von Beratungsangeboten in anderen Bereichen der Gesellschaft. Die Spezifika der Hochschulberatung, die sich hieraus ergeben, werden in diesem ersten Kapitel begründet und beschrieben. Zunächst stellen wir einige theoretische Überlegungen vor, die eine Abgrenzung von anderen Beratungsfeldern ermöglichen und bereits auf dieser Ebene allgemeine Rahmenbedingungen erkennen lassen. Im nächsten Schritt wollen wir zentrale Themen und Zielsetzungen für die Beratungsarbeit mit Studierenden formulieren sowie grundlegende Beratungsstrategien und Methoden ableiten.

1.1   Feldspezifik – Abgrenzung von anderen Beratungsfeldern

Hochschulberatung als eine Fachdisziplin psychosozialer Beratung entsteht aus den allgemeinen theoretisch-fachlichen Grundlagen professioneller Beratung und aus den spezifischen Bedingungen des Feldes.

1.1.1   Theoretischer Rahmen

Ein Merkmal aller psychologischen bzw. psychosozialen Beratungseinrichtungen[1] besteht darin, dass sie sich in einer jeweils spezifischen Beziehung zu Aufgabenbereichen der Gesellschaft befinden. Anders als psychotherapeutische Praxen handelt es sich bei Beratungsstellen nicht um „Frei"-Räume, in denen sich Menschen – abgelöst von ihren sonstigen Lebensvollzügen – mit ihren Fragen, Irritationen, Beschwerden und Wünschen an professionelle Ratgeber oder Psychotherapeutinnen wenden, die ihnen zu Einsichten, neuen Sicherheiten und Linderung ihrer Beschwerden verhelfen.[2] Jede Beratungseinrichtung bietet neben speziellen Fachkenntnissen ein personenzentriertes Angebot, die Beratungsprozesse folgen den Orientierungsbedürfnissen der Klienten und Klientinnen. Jedoch dient ein solches Angebot nicht ausschließlich der Gesundung oder

---

1   Die Bezeichnung „psychologisch bzw. psychosozial" verweist auf eine übergeordnete theoretische Einordnung: Alle Themen und Beratungsgegenstände, mit denen sich Beratungseinrichtungen im Hochschulkontext beschäftigen, betreffen die Orientierung und Entwicklung der individuellen Psyche in Auseinandersetzung mit den Herausforderungen und Möglichkeiten des akademischen Studiums; in diesem Sinne sind sie psychischer bzw. psychosozialer Natur. Wir wollen an dieser Stelle nicht auf die durch die Hochschulgesetzgebung erfolgte Unterscheidung von Allgemeiner Studienberatung und Psychologischer Beratung abheben.

2   Unser Gesundheitssystem operiert in vielfältigen Abhängigkeiten zu Wirtschaft und Politik, die wir nicht ignorieren. Dennoch scheint es wichtig, die Aufgabenstellung und Einbindungen von Beratung in Abgrenzung von medizinisch indizierten Behandlungen herauszustellen.

dem persönlichen Wachstum der Person; es geht immer auch darum, dabei zu helfen mit den Anforderungen zurechtzukommen, die bestimmte gesellschaftliche Institutionen oder Bereiche (Schule, Familie, Beruf, Justiz, Konsum) stellen. Beratung spannt den Bogen von der individuellen Psyche zu den sozialen Bedingungen und Strukturen des gesellschaftlichen Bereiches, dem sie zugeordnet ist. Um Beratungsangebote zu konzeptionieren, sind deshalb sowohl soziologische als auch psychologische/pädagogische Theoriebezüge sinnvoll.

Nimmt man den gesellschaftlichen Bezug von Beratung als einen Pol dieses Spannungsbogens zum Ausgangspunkt, so kann man sagen, Beratung findet immer in Verknüpfung zu gesellschaftlichen Funktionssystemen statt. Die Systemtheorie Luhmanns[3] geht für moderne Gesellschaften davon aus, dass wichtige gesellschaftliche Funktionen (Reproduktion, Erziehung, Wissenschaft, Religion, Wirtschaft, Politik ...) in relativ autonom operierenden Systemen aufgehoben sind. Jedes Funktionssystem entwickelt einen spezifischen Operationsmodus, der nur für Vorgänge dieses Systems gilt und in anderen Funktionssystemen nicht „verstanden" wird (Luhmann 1997, 595–805). Um damit zurechtzukommen, müssen „moderne" Individuen ein großes Maß an Flexibilität und Kommunikationskompetenz entwickeln. Mit diesen Anforderungen können Menschen überfordert sein. Insbesondere im Übergang von einem Funktionssystem zum anderen oder wenn die Anforderungen mehrerer Funktionssysteme aufeinandertreffen, kann ein besonderer Bedarf an Orientierungshilfe – an Beratung – entstehen.

Die Verknüpfung von Beratung mit gesellschaftlichen Funktionssystemen – in unserem Fall mit Wissenschaft und (Aus-)Bildung – hat nicht die Form einseitiger, mit Weisungsbefugnis verbundener Abhängigkeit von den entsprechenden Organisationen, denn dies würde eine personenzentrierte Arbeit ausschließen. Sie realisiert sich vielmehr über die Vernetzung mit anderen Einrichtungen, durch örtliche Nähe und aufgabenbezogene Finanzierungsmodelle in einer Weise, die für die konkrete Arbeit mit der Klientel ausreichende Handlungsspielräume eröffnet. Um es exemplarisch an zwei Beratungsformen zu erläutern, die im Gesamtspektrum von Beratungsangeboten verwandte Aufgaben haben: Studienberatungsstellen arbeiten in Trägerschaft der jeweiligen Universität (und damit nach Rahmenplänen und Gesetzen eines Bundeslandes); sie sind in den Informationsfluss von Hochschulpolitik und Universitätsverwaltung eingebunden. Erziehungsberatungsstellen dagegen befinden sich meist in

---

[3] Wir beziehen uns hier auf die Systemtheorie luhmannscher Prägung, da diese Kommunikation zur spezifisch gesellschaftlichen Operationsform erklärt und vielfältigere Ebenen von Kommunikation in den Blick nimmt, als dies andere Kommunikationstheorien tun. Sie ist deshalb für die funktionale Beschreibung von Beratungseinrichtungen wie Beratungsprozessen gleichermaßen geeignet.

Trägerschaft von Kommunen, Kirchen oder Landschaftsverbänden; das macht sie gemeindenah und versorgt sie mit den entsprechenden sozialpolitischen Informationen und Impulsen. Die unterschiedliche Positionierung einzelner Beratungsangebote hat auch eine jeweils andere Vernetzung mit einer sich verzweigenden Kooperationskultur (von Kommissionen, Arbeitsgruppen und -kreisen) zur Folge, aus denen sich Verpflichtungen und Anregungen für die Angebote der Einrichtungen ergeben – die Unterschiede auch der inhaltlichen Arbeit werden so schnell größer. Eine weitere Schnittstelle, über die Nähe zu den Anforderungen der Funktionssysteme hergestellt und immer wieder neu abgesichert wird, ist die Personalpolitik der jeweiligen Träger. Heute gibt es in allen etablierten Beratungsfeldern ziemlich klar definierte Qualifikationsprofile, die z.B. den Stellenausschreibungen zugrunde liegen. Darin bildet sich nicht nur die zunehmende Professionalisierung von Beratung ab, sondern auch die Bedeutung der Funktionssysteme, auf die hin Beratung erfolgen soll. Um es an den bereits genannten Beratungsfeldern zu verdeutlichen: In der Erziehungsberatung wird ein Studium in Psychologie, Pädagogik oder Sozialpädagogik erwartet, zusätzlich vertiefte Kenntnisse in Fragen von Schulleistungsproblemen, Entwicklungsstörungen und Familiendynamik, häufig in Form von Zusatzausbildungen und Approbation. Für die Beratung an Hochschulen gelten demgegenüber Psychologie und das breitere sozialwissenschaftliche Spektrum als einschlägig sowie Vertrautheit mit Hochschulverwaltung, -entwicklung und Bildungspolitik. Manchmal soll aber auch – dem Ausbildungsschwerpunkt einer Hochschule entsprechend – eine naturwissenschaftliche/ingenieurwissenschaftliche Ausbildung im Beratungsteam vertreten sein. Hinzu kommen detaillierte Kenntnisse zu Studienverläufen und Hochschulentwicklung, Kompetenzen in Gesprächsführung sowie je nach Arbeitsschwerpunkt der Einrichtung auch eine psychotherapeutische Ausbildung/Approbation.

Aus der örtlichen und organisatorischen Nähe eines Beratungsangebotes zu einem gesellschaftlichen Funktionssystem ergeben sich also eine Reihe von Rahmenbedingungen sowohl thematisch-inhaltlicher als auch organisatorischer Art, innerhalb derer eine Beratungseinrichtung ihre Arbeit entfaltet. Die Zielgruppen- und Themendifferenzen, durch die sich unterschiedliche Einrichtungen auf den ersten Blick voneinander unterscheiden, leiten sich hieraus ab. Beispielsweise ergibt sich die Spezifik der Berufsberatung daraus, dass es um Orientierung in den Bereichen von Ausbildung und Wirtschaft geht; das Spezifikum der Sexualberatung entsteht aus Themen, die der Überschneidung von Reproduktion, Liebe und Gesundheitsvorsorge entstammen; das der Drogenberatung aus den Anforderungen von Gesundheits- und Rechtssystem. Und die

Aufgaben der Studienberatung bzw. der Beratung an Hochschulen[4] ergeben sich aus den Anforderungen der Universität, einer gesellschaftlichen Institution, in der Wissenschaft (Forschung) und Bildung (Lehre und Studium) mit Ausbildungswünschen (Qualifizierung) zusammentreffen. Einige zentrale Themen und Probleme, die in der Beratungsarbeit an Universitäten immer wieder eine Rolle spielen, ergeben sich aus den Charakteristika der beiden hier aufeinandertreffenden Funktionssysteme. Die Universität mit ihrem Doppelauftrag von Forschung und Lehre stellt zum einen die statushöchste Bildungseinrichtung dar – der Zugang zu gesellschaftlichen Eliten wird, soweit er bildungsabhängig ist, von ihr verwaltet. Die Universität bildet jedoch nicht nur für akademische Berufe aus, sondern betreibt zugleich auch Nachwuchsförderung für die Wissenschaften – Anforderungen an Exzellenz und Rituale der Feststellung von Förderungswürdigkeit (systemtheoretisch: Selektion) sind deshalb auch im Erleben der Studierenden präsent.

Der für die bisherigen Überlegungen herangezogene systemtheoretische Blick macht verständlich, warum ab einem bestimmten historischen Zeitpunkt in komplexen Gesellschaften Beratungseinrichtungen entstehen. Er verdeutlicht auch, wie in einem längeren Etablierungsprozess, über mehrere Phasen Beratungseinrichtungen mit abgegrenzten Aufgabenbereichen entstehen, analog der Ausdifferenzierung der Funktionssysteme, die nicht gleichförmig verläuft. Die Handlungsspielräume und die Handlungskonzepte professioneller Berater/innen lassen sich im Rahmen dieser ausschließlich funktional denkenden Theorie allerdings nur schwer beschreiben. Deshalb ist es sinnvoll, eine zweite Gesellschaftstheorie heranzuziehen, die diesen Aspekt fokussiert. Zurückgegriffen wird hierfür im Weiteren auf die Feldtheorie Bourdieus[5], in der gesellschaftliche Bereiche, die bei Luhmann als Systeme gefasst sind, als Felder beschrieben werden, auf denen sich Akteure bewegen. Bei Bourdieu werden nicht die Funktion der Systeme, sondern andere Aspekte von gesellschaftlichen Prozessen in den Mittelpunkt gestellt – die Akteure mit ihren Interessen und Zielen kommen in den Blick, Konkurrenzen um Anerkennung und Zugehörigkeit werden abgebildet, Ressourcen und Kompetenzen werden deutlich,

---

4   Da Beratungsangebote an Hochschulen unterschiedlich organisiert sind und z. T. auch mit unterschiedlichen Schwerpunkten arbeiten, was sich dann auch in den Bezeichnungen abbildet – Studienberatung, psychologische Beratung für Studierende, psychosoziale Beratung für Studierende – (s. dazu weiter unten), ist es nicht ganz einfach eine Bezeichnung zu finden, die all diese Angebote umfasst. Wir haben uns für „Beratung an Hochschulen" entschieden, weil diese Bezeichnung nicht mit einer besonderen Organisationsform verbunden ist. Das Problem dieser Bezeichnung – dass man dabei nicht zwingend die wichtigste Zielgruppe „Studierende" assoziiert – glauben wir durch die Inhalte unserer Überlegungen ausräumen zu können.

5   Bourdieu (2001); Krais & Gebauer (2002).

Mikroprozesse können erfasst werden. Für Beratung, zu deren Zielen es gehört, Leistungsstreben, Konkurrenzerleben und Versagensangst beschreibbar zu machen und Handlungsfähigkeit (wieder) herzustellen, ist diese Sicht auf ihr jeweiliges „Feld" produktiv. Gesellschaftliche Felder bilden aufgabenspezifisch Kriterien heraus, die es zu erfüllen gilt, wenn man sich in ihnen erfolgreich bewegen will. Da sich Bourdieu dafür interessiert, wie sich die (durch Familienherkunft und Schichtzugehörigkeit bestimmte) Ausstattung der Einzelnen auf ihren Erfolg im jeweiligen Feld auswirkt, liegt sein Fokus nicht ausschließlich auf den expliziten, erlernbaren Anforderungen, vielmehr werden implizite Normen und Kriterien in die Analyse einbezogen. Dabei zeigt sich: Materielle Ressourcen, verfügbare hilfreiche Beziehungen, Kommunikations- und Verhaltensrepertoires, Denk-, Wahrnehmungs- und Bewertungsschemata – all dies gehört nicht nur zur (unterschiedlichen) Ausstattung der einzelnen Akteure, sondern muss auch in jedem einzelnen Feld in je unterschiedlicher Weise zum Einsatz gebracht werden. Von Kapital (wirtschaftliches, kulturelles, soziales, symbolisches) spricht Bourdieu, wenn diese Ressourcen als erwerbbare oder einsetzbare analysiert werden (Bourdieu & Wacquant 1996, 151), von Habitus, wenn sie als inkorporierte Ressourcen zu Seiten der Person geworden sind (Bourdieu 2001, 177f., 181). Passen Kapital-/Habitusanforderungen eines Feldes und Kapital-/Habitusausstattung einer Person gut zusammen, dann bewegt sich die Person selbstverständlich und leicht in dem betreffenden Feld, Beziehungen und Kommunikationen gelingen, die persönlichen Ressourcen können zielgenau eingesetzt, Leistungen und Erfolge gut sichtbar gemacht werden. Wer eine feldfremde Ausstattung mitbringt, kann den expliziten Anforderungen häufig entsprechen, bewegt sich aber unsicher und wenig wirksam in dem ihm fremden Feld. Für die Universität, die seit dem 19. Jh. durch eine bestimmte soziale Gruppe geprägt worden ist – von den Männern des Bildungsbürgertums – und die heute beiden Geschlechtern und breiteren Schichten offensteht, lassen sich viele Bewältigungsprobleme als Probleme eines feldfremden Habitus beschreiben.

Der Feldbegriff deckt sich nicht mit dem Begriff des Funktionssystems[6]; vielmehr entwerfen die Theorien Luhmanns und Bourdieus Gesellschaft sehr verschieden, mit sehr unterschiedlichen Erklärungsinteressen. Für den hier diskutierten Zusammenhang – ein über die psychologische Dimension hinausgehendes Verständnis von Hochschulberatung zu erarbeiten – scheint uns diese theoretische Differenz bereichernd. Wir halten beide Bezüge für wichtig – sowohl die personenunabhängig funktionierende Seite des (in unserem Falle) Wissenschaftssystems, zu der man sich ins Verhältnis setzen muss, um „mitma-

---

6   Vgl. hierzu Großmaß (2000, 153 ff.; 2006b).

chen" zu können, als auch die Seite der Akteure, auf die man Einfluss nehmen will, zu denen man gehören möchte und mit denen man als „Mitspieler" rechnen muss. Deshalb wird im Weiteren je nach Zusammenhang von „System" und/oder „Feld" die Rede sein.

Beratung hilft den individuellen Akteuren dabei, mit den sozialen Anforderungen gesellschaftlicher Institutionen zurechtzukommen, und sie tut dies personenzentriert. Ausgangspunkt jeder Beratung sind die Orientierungsbedürfnisse der Klienten und Klientinnen, die Fragen, die sie stellen, die Schwierigkeiten, die sie zum Thema machen, und die emotionalen Konflikte, die sie zum Ausdruck bringen. Die individuelle Psyche, die Wahrnehmungen und das Erleben der Einzelnen stehen im Zentrum von Beratungsprozessen; sie gilt es in einer Weise zu verstehen, die Vertrauen schafft und offen macht für einen veränderten Blick auf sich, die soziale Realität und die eigenen Ressourcen. Neben den skizzierten soziologischen Theoriezugängen sind daher für das Verständnis und die Konzipierung von Beratung an Hochschulen auch theoretische Konzepte und Handlungsmethoden aus Psychologie und Pädagogik von zentraler Bedeutung. Entwicklungspsychologie[7] und Lerntheorie[8] liefern Konzepte für das Verständnis von Lernbiografien, von subjektiver Irritierbarkeit und den Entwicklungspotenzialen der Studierenden. Sie helfen zugleich, die individuellen Erlebnisse und Erfahrungen zu ordnen sowie Veränderungspotenziale aufzufinden. Sozialpsychologische Forschungsergebnisse eröffnen Möglichkeiten, individuelles Erleben auf soziale Strukturen abzubilden, sodass beispielsweise eine Abgrenzung der persönlichen Irritation einer Person von der Wirkung der Seminargruppe oder der Statushierarchien vorgenommen werden kann. Es lässt sich auf diesem Weg beschreiben, wie Erleben zu verarbeiteter Erfahrung werden kann. Viele der durch diese Wissenschaften bereitgestellten Theoreme sind nicht nur deshalb von Bedeutung, weil sie Berater/innen dabei helfen, die Wirkung der Institution Universität und des Hochschullebens auf Erleben, Verhalten und Entwicklung von Einzelnen angemessen zu erklären und zu verstehen. Sie werden auch benötigt, um Arbeitskonzepte und Methoden der Intervention zu entwickeln. Die soziologisch, psychologisch und pädagogisch begründbaren Kategorien „Interaktion", „Relation", „Kommunikation", „Individuum" und „Gruppe" verknüpfen die Zugänge der einzelnen Disziplinen auf die Beratungssituation – sie sind für die Beschreibung und Gestaltung von Beratungsprozessen von zentraler Bedeutung.

---

7   Bezugstheorien waren hier über lange Zeit ausschließlich die Konzepte von Erikson (1968; 1971) und Piaget (1959; 2003) sowie einzelne Theoreme der Psychoanalyse. Heute ist von einem komplexeren, multidisziplinären Wissensstand auszugehen. Vgl. z.B. Berk (2005).

8   Gemeint sind sowohl die klassischen Lerntheorien (Bodenmann 2004) als auch spezifische Analysen zum akademischen Lernen und Arbeiten (z.B. Wosnitza 2000).

Die Interventionen von Beratungseinrichtungen beschränken sich nicht auf die Arbeit mit den Klienten und Klientinnen (s. dazu Kap. 5), diese – die Beratungsarbeit im engeren Sinne – stellt jedoch den Kernbereich dar, von dem sich alle anderen Aktivitäten ableiten. Beratung (im engeren Sinne) findet in Gruppen wie in dyadischen Konstellationen statt. So kann die Vermittlung von Informationen über Hochschulleben und Studienmöglichkeiten beispielsweise auch gut in größeren Gruppen erfolgen. Und um den Umgang mit Gruppenkonstellationen auf der Verhaltensebene zu erproben und einzuüben, können gruppenpädagogische Angebote die Beratungsarbeit unterstützen[9]. Im Mittelpunkt von Beratungskommunikation steht allerdings immer das Gespräch mit dem Einzelnen. Kommunikationstheorie[10] und Methoden der Gesprächsführung – etabliert hat sich als Basiskompetenz die klientenzentrierte Gesprächsführung nach Rogers (1972; 1998)[11] – gehören deshalb genauso zum Handlungsrepertoire von Berater/innen wie psychodynamische Theorien und Methoden aus der klinischen Psychologie. Auch Interventionsformen aus der Psychotherapie[12] werden in Beratungsprozessen genutzt, die Auswahl und die Akzentsetzung ist einerseits von der Zielgruppe abhängig – in der Beratung von Studierenden können stützende, klarifizierende wie konfrontierende Interventionen hilfreich sein –, andererseits wird die Interaktionsform durch die jeweilige Arbeitsvereinbarung bestimmt. Sie ist anders, wenn eine Entscheidung getroffen werden soll, als wenn es um die Erweiterung der individuell zur Verfügung stehenden Ressourcen geht oder eine emotionale Krise bewältigt werden muss[13].

Nach dieser theoretischen Einordnung von Beratung werden wir nun auf die Spezifika von Beratung an Universitäten eingehen.

---

9   Die Umsetzung gruppendynamischen Wissens für Lern- und Arbeitsgruppen war bereits in den Anfängen der Hochschulberatung ein wichtiges Instrumentarium, heute liegen die gruppenpädagogischen Konzepte in aktualisierten Fassungen vor. Vgl. Stahl (2002); Langmaack (2001).

10 Hier kann auf den Klassiker Schultz von Thun (2004) verwiesen werden.

11 Die klientenzentrierte Gesprächsführung ist inzwischen nicht mehr nur im Kontext der Gesprächspsychotherapie zu finden; sie wird in unterschiedlichen Kontexten – mehr oder weniger auf das Menschenbild von Rogers gegründet – gelehrt. Vgl. z. B. Weinberger (2005).

12 Auf welche klinischen Konzepte und Interventionsmethoden sich Berater und Beraterinnen in der Praxis beziehen, hängt vom Schwerpunkt der Einrichtung und dem persönlichen Ausbildungshintergrund der Einzelnen ab. Systemische, verhaltenstherapeutische und tiefenpsychologische Zugänge haben sich in der beraterischen Praxis bewährt.

13 S. hierzu genauer Kapitel 2 und 3.

1.1.2 Entstehungsbedingungen von Hochschulberatung

Beratung, die Orientierungshilfe im Umgang mit den Funktionssystemen Wissenschaft und (Aus-)Bildung leisten will und sich auf die Anforderungen, die Lebens- und Arbeitsstile der Universität bezieht, hebt sich vor allem durch diesen Bezug von anderen Beratungseinrichtungen ab: Ihre Zielgruppe sind in erster Linie Studierende und Studieninteressierte; Lehrende und Mitarbeiter/innen anderer (universitärer) Serviceeinrichtungen sind Kooperationspartner und Multiplikatoren. Die thematisierte Lebenswelt[14] ist die Hochschule, nicht nur als Ausbildungsorganisation, sondern auch als Sozialraum. Die Themen, mit denen sich Beratungsprozesse beschäftigen, entstehen im Spannungsfeld von universitären Anforderungen, Erfahrungen mit der Hochschule als Lebenswelt und den Konflikten und Entwicklungspotenzialen der individuellen Psyche.

Neben den strukturellen Bedingungen, die sich aus den Funktionssystemen Wissenschaft/Bildung und dem Feld Universität ergeben, sind auch aus dem (historischen) Zeitpunkt, an dem Beratung als selbstständige Aufgabe an Universitäten etabliert wird, wichtige Rahmenbedingungen und Aufträge abzuleiten, die noch heute bedeutsam sind. Beratungsstellen an Universitäten sind durch die Ausdehnung der Möglichkeit einer akademischen Ausbildung auf breite Bevölkerungsschichten mit all ihren Konsequenzen (zunehmende Größe der Institutionen und zunehmender Bedarf an Orientierungshilfe) nötig und mit der Studienreform der 1960er und 1970er Jahre eingeführt worden. Dabei konnte auf zwei Typen von Vorformen bzw. Vorläufern zurückgegriffen werden, deren Modellwirkung bis heute zu spüren ist:

Zum einen gab es bereits an einigen Hochschulen Initiativen und Anfänge von psychologischer Beratung. An der Universität Hamburg war auf Grund der Initiative einer Professorin bereits 1954 eine psychotherapeutische Beratungsstelle eingerichtet worden.[15] Zwischen 1965 und 1969 entstanden im westlichen Deutschland[16] ca. 25 psychologisch-psychotherapeutische Beratungseinrich-

---

14 Der Lebensweltbezug (Thiersch 1992) ist ein wichtiges methodisches Instrument allen beraterischen Handelns. Er stellt die personenzentrierte Perspektive hinsichtlich der sozialen Welt dar. Lebenswelt umfasst den konkreten Ausschnitt der sozialen Welt, der für die Lebensvollzüge der Klientel bedeutsam ist – ökonomische Ressourcen, Arbeitsanforderungen, soziale Beziehungen, emotionale Nahbeziehungen, Netzwerke (bzw. soziales Kapital), kulturelle Aktivitäten und Werte.

15 Vgl. Schuch (1983, 53–60).

16 Da alle heute an deutschen Universitäten zu findende Beratungsstellen in ihrer Grundstruktur auf der in der „alten" BRD entwickelten Beratungskultur basieren, wird die an Universitäten der DDR praktizierte Form der Beratung hier nicht berücksichtigt – sie hatte innerhalb einer völlig anderen Universitätsstruktur und in einer Gesellschaft, in die Universität einen anderen politischen Ort hatte, eine völlig andere Funktion.

tungen. Träger dieser Einrichtungen waren in der Regel die örtlichen Studentenwerke. Das Deutsche Studentenwerk, der Dachverband der Studentenwerke, war zu diesem Zeitpunkt noch eine relativ autonome, weitgehend selbst verwaltete Organisation, die (aus den Sozialbeiträgen der Studenten finanziert) das Gesamtvolumen der studentischen Sozialbelange (einschließlich Krankenversicherung und Kinderbetreuung) abdeckte. Trotz zentraler Richtlinien gab es einen vergleichsweise großen Spielraum für die örtlichen Aktivitäten. Die psychotherapeutischen Beratungsstellen (= PBS) verdankten ihre Existenz – in Nutzung dieses Spielraumes – einer breiten Debatte über die psychische Lage der Studenten,[17] dem Engagement von Mitarbeitern der örtlichen Studentenwerke und dem Druck studentischer Gruppen (Hintergrund hierfür waren eine allgemeine Auseinandersetzung über Arbeits- und Lebensformen der Studierenden,[18] Impulse der Gemeindepsychologie und Initiativen kritischer Psycholog/inn/en[19]). Die Hochschulverwaltungen waren an diesen Initiativen zur Errichtung von Beratungseinrichtungen meist nicht beteiligt.[20] Jedoch entstanden etwa zeitgleich zu den genannten Initiativen an einigen medizinischen Fakultäten mit psychotherapeutischem oder psychosomatischem Schwerpunkt psychologisch-psychotherapeutische Ambulanzen (vereinzelt auch mit stationären Unterbringungsmöglichkeiten), die spezielle Angebote für Studierende vorhielten und in ihrer Angebotsstruktur noch stärker als die PBS an der Befindlichkeit der individuellen Psyche orientiert waren.

Parallel zu diesen Entwicklungen wurde in Hochschulverwaltungen und Studienreformkommissionen ein anders geartetes Orientierungsproblem der Studierenden diskutiert: Die „Drop-out-Quote" war beunruhigend, Studienbewerber benötigten offenbar mehr Unterstützung bei der Studienwahl, die kom-

---

17 Es gab z. T. Einzelfälle (Klinikeinweisung, Suizid), durch die Diskussionen ausgelöst wurden; insgesamt ist die Intensität der Auseinandersetzungen jedoch auf das Kommunikationsklima der Studentenbewegung und die emanzipatorischen Bestrebungen einer ganzen akademischen Generation zurückzuführen. Vgl. Negt (1995).

18 Vgl. hierzu die gut dokumentierte Entstehungsgeschichte der Heidelberger Beratungsstellen in: Spazier & Bopp (1975).

19 Vgl. zu der hier nur angedeuteten, in ihrer Wirksamkeit für die Etablierung psychologischer Kompetenz außerhalb der Medizin jedoch hoch bedeutsamen „Bewegung": Keupp & Zaumseil (1978).

20 Hier gibt es allerdings Ausnahmen, die für die weitere Entwicklung nicht unbedeutend waren: Das Studienbüro der Ruhr-Universität Bochum (der ersten neu gegründeten Großuniversität in NRW) war von Beginn an eine Einrichtung der Universität. Diese Beratungseinrichtung integrierte Studieninformation, Lerngruppen, psychotherapeutische Angebote und Multiplikatorenarbeit – in den ersten Jahren beschäftigte sie auch einen Arzt. Diese spezielle Ausrichtung – die später für andere Einrichtungen modellbildend wirkte – hat sicher damit zu tun, dass die Bochumer Universität sich bewusst als Campus-Universität verstand und bei der Gestaltung ihrer Infrastruktur amerikanischen Vorbildern stärker folgte als andere Neugründungen.

plizierter werdende Ausbildungsstruktur musste den Studenten durchschaubar aufgezeigt werden – kompetente, den einzelnen Studenten mit seinen Begabungen gerecht werdende Informationsvermittlung schien erforderlich.[21]

Mit der Verabschiedung des Hochschulrahmengesetzes in der Fassung von 1976 wird diese Parallelentwicklung insofern abgeschlossen, als Beratung nun in Form gesetzlicher Vorgaben festgeschrieben ist. Die Studentenberatung wird als Studienberatung institutionalisiert (§ 14) und in der Folgezeit auf der Basis von Landesgesetzen und -erlassen ausgebaut.[22] Der Prozess, der nun beginnt, kann als Institutionalisierung von Hochschulberatung bezeichnet werden, denn Beratung von Studierenden ist nun nicht nur eine gesetzliche Aufgabe der Universitäten, zur Erfüllung dieser Aufgabe werden auch eigenständige Einrichtungen geschaffen – Beratungsstellen, wie wir sie heute kennen und wie es sie inzwischen an allen deutschen Universitäten und an einigen Fachhochschulen gibt.

Aus der skizzierten Entstehungsgeschichte werden zwei Besonderheiten der Hochschulberatung deutlich: Nicht nur in der Ausbauphase der 1970er Jahre, sondern auch in den sich anschließenden Veränderungsprozessen der Universitäten befinden sich die Beratungseinrichtungen in großer Nähe zu Studienreformbemühungen. Die Mehrzahl der Beratungseinrichtungen verdanken ihre Existenz einer Studienreform und bei weiteren Gestaltungsinteressen und Innovationsimpulsen in den Hochschulen bzw. in der Hochschulpolitik wird Beratung als Instrument mitgedacht und werden die Beratungseinrichtungen mit eingebunden. Das führt zu einer hohen Dynamik bei der Entwicklung von Projekten und Angeboten – eine Dynamik, die es in dieser Weise in anderen Beratungsbereichen nicht gibt. Eine zweite Besonderheit zeigt sich im doppelten Ursprung der Anfangszeit. Beratungseinrichtungen an Hochschulen sind heute weder psychologische Ambulanzen noch akademische Informationsbüros, sie haben aber deutlicher als andere Beratungseinrichtungen (gleichrangig und immer mal wieder im Widerstreit miteinander) Anteile von beidem. Das liegt zum einen daran, dass die Organisation Universität stark verrechtlicht und der Informationsanteil in der Studienberatung entsprechend hoch ist – Studienangebote müssen recherchiert und beschrieben werden, die Verknüpfung mit Berufsfeldern erklärt, Formalia von Einschreibung und Prüfungsverfahren zur Verfü-

---

21 Auch hierfür gab es bereits aus den 1920er Jahren Vorläufer. Vgl. Menne (2007).

22 Die Zentralen Studienberatungen sind entweder Teil der Hochschulverwaltung (Dezernatsabteilungen oder selbstständige Dezernate) oder aber Betriebseinheiten, die der Hochschulleitung unterstellt werden, einzelne ZSBn haben auch den Status zentraler wissenschaftlicher Einrichtungen. Vgl. hierzu: Stiehler (2004, 878–880). Beratungseinrichtungen in Trägerschaft der Studentenwerke gibt es weiterhin, nicht an allen, aber an einigen Hochschulstandorten.

gung gestellt werden. Gleichzeitig ist gerade die Zeit des Studiums eine Phase persönlicher Reife und Entwicklung, intellektuelle Leistungen erfordern emotionale Offenheit und Belastbarkeit – auch die psychologische Dimension von Beratung spielt daher eine bedeutende Rolle.

1.1.3 Organisation und Arbeitsformen von Hochschulberatung

Bis heute sind die Beratungseinrichtungen der Hochschulen trotz vergleichbarer Aufgabenstellung nicht an allen Universitäten gleich. Je nach Tradition und Infrastruktur der einzelnen Hochschule haben sie ein sehr unterschiedliches Gesicht. Die Themen wie auch die Dimensionen von Beratung werden mit verschiedenen Akzentsetzungen realisiert. Manche setzen mehr auf das Zweiergespräch, manche bevorzugen Gruppen. Manche Einrichtungen fokussieren die psychologische Dimension, andere die pädagogisch-instruktive. Viele Einrichtungen beteiligen sich an der Vermittlung von Schlüsselkompetenzen, einige unterhalten psychotherapeutische Schwerpunkte. Gemeinsam ist all diesen Varianten jedoch der Auftrag, Studienbewerber/innen und Studierenden Beratungsangebote zu machen, die beim Übergang Schule – Hochschule Unterstützung bieten, den Studienverlauf begleiten und den Übergang Studium – Beruf bzw. Wissenschaft zu bewältigen helfen. Gemeinsam ist den Beratungseinrichtungen auch, dass sie die Aufgaben und Aufträge ihres doppelten Ursprungs zu bewältigen haben: Neben Kompetenzen in personenzentrierter Gesprächsführung ist präzises Wissen über das Prozedere der Organisation Universität genauso gefragt wie psychologisches Verstehen der Probleme, die Studierende jeweils belasten.

Nicht nur diese, allen Hochschulberatungen gemeinsamen Rahmenbedingungen, sondern auch die Anbindung an den breiteren fachlichen Diskurs über Beratung (in Psychologie und Psychotherapie wie in Pädagogik und Sozialpädagogik) haben dafür gesorgt, dass trotz der Ausdifferenzierung von regional unterschiedlichen Beratungseinrichtungen gemeinsame fachliche Grundlagen entwickelt worden sind, sodass die Hochschulberatung heute eine Fachrichtung professioneller Beratung ist.

Dies findet seinen Ausdruck in einer fachlich durchdachten Organisation und Außendarstellung der Einrichtung und in der Entwicklung von Arbeitsformen für ein ausdifferenziertes Beratungsangebot, das auf studentische Orientierungsbedürfnisse reagiert und für sich verändernde Anforderungen aus der Hochschule offenbleibt. Dazu gehört die Bereitstellung von Informationen (Recherche-Kompetenz gerade auch für die neueren Medien eingeschlossen) und Know-how (Lernstrategien und soziale Kompetenzen), die im akademischen

Alltag und beim Bewältigen eines Studiums erforderlich sind – Infotheken und Internetzugänge gehören deshalb zur Ausstattung von Studienberatungsstellen, Einführungen in das wissenschaftliche Arbeiten zum Kursangebot. Hinzu kommen Praktiken und räumliche Bedingungen für die psychologische Dimension von Beratung: Herstellen einer abgegrenzten Gesprächssituation; Schaffen einer offenen, sachbezogenen und dennoch die Person ins Zentrum stellenden Atmosphäre; Einfühlung und Verstehen; Transparenz hinsichtlich der Unterstützungsmöglichkeiten; Zulassen, Ernstnehmen und Verbalisierung emotionaler Anteile – diese Kommunikationspraktiken ermöglichen Beratungsgespräche, in denen Persönliches zwischen Menschen, die sich nicht kennen, ernsthaft zum Thema gemacht werden kann, ohne dass die Grenze zum Privaten überschritten würde.

Neben Wissen über das Bildungssystem und die Praktiken der akademischen Welt, neben psychologischen Kenntnissen und Gesprächsführungskompetenz müssen auch einige räumliche und institutionelle Bedingungen erfüllt sein, damit eine Studienberatung glückt. Beratungsgespräche bedürfen eines geschützten Raumes, denn nur dann lässt sich Persönliches und Irritierendes zum Thema machen. Zugleich muss ein solches Beratungsangebot auch Hochschulnähe repräsentieren, denn nur dann lässt es die Kompetenz erwarten, die zur Klärung der hochschulbezogenen Fragen erforderlich ist. Beide Seiten – Zugehörigkeit zur Universität und Abgegrenztheit vom universitären Betrieb – müssen räumlich wie im Arbeitsstil realisiert werden, damit ein Beratungsangebot als Orientierungsmöglichkeit wahrgenommen und für kompetent gehalten werden kann. Gehen wir von der lebensweltlichen Perspektive Studierender aus – und dies ist die Perspektive, aus der die (potenzielle) Klientel ein Beratungsangebot wahrnimmt –, dann sind Beratungseinrichtungen zunächst einmal *Orte* innerhalb der Universität oder in ihrem unmittelbaren Umfeld. Hier sollen Gespräche stattfinden können, die das Persönliche berühren – und zwar nicht vereinzelt und zufällig, sondern systematisch und für alle, die diese Form der Unterstützung in Anspruch nehmen wollen. Orte auch im geographisch-physikalischen Sinne, zu denen man hingeht und an denen man sich aufhält. Das bedeutet: Eine Beratungsstelle muss so platziert sein, dass Studierende, die Beratung suchen, von dieser Möglichkeit wissen, die Einrichtung unproblematisch ausfindig machen können und diese zugleich als einen geschützten Raum wahrnehmen.

Räumlich sollten Beratungsstellen daher sowohl gut erreichbar (= auf dem Campus oder in unmittelbarer Nähe) als auch ruhig und in gewisser Weise abgelegen sein (= Etagen, Flure, Nebengebäude, die nicht unmittelbar einsehbar sind). – Wer möchte schon gern beobachtet werden beim Aufsuchen von Hilfe? Für die Besucher ist ein Beratungsangebot immer zuallererst ein Ort, zu dem man mit einem mehr oder weniger klaren Anliegen hingeht; Räumlichkeiten und Ausstattung einer Beratungsstelle sind gerade für den Erstkontakt von hoher Bedeutung. Sie sollten einladend sein, sich von der Kargheit der Seminarräume abheben, nicht aber Wohnlichkeit und Privatheit repräsentieren bzw. durch Ausstattungsgegenstände oder ausliegende Materialien weltanschauliche oder religiöse Gebundenheit signalisieren. Gerade eine Hochschulberatung, die für Studenten und Studentinnen, für deutsche wie internationale Studierende offen sein und Angehörige verschiedener Kulturen ansprechen will, ist es wichtig, auch in Äußerlichkeiten Unabhängigkeit und Offenheit für Differenzen (gender/diversity) zu signalisieren. Für die Klientel ist die Gesamtinszenierung „Beratungsstelle" als Setting wirksam. Einrichtung und Ausstattung der Räume; das, was ins Auge fällt, wenn man sich auf die Einrichtung zubewegt; ob, wo und wie man warten muss; die Art und Weise, in der die Mitarbeiter und Mitarbeiterinnen den Studierenden begegnen – dies alles produziert als Ensemble eine institutionelle Atmosphäre, die einladend wirkt, manche vielleicht eher ausschließt, in der einige Themen selbstverständlicher präsent sein können als andere und in der man das eine Problem leichter anspricht als das andere. Jede Beratungsstelle wird auf diese Weise zu einem eigenen sozialen Raum innerhalb des sozialen Raumes der Hochschule zugehörig und zugleich als abgegrenzt Anderes zu erkennen.

Einen solchen Zwischenstatus einzuhalten *und* den Studierenden gegenüber sichtbar zu machen, halten wir für bedeutsam. Die Beratungseinrichtung ist Teil der Campus-Kultur, sie ist in die Organisation Universität eingebunden; aktuelle Informationen über das Prozedere von Zulassung, Studienangebot, Prüfungsmodalitäten und Förderungsmöglichkeiten in Beratungssituationen sind daher direkt verfügbar. Kooperation mit Fachberatungen, Lehrenden und „Ämtern" sollten das schnelle Aufklären von Missverständnissen, in Einzelfällen auch gutachterliche Stellungnahmen ermöglichen. Die Einrichtung muss aber auch Unabhängigkeit und Distanz von Administration und akademischen Bewertungsritualen wahren und signalisieren. Denn man fühlt sich nur eingeladen, über Persönliches (Schwächen und beschämende Erfahrungen eingeschlossen) zu sprechen, wenn daraus keine Sanktionen erwachsen können und die Vertraulichkeit von Beratungsgesprächen gesichert ist.

Die Arbeitsformen, in denen Beratungseinrichtungen ihrem Auftrag nachgehen, folgen der für offene Angebote typischen doppelten Zielsetzung: Zentral ist ein offenes, möglichst niederschwelliges Gesprächsangebot für individuelle Beratung, dessen zeitlicher und thematischer Rahmen transparent sein sollte. Ein öffentlicher Zugang, halböffentliche Möglichkeiten zu Information und Kontaktaufnahme sowie persönliche Gespräche in geschütztem Rahmen strukturieren dieses Angebot in der Einrichtung. Damit diese Struktur genutzt werden kann, muss sie bekannt sein. Die Informations- und Gesprächsangebote –

für welches studentische Anliegen auch immer – müssen in der Hochschulöffentlichkeit präsent sein und in einer Weise dargestellt werden, die Orientierung verspricht. So werden Informationsveranstaltungen durchgeführt, die (z.B. für Studienbewerber/innen) die aktuelle Fächerlandschaft und die Struktur eines Studiums „erklären" und zugleich Angebote für Beratungsgespräche darstellen. Es werden Infobroschüren produziert; es gibt ein Kurs- und Trainingsgruppen-Angebot (zum wissenschaftlichen Arbeiten, einzelnen akademischen Kompetenzen, zur Bewältigung der Statuspassagen ins Studium bzw. in Wissenschaft/ Beruf, zur Unterstützung bestimmter Zielgruppen), die sowohl beratungsrelevante Themen sichtbar machen als auch den Übergang in ein Beratungsgespräch darstellen bzw. einen Beratungsprozess unterstützen können. In den letzten Jahren haben die Präsentationsformen des Internets zunehmend Bedeutung erlangt: Online-Kommunikation flankiert den persönlichen Beratungskontakt (vom Erteilen von Auskünften, über die Herstellung eines Erstkontaktes bis zum anonymen Hilferuf); E-Learning-Programme ergänzen die Kursangebote und Chatrooms begleiten Informationsveranstaltungen.

Neben der Arbeit mit der Klientel – Information und Beratung von Studierenden – war von Anfang an auch die förderliche Funktion von Rückmeldung von den Beratungsstellen in Hinblick auf Lehrprozesse und Studienreform im Blick. Denn die besondere Nähe der Beratungsprozesse zum Orientierungsbedarf der Studieninteressenten und Studierenden führt zu Einblicken in die Lehr- und Lernkultur einer Hochschule, die von anderen Positionen des Feldes aus nicht so ohne Weiteres möglich sind. Kooperation mit Hochschul-Gremien und Lehrenden – immer unter Wahrung des Vertrauensschutzes für die Klientel – stellt deshalb ein weiteres Potenzial der Beratungseinrichtungen dar, das allerdings nicht immer genutzt wird.

1.2 Spezifische Themen und Schwerpunktbereiche

Wir haben Beratung an Hochschulen als eine Fachrichtung beschrieben, deren Spezifik sich aus der Verknüpfung mit dem akademischen Feld ergibt. Diese feldspezifischen Merkmale prägen die professionelle Ausgestaltung der Hochschulberatung. Sowohl die Zielgruppe als auch zentrale Themen von Beratung sind akademisch geprägt.

1.2.1   Zielgruppe Studierende

Die Personen, mit denen sich Beratung an Hochschulen in erster Linie beschäftigt, ist die Gruppe der Studierenden – meist junge Leute, die nach abgeschlossener Schulausbildung einen akademischen Beruf anstreben oder in der Wissenschaft ihr zukünftiges Tätigkeitsfeld sehen.[23] Für diese „Newcomer" ist die Universität als Institution meist noch unvertraut, sie müssen sich in ihrem Studium mit Anforderungen auseinandersetzen, die sowohl intellektuell als auch, was die Arbeitsbelastung angeht, an die persönlichen Grenzen rühren; sie befinden sich gleichzeitig in einer Lebensphase, in der es gilt selbstständige Lebensformen zu erproben, Sexualität in ihr Leben zu integrieren und partnerschaftliche Beziehungen einzugehen. Zahlreiche Herausforderungen also, für die Orientierungsbedarf besteht und Unterstützung erforderlich werden kann.

Soziologisch lässt sich diese Zielgruppe unter zwei Gesichtspunkten charakterisieren: Zum einen kann man sie nach *demografischen Gesichtspunkten* beschreiben. Hier sind die Geschlechterverteilung, der soziale Status der Herkunftsfamilien und der kulturell-ethnische Hintergrund zentrale Kategorien, mit denen sich die soziale Zusammensetzung der Studentenschaft abbilden lässt. In der Geschlechterverteilung spiegelt sich sowohl die Geschichte der Institution Universität als auch das jeweils aktuelle gesellschaftliche Geschlechterverhältnis. Frauen sind erst seit 1909 (mit der Zulassung von Frauen zum Studium schließlich auch in Preußen) generell zum Studium zugelassen, blieben aber (z.T. wegen der politischen Festlegung von Maximalquoten) bis zur Bildungsexpansion der 1960er Jahre eine marginale Größe; seit Mitte der 1970er Jahre steigt der weibliche Anteil unter den Studierenden kontinuierlich an. Und aktuell können wir konstatieren, dass junge Frauen in höherer Schulbildung und in der Kohorte der Studienanfänger/innen quantitativ angemessen vertreten sind. Auch beim erfolgreichen Abschluss eines Erststudiums stehen sie erfolgreich „ihre Frau". Allerdings sind weiterhin Geschlechterdifferenzen zu konstatieren, die darauf hinweisen, dass der Zugang zu Wissenschaft und akademischer Ausbildung nicht wirklich gleichberechtigt erfolgt. So findet sich zwar bei den Studienanfängern ein weiblicher Anteil von insgesamt ca. 50 % – und dies trotz (bezogen auf die Gesamtzahl der weiblichen Studienberechtigten) immer noch unterdurchschnittlicher Studienneigung (vgl. Heine, Egeln, Kerst, Müller & Park 2006, 8); dieser Anteil nimmt jedoch ab, je höher es mit den Qualifikationsabschlüssen geht. Sind beim ersten Studienabschluss noch

---

23   Auf andere Zielgruppen, beispielsweise Studienanfänger anderer Bildungswege oder die Beratung von Eltern Studieninteressierter, werden wir in den folgenden Kapiteln immer wieder einmal zu sprechen kommen.

46,9 % der Absolventen weiblich, so stellen Frauen bei den Promotionen nur noch 36,4 %. Bei den Habilitationen gibt es dann einen deutlichen Einbruch: Nur 21,6 % der Habilitanden sind Frauen. Zu beobachten ist auch ein deutlicher Unterschied zwischen Männern und Frauen hinsichtlich der Fächerwahl. Frauen und Männer beteiligen sich keineswegs gleichgewichtig an allen Studienrichtungen und akademischen Berufsfeldern. So stellen bei den Studierenden der gesellschaftswissenschaftlichen und geisteswissenschaftlichen Richtungen Frauen meist die Mehrheit, sind in vielen Natur- und Ingenieurwissenschaften demgegenüber aber marginal (Müller 2006, 10; Heine, Spangenberg, Schreiber & Sommer 2005, 8, 10).[24]

Auch die soziale Herkunft der Studierenden verweist auf Ungleichheiten in den Zugangschancen. Akademische Bildung war bis in die Mitte des 20. Jhs. ein Privileg der Oberschicht und der oberen Mittelschicht. Zwar haben bildungspolitische Bemühungen um eine demokratische Öffnung der Universitäten für alle sozialen Schichten zu Verschiebungen geführt, allerdings nicht zu einem strukturellen Wandel. Heute stammt die Mehrheit der Studierenden an Universitäten aus Elternhäusern, in denen mindestens ein Elternteil selbst einen akademischen Abschluss hat, und innerhalb dieser Gruppe ist der Anteil der klassischen akademischen Berufe nahezu unverändert groß.[25] Das soziale Milieu der Universität ist daher – wenn auch nicht in allen Fachrichtungen gleichermaßen – durch die akademisch gebildete Mittel- und Oberschicht geprägt. Michael Vester hat darauf hingewiesen, dass man für das Verständnis solcher Befunde die Prozesse des Bildungssystems nicht isoliert betrachten darf. Auch im Wirtschaftssystem haben zeitgleich zur Bildungsexpansion Verschiebungen stattgefunden – von der Industrie- zur Dienstleistungs-, zur Wissens- und zur Informationsgesellschaft, um die gängigen Schlagworte zu benutzen. Veränderungen in beiden Bereichen – in Wirtschaft und Bildungspolitik – haben Effekte auf die Berufsfelder und die Arbeitsmarktstrukturen. Bezieht man diese Effekte in die Analyse ein, dann trifft die These von der Bildungsexpansion zwar immer noch zu, nicht aber die damit verknüpfte Vorstellung, ein höherer Bildungsabschluss führe auch einigermaßen selbstverständlich in entsprechend höhere berufliche Positionen. Interne, informelle Ausgrenzungspraktiken sorgen vielmehr dafür, dass Statusverbesserungen begrenzt bleiben: An die Stelle von Ausschluss tritt – so die These Michael Vesters – Abdrängung. Die Bildungsexpansion ist aufs

---

24 Zur genaueren Explikation des Gesichtspunktes Geschlechterverteilung im Studium vgl. Großmaß (2006a).

25 Der Dachverband der deutschen Studentenwerke führt im Abstand von zwei Jahren jeweils aktuelle Sozialerhebungen durch. Vgl. DSW (Deutsches Studentenwerk 2004). Bildungswege, Studienentscheidungen werden in regelmäßigen Abständen (im Auftrag von Bund und Ländern) durch HIS Hannover (= Hochschul-Informations-System GmbH) untersucht.

Ganze gesehen ein horizontaler Prozess, Bildung ist keine Strategie des Aufstiegs, sondern der Umstellung derselben Berufsgruppe auf andere Anforderungen (Vester 2004, 21).

Die dritte demografische Kategorie, die für die Studierendenpopulation von Bedeutung ist – der kulturell-ethnische Hintergrund –, ergibt sich zum einen aus gesamtgesellschaftlichen Entwicklungen. Die Tatsache, dass auch Deutschland zu einem Einwanderungsland geworden ist, zeigt sich u. a. darin, dass es inzwischen eine wahrnehmbare Gruppe von Studierenden mit Migrationshintergrund[26] gibt. Trotz des jeweils sehr unterschiedlichen – auch die Lebensbedingungen unterschiedlich bestimmenden – rechtlichen Status[27] ist diesen Studierenden gemeinsam, dass sie den in der Universität selbstverständlich vorausgesetzten kulturellen Hintergrund nicht teilen, sondern von anderen kulturellen „Selbstverständlichkeiten" ausgehen. Ein weiterer universitätsspezifischer Aspekt gibt dieser dritten Kategorie im akademischen Feld eine größere Bedeutung als in anderen gesellschaftlichen Bereichen: Wissenschaft ist auf internationalen Austausch angewiesen; und so befinden sich in deutschen Universitäten im Schnitt 10–15 % Studierende aus dem Ausland. Das Spektrum der Herkunftsländer ist sehr breit und – da es vom Fächerangebot der Universitäten abhängt sowie von internationalen Kooperationsverträgen und Förderprogrammen – variiert von Hochschulstandort zu Hochschulstandort[28]. Für die Integration der Studierenden in die Universität und die Zugehörigkeit zur akademischen Kultur ist der kulturell-ethnische Hintergrund nicht unbedeutend. Der Sozialraum Universität ist national geprägt, daher führt eine untypische/fremde Schulherkunft sowie eine nichtdeutsche Muttersprache zu zusätzlichen Orientierungsproblemen.

Alle skizzierten demografischen Kategorien sind für Beratungsprozesse relevant, da sie nicht nur die den Studierenden jeweils zur Verfügung stehenden ökonomischen und sozialen Ressourcen beschreiben, sondern auch die unterschiedlichen Sozialisationserfahrungen und den Habitus, die sich mehr oder weniger gut mit den Anforderungen der Universität verbinden. Aufgabe von Beratung ist es häufig, die Kränkungen, die mit den erlebten Differenzen der Herkunft in der Universität einhergehen, zur Sprache zu bringen, in Erfahrungen integrieren zu helfen und Strategien der Bewältigung zu entwickeln.

---

26 Zur genaueren Analyse dieses Aspektes s. Großmaß (2002).
27 Es sind Studierende mit unterschiedlichem staatsbürgerlichen Status gemeint: Deutsche, die der zweiten oder dritten Generation von Migranten angehören, Studierende mit einer anderen Staatsangehörigkeit, aber einer deutschen Bildungsbiografie (die sogenannten „Bildungsinländer"), und Asylberechtigte und Flüchtlinge mit Bleiberecht, die ein Studium aufnehmen.
28 Aktuelle Zahlen finden sich in den Statistiken der örtlichen akademischen Auslandsämter sowie in den Veröffentlichungen des Deutschen Akademischen Austauschdienstes (DAAD).

Das soziologische Konzept der *Statuspassage* kann zentrale Themen, mit denen Studierende generell – wenn auch je nach Herkunft und persönlichem Hintergrund unterschiedlich – beschäftigt sind, verstehen und zuordnen helfen. Es ermöglicht Anforderungen zu beschreiben, die auf Studienanfänger und Studienabsolventen beim Übergang in die Hochschule bzw. beim Übergang in Beruf/Wissenschaft zukommen. Der Begriff „Statuspassage" – ursprünglich im ethnologischen Kontext zur Bezeichnung von einschneidenden Entwicklungsschritten verwendet, die der Stützung durch kulturelle Riten bedürfen (rites de passage) und von Anselm Strauss in die Soziologie eingeführt[29] – wird inzwischen in den Erziehungswissenschaften und der Biografieforschung in einer sehr breiten Bedeutung verwendet. Jede Art des biografischen Übergangs (von der Einschulung über die Schwangerschaft bis zum Berufseintritt und dem Übergang ins Rentenalter) kann zur Statuspassage werden. Parallel dazu werden Initiationsriten – losgelöst von dem Übergang in Status und Position – in den (männlich geprägten) Jugendkulturen und den Extremsportarten aufgefunden.[30] Was in Stammesgesellschaften in einen ritualgesteuerten Prozess gehörte, scheint in modernen Gesellschaften auseinanderzufallen: institutionelle Übergänge und Statuspassagen hier, Initiationsrituale für Selbstinitiationen da. Da auf diesem Hintergrund der Übergang von der Schule zur Hochschule und der Übergang in Wissenschaft bzw. akademischen Beruf als Statuspassagen beschrieben werden, möchten wir auf Aspekte beider Bedeutungshorizonte hinweisen. Einerseits tragen beide Übergänge Merkmale einer institutionsgebundenen Statuspassage – die Lern-/Ausbildungsbiografie wird in einem anderen gesellschaftlichen Feld fortgesetzt, der Status der Personen ändert sich. Andererseits haben beide Schritte auch Züge einer (verdeckten) Initiation: Das im bisherigen Feld Gelernte und Geleistete wird vorausgesetzt und zugleich in Frage gestellt – auch gute Schulleistungen gelten nichts in der Hochschule und akademisches Wissen muss sich auf dem Arbeitsmarkt stets den Vorwurf der untauglichen Praxisferne gefallen lassen. Hinzu kommt, dass es sich auch in jeweils neue Lern- bzw. Arbeitskulturen[31] einzufinden gilt, deren Differenzen häufig so verdeckt sind, dass man sie erst wahrnehmen kann, wenn man dagegen verstoßen hat. Studienanfänger und Studienabsolventen begegnen den Selbstinitiationsanforderungen akademischer Statuspassagen meist mit Irritation und Verunsicherung. Beratung kann diese Erfahrungen (in Einzelgesprächen

---

29 Auf die entsprechenden Arbeiten sei hier verwiesen: Gennep (1986); Glaser & Strauss (1971).
30 S. hierzu: Brunotte (2000).
31 Für die Lern- und Arbeitskulturen an Universitäten s. Liebau & Huber (1985) und Friebertshäuser (1992).

und Gruppendiskussionen) reflektieren helfen sowie in den Fakultäten Unterstützungsformen für den Übergang anregen.

Psychologisch wird die Zielgruppe Studierende meist mit dem *Konzept der Adoleszenz*[32] beschrieben, denn Studierende befinden sich biografisch in der psychologisch brisanten Übergangsphase vom Jugend- zum Erwachsenenalter, in der die seelische Organisation einer umfassenden Umwandlung unterworfen wird. Es ist eine Zeit der psychischen Arbeit an Abschied und der Hinwendung zu neuen Zielen und der sozialen Verortung. In der Adoleszenz liegen Chancen, die insbesondere für eine akademische Ausbildung von großer Bedeutung sind: Die psychischen Strukturen lockern sich wieder und kindliche Konflikte können dadurch revidiert und auf adäquate Weise psychisch integriert werden. Zukunftsträume, Phantasien über das eigene Leben sind eine – meist nur ansatzweise bewusste – Quelle persönlicher Entwicklung. Die phasentypische Herausforderung besteht darin, sie in eine reale, gesellschaftlich akzeptierte Form des Lebens zu transformieren, eine anstrengende, lang andauernde psychische Arbeit. Im Verlauf dieses Prozesses spielen Größen- und Allmachtsphantasien eine bedeutende Rolle. Sie geben Orientierung, Halt und haben die Funktion Insuffizienzgefühle abzuwehren sowie das Selbstwertgefühl zu regulieren, bis es durch die reale Bestätigung und in Beziehungen gefestigt wird.

Die Entwicklung eines stabilen Identitätsgefühls schließt Selbstvorstellungen ein, die auf Leistungsvermögen und Kompetenzerfahrungen gegründet sind. Die Einbindung in die Realität gesellschaftlicher Strukturen helfen den Heranwachsenden ihre Phantasien anzupassen und mildern damit auch Konflikte ab, die mit der Ablösung von der elterlichen Unterstützung und der Hinwendung zu Gleichaltrigen einhergehen. Der adoleszente Entwicklungsprozess gleicht einem Balanceakt, in dem Ablösung, Verlust und Neuorientierungen in vielerlei Hinsichten immer wieder neu ausgeglichen werden müssen. Dabei pendelt das Verhalten der Jugendlichen zwischen progressiven und regressiven

---

32 Die inhaltliche Ausfüllung des Adoleszenz-Konzeptes ist im Kontext psychoanalytischer Theoriebildung ausgearbeitet worden: Freud (1930) hat den seelischen Adoleszenzprozess mit der Kulturentwicklung verknüpft: Die Ablösung von den frühinfantilen Bezugspersonen schärfe den kritischen Blick für Werte und Ideale in der Kultur; die genitale Sexualität bewirkt die Hinwendung zu neuen Objekten. Bohleber (2004) gibt ausgehend von Freuds 1905 verfassten ‚Abhandlungen über Sexualtheorie' einen Überblick über die psychoanalytischen Theorien zur Adoleszenz. In dem von ihm herausgegebenen Band sind außerdem Aufsätze zu verschiedenen spezifischen Problembereichen versammelt. Blos (1995) spricht vom zweiten Individuationskonzept. Für eine objektbeziehungstheoretische Sicht der Adoleszenz ist das Wiederaufleben der präödipalen und ödipalen Beziehungserfahrung zentral. Sozialpsychologische Theorien zeigen die unterschiedlichen sozialen, kulturellen und individuellen Voraussetzungen für die Ausgestaltung dieser Übergangsphase auf, so z.B. in Keupp & Höfer (1997).

Haltungen, hat entwicklungsfördernde Funktion, aber auch immer wieder eine die Entwicklung fixierende Wirkung.

Die Fähigkeit, ein eigenständiges Interesse für Themen und Ziele des Studiums herauszubilden, hat eine überragende Bedeutung für den Studienverlauf (vgl. Huber 2007) und die persönliche Entwicklung. Sich klare Ziele definieren zu können, Interessen zu formulieren und diese mit hohem Einsatz von Ressourcen zu verfolgen, erleichtert die Bewältigung von (Entwicklungs-)Aufgaben. Dazu gehört auch die Möglichkeit sich beim Auftreten von Schwierigkeiten Mittel zu verschaffen, um das gesetzte Ziel zu erreichen. Anlässe hierfür bieten sich gerade in einem Studium zahlreich, ist diese Ausbildungsphase doch auch mit intellektuellen Irritationen verbunden. Eine Arbeit, bei der man sein Bestes gegeben hat, wird harsch kritisiert, Themengebiete, in denen man sich stark fühlt, erweisen sich als unerwartet schwer. Erst in der Verarbeitung der Gefühle, die solche Erfahrungen begleiten, und erst in der Überwindung der Verunsicherung erwächst so etwas wie akademisches Selbstbewusstsein. Fehlerfreundlichkeit, Ermutigung für das Überwinden kognitiver Schwierigkeiten, Offenheit gegenüber Erkenntnisprozessen mit ihrem oft schwer zu planenden Verlauf gilt es zu erarbeiten und Modellerfahrungen hierfür können in Beratungsprozessen gemacht werden. Beratung, die entwicklungsfördernde Aspekte betont, ist deshalb nicht nur im klinischen Sinne präventiv, sondern stärkt auch den akademischen Lernprozess.

In der Studienphase stehen von der Individualentwicklung aus gesehen diese Aufgaben an: die Transformation von Ich-Bildern und Zukunftsträumen in realitätsangemessene Optionen und Lebensformen. Keine andere Technik der Lebensführung bindet – laut Freud – den Einzelnen so fest an die Realität wie die Betonung der Arbeit (vgl. Freud 1930). Das Sich-Bewähren in Studienleistung und Arbeitsbeziehungen hat daher eine doppelte Funktion, es ist Ausbildungsbewältigung und Persönlichkeitsentwicklung zugleich. Das Anerkannt- und Wahrgenommenwerden von außen ist dabei für die Herstellung von Kontinuität ebenso unverzichtbar wie eine fortwährende Reflexion und Verarbeitung von Erfahrungen. Denn Identität ist zu verstehen als fortwährende komplexe Integrationsleistung, um das Identitätsgefühl zentriert, welches eine affektive Kontinuität von sich selbst vermittelt.

Allerdings, so betont Bohleber, ist Identität „eine nie abgeschlossene psychische Konstruktion, die aus reflexiven Vergleichsprozessen besteht" (Bohleber 2004, 230). Zentrale Vorstellungen von sich selbst werden verglichen mit sozialen Rollen, Handlungen, Gefühlen, Träumen, Erzählungen. Äußere reale und innere mentale Handlungen gehen der Bildung von Identität voraus. Die Identitätsarbeit verbindet innere Welt und äußere Realität und ist somit kein verfügbares Bewusstsein eines einheitlichen Ganzen. „Identitätserleben ist vielmehr ein Mittel, der Beziehung zum eigenen Selbst und zu seinen Objekten eine spezifische Form zu verleihen" (Bohleber 2004, 231). Bildungsinstitutionen übernehmen in diesem Prozess eine wichtige Aufgabe, indem sie Anstöße für Entwicklungsprozesse geben und Spielräume für Selbstexploration und Selbsterprobung schaffen.

> Verschwinden die äußeren und inneren Spielräume in solchen Bildungsinstitutionen, steigt die Wahrscheinlichkeit, dass die kreativen und komplexen Integrationsprozesse bei der Entwicklung einer tragenden und flexiblen Identität gestört werden, denn kreative Prozesse sind die ersten, die bei Belastung in Mitleidenschaft gezogen werden (Leuzinger-Bohleber 2001, 37).

Da in der Auseinandersetzung mit den verschiedenen Lebenswelten der Studierenden ihre Wertvorstellungen und Selbstbilder oft widersprüchlich nebeneinanderstehen, wird die Spätadoleszenz oft als Zeit der Krisen[33] erlebt, in der Gegensätzliches zu einer relativ integrierten Selbstrepräsentanz verknüpft werden soll. Sich akzeptieren zu lernen und die eigene Kindheits- und Jugendgeschichte in eine neue Erwachsenenidentität zu integrieren, sind daher ebenso Aufgaben dieser Entwicklungsphase. Die Veränderungsprozesse dieser intensiven und konfliktreichen Übergangsperiode werden von psychischen und sozialen Faktoren angestoßen. Die Herstellung und Aufrechterhaltung eines kongruenten Lebensgefühls, ein immer störanfälliger Prozess, tritt in diesem Lebensabschnitt als zentrale entwicklungsspezifische Aufgabe stark in den Vordergrund. Zwischen Loslösung und Wiedereingliederung in neue gesellschaftliche Positionen muss (oder sollte) mit eigenen Lebensentwürfen gerungen werden (können). In der Spätadoleszenz müssen einige zukunftsweisende, irreversibel erscheinende Entscheidungen getroffen werden – bei Studierenden stehen neben der Fachrichtungs- und Berufswahl Entscheidungen über Lebensziele und -formen im Vordergrund. Das setzt Frustrationstoleranz/Ich-Stärke voraus. Ängste und Selbstzweifel müssen ertragen werden, Ambivalenzen sind nicht kurzfristig aufzulösen.

Die geglückte Bewältigung der notwendigerweise krisenhaften Entwicklung stellt eine wesentliche Voraussetzung für persönliche Weiterentwicklung dar,

---

33 Der Begriff der „Krise" wird in Politik und Wirtschaft (= die gesellschaftlichen Felder, die heute das alltagssprachliche Verständnis prägen) mit Dramatik und katastrophalen Auswirkungen verknüpft. Dies ist bei der hier verwendeten psychologischen Verwendung des Begriffes nicht der Fall. „Krise" bedeutet Irritation, Verlust von Sicherheit, Zunahme von Ambivalenzen, Versagen bisher erfolgreicher Bewältigungsmuster – unter ungünstigen Bedingungen (soziale Isolation, geringe Fehlertoleranz, bereits vorhandene psychische Belastungen) können psychische Entwicklungskrisen allerdings auch bedrohliche Formen annehmen, worauf wir im 3. Kapitel eingehen.

insbesondere hinsichtlich Leistungsbereitschaft und Selbstvertrauen. Eine positive Entwicklung führt zur Herausbildung alternativer flexibler Identitätsentwürfe und ich-starker Persönlichkeiten mit guter Frustrationstoleranz. Die positive Bewältigung der Krisen der Adoleszenz verhilft zur psychischen Stabilität und höherer Belastbarkeit, Anforderungen, die Menschen benötigen, um individuell und gesellschaftlich verantwortungsvolle Funktionen zu übernehmen. In ungünstigen Entwicklungsverläufen schaukeln sich biographisch angelegte Konfliktpotentiale und ungenügend entwickelte Bewältigungsfertigkeiten (= Vulnerabilitätsfaktoren) und Belastungsfaktoren aus der universitären Arbeitssituation auf. Anonymität, Kontaktprobleme, Leistungs- und Prüfungsdruck, Gefühle der Überforderung etc. erhöhen die Belastung und steigern die Vulnerabilität, was zu Störungen des Erlebens und Verhaltens führen kann.

In der Beratungsarbeit mit Studentinnen und Studenten spielen die hier skizzierten übergeordneten Themen, die sich aus der psychischen Entwicklung des Individuums ergeben, auch dann eine Rolle, wenn sie nicht explizit angesprochen sind. Hinter den Problemschilderungen, die sich auf Arbeitsprobleme und Aspekte des studentischen Alltags beziehen, sind die skizzierten phasentypischen Themen mit angesprochen. Beratung, die nicht nur auf punktuelle Problembewältigung abzielt, fördert die Integration (konflikthafter) Erfahrungen im Prozess der Persönlichkeits- und der Identitätsentwicklung. Was in dieser Phase geschieht, wie sie durchlebt werden kann, entscheidet darüber, auf welche Weise das eigene Potential genutzt werden kann.

1.2.2 Exzellenz und Selektion

Studenten und Studentinnen erhalten in der Universität eine akademische Ausbildung in unmittelbarer Nähe zu wissenschaftlicher Forschung und im Umgang mit wissenschaftlichen Fragestellungen und Methoden. Die Innovationsdynamik des Wissenschaftssystems – nur neue Erkenntnisse gelten als bemerkenswert – und leistungsbezogene Werthaltungen prägen die Atmosphäre und Umgangsformen im Studium. Auch für die Studierenden spielen Konkurrenz und Leistungsvergleich eine große Rolle. Benotung von Individualleistungen entscheidet über Erfolg/Misserfolg, Förderung über das Weiterkommen in der Wissenschaft: So findet eine doppelte Selektion statt. Folgt man der Selbstbeschreibung des Wissenschaftssystems, wie sie sich in Preisen und Begründungen für die Mittelverteilung, bei der Vergabe oder Verweigerung von Stipendien ausdrückt, dann sind intellektuelle Leistungsfähigkeit, Motivation und Begabung für das gewählte Fach, Eloquenz, Ideenreichtum sowie Ausdrucksfähigkeit im Medium wissenschaftlichen Schreibens die Kompetenzen, an denen sich wissenschaftliche Exzellenz zeigt und die Kriterien für die Förderungswürdigkeiten von Studierenden wie Wissenschaftler/inne/n sind.

Bourdieu (2001) hat darauf hingewiesen, dass in allen wissenschaftlichen Anforderungen nicht nur formelle, sondern auch performative Kompetenzen eingehen und dass auch der intellektuelle Prozess selbst auf diesem doppelten Können beruht. Neben wissenschaftlicher Methodologie und fachspezifischen Methoden, die explizit gelehrt und verhandelt werden, werden habituell verankerte Fähigkeiten implizit vorausgesetzt und weiter ausdifferenziert. Gerade in der Verknüpfung der formellen mit den performativen Qualitäten öffnet sich ein Spannungsbogen zwischen formeller Zugehörigkeit zum wissenschaftlichen Feld (= wer eine Zulassung zum Studium bekommt, ist Mitglied der Universität; wer die wissenschaftlichen Fachmethoden richtig anwendet, kann eine Abschlussprüfung bestehen) und legitimer Zugehörigkeit (= nur wer wirklich Exzellentes leistet, darf sich der Wissenschaft zugehörig fühlen). Damit sind zugleich die Bewertungskategorien formuliert, nach denen akademische Konkurrenz ausgetragen wird. Für Studierende bedeutet dies: Neben einer angemessenen Schulbildung und einem Notendurchschnitt, der fürs gewählte Fach reicht, gehören selten thematisierte soziale Voraussetzungen zu den Bedingungen eines *leichten* Zugangs zur Wissenschaft. Die Bereitschaft, sich auf die akademische *illusio* (= die unhinterfragbare Selbstverständlichkeit, das, was im universitären Feld geschieht, für wichtig und bedeutend zu halten, Bourdieu 2001, 128 ff.) einzulassen, ist keine angeborene Begabung, sondern unter bestimmten sozialen Bedingungen bereits vor Studienbeginn entwickelt und habitualisiert. Die (leidenschaftliche) Diskussion theoretischer und experimenteller Details – ohne zu fragen, was man praktisch damit anfangen kann – ist ein wichtiges Instrument zur Schärfung der Präzision wissenschaftlicher Beschreibungen; sie erfordert Ausdauer und Selbstvergessenheit und gedeiht nur unter den sozialen Bedingungen von freier Zeit, sachbezogener Konkurrenz und Angstfreiheit. Kritik als Form der Anerkennung werten zu können (= in die Verfahren wissenschaftlicher Kritik einbezogen zu sein, bedeutet Zugehörigkeit zum Diskurs), ist alles andere als selbstverständlich, sondern eine komplexe psychische Leistung.

All diese Merkmale des akademischen Habitus sind nicht in erster Linie Ausdruck individueller Begabung, sondern Produkt einer diesen Habitus fördernden Sozialisation, in der Muße für das Verfolgen „unnützer" Interessen genauso selbstverständlich ist wie die Investition (auch knapper) ökonomischer Ressourcen in (Konzentration fördernde) kulturelle Aktivitäten und eine Gesprächskultur, in der Austausch und Disput ihren selbstverständlichen Platz haben. Dieser Sozialisationsprozess beginnt nicht mit dem Studium, wird aber in der Hochschulsozialisation weitergeführt und (fachspezifisch) ausdifferenziert.

Wer günstige Voraussetzungen mitbringt und auch im Studienverlauf auf entsprechende Unterstützung rechnen kann, findet sich relativ schnell in die universitäre Lebenswelt ein und kann seine individuellen Fähigkeiten entfalten und seine Leistungen sichtbar machen. Wer nicht oder nur teilweise darüber verfügt, hat höhere Risiken zu scheitern, erlebt Irritationen, Selbstwert- und Motivationskrisen. So kann z. B. die in Vorlesungen und Seminaren ausgetragene Konkurrenz – individuelles Sich-Sichtbar-Machen, Ignorieren der konstruktiven Seite in den Beiträgen Anderer, In-group-Verhalten – von den Einen als durchaus lustvolles Kräftemessen und von den Anderen als abstoßende Wichtigtuerei erlebt werden, was bei einigen zur Verweigerung des Mittuns führt.

Für die Entwicklungs- und Bildungsprozesse der Studierenden sind damit Konfliktpunkte beschrieben, die auch in Beratungsprozessen immer wieder zum Thema werden: Leistungsprobleme und Versagensängste, Unsicherheit hinsichtlich der akademischen Kultur, Motivationskrisen und Entscheidungskonflikte, Irritation der intellektuellen Leistungsfähigkeit und Kooperationsschwierigkeiten. Bei allen Themenverschiebungen, die in der Hochschulberatung in den vergangenen 30 Jahren (auf Grund gesamtgesellschaftlicher Veränderungen und Veränderungen in Hochschulstruktur und -kultur) stattgefunden haben, hat sich dieser auf das akademische Arbeiten bezogene Themenschwerpunkt als ein zentraler durchgehalten.

1.2.3   Gender

Bereits die demografischen Daten über die Geschlechterrelation im Studium geben Hinweise darauf, dass der Gender-Kategorie im Kontext von Studium und Wissenschaft eine besondere Bedeutung zukommt. Zwar sind die formalen Zugangshürden für weibliche Studierende inzwischen gefallen, dies bedeutet jedoch nicht, dass in der Hochschule Chancengleichheit für beide Geschlechter herrscht. Die Geschichte der (männlich geprägten) Institution Universität wirkt in der akademischen Kultur fort und geschlechtsspezifische Sozialisationsbedingungen führen zu einem unterschiedlichen Verhältnis zur akademischen „illusio". Beide Faktoren sorgen auch heute dafür, dass ein Studium aufzunehmen und erfolgreich zu Ende zu führen, für Männer und Frauen etwas Unterschiedliches bedeutet. Da diese Differenzen kulturell wirksam sind, von den Studierenden aber selten bewusst wahrgenommen und in ihrem Umfeld wenig zum Gegenstand von Austausch und Konflikten gemacht werden, ist es häufig Aufgabe von Beratung, Gender-Aspekte in die Klärung von Irritationen einzubeziehen.

Vergegenwärtigen wir uns zunächst das historische Erbe der Hochschulen: Die Universität war bis in die Mitte des 20. Jhs. eine männliche Korporation mit patriarchalen Förderstrukturen, erst in der zweiten Hälfte des vergangenen Jahrhunderts wurde sie in eine von demokratisch funktionierenden Gremien gesteuerte Organisation weiterentwickelt. Trotz veränderter formaler Strukturen, die Unvoreingenommenheit hinsichtlich der Personen sichern sollen, und trotz der an vielen Hochschulen verabschiedeten Frauenförderpläne findet sich in den Universitäten das, wofür Ursula Müller den Begriff der „asymmetrischen Geschlechterkultur" geprägt hat (Müller 2006, 16).

Nach aktuellem Forschungsstand spielen folgende Aspekte dabei eine Rolle: Die Kriterien für die Bewertung der wissenschaftlichen Leistungen (bei Anträgen für Forschungsprojekte und Bewerbungen für Professuren) sind – ob ausformuliert oder nicht – eher solche, die den Mainstream bzw. die Konformität stärken: Sichtbarkeit innerhalb der Disziplin, Bedeutung für das jeweilige Forschungsfeld, Reputation, Anerkennung durch anerkannte Peers. Solche Kriterien sind in einer historisch gesehen männlichen Institution, in der Frauen den Status von Neulingen haben, Männern eher förderlich als Frauen.

Hinzu kommt ein zumindest ambivalentes Verhältnis der männlichen Mehrheit zu weiblichen Wissenschaftskarrieren und der Förderung von Frauen innerhalb der Universität: Neben offiziell positiven Äußerungen zu diesen Fragen gibt es auch abwertende Diskurse – nicht mehr Frauen als Geschlechtsgruppe betreffend, wohl aber einzelne Frauen qua Geschlecht bzw. auf formelle Förderungsmaßnahmen zielend (Metz-Göckel & Kamphans 2002, 71, 77). Obwohl jede Wissenschaftskarriere auf Förderung basiert, sei es durch einzelne Hochschullehrer oder durch Stipendiengeber/Stiftungen, bekommt Förderung in diesem Subtext den Schein des Illegitimen, das nicht zu guten/hervorragenden Leistungen hinzukommt, sondern diese ersetzt.

Wie in anderen Organisationen auch verändert sich das Klima der Kommunikation und der Entscheidungsfindung nicht, wenn eine kleine Zahl Mitglieder aus einer vorher ausgeschlossenen Gruppe hinzukommt. Die neue Minderheit steht „unter einer ganz anderen Aufmerksamkeitsschwelle" und wird „individuell für die komplette Frauen- und Genderthematik verantwortlich" gemacht. Dies ändert sich erst – so eine von Metz-Göckel und Kamphans interviewte Rektorin –, wenn „mindestens 40 Prozent Frauen an einem Fachbereich lehren" (Metz-Göckel & Kamphans 2002, 79). Eine in diesem Sinne immer noch männlich geprägte universitäre Kultur beeinflusst auch die Wahrnehmung der Beteiligten. So wird die konstatierte Asymmetrie von Männern und Frauen unterschiedlich wahrgenommen. Frauen erleben an der Universität Ausgrenzungen und Herabsetzungen, die nicht die Bewusstseinsschwelle ihrer männlichen Kollegen erreichen. Dies gilt selbst für sexuelle Übergriffe, die nur beim Einsatz körperlicher Gewalt von beiden Geschlechtern gleich eingeschätzt werden (Müller 2006, 16).

Dass wissenschaftliche Rationalität mit (männlicher) Geschlechtsneutralität identifiziert ist, hat zudem zur Folge, dass jede Sexualisierung der Personen die Identität als Wissenschaftler/innen berührt. Während die Sexualisierung männlicher Wissenschaftler mit Privatisierung gleichgesetzt wird, ist die Sexualisierung von Wissenschaftlerinnen auch ein öffentlicher Vorgang. Dies führt zu Verunsicherung, Rückzug aus kommunikativen Kontexten, Abbruch von fördernden Beziehungen (Großmaß 1996) – eine grundlegende Irritation dessen, was Bourdieu die „illusio" des akademischen Feldes genannt hat.

Die Situation studierender Frauen hat sich seit den 1980er Jahren deutlich verbessert – Geschlechterdiskriminierung erfolgt heute in der Hochschule selten direkt, sexuelle Übergriffe kommen vor, werden aber in vielen Universitäten bei Bekanntwerden konsequent unterbunden –, dennoch erleben Frauen in der asymmetrischen Kultur stärkere Irritationen als ihre männlichen Mitstudierenden und fühlen sich häufiger und mit größeren Konsequenzen entmutigt.[34] Dieser Effekt wird verstärkt durch Auswirkungen geschlechtsspezifischer Sozialisation auf die Studienentscheidungen und das Studierverhalten. Die Fächerwahl entfernt sich nur sehr langsam von rollenspezifischen Vorstellungen, die Frauen in Richtung Sprachen, Kulturwissenschaften und Pädagogik weisen und Männer eher in Richtung Naturwissenschaften, Technik und Wirtschaft.[35] Auch das Kommunikationsverhalten von Studierenden bleibt insofern geschlechtsspezifisch, als Studentinnen häufig kooperative Kommunikationsformen bevorzugen und in Arbeits- wie in Liebesbeziehungen mehr Energie investieren als ihre männlichen Mitstudierenden, was beides im Kontext akademischer Konkurrenz nicht gerade zu ihrem Vorteil ist. Auf der anderen Seite macht es sie aufgeschlossener dafür, Orientierungsangebote in Anspruch zu nehmen und in Krisen Unterstützung zu suchen – entsprechend seltener ist das Verharren in Fächern und Studienschwerpunkten, in denen man sich „falsch" fühlt, sowie in Lebenssituationen, die von weitgehender Isolation und lang anhaltender Einsamkeit geprägt sind.

---

34 Eine der wenigen differenzierten Untersuchungen zur gesundheitlichen Verfassung Studierender – die an den beiden Züricher Hochschulen durchgeführte empirische Studie von Bachmann, Berta, Eggli & Hornung (1999) – konstatiert eine deutliche Zunahme an Depressivität bei Studentinnen nach dem ersten Studienjahr, während die Depressivität der männlichen Mitstudierenden abnimmt.

35 Dies bedeutet nicht, wie man vermuten könnte, dass sich junge Frauen auch heute im Sinne der Geschlechtscharaktere definieren und ihre Lebensziele danach ausrichten. Dieser statistische Befund kommt vielmehr einerseits durch ein kompliziertes Ineinandergreifen von Schullaufbahnen, Leistungskurswahlen und der verbreiteten Vorstellung zustande, Naturwissenschaften seien „schwerer" als Geisteswissenschaften (Heine et al. 2006); zum anderen spiegelt sich hier die soziale Zusammensetzung der Studentenschaft: Im Bildungsbürgertum wird es Frauen eher als Männern nachgesehen, wenn sie Fächer studieren, deren Verwertbarkeit auf dem Berufsmarkt unsicher ist.

Das Wissen um die Gender-Aspekte von Organisation und Sozialraum Universität ist in der Hochschulberatung auch als Hintergrund für solche Beratungsgespräche von Bedeutung, in denen Geschlechtsspezifisches zunächst einmal nicht Thema ist – es hilft in Entscheidungsprozessen mögliche Optionen zu erweitern, bei eher diffusen Irritationen die Konfliktpunkte zu klären und im Umgang mit der akademischen Kultur Verhaltensmuster zur Disposition zu stellen. Ob es sinnvoll ist, zu manchen Themen geschlechtshomogene Angebote (Kurse, Gesprächs- oder Coaching-Gruppen) zu machen, ist eine Frage der Einschätzung des Bedarfs und des konkreten Konzeptes einer Einrichtung.

1.3   Beratungsstrategien und Methoden

Berufliche Kompetenzen im psychosozialen Arbeitsumfeld entwickeln sich in einem Zusammenspiel von Wissen und Erfahrung aus subjektiv bedeutsamen einschlägigen Erlebnisprozessen. Erst diese Verschränkungen bewirken eine vertiefte Einsicht in die Komplexität beruflicher Handlungsabläufe. Beratungsarbeit kann deshalb nicht (nur) aus den beschriebenen theoretischen Konzepten abgeleitet praktiziert werden. Die Diskurssysteme von Wissenschaft und Professionalität sind inzwischen längst nicht mehr identisch.[36] Die Praxis ist selten eindeutig, sondern vielschichtig und fordert jeweils spezifische Arbeitskonzepte. Ausgangspunkt der Beratungspraxis ist das Begreifen der äußeren und inneren Situation der Klient/inn/en sowie der angesprochenen Themen, der Versuch, diese Bedingungen konzeptionell zu erfassen, die Fähigkeit theoretische Konzepte heranzuziehen und die gewählten Interventionen zu reflektieren. Die von uns in den bisherigen Überlegungen vorgestellten Theorien und begriffliche Zugänge haben in der Beratungspraxis eine dieser Praxissituation entsprechende Bedeutung: Sie helfen Situationen zu verstehen, soziale und institutionelle Hintergründe zu erfassen und relevante Informationen zu generieren – unmittelbar handlungsanleitend sind sie nicht. Professionelle Berater/innen bilden vielmehr einen Habitus aus, in dem die in der individuellen Sozialisation erworbenen und im Studium disziplinspezifisch ausdifferenzierten Dispositionen durch Kommunikationstraining, Zusatzausbildung und Berufserfahrung zu fachlich kompetenter Handlungsfähigkeit verschmelzen. Die Reflexion von Beratungsprozessen, eine berufsbegleitende Supervision und die Beteiligung am Fachdiskurs sichern die Fachlichkeit dieses personengebundenen Wissens.

---

36 Die Pluralität von theoretischen Positionen und Techniken diskutieren beispielsweise Buchholz (1997) und Will (2006). Im „Handbuch der Beratung", das Nestmann, Engel & Sickendiek 2004 herausgegeben haben, lassen sich die gegenwärtigen Diskussionslinien von praktizierten Beratungsansätzen und Beratungstheorien nachvollziehen.

Professionelle Beratungskommunikation im Hochschulbereich ist eine hoch spezialisierte Tätigkeit, die in einem institutionellen Kontext stark individualisierte Anliegen thematisieren und klären hilft: Menschen, die Orientierung in komplexen Entscheidungssituationen benötigen, oder sich von einer subjektiv bedeutsamen Lebenssituation überfordert fühlen, andere, die sich in emotionaler Not befinden, suchen durch Beratung Unterstützung und Entlastung. Ihnen wird in professioneller und zugleich persönlicher Form Raum und Kommunikation dafür geboten, selbst eine reflektierte Entscheidung oder Problemlösung zu erarbeiten. Was genau leistet ein solcher Beratungsprozess? Sehr allgemein gesprochen sind Beratungssituationen Unterbrechungen des alltäglichen Handlungs- und Entscheidungsdrucks. So wird „Beratung" systemtheoretisch als ein gesellschaftlich zur Verfügung stehendes Kommunikationsschema bezeichnet, das für Personen und Organisationen in Entscheidungsprozessen Aufschub bewirkt und für eine gewisse Verlangsamung in Entscheidungsprozessen sorgt (vgl. Fuchs & Mahler 2000). Verbunden damit ist die Erwartung, dass veränderte Handlungsbedingungen besser erfasst und individuelle Optionen klarer erkannt und umgesetzt werden können. In allen Bereichen von Bildung, Beruf und Beschäftigung kommt Beratung heute eine Schlüsselfunktion zu, denn diese gesellschaftlichen Bereiche sind von einer großen Dynamik gekennzeichnet und erfordern auf Seiten der Individuen eine engagierte und zugleich flexible Positionierung. Durch Beratung sollen spontane Fehlentscheidungen vermieden und psychische Konflikte begrenzt werden, um die Freiheitsräume zur eigenständigen Gestaltung des Studiums oder der Arbeitsprozesse weitmöglichst zu nutzen. Um dies zu erreichen, haben Beratungsprozesse eine doppelte Ausrichtung: Sie gehen von der Problemstellung und dem Orientierungsbedarf der Personen aus und beziehen die Bedingungen von Ausbildungsinstitutionen und Berufsfeldern in die Klärungsprozesse ein. Realitätstaugliche Optionen zu entwickeln und Lösungsstrategien zu erarbeiten, ist auch dann Ziel, wenn Beratung auf Grund persönlicher Krisensituationen aufgesucht wird. Je nach Aufgabenstellung und Thematik eines Arbeitsbereiches bzw. eines Beratungsprozesses sind individuelle und organisationsbezogene Perspektiven in unterschiedlicher Weise miteinander verschränkt.

Durch die unterschiedlichen Betonungen, die in einem Beratungsanliegen zu Tage treten, werden zugleich verschiedene methodische Akzente der Hochschulberatung markiert. Der Breite der vorgebrachten Beratungsanlässe entspricht ein breites Spektrum an Interventionsmöglichkeiten. Es haben sich zahlreiche aus verschiedenen psychotherapeutischen und pädagogischen Methoden abgeleitete Verfahren bewährt, eine generelle Überlegenheit eines methodischen Ansatzes lässt sich nicht behaupten. Allgemein geht die Beratung Studierender von einem personenbezogenen Ansatz aus – unter Einbeziehung der skizzierten institutionellen Aspekte. Wegen der methodischen Nähe zu diesen Disziplinen wird das Spezifikum von Beratung häufig in Abgrenzung zu pädagogischen und psychotherapeutischen Interventionen beschrieben. Das Besondere liegt jedoch nicht in der Anwendung von exklusiven Verfahren, sondern im Setting und im „Format"[37] – methodisch hat Beratung von beiden Bereichen profitiert.

1.3.1 Beratungsstrategien

Beratung liefert Informationen, klärt auf, strukturiert Problemlagen, zeigt Bewertungskriterien auf, gibt Ratschläge und Einschätzungen und weist auf Lösungsstrategien hin. Immer werden, wenn auch in sehr verschiedenem Ausmaß, Bezüge zur psychischen und sozialen Verfasstheit des Einzelnen sowie zu den anstehenden Entwicklungsaufgaben hergestellt.

Ob auf mehrere Einrichtungen verteilt, ob innerhalb einer Einrichtung arbeitsteilig organisiert oder durch die Berater/innen situativ mit unterschiedlichen Schwerpunkten ausgeübt – Hochschulberatung als Arbeitsfeld ist multidisziplinär. Sie umfasst Formen einer mehr pädagogisch und soziologisch ausgerichteten Studienberatung ebenso wie psychologische und psychotherapeutische[38] Beratungszugänge. Das Gemeinsame all dieser Prozesse lässt sich gut mit dem Begriff „psychosoziale Beratung" bezeichnen, da er die doppelte Ausrichtung von Beratung aufgreift und den Beratungsverlauf selbst betont bzw. ausdrückt, dass sich Beratung (zumindest implizit) immer mit Verhältnissen der Psyche zum Sozialen befasst.[39] Zugleich wird damit hervorgehoben, dass im Zentrum der Arbeit die Beratungskommunikation in Form von Einzelgesprächen oder Gruppen steht. So wichtig die Aufgaben der Informationsaufbereitung und -vermittlung auch sind und so notwendig es ist, das Beratungsangebot in der Hochschulöffentlichkeit sichtbar zu machen und an der Verbesserung der Hochschulkultur mitzuwirken, im Mittelpunkt steht der Dialog: Beratende und Studierende interagieren und erarbeiten Problemanalysen und Bewältigungsstrategien.

Ein wichtiger Pol des Beratungsgeschehens findet sich in den Bedingungen und Eigenarten der Universität (als System und soziales Feld). Daneben bedarf

---

37 Bernhard Plois (2005) unterscheidet in seinem Aufsatz über psychodynamische Beratung zwischen Format und Verfahren, um die teilweise konkurrenzgefärbte Abgrenzungsdiskussion zwischen Therapie und Beratung zu versachlichen.

38 Dies ist die Kennzeichnung, die das Studentenwerk für seine psychologische Beratung gewählt hat, in Abgrenzung zur Sozialberatung. Vgl. auch Scholle (2007).

39 Zur genaueren Begründung, Großmaß 2000, 13–23 und 83–116.

es auch eines Bezugs auf Merkmale der ratsuchenden Person, ihre Lebensbedingungen, die innere Erlebniswelt und die vorherrschenden Reaktionsmuster.
Hochschulberatung begleitet persönliche Entwicklungsprozesse, Selbstfindung
ebenso wie die Ausbildung selbsteffizienter Bewältigungsmuster subjektiver
und objektiver Problemlagen. Sie zielt auf Kompetenzerweiterung und Nach-
reifung. Die individuelle Psyche mit ihren Entwicklungspotenzialen, ihren Ver-
arbeitungsstrukturen und ihrer Störanfälligkeit hat ebenso wie die individuelle
Lernbiografie mit ihren Potenzialen und Schwachstellen Auswirkungen auf
Verlauf und Erfolg von Beratungsprozessen. Ausdrücklich eingegangen wird
auf diese Dimensionen allerdings nur dann, wenn das Gespräch deutlich macht,
dass das Anliegen über eine auf Fakten bezogene Informationssuche und die
Unterstützung bei der Formulierung von Optionen hinausgeht. Die von den Studierenden eingebrachten Probleme haben nicht immer eine fest umrissene
Struktur und sind nicht immer vorwiegend kognitiv zu lösen, sondern die Ratsuchenden bedürfen zuweilen auch der pädagogischen Anleitung oder einer
emotionalen Neuorientierung. Individuelle Reaktionen auf soziale und kulturelle Anforderungen im Studium und im Alltagsleben werden in diesen Fällen
explizit Thema. Ihre Veränderung, persönliches Wachstum und die Verarbeitung emotionaler Konflikte werden ein gemeinsames Ziel von Berater/in und
Klient/in. Beratungen mit einem solchen Anliegen lassen sich methodisch nicht
von therapeutischen Maßnahmen unterscheiden. In einem anderen organisatorischen Umfeld würden sie als Kurztherapien gelten, denn sie gehen über einen
einmaligen Kontakt hinaus: Von mehreren regelmäßig und zeitlich dicht aufeinanderfolgenden Gesprächen über die Einbindung in Trainingsprogramme oder
Kurse zum Erwerb von Schlüsselkompetenzen bis zu wiederholten Gesprächs-
kontakten, die sich über mehrere Semester hinweg erstrecken können, sind unterschiedliche Vereinbarungen möglich. Welche Strategie in einem Beratungsprozess verfolgt wird, was im Vordergrund der Exploration und Erarbeitung
von Lösungen steht, wird in der Anfangsphase gemeinsam erarbeitet.[40] Eine
einseitige Festlegung, die auf dem Fallverstehen und dem Wissen der Bera-
ter/innen allein basiert, wäre nicht tragfähig für eine wirksame Neuorientierung
der Klienten. Nur ein Problemverständnis, in dem Erleben und Selbstwahrnehmung des Klienten bzw. der Klientin aufgehoben sind und in das zugleich Pro-
blemwahrnehmung und Wissen der Berater eingeht, kann Grundlage eines Arbeitsbündnisses sein – nicht nur wenn psychische Konflikte und Entwicklungsanforderungen im Zentrum der Beratung stehen, sondern auch wenn es darum

---

40 Bei längeren Beratungsprozessen gilt es, sich dieser so entstandenen Arbeitsvereinbarung
    immer wieder zu vergewissern bzw. Modifikationen oder Änderungen miteinander abzu-
    stimmen.

geht, dass Informationen über Studienabläufe, Regeln des Wissenschaftssystems oder Gepflogenheiten des akademischen Feldes für eine persönliche Entscheidung bedeutsam werden sollen.

1.3.2 Der Kontextbezug von Beratung und die Grundhaltung von Berater/innen

Für Beratungsprozesse liegen bisher kaum generalisierbare Ergebnisse einer Wirkungsforschung vor – was mit der Diversifizität von Beratungsfeldern zusammenhängt, sicher aber auch darauf zurückzuführen ist, dass Beratung noch eine relativ junge Profession ist. Jedoch kann Beratung gerade hinsichtlich der Wirksamkeit ihrer Interventionen von Erfahrungen aus dem psychotherapeutischen Bereich profitieren – basiert doch der Erfolg beider Formate darauf, dass die Klienten in ihrer persönlichen Selbst- und Weltwahrnehmung erreicht und emotional berührt werden. Überträgt man die Erkenntnisse über die Wirkfaktoren von Psychotherapie auf den Beratungsprozess, lässt sich die These aufstellen, dass Beratungen dann erfolgreich verlaufen, wenn die theoretischen Konzepte und Interventionen einem *kontextbezogenen* Denkmodell zugeordnet sind. Untersuchungen über die Wirksamkeit von Therapien haben gezeigt, dass ein Spezifitätsmodell, wonach spezifische Methoden bei spezifischen Störungen benötigt werden, um spezifische Effekte zu erzielen, empirisch nicht zu halten ist. Nach den Ergebnissen von Wampold (2001), die inzwischen zahlreiche weitere bestätigende Untersuchungen nach sich gezogen haben, muss man vielmehr von einem kontextbezogenen Modell ausgehen.[41] Entscheidend für eine erfolgreiche psychotherapeutische Behandlung ist, dass dem Patienten ein sinnhafter Zusammenhang zwischen seiner Störung, der durchgeführten Behandlung und der Störungstheorie plausibel dargelegt werden kann. Das heißt, dass sowohl die Interventionen als auch das Behandlungssetting zu den Vorstellungen des Patienten passen müssen, zu seinem Verständnis seiner (gesundheitlichen) Situation. Die Forschungsergebnisse machen darüber hinaus deutlich, dass auch die Therapeuten von der durchgeführten Behandlung überzeugt sein müssen, wenn die Therapiemotivation aufgebaut bzw. aufrechterhalten und nicht abgebaut werden soll. Wenn dies alles für Psychotherapien gilt, die ja in

---

41 Auch psychotherapeutische Forschungsergebnisse sind an Kontexte und Situationen gebunden und von ihrer Einbindung in gegebene Versorgungsstrukturen abhängig. In seiner kontinuierlichen Durchsicht aktueller Psychotherapieforschung hat M. B. Buchholz in den Psycho-News-Lettern zahlreiche Studien referiert, die dies eindeutig belegen, s. z. B. Buchholz (2007).

viel größerem Maße einem ausdifferenzierten Störungsmodell verpflichtet sind, dann gilt es für Beratungshandeln noch viel deutlicher.

Auf dem Hintergrund der oben genannten grundlegenden Funktionen und Einbindungen von Beratung lässt sich beschreiben, was das Konzept des Kontextbezuges für die Beratungspraxis bedeutet: Für den Erfolg der Beratung ist die Einschätzung der Ratsuchenden maßgebend, einen guten Kontakt, ein tragfähiges und vertrauensvolles (kurz- oder längerfristiges) Arbeitsbündnis mit kompetenten Experten und Expertinnen zu haben. Dabei erschöpft sich der Kontextbezug nicht auf das metatheoretische Verständnis über den gemeinsamen Arbeitsprozess. Zentral ist die Beziehung, die Ratsuchende und Beratende eingehen. Der kontextbezogene Ansatz ist ein vorwiegend relational bezogenes Modell, das auf Beziehungskompetenz und Konzeptkompetenz gründet.[42] Damit ist einerseits die persönliche Fähigkeit eines Beraters oder einer Beraterin gemeint, eine gute Arbeitsbeziehung herzustellen, und zum anderen die Kompetenz, mit einem Beratungskonzept die Interaktion und den Arbeitsprozess zu gestalten. Für den Ablauf und das Ergebnis von Beratungen scheinen Eigenschaften wie psychische Plastizität und Empathiefähigkeit ebenso wichtig zu sein wie Fachkompetenz und Vertrauen in die eigene Beratungsstrategie. Gelungene Beratungen bedürfen keiner langfristigen Arbeitsbündnisse, aber einer neugierigen, tendenziell offenen experimentellen Haltung der Beratenden. Nehmen Berater ihren Ratsuchenden dagegen aus einer normativen Sicherheit heraus die Problemanalyse ab, dann wird aus einer wohlmeinenden Haltung Dominanz – das kommunikative Verhandeln, die Verständigung über die Problemsicht, fällt aus, was auf beiden Seiten Gefühle des Aneinandervorbeiredens oder -agierens auslösen kann. Erfolg versprechend ist dagegen eine „Einigung" hinsichtlich der Problemlage ebenso wie bezüglich der Ausrichtung der Beratung, ob sie eher auf Handlungen oder auf die Klarifikation von Motiven abzielt, und an welchen Kriterien oder Werthaltungen Entscheidungen zu orientieren sind. Eine solche Abstimmung ist nur über Beziehungs„arbeit" zu erreichen. Für die Entwicklung und Veränderung von Problembewusstsein und -einsicht ist das Gelingen solcher Anpassungsprozesse auch deshalb wichtig, weil Ratsuchende so die (wünschenswerte) Überzeugung aufbauen können, dass die Beratung hilfreich verlaufen wird. Dies setzt bei den Beratern sowohl die Bereitschaft voraus, die Anliegen der Ratsuchenden aus deren Perspektive zu erfassen wie auch die Fähigkeiten, sich in die Lebenswelt des Ratsuchenden einzufühlen und das Wissen, wie Problemlösungen erarbeitet werden können. Da-

---

42 Jutta Kahl-Popp (2004) macht Vorschläge für eine kontextbezogene psychotherapeutische Kompetenz im Rahmen der psychoanalytischen Ausbildung, die sich auch auf Standards für Beratungskompetenz anwenden lassen.

mit sind grundlegende Kompetenzen umschrieben, die entscheidend Auswirkung auf Verlauf und Ergebnis von Beratungsgesprächen haben.

Obwohl die Psychodynamik des Gesprächsverlaufs nicht im Fokus der Aufmerksamkeit von Beraterinnen und Beratern steht, ist sie doch in jedem Beratungsgespräch, selbst in kurzen Begegnungen, gegenwärtig.[43] Häufig bestimmen die jeweiligen geschlechts- und generationstypischen Haltungen, Einstellungen und Verunsicherungen die Interaktion zwischen Klient/innen und Berater/innen. Machtverhältnisse, subjektive Theorien, kulturelle Unterschiede, biographische Gebundenheiten und der institutionelle Kontext prägen das strukturell vorgegebene Setting und beeinflussen die Psychodynamik. Beratungen verlaufen erfolgreicher, wenn es gelingt, immer wieder die Besonderheiten des Feldes, die aktuell stattfindende Interaktion und die im Gespräch entstandene Beziehung zu reflektieren und den Beratungsprozess danach auszurichten. Die Orientierung am kommunikativen Prozess erhöht die subjektive Zufriedenheit für Beratende wie für Ratsuchende und birgt die Chance, das Gespräch über den engeren Beratungsanlass hinaus zu einer Einsicht fördernden Begegnung werden zu lassen.[44] Dominiert dagegen eine funktionale Logik das Gespräch, wenn also jeder individuelle Aspekt hinter einem allgemein formulierten oder sogar standardisiert erfassten Beratungsanlass verschwindet, dann entfalten sich interaktive Momente nur unzureichend, mit dem Effekt, dass Entwicklungschancen vergeben werden.[45] Der Beratungserfolg wird auch vermindert, wenn durch nicht wahrgenommene Verstrickungen, gegenseitig ungeprüfte Zuschreibungen unterstellt werden. Die Vielfalt der Arbeitsformen und der diversifizierten Interventionsmöglichkeiten von psychosozialen Beratungsangeboten basiert letztendlich auf dem Gelingen persönlicher Gespräche und Begegnungen zwischen Menschen. Bei jedem Beratungsgespräch geht es daher immer auch um das Herstellen einer Beratungs*beziehung*, die Grundlage und Medium für den weiteren Prozess ist.

Beratungsstrategien sollten nach unserer Überzeugung feldspezifisch und personenzentriert gewählt werden und damit am sozialen, kognitiven und emotionalen Kontext der Ratsuchenden orientiert sein. Eine ausdrückliche Zielorientierung ist ein weiteres Kennzeichen der (Hochschul-)Beratung. Ausgangs-

43 In Kapitel 4 dieser Arbeit werden wir darauf ausführlicher eingehen. Zu feldtypischen Konfliktkonstellationen, die Arbeitsbeziehungen von Beratern und Studierenden belasten, siehe Püschel & Großmaß (2005).

44 Die Bedeutung psychodynamischer Konzepte für das Verstehen der Beratungsinteraktion und die Beziehungsgestaltung werden in Großmaß & Püschel (2005) erörtert.

45 Das Fehlen der persönlichen Bezugnahme, der direkten Interaktion kann die relativ begrenzte Wirkung von rein auf Selbsterkundung ausgerichteten Ratgebern und Lernmodulen erklären.

punkt ist das Klären des Anliegens und die gemeinsame Erarbeitung der Zielsetzung der Beratung. Beratungsbedarf entsteht beispielsweise dann, wenn Studierende mit den Anforderungen des Hochschulsystems nicht vertraut sind bzw. die wissenschaftlichen und sozialen Bedingungen als verwirrend, fremd oder ängstigend erleben. Die gemeinsame Zielformulierung verlangt in diesem Fall von Beraterinnen und Beratern die Kenntnis sowohl der Arbeits- und Lebensbezüge ihrer Klienten als auch der akademischen und institutionellen Bedingungen, um den Übergang in das neue Umfeld zu unterstützen. Sie müssen also die Rahmenbedingungen kennen, die schulisches oder berufliches Lernen voraussetzen, um auf die relevanten Unterschiede zum akademischen Arbeiten hinweisen zu können. Die genaue Problemanalyse setzt sowohl die Kenntnis des Feldes Hochschule und seiner Anforderungen als auch die Bezogenheit auf das geschilderte Erleben der Studierenden voraus, um angemessene und ergebnisorientierte Beratung durchführen zu können. Feldkenntnis und Kontextbezug sind auch vonnöten, um die Selbstzuschreibungen der Ratsuchenden zu überprüfen. Oftmals werden strukturelle Defizite des Hochschulsystems individuell erklärt, aber auch umgekehrt wird persönliches Versagen als Fehler der Institution präsentiert. Beratung, die dies nicht aufdeckt, motiviert den Ratsuchenden nicht ausreichend, geeignete Arbeitsstrategien aufzubauen und sie zielorientiert und erfolgversprechend einzusetzen. Indem die Beratung die Interessen der Ratsuchenden im Blick hat wie die Bedingungen und Absichten der Institution, können Lösungen erarbeitet werden, die die individuelle Handlungsfähigkeit im System ausbauen sowie individuelle und institutionelle Ressourcen erschließen.

Beratungsgespräche haben verschiedene Funktionen, die jeweils den Gesprächsverlauf bestimmen und die Psychodynamik der Begegnung verändern. Die Beteiligten gestalten das Gespräch nach ihrem Vorverständnis und ihren Erwartungshaltungen. Die Rollenerwartungen, gefärbt durch die jeweilige Sicht auf das spezifische Umfeld und auf die Institution, in der die Beratung stattfindet, sind deshalb wichtige Reflexionskategorien des Beratungsprozesses. Damit sind aber auch Grenzen definiert. Die Nähe zum sozialen Umfeld, das als Problem verursachend wahrgenommen wird, erschwert es Studierenden zuweilen auch, sich anderen Themen zu öffnen und sich den inneren Konflikten wirklich zu stellen. Hier wird eine wichtige Differenz zum psychotherapeutischen Setting deutlich: Beratungsstellen können wegen ihrer Einbindung in die Alltagswelt nicht von allen als der schützende Raum akzeptiert und erfahren werden, der für die Beschäftigung mit dem Innenleben benötigt wird.

1.3.3   Die Bedeutung von Informationen im Beratungsprozess

„Beratung ist immer oder meist auch Information" (Nestmann 2008, 78). Und in der Hochschulberatung spielt präzises Wissen – über den Aufbau der Universität und ihre bürokratische Struktur, über Studienangebot und Studienverläufe, über Leistungsanforderungen und Förderungsmöglichkeiten (= die formale Seite dessen, was wir in unseren bisherigen Überlegungen Feldkenntnis genannt haben) – eine besonders große Rolle. Allerdings führt die Menge vorhandener Informationen „nicht zwingend zur besseren Informiertheit und Beratung hat eher die Funktion, Information in ihrer Vielfalt, Unstrukturiertheit oder gar Widersprüchlichkeit zu organisieren. Sie hat Hilfe bei der Ordnung, Gewichtung und Wertung von Information zu leisten, sie anschlussfähig zu machen an existierende Wissensbestände und vorhandene Einstellungsmuster" (ebenda, 79).

Die Realität von Studium und akademischem Leben ist das objektive Gegenüber, auf das bezogen Entscheidungen, Selbstklärungen und die Entwicklung tragfähiger individueller Perspektiven zu leisten sind. Der Gesamtpool an Informationen, die für die unterschiedlichen Klientelgruppen (Studieninteressenten, Studienanfänger, Studierende im Übergang Bachelor/Master, Studierende im Übergang zu Wissenschaft/Beruf) relevant sind/werden können, muss deshalb den Beratern und Beraterinnen entweder unmittelbar zur Verfügung stehen oder medial erreichbar sein – in ein Beratungsgespräch eingehen wird er allerdings nicht. Die Schwierigkeit, mit der Studienanfänger und Studierende zu kämpfen haben, besteht ja meist nicht darin, dass überhaupt keine Informationen vorhanden oder zugänglich wären. Sie besteht eher darin herauszufinden, welche der Informationen, die ihnen begegnen oder die sie überfluten, für die persönlich zu treffende Entscheidung und die individuelle Perspektive relevant sind bzw. wie man Zuverlässiges vom „Hörensagen" und von Werbeslogans unterscheiden kann.

Je nach (im Gespräch geklärter) Problemlage, je nach individuellem Orientierungsbedarf und vereinbartem Arbeitsziel werden unterschiedliche Segmente dieses für die Beratung zur Verfügung stehenden Informationspools benötigt, um realitätsangemessen die Position im beruflichen Feld und in der biografischen Entwicklung zu erkennen und (neue) Perspektiven und Entscheidungsmöglichkeiten zu entwickeln. Je nach Beratungsziel und zu leistender Entwicklungsaufgabe kann es effektiv sein, wenn in der Beratung die benötigten Informationen passgenau zur Verfügung gestellt oder aber die Betroffenen auf dem Weg der Erkundung und Informationsbeschaffung begleitet werden. In die Gespräche werden Informationen prozessorientiert eingebracht, denn Beratung soll ja Orientierungs-, Entscheidungs- und Entwicklungsprozesse der Studierenden in ihrer jeweils individuellen Situation unterstützen. Auch für die Verarbeitung wichtiger Informationen hin zu persönlichen Entscheidungen und Veränderungen ist Kontextbezug im oben ausgeführten Sinne erforderlich. Denn nicht allein die kognitive Seite (Aufnehmen und Verstehen) ist von Bedeutung, sondern auch die Bereitschaft, sich an Realitätsgegebenheiten auszurichten, sowie emotionale Offenheit für Neues. Erst dann bekommt Wissen persönliche Relevanz. Neugier und Offenheit zu fördern, Informationen für die individuelle Entscheidung wirksam werden zu lassen, ist meist das Ergebnis erfolgreicher Beziehungsarbeit. Das für Studienentscheidung und Studienbewältigung erforderliche Wissen wird daher von der Beratungseinrichtung einerseits auf unterschiedlichen Ebenen bereitgestellt (Handbücher und Infoblätter, im Internet eingestellte Texte, E-Learning-Module, Informationsveranstaltungen) und andererseits je nach Fragestellung und Problemlage der Einzelnen in die Beratungskommunikation einbezogen.

Natürlich benötigt nicht jeder Student/jede Studentin ein Beratungsgespräch, um relevante Informationen über Studienaufbau und -verlauf, über Zulassungsbedingungen und Studienabschlüsse einzuholen und angemessen zu verarbeiten. Nicht immer und nicht in jedem Punkt ist die Auseinandersetzung mit der Realität Universität eine persönlich irritierende. Der Informationspool, den Hochschulberatungen bereithalten und in der Regel auch Studieninteressenten und Studierenden in Informationsveranstaltungen oder medial aufbereitet zur Verfügung stellen, wird daher von einer viel größeren Personenzahl frequentiert als die Möglichkeit eines Beratungsgespräches. Das ist mit Blick auf die Organisation Universität mit ihren bürokratischen Regularien und der Vielzahl von Ausbildungsgängen, die sich wählen und kombinieren lassen, nicht anders zu erwarten. Und es handelt sich dabei um einen der Punkte, in denen sich die Hochschulberatung von anderen Fachrichtungen und Institutionen unterscheidet.

Dennoch geht es auch bei diesem Angebot nicht nur um die schlichte Weitergabe einzelner Informationen. Es handelt sich zugleich um eine Gestaltung des Übergangs vom öffentlichen Raum der Hochschule zum geschützteren Raum einer Beratungsstelle, der das Thematisieren von Persönlichem ermöglicht. Auch beim Beantworten von Sachfragen, auch in der Gestaltung von Informationsveranstaltungen sollte dieser Übergang atmosphärisch präsent sein. Dies erleichtert es den Besuchern nachzufragen und zu einem anderen Zeitpunkt (mit neuen Fragen) wiederzukommen.

1.3.4 Methodische Aspekte

Auch in Bezug auf die Interventionsformen ist die Hochschulberatung durch eine ausgeprägte Methodenvielfalt gekennzeichnet. In manchen Einrichtungen werden psychologische Tests oder Selbsterkundungsmanuale eingesetzt, in manchen das pädagogische Verfahren des Monitorings; E-Learning-Module als Begleit- oder Vorlaufübungen von Beratungsprozessen kommen genauso vor wie Lerntagebücher oder Methoden aus dem Verhaltenstraining. Für die Gesprächsführung und die Beziehungsarbeit sind Konzepte aus dem psychotherapeutischen Spektrum produktiv: So finden sich Elemente aus der Gesprächspsychotherapie genauso in der Beratungspraxis wie Methoden aus dem Psychodrama, systemische oder tiefenpsychologische Ansätze. Auch familientherapeutische Konzepte lassen sich für die Hochschulberatung fruchtbar machen. Beratung wird daher häufig unter einer eklektisch-integrativen Handlungsorientierung beschrieben, bei der eine flexibel gehandhabte Passung methodischer Vorgehensweisen auf Anforderungen, Probleme, Bedürfnisse und Kontexte den Vorzug vor rigider Konzeptfixierung gibt. Neben allgemeiner Kommunikations- und feldspezifischer Sachkompetenz bestimmen solche methodischen Ansätze die Beratungsverläufe, die sich an den verschiedenen Zugängen orientieren, unter denen Beratungen geplant und durchgeführt werden. So werden mit dem Beratungsbegriff sehr unterschiedlich formulierte Maßnahmen und Praktiken verbunden, mit denen divergierende, aber auch ähnliche Intentionen verfolgt werden können: Erziehung, Unterstützung, Problemanalyse, Problemlösung, Initiieren von Lernprozessen, Anregung und Ausbildung von Reflexionskategorien, Entängstigung, Symptomlinderung, Entlastung, Empowerment, Orientierung sowie Informationsgabe und -bewertung. Auf all diese Möglichkeiten rekurrieren zu können, stellt zwar ein großes Potenzial dar, kann aber auch zu Konzeptlosigkeit führen.[46] Die Erarbeitung von Beratungsschwerpunkten und die Verständigung über Rahmenkonzepte sind deshalb für jede Einrichtung von großer Bedeutung und erleichtern den Austausch über praxisbasierte Evidenz.

Beratung bewegt sich im Spannungsfeld von Psychologie, Psychotherapie, Pädagogik und Sozialarbeit. Die abgeleiteten Interventionsformen weisen dabei sowohl Gemeinsamkeiten als auch wesentliche Unterschiede zu den Nachbardisziplinen auf. So beziehen sich Psychotherapie und psychologische Beratung beispielsweise auf dieselben theoretischen Konzeptionen der Psychogenese und der Psychotherapie[47], beide achten, wenn auch mit entgegengesetzter Aufmerksamkeitsrichtung auf explizite Fragen/Probleme *und* implizite emotionale Mitteilungen.

---

46 So begrüßen Nestmann & Engel (2002, 27 ff.) zwar die wahrgenommene methodische Öffnung verschiedener Psychotherapieschulen, weil sie zu einer flexiblen „multimethodischen Beratungsorientierung" führen können, fordern aber gleichzeitig einen planvoll reflexiven Methodenpluralismus ein.

47 Eine ausführliche Auseinandersetzung mit beiden Interventionsformen und ihrer Professionalisierungsgeschichte findet sich in Großmaß (2004a).

Das Medium für Veränderungen in Therapie und Beratung ist der kommunikative Prozess, geprägt durch die zwischenmenschliche Beziehung. Beratung ist dabei mehr auf die Erarbeitung des Ziels oder der Problemlösung ausgerichtet, während in der Therapie der Verlauf des Beziehungsprozesses entscheidende Bedeutung hat. Therapie wirkt durch die Entfaltung der unbewussten Kommunikation, in der Beratung werden die bewusstseinsfähigen Schritte der Kommunikation fokussiert. Wenn die Weitergabe von Informationen im Vordergrund steht, spielt der Beziehungsaspekt eine eher geringe Rolle. Er wird immer dann wichtig, wenn es um die Lebensperspektive, seelische Belastungen und Konflikte der Klienten geht. Sowohl in der Beratung als auch in der Therapie wird über Emotionales und die persönliche Geschichte gesprochen. Basale Wirkfaktoren psychotherapeutischer Arbeit wie Ressourcenaktivierung, Klärungsperspektive und Unterstützung bei der Problembewältigung lassen sich auch im Beratungsprozess entfalten. Und Beratung verhilft mitunter ebenso wie Psychotherapie zur Akzeptanz innerer Erlebnisse mit dem Ziel, die eigenen Erfahrungen, die eigene Geschichte in ihrer Bedeutung für das gegenwärtige Erleben zu erfassen. Beratung kann zur Konfliktwahrnehmung beitragen und Lösungen erarbeiten, die der Entwicklung von psychischen Störungen vorbeugen. Diese Gemeinsamkeit und die Intimität einzelner Beratungssequenzen, die durchaus der emotionalen Dichte psychotherapeutischer Situationen ähnelt, haben in der psychologisch-klinischen Diskussion phasenweise die sehr deutlichen Unterschiede zurücktreten lassen. Diese liegen in den Rahmenbedingungen, im Gesamtsetting oder Format: Zugang, Finanzierung, Alltagsnähe, Räumlichkeiten, Fokussierung der Themen und die Nähe von Beratung zu gesellschaftlichen Funktionssystemen.

So treten in Beratungen anders akzentuierte Zielsetzungen in den Vordergrund und diese bestimmen in der Folge die unterschiedlichen Gesprächsstrukturen und Interventionen. In der Beratung wird Verstehensarbeit und Erkenntnisarbeit weit mehr mittels Konfrontationen und Klarifizierungen geleistet als in der Therapie. Beratung ist auf eine flexible und umweltbezogene Unterstützung ausgerichtet. Da Beratungsstellen bei Problemen und Störungen im direkten Umfeld intervenieren, können problemnahe Ressourcen genutzt und pädagogische sowie aus der Sozialberatung stammende Arbeitsformen in die Arbeit einbezogen werden. Möglichkeiten sozialer Unterstützung werden erkundet und vermittelt, Ressourcen (Stipendien, Wohnmöglichkeiten) erschlossen, pädagogisches Monitoring in die Beratungsarbeit eingebaut. So gibt es in vielen Beratungseinrichtungen spezielle Kursangebote und Kompetenztrainings, die für die Bearbeitung feldspezifischer Lösungen vorbereiten und den individuellen Handlungsspielraum erweitern.

Ähnlich wie pädagogisch orientierte Maßnahmen setzt Beratung am Selbsthilfepotential an und übernimmt damit die Funktion eines Katalysators, der über die Förderung persönlicher Wachstumspotenziale Veränderung und Aufklärung bewirkt. Die Entwicklung der individuellen Ressourcen ist eine zentrale Aufgabe, die Einsicht und Aufarbeitung der individuellen Konfliktgeschichte geschieht nachgeordnet. Beispielsweise werden in einer Beratungssituation Anlehnungsbedürfnisse befriedigt und dadurch die Sicherheit gegeben, um die Bereitschaft zu Risikokommunikation zu erhöhen oder die Auseinandersetzung mit Realitäten zu befördern. In Hinblick auf einzelne Themenbereiche – wie die Wertschätzung akademischer Arbeitsformen oder die Einstellung zur Institution Universität – wird den Berater/innen eine Modellfunktion zugeschrieben, die sie bewusst wahrnehmen und gestalten sollten.

So wie Themen in Beratungsgesprächen vorkommen, die Wissensvermittlung und „pädagogische" Interventionen erfordern oder in die Nähe sozialpädagogischer Methoden führen, so werden mitunter Probleme in Beratungsprozesse eingebracht bzw. im Verlauf erkennbar, die psychotherapeutische oder medizinische Behandlungen verlangen – eine entsprechende Überweisung/Empfehlung wird dann zum Beratungsthema.

Als professionelles psychosoziales Handeln, das Orientierungshilfe bei der Klärung individueller Probleme bietet, die aus sozialen Anforderungen entstehen und den persönlichen Bereich einer Person betreffen, muss Beratung auch Überlegungen zur Indikation einbeziehen. Die Frage, welche Unterstützungsangebote prognostisch Erfolg versprechend erscheinen, ob Beratung oder aber Therapie, Kompetenztraining oder begleitendes Coaching, oder ob vorrangig Informationen recherchiert und Entscheidungsstrategien erarbeitet werden sollen, werden in Abstimmung mit den Ratsuchenden beantwortet. Berater und Beraterinnen müssen dabei einschätzen können, unter welchen Bedingungen eine Beratung möglich erscheint und welche Ebene der Psyche in ein Gespräch einbezogen werden kann und sollte. Respekt vor dem Subjektstatus ihrer Klienten sollten die Beratenden dabei leiten.[48]

Die Methoden, die in der Beratung eingesetzt werden, und Modelle, an denen sich diese Kommunikationstechniken orientieren, haben nicht nur verschiedene fachliche, sondern auch sozialpolitische Wurzeln. So lassen sich für das heute nicht nur im Kontext von Beratung erfolgreiche Konzept der Ressourcenorientierung drei Quellen ausmachen: das fachliche Postulat von Empowerment/Netzwerkorientierung, die Anerkennung von Selbsthilfeformen im professionellen Bereich und die sozialpolitisch gewollte Idee der Selbstverantwor-

---

48 Großmaß (2007) warnt davor, die psychologischen Implikationen des Beratungsanliegens unvorbereitet oder gar unerwünscht zu thematisieren, und weist auf die Gefahr hin, dass theoretisch erkannte Zusammenhänge dann als übergriffig und verletzend erlebt werden können. Dies ist mit den schädlichen Auswirkungen zu vergleichen, die vorschnelle Deutungen von Therapeuten haben, wenn sie kognitiv und emotional nicht verarbeitet werden können.

tung. Damit aus solchen Impulsen fachlich begründete Konzepte entstehen, ist eine fächerübergreifende, auf Beratung bezogene interdisziplinäre Diskussion erforderlich.[49]

Ein erfolgreicher Beratungsverlauf ist – das gilt für Beratung in allen Feldern – von der Fähigkeit des Beraters beeinflusst, Affekte der Klienten aufzunehmen und angemessen zu spiegeln. Berater und Beraterinnen, die auf die im Gespräch aufscheinenden emotionalen Belastungen ihrer Ratsuchenden Bezug nehmen können, werden ein Gesprächsklima gestalten, das Halt gibt und neue Erfahrungen ermöglicht.

Mit einem konkreten Beispiel aus unserer Praxis wollen wir einen zentralen Aspekt dieser Überlegungen zur Methode verdeutlichen – dass nämlich die in der Hochschulberatung auftretenden komplexen Zielsetzungen den reflektierten Einsatz verschiedener Interventionen erforderlich machen:

> *Eine Studentin im 7. Hochschulsemester, Juliane, meldet sich für ein Beratungsgespräch an, weil sie Unterstützung für eine dringende Studienentscheidung sucht. Sie beschäftigt sich mit der Möglichkeit eines Studienabbruchs. Vor zwei Jahren hatte sie sich wegen einer depressiven Erkrankung in psychotherapeutische Behandlung begeben müssen. Sie hatte damals einen Zusammenbruch erlebt, war in allen Hinsichten unsicher geworden und litt unter Panikattacken. Ein ernüchterndes Praktikum hatte sie außerdem in Hinblick auf ihre Berufsvorstellungen verunsichert und sie schaffte ihre Hausarbeiten nicht mehr im vorgesehenen Zeitrahmen. In ihrem zweiten Nebenfach kam sie überhaupt nicht voran, sie fühlte sich fremd, Seminarstil und Diskussionsebenen waren sehr anders, als sie es aus den anderen Fächern gewohnt war. Juliane stellte hohe Ansprüche an sich, wollte immer alles perfekt machen. Sie war eine ausgezeichnete Schülerin gewesen, hatte als Schulsprecherin auf großen Veranstaltungen gesprochen und erlebte im Studium zunehmend Redeängste, sie traute sich schließlich nicht mehr, im Seminar mit den anderen zu diskutieren.*
>
> *Nachdem sie ihre Therapie nahezu abgeschlossen hatte, ging es ihr erheblich besser, allerdings stagnierte sie im Studium weiterhin. Ihre Eltern schildert sie als sehr besorgt, im Verhalten aber auch sehr widersprüchlich. Einerseits rieten sie ihr immer, sich zu schonen und sich nicht zu überfordern, andererseits machten sie ihr viele Vorschläge, wie sie in der Bearbeitung der Hausarbeitsthemen verfahren sollte. Sie boten ihr wiederholt an, ihr zu helfen, ihr Vater schickte ihr E-Mails mit Literaturangaben, Gliederungsentwürfen und detaillierten „Probeformulierungen". Juliane war überzeugt, dass ihre Eltern letztlich sehr ent-*

---

49 Nestmann, Engel & Sickendiek (2004) zeigen, auf welche Diskurse sich Beratungstheorie und -praxis beziehen und wie sich die Professionalisierungsprozesse gegenwärtig entwickeln.

täuscht von ihr waren. Ihre aktuelle Situation war durch eine Zuspitzung im Studium bestimmt: In der obligatorischen Prüfungsberatung hatte sie vor einer Woche die Auflage bekommen, die Zwischenprüfung in den Nebenfächern spätestens im nächsten Semester abzulegen. Nun fühlte sich Juliane wieder unter Druck, der Panik nahe und hatte alle Zuversicht verloren. Sie wusste nicht, wie sie das alles bewältigen sollte.

Von der Beraterin – das wurde im ersten Beratungsgespräch deutlich – wollte sie Entscheidungshilfe, wie sie nun vorgehen solle. Hatte sie eine Chance, sich auf die Prüfungen einzulassen oder musste sie das Studium abbrechen bzw. Fach oder Ort wechseln? Allein traute sie sich nicht zu, mit diesen Fragen weiterzukommen, die Eltern würden sie nur noch nervöser machen und ihre Therapeutin sei in einem längeren Urlaub. Juliane war verzweifelt. In ihrem Hauptfach Allgemeine und Vergleichende Literaturwissenschaften hatte sie bereits vor fünf Semestern ihr Grundstudium abgeschlossen, in Italienischer Philologie besaß sie alle notwendigen Scheine, die mündliche Zwischenprüfung war für das Semesterende vorgesehen. Mit dem zweiten Nebenfach, Philosophie, kam sie allerdings nicht voran. Sie besaß noch keinen Schein. Sie erklärte das damit, dass sie die Themen zwar spannend fand, aber nicht so wie die anderen zu diskutieren wusste. Sie fühlte sich ob ihrer Situation beschämt und hatte wenig Zutrauen, die Situation zu bewältigen. Wenn sie an all die Hausarbeiten dachte, die sie insgesamt im Studium noch anzufertigen hatte, um ihren Magisterabschluss zu erreichen, überfiel sie Angst und Hoffnungslosigkeit.

Juliane hatte ihr Studium fast ein Jahr lang unterbrochen und erst in diesem Semester wieder aufgenommen. Insgesamt empfand sie sich gestärkt, aber vom Ausmaß der anstehenden Arbeiten überfordert. Sie suchte nach Lösungen und jonglierte mit verschiedenen Alternativen: Vielleicht, so überlegte sie, könne sie vom jetzigen Magisterstudium auf den gerade neu eingerichteten Bachelor wechseln. Wenn sie angenommen würde, hätte sie relativ bald einen ersten Abschluss, denn sie hoffte, sich einige der erbrachten Studienleistungen anrechnen lassen zu können. Sie überlegt auch, den Studienort zu wechseln und in Regensburg abzuschließen. Dort brauche sie kein zweites Nebenfach. Oder doch hier bleiben – schließlich hatte sie bei der ursprünglich gewählten Fächerkombination auch bestimmte berufliche Perspektiven im Sinn gehabt. Das Magisterstudium, wie vorgesehen am gegenwärtigen Studienort abzuschließen, würde allerdings am meisten Arbeit machen und würde am längsten dauern. Sie fand, mit ihren 25 Jahren habe sie nicht mehr viel Zeit. Sie wollte sich sofort entscheiden, stand unter Zeitdruck, hatte Angst und traute sich nichts zu. Zudem schienen alle möglichen Alternativen erhebliche Nachteile zu haben. Ihre Eltern hatten angeboten, am Wochenende nach Berlin zu kommen, aber irgendwie fand sie das auch nicht gut. Zum einen wäre es schön, wenn die Eltern bei ihr wären, zum anderen fürchtete sie, sich rechtfertigen zu müssen, wenn sie nicht auf die Ratschläge der Eltern eingehen würde.

Der Beratungswunsch von Juliane umfasste verschiedene Anliegen und deren
Bearbeitung erforderte unterschiedliche Strategien: Um mit ihr herauszuarbeiten, welcher Weg geeignet und realistisch sein könnte, ihr Studium erfolgreich
abzuschließen, waren mehrere Maßnahmen notwendig. Das erste Ziel war, sie
von ihrer Angst und den Schamgefühlen zu entlasten und ihr zu vermitteln, dass
Probleme wie das ihre lösbar sind. Erst nachdem sie Verständnis und Zuversicht
der Beraterin wahrnehmen konnte und sich des Beistands versichert hatte, be-
ruhigte sie sich. Nun ließen sich Vereinbarungen über die nächsten Schritte treffen und entscheiden, an welchen Zielen in den nächsten Beratungsstunden gearbeitet werden sollte. Erforderlich waren zum einen die Recherche und Bewertung vieler Sachinformationen, aber auch eine kritische Beurteilung des Arbeitsverhaltens und der Semesterplanung. Eine realistische Einschätzung der
momentanen Leistungsfähigkeit und der tatsächlichen Leistungsanforderungen
war als Voraussetzung für die Entscheidungsfindung zu leisten. Außerdem
schien es wichtig, Juliane zu helfen, eine Distanz zu ihren Eltern herzustellen,
die ihr mehr Autonomie, aber auch ausreichend Sicherheit bot.

Dies alles erforderte eine Vereinbarung über eine längerfristige Zusammenarbeit. Als Erstes musste Juliane allerdings ihre Angst bewältigen. Es galt die
Komplexität des Beratungsanliegens zu verdeutlichen und Einfühlungsvermögen für ihre Hektik und Panik aufzubringen. Erst dann konnte skizziert werden,
welche Aufgaben sie in den nächsten Wochen bewerkstelligen musste und mit
welcher Unterstützung sie dabei rechnen könnte. Sie musste Informationen über
alternative Studienabschlüsse, andere Studienorte, mögliche Fächerkombinationen und die jeweiligen Prüfungsanforderungen einholen. Sie musste sich auf
Gespräche mit ihren DozentInnen und VertreterInnen von Prüfungsämtern vorbereiten, um die tatsächlichen Optionen abzuklären: Welche Scheine werden ihr
verbindlich angerechnet, wenn sie auf den Bachelor umsteigt? Welche ihrer Arbeiten werden vom Prüfungsbüro in Regensburg anerkannt und was sind dort die
Anforderungen für die Zwischenprüfung in Italienischer Philologie?

Neben Auskünften über mögliche Fächerkombinationen und Abschlüsse sowie Hinweisen zur Informationssuche sollte in der Beratung herausgearbeitet
werden, welche Arbeitsziele für Juliane in diesem Semester realistisch sind und
ob die gesetzten Ziele ihr helfen, die angemahnten Zwischenprüfungen fristgerecht ablegen zu können. Konkret benötigte sie Unterstützung bei der Überprüfung und Veränderung ihres Zeitmanagements und ihres Lernverhaltens. Im
Laufe mehrerer Beratungsgespräche war zu bearbeiten, ob sich Juliane um einen (weiteren) Prüfungsaufschub bemühen sollte, um ihr mögliche Misserfolge
zu ersparen, oder ob sie vielmehr Ermutigung bräuchte, um sich nicht noch länger die Selbstbestätigung zu versagen, die in der Bewältigung von Studienaufgaben liegt. Die negativen Selbstattributionen waren ebenso zu reflektieren wie

ihre Neigung, in Vermeidungsverhalten zu fliehen. Die Ausrichtung der Beratung ging über die Begleitung bei einem schwierigen Entscheidungsprozess hinaus. Es war erforderlich auch die Kompetenzen für die Entscheidungsfindung aufzubauen und sie dabei zu unterstützen, die damit verbundenen Studienleistungen zu erbringen, dafür brauchte sie ein längerfristiges Coaching. Darüber hinaus intendierte die Beratungsarbeit den Aufbau von Selbstwirksamkeitserwartungen. Im Weiteren war zu klären, ob Juliane in ihren Bemühungen um mehr Abgrenzung und Ablösung von den Eltern unterstützt werden will und wie sie gegenüber ihren regressiven Tendenzen gestärkt werden kann, um ihr mehr Verantwortungsübernahme für ihre Studiengestaltung und Zukunft zu ermöglichen.

Im Laufe der Gespräche stellte es sich für Juliane als wünschenswert heraus, sich auf die Zwischenprüfung in Italienischer Philologie vorzubereiten und eine begonnene Hausarbeit in Philosophie fertigzustellen. So konnte sie beginnen, wieder Zuversicht in ihre Leistungsfähigkeit zu gewinnen und war freier, die Vor- und Nachteile einer Fortsetzung des Studiums bzw. eines Ortswechsels abzuwägen.

Im Verlauf dieser Beratung waren jedoch nicht nur solche Entscheidungen zu treffen. Es ging nicht nur um Studienfachkombinationen, die Art des Studienabschlusses oder den Studienort, sondern auch um progressive oder regressive Lösungsmuster. Juliane war gewohnt, bei starken Verunsicherungen in die Rolle der Schwachen, Kranken zu regredieren, dies Muster war ihr im Laufe ihrer Therapie bewusst geworden. Dies wollte sie nicht wiederholen, weshalb sie Hilfe und Begleitung bei der Bewältigung ihrer Studienkrise suchte.

Für die Unterstützung von Juliane waren vielfältige Kompetenzen gefordert, die sowohl Wissen um institutionelle Bedingungen als auch Kenntnisse über studienspezifische Problemfelder, individuelle Konflikte und psychologische Konfliktverarbeitung umfasste. Die Aufgabe für die Beraterin bestand im Beziehungsaufbau, Ressourcenaktivierung, Problemanalyse, Informationsweitergabe, Vermittlung von Strategien zur Informationssuche und Entscheidungsfindung, Analyse des Arbeitsverhaltens, Lernberatung, Aufbau von Selbstmanagementkompetenzen, Empowerment, Coaching und psychosoziale/therapeutische Unterstützung bei Ablösungsprozessen und der Bearbeitung von Trennungsschuld.

In diesem einführenden Kapitel haben wir versucht, einen theoretischen Zugang zu Beratung an Hochschulen zu eröffnen. Zwei Aspekte waren uns dabei besonders wichtig: Zum einen muss auch die theoretische Beschreibung von Beratung der Vielfalt von Konzepten und Arbeitsschwerpunkten gerecht werden – ein pragmatischer „Eklektizismus" ist deshalb für viele unmittelbar handlungsbezogenen Überlegungen durchaus angemessen. Zum anderen kann eine

Fachdisziplin Beratung die Beschreibung ihres Gegenstandes nicht der Belie-
bigkeit überlassen – soziologische, psychologische und pädagogische Grundlagen der wissenschaftlichen Beschreibung von Hochschulberatung müssen deshalb konzeptionell verknüpft werden und systematisch aufeinander bezogen
diskutiert werden können. Einen entsprechenden Vorschlag stellt dieses erste
Kapitel dar. In den nun folgenden Kapiteln wenden wir uns auf dieser Grundlage der Praxisbeschreibung von Hochschulberatung zu. Die theoretischen Zugänge sind dabei insofern Grundlage, als die Beschreibungsstruktur dem erarbeiteten theoretischen Konzept folgt, an vielen Stellen sind die herangezogenen
Theorien auch begrifflich präsent, erneut expliziert aber werden sie nicht – damit wollen wir den Leser und Leserinnen entgegenkommen, die sich vor allem
Anregungen für die praktische Arbeit erhoffen.

2 Problemfelder im Studium und damit verbundene Beratungsschwerpunkte

In Beratungsprozessen verbindet sich angewandtes Wissen mit autonomem und experimentellem Handeln, mit dem Ziel konkrete Lösungen in komplexen Lebenswelten zu erarbeiten. Die im vorangehenden Kapitel dargelegten theoretischen Bezüge bilden den Rahmen, in dem sich Beratungshandeln entfaltet und in Hinblick auf Pragmatik und gesellschaftspolitische Relevanz begründet. Die Funktion der Hochschulberatung innerhalb des Wissenschaftssystems erfordert allerdings eine beständige Anpassung an Veränderungen, die durch Reformprozesse und Umstrukturierungen hervorgerufen werden und die je nach Landesgesetzen und den örtlichen Bedingungen einer Hochschule unterschiedlich ausgestaltet sind. Besonders die beschleunigten Umstellungen in den vergangenen Jahren im Rahmen des Bologna-Prozesses erfordern neue Akzentsetzungen.

Als psychosoziale Einrichtungen stellen die Beratungsstellen die Verbindung zwischen der Universität als Organisation und der lebensweltlich erlebten Hochschule dar. Sie haben die Aufgabe, individuelle und strukturelle Probleme zu thematisieren und möglichen Fehlentwicklungen zu begegnen, wobei sie sowohl auf Eigenheiten ihres Klientels als auch auf die (orts-)spezifischen Umbildungen des Systems reagieren müssen. Diese doppelte Aufmerksamkeitsrichtung gilt für alle Beratungseinrichtungen, sie wird aber mit jeweils standortspezifischen Akzenten wahrgenommen. Denn die Entstehungsgeschichte von Hochschulberatung und der inzwischen stattgefundene Professionalisierungsprozess lassen erwarten, dass die einzelnen Einrichtungen bei den der Arbeit zugrundeliegenden Konzepten und dem jeweils wahrgenommenen Aufgabenspektrum unterschiedliche Schwerpunkte herausbilden. Dies gilt auch für die im folgenden Kapitel beschriebenen Themenschwerpunkte und Methoden. Wir werden versuchen, die inzwischen vorhandene Vielfalt an Tätigkeitsfeldern darzustellen. Unsere Absicht dabei ist, das breite Spektrum der Arbeitsgebiete zu veranschaulichen, nicht aber normativ die Aufgaben von Beratung an Hochschulen festzulegen.

2.1   Studienbedingungen und Studienanforderungen – eine erste Skizze

Die Hochschule ist für Studierende als Ort der Ausbildung nicht nur mit dem Erwerb von Wissen und Kompetenzen verbunden, sondern auch mit wichtigen Lebenserfahrungen, mit Stress und psychischem Leidensdruck. Die Beratungsinhalte, die von den Ratsuchenden eingebracht werden, beziehen sich sowohl auf den studentischen Lebensalltag als auch auf das akademische Arbeitsmilieu und die Besonderheiten des Wissenschaftssystems. Diese Bezugspunkte unterliegen ständigen Wandlungsprozessen, auf die sich die Studierenden meist wenig vorbereitet fühlen. Die Erfahrungen, die in Schulen und Familien vermittelt werden, sind häufig auch deshalb nicht zutreffend, weil die Institution Universität – seit den Erfahrungen, die Eltern und Lehrer gemacht haben und die den Hintergrund von Beschreibungen und Ratschlägen bilden – grundlegend umorganisiert worden ist: Unterrichtsmethoden haben sich ebenso verändert wie allgemeine Leistungsanforderungen und fachspezifische Voraussetzungen. Die Studierenden der heutigen Generation haben zum großen Teil auch andere Einstellungen und Erwartungen an die Studienzeit und an ihre akademische Ausbildung als die Generation ihrer Eltern und Lehrer/innen.

Schaut man auf Forschungsergebnisse aus den vergangenen Jahren, dann werden einige dieser Veränderungen greifbarer: In den Jahren des „Massenstudiums"[1] in den 70er Jahren verlor das Studium die zentrale Rolle im Leben der Studierenden. Studieren schien in der Folge veränderter sozialer Bedingungen bzw. eines kulturellen Wandels zu einer Aufgabe neben anderen geworden zu sein. Als Ursachen diskutierte man die gestiegene Bedeutung von Nebenjobs und Beziehungen, die inzwischen auch offen gelebt werden durften. Die internen Defizite der Hochschulen, bezüglich der Qualität der Lehre, der Curricula und der unzureichenden personellen und finanziellen Ausstattung wurden ebenso zur Begründung herangezogen (Köhler 2002). Damit die Hochschulen ihre Bedeutung für die Studierenden zurückgewinnen können, müsse – so eine der Überlegungen – die Lebensführung so organisierbar sein, dass das Lernen ein zentrales Organisationsprinzip des gesamten Alltags sein könne.[2] Mit den

---

1   Ein Begriff, der heute ironisch erscheint, weiß man doch, dass in Deutschland nach wie vor im Vergleich zum europäischen Ausland relativ wenige eines Jahrgangs eine Hochschulausbildung absolvieren. Der Begriff zeigt aber auch, dass die damals in Gang gesetzte Bildungsexpansion von vielen Hochschulangehörigen und Bildungspolitikern als erschreckender Zustrom von Studierenden verschiedener sozialer, auch bildungsferner Schichten empfunden wurde. Überfüllte Hörsäle, Personalmangel und in der Folge demotivierte Studierende gelten als Markenzeichen.

2   Köhler (2002, 28) bezieht sich hierbei auf Beobachtungen und Überlegungen von Holzkamp (1995) über alltägliche Lebensführung.

jüngsten Reformen und Umstrukturierungen an den Hochschulen, die u. a. eine Antwort auf diese Veränderungen sein wollen, rückt das Studium wieder mehr in den Mittelpunkt, das Studium wird konsekutiv aufgebaut, es ist straffer organisiert und die Leistungskontrollen sind verbindlicher geworden.

Waren die Studierenden früher stark an den gesellschaftlichen Eliten orientiert, so tendierten die Studierenden der 90er Jahre schon deutlicher zu den Mentalitäten der gesellschaftlichen Mitte. Gleichzeitig waren damals 22 % (und damit im Vergleich zur Gesellschaft fünffach überrepräsentiert) dem „alternativen Milieu" zuzurechnen. Heute lässt sich feststellen, dass ein „technokratisch-liberales Milieu"[3] zugenommen hat, das Selbstverwirklichung stärker mit beruflichem Erfolg verbindet. Die Mehrheit der Studierenden ist geprägt von einem wenig systemkritischen, aufstiegsorientierten Habitus. Weder Universität noch Wissenschaft besitzen die Faszination und die Bindungskräfte, die frühere Studierendengenerationen beeindruckt haben. Das Studium hat für die meisten zwar eine hohe Bedeutung, aber sie studieren weit pragmatischer und neben einer klaren Erfolgsorientierung spielen auch für Studierende Beziehung, Freizeit und Familie eine entscheidende Rolle. Heutige Studierende wollen nicht die Welt verändern, sie möchten ihr Leben und ihr Umfeld nach eigenen Werten ausrichten. Zu einem solchen „effizienten Idealismus" (Hartung 2008, 1)[4] passt eine nüchterne Studierhaltung, die auf beruflich verwertbare Ausbildung abzielt.

Eine pragmatische Einstellung zum Studium und das Bedürfnis nach Effizienz des eigenen Tuns dürfen jedoch nicht mit einer „lockeren Haltung" gleichgesetzt werden, die Studienanforderungen leichtnimmt und leicht bewältigt. Veränderte Bedingungen genauso wie veränderte Haltungen und Einstellungen *verschieben* den Bedarf an Orientierungshilfe. Studieninteressierte und Studienanfänger/innen benötigen heute nicht nur viel Orientierung hinsichtlich der diversifizierten Studienangebote und der Studienorganisation – mehr vielleicht als vor Einführung der konsekutiven Studiengänge. Auch die Widersprüche des studentischen Lebens, ungewohnte Freiräume, hohe Erwartungen an das Leistungsniveau, wenig definierte Arbeitsabläufe und Alltagsroutinen erfordern auch heute Kompetenzen, die sich die meisten Studierenden erst aneignen müssen. Das ist mitunter von großen Verunsicherungen und Anstrengungen begleitet, die, wie regelmäßige Umfragen des Deutschen Studentenwerks auf-

---

3 Die Zahlen und Bezeichnungen beziehen sich auf die Studie von Thomas Köhler (2002) über Studierendenmilieus im Wandel.

4 Grundlage ist eine Umfrage von „Zeit Campus", die zeigt, dass ein Großteil der 6000 Befragten ein ökonomisches Effizienzdenken auf ihr eigenes Leben anwendet. Sie wollen ihr Leben weder dem beruflichen Aufstieg widmen noch die Welt retten, sondern ihre Ideale im eigenen Leben verwirklichen.

zeigen, Studierende zu einer Bevölkerungsgruppe machen, die sich im Vergleich zu ihrer Altersgruppe als überdurchschnittlich hoch psychisch belastet empfindet.[5] Der studentische Alltag birgt deshalb viel Stress- und Gefährdungspotenzial, weil Studierende in einer sensiblen Lebensphase gleichzeitig mehreren für sich jeweils schwierigen Bedingungen ausgesetzt sind: Sie müssen anspruchsvolle Aufgaben im Leistungsbereich bewältigen, hohen sozialen Anforderungen genügen, teilweise schwierige ökonomische und finanziell prekäre Situationen meistern und sich mit den eigenen Ansprüchen an Leistungsvermögen und persönliche Zielen ebenso auseinandersetzen wie mit großen Fremderwartungen. Die Privilegien, Freiräume und Entwicklungschancen, die ein Studium bietet, können zudem nicht durchgehend als Befreiung genossen werden. Sie bedeuten auch einen Mangel an Halt gebenden Strukturen, der als verunsichernd oder ängstigend erlebt wird.[6]

Was haben die Beratungsdienste zu leisten, wenn sie Studierenden in dieser Situation unterstützen wollen? Für die Bewältigung der genannten Anforderungen benötigen Studierende vielfältige Informationen sowie pädagogische und psychologisch geschulte Beratung. Die Anliegen, mit denen sie in die Beratung kommen, sind sehr unterschiedlich, abhängig von der jeweiligen Studienphase und den Umständen, in denen sie leben. Studienanfänger haben andere Bedürfnisse als Studierende, die sich auf das Examen vorbereiten, Studierende mit Kind erleben sich bei anderen Problemen hilfsbedürftig als jene, die aus dem Ausland kommend, an einer deutschen Universität ihr Studium fortsetzen wollen. Neben allgemeinen Orientierungsfragen gibt es immer auch sehr spezielle und in jedem Studienabschnitt gibt es andere Themen sowie je besondere Belastungssituationen, auf die Hochschulberatung reagieren muss.

---

5   Das Deutsche Studentenwerk (DSW) stellt regelmäßig Daten über die soziale und wirtschaftliche Situation der Studierenden zusammen, wobei in der aktuellsten Veröffentlichung die Sonderauswertung ‚Studium und psychische Probleme' nicht mehr direkt erhoben wurde. 2002 gaben 27 % an, dass ihr Studium durch psychische Beeinträchtigungen gelitten habe (DSW 2004). Inzwischen ist der Bedarf für psychologische Beratung angestiegen: Allein zwischen 2004 und 2005 seien vom DSW 13 % mehr Beratungen durchgeführt worden, wie der Präsident des Deutschen Studentenwerks angab (Lücke 2008). In Berlin gaben 2006 24,6 % der Studierenden, die dort in Einrichtungen des Studentenwerks beraten wurden, an, unter Arbeits- und Konzentrationsproblemen zu leiden, ca. 20 % unter depressiven Verstimmungen und 18,4 % unter einem mangelnden Selbstwertgefühl (Studentenwerk Berlin, 2008,77 ff.). Ein Befund, der es rechtfertigt, Studierenden vor Ort ein differenziertes Beratungsangebot zur Verfügung zu stellen.

6   Dass Studierende in der Analyse von Ulrich Beck (1998) im Vergleich zu anderen Bevölkerungsgruppen eher zu den Modernisierungsgewinnern gehören, hat – wie hieran deutlich wird – nichts damit zu tun, dass sie weniger Risiken ausgesetzt wären, als vielmehr damit, dass sie von der Vielfalt der Chancen eher profitieren und ihnen (nicht jeweils einzeln, aber als Gesamtpopulation) mehr Bewältigungsressourcen zur Verfügung stehen.

So ist das Spektrum der Anfragen groß: Es besteht Informationsbedarf über akademische Gepflogenheiten oder verwaltungsspezifische Besonderheiten und es gibt den Wunsch für Studium und Prüfung relevante Kompetenzen zu erwerben. Studierende nehmen Beratung sowohl in Anspruch, um Techniken des wissenschaftlichen Arbeitens kennenzulernen, als auch um ihr Arbeitsverhalten zu optimieren, sie wollen Kompetenzen ausbauen oder sie thematisieren Enttäuschungsreaktionen auf die akademische Realität. Manchen gelingt der Aufbruch in die Erwachsenen- oder Berufswelt nicht, sie stagnieren, fühlen sich gebremst, andere scheitern in Bezug auf persönliche Selbstentwürfe. Die psychischen Belastungen sind vielfältig und empirisch belegt,[7] sie bleiben nicht konstant, sondern verändern sich mit den akademischen Strukturen. So wird beispielsweise in den letzten Jahren von Berater/innen eine auffällige Zunahme von Panikstörungen und dem Burn-out-Syndrom berichtet.

Nicht nur die Forschungsarbeiten zu Studierendenverhalten und Hochschulsozialisation, auf die wir für diese erste Skizze zurückgegriffen haben, ordnen die Themen und Problemstellungen im Studium nach Lebensbereichen und Anforderungen, die von der Hochschule ausgehen, auch die Beratungsangebote rekurrieren auf entsprechende Strukturen. Die Befindlichkeit der Studierenden allerdings, die Beratung aufsuchen, ist nicht nach Lebensbereichen und Problemstellungen geordnet; im Erleben mischen sich unterschiedliche Anforderungen, Irritationen und als individuell erlebte Schwierigkeiten zu einem generalisierten Gefühl von Unsicherheit („ich blick überhaupt nicht durch"), Nicht-Genügen („ich bin, glaub' ich, mit allem zu spät dran"), Blockiertsein („irgendwie komm' ich nicht weiter") und Versagensangst („das schaff' ich alles nicht"). Studierende, die auf Grund der erlebten Belastungen professionelle Hilfe in Anspruch nehmen, haben häufig den Eindruck, in einer Krise zu stecken. Sie können Stress, Anspannungen oder negative Affekte nicht mehr mit ihrem gewohnten Bewältigungssystem regulieren und fühlen sich durch Stärke und Dauer von bedrängenden inneren oder äußeren Ereignissen stark beeinträchtigt. Dieses

---

7 In der Sonderauswertung der 15. Sozialerhebung des Deutschen Studentenwerkes „Studium und psychische Probleme" (DSW 1999) werden die Irritationspunkte im psychischen Erleben, um die es hier geht, auch statistisch deutlich. Leistungsprobleme (19,1 %), Probleme des Selbstwertgefühls (16,1 %), depressive Verstimmung (15,0 %) und Labilität (15,3 %) rangieren ganz oben in der Liste der psychischen Beeinträchtigungen (s. S. 11). Und auch Brunner und Bachmann konstatieren im Kontext der Schweizer Untersuchung „Macht Studieren krank?" (Bachmann et al. 1999) Enttäuschungsreaktionen: „Die Vitalität und das intrapsychische Gleichgewicht der Studienanfänger/innen ... verringern sich im Schnitt im ersten Studienjahr deutlich" (S. 84). Bei der 18. Sozialerhebung wurde die psychische Befindlichkeit nicht direkt erfragt, sie lässt sich aber aus den Angaben zum Beratungsbedarf schließen. Dieser bezieht sich um jeweils ca. 20 % auf depressive Verstimmungen, Prüfungsängste und mit 16 % auf Störungen des Selbstwertgefühls (BMBF 2007).

Krisenerleben ist häufig situativ (vgl. Großmaß 2000, 100 f.), in anderen Fällen hat es Züge von Entwicklungskrisen. Der Großteil der Ratsuchenden befindet sich trotz hohem Leidensdruck nicht in einem emotionalen Ausnahmezustand bzw. ist nicht in dem Ausmaß Verstimmungen und Erschöpfungsgefühlen ausgesetzt, wie sie Krisen im psychopathologischen, psychiatrischen Verständnis erwarten lassen. Krisen im klinischen Sinn kommen jedoch sehr wohl vor. Da Studierende zudem infolge von Notfällen, wie dem plötzlichen Verlust eines geliebten Menschen, einem aggressiven Überfall, sexueller oder rassistischer Gewalt Beratungsstellen aufsuchen oder von Hochschulangehörigen auf sie verwiesen werden und dann im besonderen Maße schneller und kompetenter Entlastung bedürfen, stellt auch der Umgang mit Krisen (im klinischen Verständnis) einen Beratungsschwerpunkt dar.[8]

Professionelle Beratung reagiert auf die Vielfalt der Themen, auf die sich die Beratungsanlässe beziehen, und auf die häufig ausgedrückten Krisengefühle der Ratsuchenden mit einer offenen Grundhaltung und einer explorierenden Gesprächsstruktur. Unabhängig davon, warum Beratung nachgefragt wird, ob Informationsflut irritiert, eine Lebenssituation überfordert, ob diese durch eine Krise, eine Erkrankung oder durch ein studienbezogenes Problem ausgelöst wurde, oder ob Orientierung in einer neuen, verwirrenden Arbeitsumgebung gesucht wird, folgen die Gespräche einem ähnlichen Ablauf: Nach dem Kontaktaufbau wird ein gemeinsames Verständnis der Problemlage erarbeitet und darauf aufbauend werden Strategien zu ihrer Bewältigung entworfen. Nur auf der Basis einer soliden Einschätzung der Ursachen und Einflussfaktoren, der Art und Schwere des Problems, aber auch der inneren und äußeren Ressourcen des Klienten (inklusive seiner Bewältigungsstrategien) können effiziente Interventionen erfolgen. In der folgenden Fallskizze wird diese Grundstruktur eines ersten Beratungsgespräches gut deutlich:

Janek ist zu Beginn des Gesprächs sehr nervös. Er sei von einem Tutor auf die Beratungsstelle verwiesen worden. Er wirkt beschämt, als er berichtet, dass er bereits zwei Semester Rechtswissenschaft studiert habe, aber schon nach wenigen Monaten das Interesse am Fach verloren hätte. Er besuche die Übungen noch aus Pflichtgefühl, sei aber völlig demotiviert. Die Frage, was daran schlimm sei, festzustellen, dass man eine falsche Studienwahl getroffen hat, bringt ihn aus der Fassung. Damit hat das Gespräch sehr schnell eine persönliche Ebene erreicht und das Erleben von Janek und die subjektive Bewertung seines Studienverlaufs werden bestimmend.

---

8   Hierauf werden wir in Kapitel 3 genauer eingehen.

Danach erst sammeln wir Fakten über das, was er sehr konkret im letzten Jahr getan hat, wie er sich dabei gefühlt hat, wie er seine Leistungen einschätzt und wie er sich anderen gegenüber dargestellt hat. Im Verlauf des Gesprächs wird deutlich, dass er in seinem Job, in einem Modekaufhaus, Erfolg und Freude erlebt, aber sehr starke Schuldgefühle seinen Eltern gegenüber hat, weil es ihm im Studium nicht so geht. Er sei ihnen ein Studium schuldig. Sie hätten nach ihrer Einreise nach Deutschland viel auf sich genommen, Studium und Examina nachgemacht und er, der alle Möglichkeiten habe, könne so wenig daraus machen. An die Möglichkeit eines Fachwechsels habe er nie gedacht, da nach seinem Abitur die Familie sich einig gewesen war, dass Jura das richtige Studium für ihn sei und er sich verpflichtet fühlte, diese Erwartung zu erfüllen.

Erst nachdem er seine Selbstvorwürfe losgeworden war und er seine Versäumnisse und seine Schuldgefühle bekennen konnte, war es möglich, auch die positiven und stärkenden Erlebnisse des letzen Jahres zu betonen. Auf dieser Basis konnten wir darüber sprechen, wie er herausfinden könnte, warum er für sein Fach keine Motivation mehr aufbringt, ob es die Inhalte, die geforderten Leistungen oder Umfang und Art der dafür erforderlichen Anstrengungen sind und was er dafür tun kann, seine Interessen, Fähigkeiten und beruflichen Wünsche genauer zu erkunden. Die Aussicht, seine Beobachtungen und Überlegungen in weiteren Gesprächen zu erörtern und zu überlegen, wie er mit seinen Eltern über seine bisherigen Studienerfahrungen sprechen könnte, entlastet ihn. Gemeinsam wird ein Plan erarbeitet, was er in den nächsten Wochen erledigen muss, um für das nächste Treffen „Material" mitzubringen.

Die Berater/innen sind in ihrem Arbeitsalltag mit vielfältigen Anliegen konfrontiert, auf die sie mit Informationen, pädagogischen oder psychologischen Interventionen antworten müssen. Thematisch lassen sich jedoch Schwerpunkte unterscheiden, an denen sich die Studierenden jeweils abarbeiten. Wir haben deshalb das weitere Kapitel den verschiedenen Problemstellungen entsprechend gegliedert. Zuerst werden wir auf Beratungsanliegen eingehen, die sich aus der schwierigen Situation ergeben inmitten einer Informationsflut genau das Wissen zu erwerben, das die persönliche Studiensituation strukturieren hilft. Im Anschluss daran geht es um Beratungsanliegen, die den studentischen Alltag betreffen. Danach wenden wir uns den Themen zu, die im engeren Sinne studienbezogen sind und das akademische Arbeiten sowie die Auseinandersetzung mit der Leistungsbewertung betreffen.

In jedem dieser Abschnitte werden wir zunächst die mit den Anforderungen und Problemstellungen verbundenen Beratungsanlässe und -themen beschreiben, um dann den jeweiligen Arbeitsschwerpunkt und die Angebote zu skizzieren, mit denen die Hochschulberatung auf die Anliegen reagiert.

2.2   Bescheid wissen – zur Bedeutung von Informationen im Studienverlauf

In unserem ersten Kapitel haben wir darauf hingewiesen, dass in der Beratungs-arbeit an der Hochschule studienrelevante Informationen eine verglichen mit anderen Beratungsfeldern relativ große Rolle spielen. Als wichtige Information gilt dabei meist das zur Verfügung gestellte Wissen über die Möglichkeiten und Regularien der Studiengänge, über die Qualifikationswege und über die wissen-schaftliche Berufslaufbahn.[9]

Wissen dieser Art ist bereits bei der Entscheidung für ein Studium und der Auswahl des Studienortes erforderlich – nicht an jeder Hochschule lässt sich jedes Fach studieren, nicht jeder Abi-Durchschnitt öffnet die Tür für das ge-wünschte Studium, einige Fächer verlangen Mathematik- oder Fremdspra-chenkompetenzen, die man ihnen von außen nicht ansieht, und last not least: Auch die Rankings für einzelne Fächer bzw. Hochschulen haben den Studie-renden zusätzliche Entscheidungsanforderungen beschert. Wenn diese erste Hürde genommen und eine erfolgreiche Bewerbung getätigt ist, gilt es sich weitere Informationen zugänglich zu machen und zu verarbeiten. Selbst hin-sichtlich der Benotung, des Einholens von Rückmeldungen und der rechtli-chen Möglichkeiten eigene Interessen zu vertreten – Bereiche, die es „eigent-lich" auch schon in der Schulzeit gab –, treten die Studierenden in eine neue Welt ein. Die genannten Rahmenbedingungen des Lernens sind zwar in Schu-le wie Universität gegeben, Bedeutung und Stellenwert aber ändern sich: In den Geisteswissenschaften hält man einen anderen Notenspiegel für „normal" als in den Naturwissenschaften oder den Wirtschaftswissenschaften, vom le-gendären „voll befriedigend" der Juristen ganz zu schweigen. Rückmeldungen zu den eigenen Leistungen (durch die verständlich wird, was inhaltlich gelun-gen ist und was nicht, welche Fortschritte man gemacht hat oder in welchen Punkten man in Zukunft durch mehr Sorgfalt bessere Noten erzielen kann) werden nun nicht mehr wie zu Schulzeiten selbstverständlich mitgeliefert; sie müssen vielmehr aktiv eingeholt, manchmal durch Geduld und Beharrlichkeit erworben werden. Prüfungen und Abschlussarbeiten unterliegen eigenen

---

9   Dass „Informationen", anders als in der hier deutlich werdenden Verwaltungssprache unter-stellt, nicht einfach vorhanden sind oder bereitgehalten werden können, sondern auf Aus-wahl und der Verarbeitungsspezifik des aufnehmenden Systems basieren, wird bereits in der sehr abstrakten systemtheoretischen Auffassung deutlich: „Eine Information kommt immer dann zustande, wenn ein selektives Ereignis (externer oder interner Art) im System selektiv wirken, d.h. Systemzustände auswählen kann. ... ‚A bit of information', heißt es bei Bate-son, ‚is definable as a difference which makes a difference'" (Luhmann 1984, 68).

rechtlichen Bestimmungen, manchmal im selben Studiengang nicht für alle Anteile denselben. Viel Informationsbedarf entsteht zudem durch die bürokratische Seite der Organisation Universität, die sich den Studierenden mit ihrer Verwaltungssprache – von NC, über Bildungsinländer, Hochschulzugangsberechtigung, Haupt- und Nebenhörerstatus bis zur Exmatrikulation nach endgültig nicht bestandener Prüfung – zumutet und Übersetzungshilfe, sprich Studieninformation nötig macht.

An den meisten Hochschulen haben die Zentralen Studienberatungsstellen die Aufgabe übernommen, die für die Organisation eines Studiums erforderlichen Informationen in aktueller und möglichst vollständiger Form zusammenzustellen und abrufbar zu halten – Broschüren, öffentlich zugängliche Datenbanken, Messepräsenz, zielgruppenspezifische Informationsveranstaltungen und die Begleitung von Einschreibung, Semesteranfang und Prüfungsphasen durch Informationsstände bilden diese Seite der Arbeit ab. Von Seiten der Hochschulverwaltung und -leitung wird die informative Seite der Beratung häufig so verstanden, dass es vor allem hierum gehe: Bereitstellung vollständiger Datenbanken (virtuell und im persönlichen Kontakt), die mit korrektem, zeitnah erstelltem Wissen das Prozedere der Studienorganisation abbilden. Dies ist sehr wohl erforderlich, nicht aber zureichend, denn die einzelnen Studierenden und Studienbewerber/innen benötigen fall- und situationsspezifisches Wissen. Mit Zugriff auf einen Informationspool, der den genannten Anforderungen entspricht – was mit Hilfe der heute zur Verfügung stehenden elektronischen Datenbanken, die sich einigermaßen zeitnah pflegen lassen, meist erreicht werden kann –, findet daher das statt, was im Arbeitsablauf der Beratungseinrichtungen „Studieninformation" genannt wird: die Information im Sinne einer „Differenz, die einen Unterschied bewirkt". Aus der Perspektive der Hochschulberatung sind solche Informationspools notwendig und hilfreich, sie stellen die Voraussetzung für eine angemessene Studienberatung dar; Berater und Beraterinnen greifen darauf fallspezifisch zurück; Studierende werden angeleitet situationsspezifisch relevante Informationen daraus zu gewinnen.

2.2.1 Beratungsanlass: Informationen einholen

Informationspools sind Arbeitsinstrumente innerhalb eines breit gefächerten Kommunikationshandelns, das auf die spezifischen Anliegen der einzelnen Studierenden eingeht. Dies gilt auch für Anfragen vom Typ „Können Sie mir die Fristen für XY sagen?" oder „Wo finde ich ...?" Der Hintergrund einer solchen Frage muss verstanden, der individuelle Informationsbedarf mitgedacht werden. Denn nur eine Mitteilung, die genau in der gegebenen Form gerade jetzt benötigt wird, hilft weiter. Jedes vorsorgliche Ausstatten mit Wissen, das demnächst irgendwann benötigt wird, versinkt in der (die Studienbewerber und Studierende umgebenden) Informationsflut und zieht möglicherweise auch die Einzelinformation mit sich, die gerade jetzt weiterhelfen würde. Jede Studieninformation, die einem Studienanfänger oder einer Studierenden gegeben wird, ist daher in einen Beratungskontext eingebettet, der die individuelle Situation, das Entscheidungsproblem oder die Not des/der Fragenden berücksichtigt und Nachfragen ermöglicht oder auch eine Reaktion auf etwas, das nicht explizit gefragt wurde.

In vielen Situationen mag die Studieninformation durchaus ritualisiert und schematisiert ablaufen – schülerhaft wirkende junge Leute, die kurz vor dem Ablaufen der Frist mit einem Bewerbungsformular in der Hand am Informationsschalter oder im Sekretariat der Beratungsstelle auftauchen, benötigen vielleicht wirklich alle nahezu identische Tipps und Hinweise, die individualisierende Sicht sollte allerdings auch dabei nicht vernachlässigt werden. Vielleicht ist jemand nicht-deutscher Staatsangehörigkeit unter ihnen, vielleicht liegt eine begrenzte Hochschulzugangsberechtigung vor, vielleicht gibt es kein Problem mit diesem Formular, sondern mit dem nicht in den Blick fallenden BAföG-Antrag, vielleicht …

Der Übergang von der Schule in die Hochschule ist für die jungen Leute eine bedeutsame Statuspassage (s. dazu Kapitel 3), die einen längeren Entscheidungsprozess einschließt und nicht nur kognitive, sondern auch psychische und soziale Anforderungen enthält. Informationsbezogene Anfragen sind daher häufig auch ein Schritt der Kontaktaufnahme, hinter dem weiter gehende Unterstützungsbedürfnisse stehen – geduldiges Nachfragen zum Hintergrund des Wissen-Wollens und Offenheit für mögliche andere Anliegen sind deshalb von Seiten der Berater/innen gefordert.

Die hohe Bereitschaft, sich bei der Studiengangswahl und dem Studienbeginn Informationen zu beschaffen bzw. solche bereitzustellen, ist oft mit der Vorstellung verknüpft, damit sei dann die Lage für den Studienverlauf insgesamt geklärt. Dies trifft nicht zu. Selbst wenn Studienanfänger alles, was sie über die Organisation Universität für die ersten Semester wissen müssen, in Form von Broschüren und Website-Hinweisen mit sich herumtragen – aufgenommen wird davon nur das, was in der Alltagspraxis des Studienbeginns erfahrbar ist und entsprechend verarbeitet werden kann. Dies hat zur Konsequenz, dass mit den ersten Irritationen oder anregenden Begegnungen im Studium neue Fragen auftauchen, die wiederum nicht nur kognitive Seiten haben, sondern auch bewegen oder beunruhigen.

> *„Kann ich auch Lehrveranstaltungen besuchen, die nicht zu meinem Studiengang gehören? Ich finde XY total interessant."* – *„Was passiert, wenn ich die Prüfungsleistungen im ersten Semester nicht schaffe?"* – *„Alle sind jetzt in Arbeitsgruppen, aber keine passt in meinen Veranstaltungsplan!"* – *„Ich glaube, ich bin im falschen Fach gelandet, BWL ist ja reine Mathematik!"*

Fragen wie diese drücken erste Erfahrungen mit dem Universitätsbetrieb aus; sie fordern die Studierenden zur Integration ihrer Erlebnisse und Erfahrungen in das persönliche Selbstbild heraus, sie verlangen vielleicht eine Überprüfung der Ausbildungsoptionen; sie enthalten aber auch einen neuen Informationsbedarf.

> *„Ja"*, so könnte eine Antwort lauten, *„Sie haben ein allgemeines Belegrecht an der Universität. Soweit die Veranstaltung, die Sie interessiert, nicht zulassungsbeschränkt ist, können Sie einfach teilnehmen. Aber achten Sie darauf, dass Sie sich nicht übernehmen und Ihr eigentliches Studium aus dem Blick verlieren."* Eine andere Antwort könnte sein: *„Prüfungsleistungen kann man wiederholen. Aber vielleicht prüfen Sie erst einmal, ob Sie sich mit der Zahl Ihrer Lehrveranstaltungen für dieses erste Semester nicht übernommen haben. Manche Veranstaltungen kann man auch zu einem späteren Zeitpunkt besuchen, ohne großen Zeitverlust zu riskieren. Sprechen Sie doch einmal mit der Fachberatung Ihrer Fakultät darüber, wie Sie dieses Problem am besten lösen."*

Einige (auch der oben zitierten) Anfragen aber benötigen ein genaueres Hinschauen, ein Einzelgespräch, in dem die persönliche Studiensituation besprochen werden kann, oder einen Beratungsprozess über zwei oder drei Termine, in dem die Studienoptionen überprüft und eventuell neue Entscheidungen getroffen werden. Informationen über den Studienbetrieb, die Prüfungsregularien und den Aufbau des in Frage stehenden Studiengangs gehen dann in diese Prozesse ein.

Nicht nur bei der Studienwahl und in der Phase des Studienbeginns, auf die sich die bisherigen Überlegungen bezogen, auch im weiteren Studienverlauf und beim Übergang in das Berufsfeld benötigen die Studierenden für die zu treffenden Entscheidungen und Problemlösungen Kenntnisse über die Organisation Universität, die einzelnen Fachkulturen, die akademischen Gepflogenheiten und die Entwicklungen auf dem Berufsmarkt – Kenntnisse, die ihnen nicht fraglos zur Verfügung stehen und über deren Bedeutung sie zum Teil wenig wissen. Das Bereitstellen situationsspezifischer Informationen ist daher in jedem Beratungsprozess von Bedeutung. Auch die im engeren Sinne psychologischen oder psychosozialen Beratungsprozesse, bei denen weniger das Erkunden der Hochschule und die Anpassung an die Organisation von Lehre und Lernen im Mittelpunkt stehen als vielmehr die Verarbeitungsprozesse der Personen und die individuellen Entwicklungsprozesse, kommen nicht ohne das zur Verfügung-Stellen von Wissen über die Abläufe in der Universität aus. Erst mit Bezug auf die Realität der Anforderungen und Möglichkeiten des Studiums werden eine bessere Selbstwahrnehmung, eine klare Einschätzung der eigenen Situation und neue Entscheidungen möglich.

2.2.2 Beratungsschwerpunkt: Passgenau informieren/Beratungsbedarf erkennen

Nicht alle Informationen, die in den Beratungsprozessen benötigt werden, müssen in der Beratungseinrichtung selbst zur Verfügung stehen. Fachspezifisches ist häufig besser und genauer in den Beratungsangeboten der jeweiligen Fakultät zu haben, Details über die Vergabe von Stipendien erfährt man bei den Vertrauensdozent/innen der einzelnen Stiftungen und viele berufsbezogene Informationen sind beim Career-Service oder von einzelnen Berufsvertretern zu bekommen. Je nach Schwerpunkt der Beratung wird es auch aus pädagogischen Gesichtspunkten sinnvoll sein, nicht für die Studierenden zu recherchieren, sondern sie selbst auf den Weg der Recherche zu schicken. Die Integration der Ergebnisse einer solchen Erkundung kann dann wieder im gemeinsamen Gespräch erfolgen.

Schaut man auf das Gesamtspektrum von Beratungsprozessen und den jeweils auftretenden Informationsbedarf, dann lassen sich drei Typen von Anliegen unterscheiden, die jeweils ein unterschiedliches Beratungshandeln erfordern: Ein Typ von Anfragen richtet sich explizit auf eine bestimmte Information, die in der aktuellen Situation für eine Entscheidung oder Handlung benötigt wird. Die Information wird gegeben und das Anliegen ist befriedigt.

Beispiel: Eine Studentin im höheren Semester kommt ins Sekretariat der Beratungsstelle und fragt: „Haben Sie hier die Promotionsordnung für Soziologie?" *Antwort: „Einen Moment bitte, ich schau mal nach", und bei der Durchsicht der Aktenordner: „Wofür brauchen Sie diese Ordnung denn?" – „Ich hatte gerade ein Gespräch mit meinem Doktorvater, der wusste auch nicht, ob es Fristen für den Zulassungsantrag gibt. Und im Dekanat ist gerade niemand." – Die Promotionsordnung wird gefunden und fotokopiert; sie enthält eine entsprechende Regelung. Die Beratung ist abgeschlossen.*

Für Anfragen dieses Typs sind gut gepflegte Datenbanken und Hilfestellungen bei sachkundiger Internet-Recherche wichtige, auch als von den Ratsuchenden eigenständig zu nutzende Informationsinstrumente. Auch Online-Beratungen können hier direkt helfen und Wege ersparen. Ein zweiter Typ von Anfragen formuliert einen Informationsbedarf, allerdings auf einem unklaren bzw. ungeklärten Hintergrund; erst ein Nachfragen und Verstehen des Hintergrundes macht es möglich, die Information zu geben, die gebraucht wird.

> *Beispiel: Ein Student kommt in die offene Sprechstunde. „Ich weiß nicht, ob ich hier richtig bin", beginnt er das Gespräch, „ich suche eine Promotionsordnung." – „Um welches Fach geht es denn?" – „Ich glaube, Soziologie." – „Brauchen Sie die Ordnung für Ihr eigenes Studium?" – „Nein, mit dem Studium bin ich schon fertig. Ich habe Sozialpädagogik an der Fachhochschule studiert und überlege jetzt, wie es weitergeht. Meine Professorin, bei der ich die Diplomarbeit geschrieben habe, meinte, ich könnte auch direkt promovieren. Und Soziologie hat mich im Studium besonders interessiert." Da in der offenen Sprechstunde an diesem Tag Andrang herrscht, schlägt die Beraterin vor, einen Termin zu vereinbaren, zu dem man mit Ruhe über das Thema sprechen kann. In diesem Gespräch geht es dann um die beruflichen Interessen des Ratsuchenden, seine Schwerpunkte im Studium, die Voraussetzungen einer Promotion in Soziologie sowie in Pädagogik; angesprochen werden Stipendienmöglichkeiten und der zeitliche Umfang dieser Qualifikationsphase genauso wie die unterschiedliche akademische Atmosphäre an Universität und Fachhochschule. Die Informationen, mit der der FH-Absolvent die Beratung verlässt, umfassen die Promotionsordnung der Fakultät Erziehungswissenschaften sowie Adresse und Sprechstundenzeiten von zwei Hochschullehrerinnen, die für die Betreuung einer Dissertation in Frage kommen könnten.*

Bei diesem Typ von Anfragen ist unmittelbar deutlich, dass eine Recherche dem Studenten nicht weitergeholfen hätte – selbst wenn alles, was er wissen wollte und in Erfahrung bringen musste, per Broschüre oder Internet zugänglich wäre. Die benötigten „Suchbegriffe" standen ihm nicht zur Verfügung, sondern wurden im Gespräch erarbeitet. Obwohl es im direkten Kontakt leichter ist, die entsprechenden Fragen zu klären, können Anfragen dieses Typs häufig in Online-Kommunikation zufriedenstellend bearbeitet werden. Bei einem dritten Typ von Anfragen ist eine fehlende oder unklare Information zum Kristallisationspunkt eines umfassenderen Problems geworden. Weder die Beantwortung der Frage, die gestellt wird, würde das Problem lösen noch differenzierte Informationen, die den Hintergrund der Frage einbeziehen. Der Beratungsbedarf liegt woanders. Auch hierzu ein Beispiel aus der Beratungspraxis:

Ein älterer Student kommt in die Beratungsstelle und fragt etwas unwirsch: „Ich brauche die Promotionsordnung Soziologie – aber nicht die neue, die sie gerade verabschiedet haben, sondern die davor. Im Dekanat sagen sie, die gilt nicht mehr; aber ich bin mir sicher, dass sie für mich noch gilt." Bei der Suche nach dem entsprechenden Ordner entwickelt sich ein Gespräch über das Warum und Wieso der Anfrage. Der Student sitzt, so erzählt er, seit fünf Jahren an einem Dissertationsprojekt, die Förderung ist ausgelaufen, seit zwei Jahren jobbt er nebenher, was das Vorwärtskommen verlangsamt. Aber immerhin, zwei Drittel der Arbeit, „so ungefähr 400 Seiten" stehen. Nun habe ihm ein Mitstreiter erzählt, es sei eine neue Ordnung verabschiedet, die Fristen enthält; die alte aber habe keine Fristen angegeben für die Zeit zwischen Anmeldung und Abgabe. Dieses Gespräch ist der Einstieg für einen Beratungsprozess, der den Studenten über ein halbes Jahr hin begleitet und in dem nicht nur prüfungsrechtliche Fragen geklärt werden, sondern auch über Schreibblockaden, Perfektionismus, Zukunftsängste gesprochen werden kann. Am Ende des Prozesses stehen eine neue Vereinbarung mit dem Doktorvater sowie ein Zeitmanagement für die Abschlussphase der Dissertation.

Wie die Beispiele verdeutlichen, können Fragen nach Informationen je nach individuellem Fragehintergrund und Studiensituation sehr unterschiedliche Beratungsangebote erfordern. Informationsfragen tauchen weder nur vor Studienbeginn noch ausschließlich am Anfang oder Ende einer akademischen Laufbahn auf, sondern – mit unterschiedlichen Inhalten und je verschiedener Bedeutung – in jeder Studienphase. An den Knotenpunkten des Studienverlaufs allerdings, die wir als Statuspassagen bezeichnet haben, spielen Informationsfragen quantitativ und qualitativ eine besondere Rolle. Wir werden weiter unten einige zentrale Aspekte dieser Thematik sowie die Angebote, mit denen die Hochschulberatung darauf reagiert, ausführlicher besprechen.

Im Umfeld von Beratungsprozessen, in deren Zentrum Informationen stehen, gibt es von Seiten der Studienberatungsstellen zahlreiche flankierende Aktivitäten, die einerseits den Informationsfluss sicherstellen und andererseits Beratungsmöglichkeiten sichtbar machen sollen.

Gestaltung und Pflege von Informationspools

Damit in den Beratungsprozessen angemessen mit den Informationsbedürfnissen umgegangen werden kann, müssen Informationspools auf aktuellen Stand zur Verfügung stehen. Datenbanken über Studiengänge, Zulassungsvoraussetzungen und Förderungsmöglichkeiten gehören genauso dazu wie Anlaufadressen für detaillierte Auskünfte zu Einzelfragen (Studienfachberatungen, Be-

rufsberatung, Studentenwerk, Begabtenförderungsstiftungen, niedergelassene
Psychotherapeuten und Fachkliniken). Ein Teil dieser Informationen wird von
den Beratungseinrichtungen selbst zusammengestellt; für viele Bereiche kann
aber auch auf bestehende Broschüren und Datenbanken (z. B. der Hochschul-
rektorenkonferenz, des BMBF, einiger Stipendiengeber und Praktikumsbörsen)
zurückgegriffen werden. Das Recherchieren der jeweils aktuellen Datenbasis,
die Auswahl der zu pflegenden Informationen sowie das Herstellen von nut-
zerfreundlicher Zugänglichkeit sind in der Regel im Verantwortungsbereich der
Beratungseinrichtungen.

Informationsveranstaltungen der Beratungsstelle

Je nach Profil der Universität, Schwerpunkten der Einrichtung und Vernetzung
mit der Region bieten einzelne Beratungsstellen eigene Informationsveranstaltungen an. So gibt es z. B. Veranstaltungen zur Studienwahl und zu den Bewerbungsmodalitäten in Schulen der näheren Umgebung bzw. wenn Schüler-
gruppen die Hochschule besuchen. An Hochschultagen werden Infoveranstal-
tungen zu unterschiedlichen Aspekten des Studierens für einzelne Zielgruppen
angeboten; zu aktuell in der Universität diskutierten Fragen rund um das Studium und das akademische Arbeiten werden auch innerhalb der Hochschule eigene Veranstaltungen organisiert, bei denen es z. B. darum gehen kann, die
meist impliziten „Selbstverständlichkeiten" der akademischen Kultur explizit
Thema werden zu lassen.

Kooperation bei Angeboten anderer Einrichtungen

Häufig aber kooperiert die Beratungseinrichtung bei Informationsveranstaltungen mit anderen Einrichtungen. Im Umfeld der Einschreibung etwa organisieren Studienberater in Kooperation mit dem Studierendensekretariat Informationsstände, an denen die Anfänger Fragen zu ihrem Studium beantwortet
bekommen. In den einzelnen Fakultäten und Fachbereichen werden häufig
spezifische Angebote für Studienanfänger dieses Faches organisiert, bei denen
dann Berater Themen übernehmen, die sich in der Beratungsarbeit als für dieses Segment der Studierenden wichtig erwiesen haben; bei Einführungsveranstaltungen für internationale Studierende gibt es eine entsprechende Kooperation mit den Akademischen Auslandsämtern; im Umfeld von Berufseinstei-
germessen bieten Berater/innen Informationen zur Berufswahl und zu beruflichen Praktika an.

Chatrooms

Chatrooms werden inzwischen von vielen Beratungseinrichtungen zusätzlich zu Informationsveranstaltungen an den Hochschulen, in Schulen oder auf Messen eingerichtet. In diesen Angeboten bildet sich das Interesse der Hochschulberater/innen ab, in relativ kurzer Zeit eine hohe Anzahl von Informationssuchenden zu erreichen und zugleich Offenheit für weitere Anliegen – Beratungskultur – zu signalisieren.

Online-Beratung

Das Medium der Online-Beratung bietet sich an, um unabhängig von Sprechstunden und dennoch relativ zeitnah auf Fragen antworten zu können. Die zeitlich flexibel zu gestaltende Internet-Kommunikation wird Schüler/inne/n und Studierenden zunehmend selbstverständlich; bei eindeutigem Informationsbedarf erweist sie sich auch für die Beratungsteams als funktional.

Mitwirkung bei Messen

Seit den 1990er Jahren haben sich zahlreiche Messen etabliert, die aus unterschiedlichen (oft heterogenen) Interessen die Zielgruppe Studieninteressierte/Studierende im Blick haben. Einige Beratungseinrichtungen nutzen die damit verbundene Möglichkeit, studienrelevante Informationen jungen Leuten anzubieten, die (noch) nicht direkt von der Universität und der akademischen Ausbildung angezogen sind. Bei der Präsenz auf Messen gilt es allerdings immer zu prüfen, ob das Beratungsangebot als spezifische Kommunikationsform von den Besuchern und Besucherinnen überhaupt wahrgenommen werden kann, bzw. ob nicht eher ein Werbeeffekt für die jeweiligen Veranstalter produziert wird.

2.3   Studentischer Alltag und die Lebenswelt Universität

Die meisten Studienanfänger sind zum ersten Mal in ihrem Leben mit der Aufgabe konfrontiert, über die Gestaltung ihres Alltags und ihrer Arbeitsabläufe weitgehend selbstständig zu entscheiden. Sie müssen dabei unterschiedlichen Anforderungen gleichzeitig gerecht werden, wobei die jeweiligen Zielsetzungen subjektiv hoch besetzt sind. Stärker als in der Schulzeit, bei Ferienjobs, im Zivildienst oder in Praktika geht es darum, bestimmte Vorstellungen von sich selbst zu realisieren und gleichzeitig von außen gesetzten Standards zu entsprechen. Die Erfüllung solcher Entwürfe kann weniger in die Zukunft verschoben werden als in der Zeit vor Studienbeginn. Spätestens mit dem Studium findet der Aufbruch in das selbst verantwortete Leben statt und damit auch die selbstkritische Bewertung des Verlaufs.

Studierende organisieren ihren Lebensalltag während des Studiums eigenverantwortlich. Das erfordert die Herausbildung von Alltagsroutinen mit sowohl handwerklichen als auch sozialen Fertigkeiten. Für einen großen Teil der Studierenden sind dies neue Aufgabenbereiche, in denen sie wenige Erfahrungen besitzen. Aber auch für diejenigen, die nicht der studentischen „Normalbiografie" (vgl. Brendel & Metz-Göckel 2001) entsprechen – diejenigen z. B., die nach einer ersten beruflichen Phase ein Studium beginnen, oder diejenigen, die auf Grund einer fordernden familiären Situation schon lange an eine selbstständige Alltagsorganisation gewöhnt sind –, stellt der Studienbeginn eine Herausforderung dar. Sei es, dass hohe Leistungsanforderungen unter ungewohnten, erschwerten Lebensbedingungen zu erfüllen sind, wie beengte Wohnverhältnisse und deutlich niedrigerer Lebensstandard, sei es, dass eine Erwerbsarbeit zum studentischen Leben in ein verträgliches Verhältnis gebracht werden muss, sei es, dass die sozialen und kommunikativen Gepflogenheiten der studentischen Peer-Group in Widerspruch zu nach wie vor bestehenden familiären Verpflichtungen geraten. Die Mehrzahl der Studierenden allerdings lebt während der Studienzeit zum ersten Mal allein oder mit Gleichaltrigen in einem eigenen Haushalt und bewältigt den Alltag ohne Fürsorge, Einmischung und Kontrolle von Eltern.

Die einzelnen Tätigkeiten stellen dabei die geringere Herausforderung dar. Schwerer wiegt für viele, dass die notwendigen Alltagsentscheidungen aufeinander abgestimmt werden müssen – wer regelmäßig in der Mensa isst, legt damit einen Teil seines Budgets fest; wer die Schreibtischarbeit, wenn irgend möglich, zu Hause erledigen will, muss mehr in eine ruhige und geräumige Wohnung investieren; wer vorwiegend in der Bibliothek arbeitet, muss vielleicht nicht unbedingt Geld für eine Flatrate für private Zwecke ausgeben; größere Entfernungen zur Universität in Kauf zu nehmen, bedeutet längere Fahrzeiten einzukalkulieren und schließt von manchen Aktivitäten an der Hochschule aus. Zudem gilt es, diese Entscheidungen alleine zu treffen und sich wenig auf direkte Anteilnahme, Entlastung und ein sicherndes Netz verlassen zu können. Wohlmeinende Eltern sind nicht immer die besten Ratgeber für eine funktionale Gestaltung von Wohngemeinschaftsabläufen und der gewohnte häusliche Tagesrhythmus entspricht meist nicht der akademischen Lebensform. Viele Freunde haben andere Studien- und Berufsentscheidungen getroffen und stehen nicht mehr zur Verfügung. Das soll nicht heißen, dass Studierende lieber länger in der Familie leben möchten. „Der Rückzug in die familiale Welt als

Hort der Geborgenheit und Sicherheit, das ‚Cocooning', ist für die Studierenden eindeutig negativ besetzt".[10] Nicht nur die Einstellung der Studierenden ist
offener und mobilitätsfreudiger als die ihrer Altersgenossen, auch das faktische
Verhalten entspricht dem.[11] Dies zeigt sich z. B. in einer hohen Bereitschaft,
auch Studienerfahrungen außerhalb von Deutschland zu machen. In der 2006
durchgeführten Sozialerhebung wird deutlich, dass die Quote der studienbezo-
genen Auslandaufenthalte in den letzen beiden Jahrzehnten stark zugenommen
hat. Zurzeit schließen schätzungsweise 37 % der deutschen Erstabsolventen mit
studienbezogener Auslandserfahrung ab (BMBF 2008).[12]

Der Wegfall bekannter und damit relativ sicherer Strukturen betrifft auch die
sozialen Beziehungen. So werden neue soziale Beziehungen aufgenommen, die
auszugestalten sind, dies geschieht aber nicht mehr in einer meist recht über-
schaubaren Jahrgangskohorte wie zu Beginn früherer Ausbildungsabschnitte,
sondern in der weniger abgegrenzten und auf viele anonym wirkenden Popula-
tion moderner Großuniversitäten und Fachhochschulen. Persönliche Wahl und
individuelle Aktivität bekommen einen größeren Stellenwert. Die bisher geläu-
figen Umgangsformen sind oder scheinen daher nicht mehr angemessen, es
sind neue Anpassungen zu leisten und die Standards für Selbst- und Fremdbe-
wertungen verändern sich. Bewährte Formen der Selbstbestätigung fallen mit
der gewohnten Bezugsgruppe weg und mit dem Aufbau neuer sozialer Kontakte werden andere Orientierungen wichtig. So besteht eine wichtige Erfahrung
mancher Studienanfänger darin, dass die zur Bewältigung des Studiums erforderlichen Kooperationsbeziehungen nicht mit dem gewohnten Sympathiesche-
ma allein erfolgreich gestaltet werden können. Manche Arbeitsgruppe des ersten Semesters scheitert, weil „nette Menschen" sich als unzuverlässig erweisen,
zum verabredeten Termin nicht oder unvorbereitet erscheinen. Manche erfreu-
liche Begegnung im Seminar lässt sich nicht in eine Freundschaft verwandeln,
weil die Lebenssituationen sich so sehr unterscheiden (Fahrzeiten, Job, Kinder
...), dass man kaum gemeinsame Zeiten für ein Treffen findet. Außerdem treffen die Studierende in ihren Studiengängen auf fachspezifische Kulturen – was
manchmal durchaus schockierend sein kann, haben doch viele Studienanfänger
und -anfängerinnen ihr Studienfach nach inhaltlichen oder Begabungskriterien

---

10 „Mit einem negativen Faktorwert von –0,7 zeigen die Studierenden hier ihre deutlichste Ab-
    weichung von der Grundgesamtheit ..." – so Gapski, Köhler & Lähnemann (2000, 10).
11 So konstatiert die „Shell Jugendstudie 2002", dass nur 31 % der jugendlichen Studierenden
    (bis 25 Jahre) noch bei den Eltern leben (34 % leben allein, 22 % in einer WG), im Gegen-
    satz zu 70 % der sich in einer Ausbildung befindenden Jugendlichen und 48 % der Erwerbs-
    tätigen (Deutsche Shell 2002, 56 f.). Die letzte Shell Jugendstudie macht zur Wohnform kei-
    ne näheren Angaben.
12 2006 ist die Tendenz leicht rückläufig, was mit der Umstellung zum Bachelor erklärt wird,
    der Auslandsaufenthalte zu erschweren scheint.

gewählt, ohne sich darauf einzustellen, dass sie sich nun unter „lauter typischen Juristen", „fleißigen Lehramtsstudentinnen" oder „skurrilen Naturwissenschaftlern" bewegen, sogar dazugehören sollen.[13] Auch in diesem Lebensbereich müssen sie sich zum einen mit belastenden Pflichten und zum anderen mit verlockenden aber auch beunruhigenden Gestaltungsfreiräumen auseinandersetzen, erfahren positive Selbstbestätigung, entwickeln neue Interessen, erleben aber auch Frustrationen, Verunsicherungen und Überforderungen. Die Herausbildung geeigneter Bewältigungsmuster, die den neuen Aufgaben und Rollen gerecht werden, ist entscheidend für den Verlauf der Hochschulsozialisation, der neben der fachlichen Qualifizierung eben auch die Überwindung sozialer und emotionaler Irritationen beinhaltet.

2.3.1 Beratungsanlässe

Die wichtigsten der hier skizzierten Anforderungen sowie die Beratungsanliegen, zu denen diese führen, möchten wir im Folgenden mit Beispielen aus der Beratungsarbeit anschaulich machen.

Für den Alltag angemessene Strukturen finden, sich zurechtfinden und einrichten

Bei der Alltagsorganisation stehen Studierende vor der Aufgabe, studienbezogene Aktivitäten mit persönlichen Bedürfnissen und der Selbstversorgung zu verbinden und dabei mit ihrer Zeit und den anderen Ressourcen haushalten zu lernen. Die Herausforderung liegt darin, selbstständig private und berufliche Lebensbereiche zu koordinieren, ein kurzfristiges und längerfristiges Zeitmanagement zu etablieren und neben den fachlichen Kompetenzen auch soziale Fähigkeiten und selbstbestimmte Werthaltungen zu entwickeln. Es gilt in allen Lebensbezügen, die Balance zwischen Notwendigem und Freiheit zu finden. Zu Irritationen kommt es schnell, einhergehend mit einem Einbruch von Selbstsicherheit und Zuversicht.

---

13 Diese Stereotypen treffen natürlich nicht die Realität und die meisten Studierenden finden schnell für sie angemessene Subgruppen. Die Tatsache jedoch, dass die jeweilige Fachkultur auch homogenisierende Effekte auf die Personen hat, die sich in ihr alltäglich bewegen, wird als Bedrohung der eigenen Individualität erlebt und durch Stereotypisierung der anderen abgewehrt.

Eine junge Frau hat ihr Studium in Mathematik und Englisch für das Lehramt vor drei Monaten begonnen. Sie kommt mit ihrer Freundin, mit der sie zusammenwohnt, damit diese auch mit „aufpassen" könne und sie beim Umsetzen der erhofften Ratschläge dann „richtig" unterstützt. Sie möchte Tipps und Tricks erfahren, wie sie ihr Semester erfolgreich abschließen kann. Sie habe wenig Erfahrungen mit dem Lernen, sei generell etwas chaotisch und wisse nun nicht so recht, wo anfangen. Ihr Stundenplan war überfüllt – angemeldet über CMS[14] – und sie fürchtet Sanktionen, wenn sie nicht überall zu den Abschlussklausuren erscheint. Die gemeinsame Überprüfung von Anforderungen und zur Verfügung stehender Zeit macht relativ schnell klar: Es ist schon rein zeitlich nicht mehr möglich, sich für alle Prüfungen ausreichend vorzubereiten, die Studentin braucht nicht nur effizientere Lernmethoden, sondern vor allem eine Strategie, um im Angesicht der Anforderungen nicht alle Motivation zu verlieren. Entscheidungen stehen an – welche Prüfungsleistungen sollen erbracht werden? –, eine Zeitplanung, die Erfolgserlebnisse ermöglicht, gilt es zu entwerfen.

Auch jenseits solcher „Anfängerprobleme" ergeben sich im Verlauf eines Studiums immer wieder Schwierigkeiten, die mit der Strukturierung des alltäglichen Lebens zu tun haben. Studierende gehen ihrem Alter entsprechend verbindliche Beziehungen ein, sie experimentieren mit unterschiedlichen Wohnformen, entwickeln konkretere Lebensperspektiven und fassen weitergehendere Entschlüsse als jemals zuvor. Manche gründen während des Studiums Familien. Im Bundesgebiet sind im Durchschnitt 6,6 % der Studierenden Eltern, in Großstädten, wo sich gesellschaftliche Entwicklungen besonders schnell abzeichnen, sind es deutlich mehr, in Berlin haben beispielsweise 9,4 % der Studierenden Kinder (BMBF 2007). Auf Grund der wirtschaftlichen Abhängigkeit vieler Studierender sind solche an sich altersangemessenen Lebensentscheidungen äußerst konflikträchtig. Sie werden Studentinnen und Studenten gesellschaftlich nicht uneingeschränkt zugestanden, zumindest sind sie im „Normalverlauf" des Studiums nicht mitbedacht und verlangen nach (nicht immer realisierbaren) Ausnahmeregelungen, um die sich die betroffenen Studierenden, soweit sie überhaupt von den Möglichkeiten wissen, selbst bemühen müssen.

---

14 So heißt an der FU Berlin das elektronische Belegsystem. Es gibt nicht mehr die herkömmlichen Studienbücher, in die man die belegten Veranstaltungen einträgt und die man erst zur Prüfungsanmeldung vorlegen muss. Man belegt jetzt per Internet über ein zentrales Managementsystem, womit gleichzeitig die Anmeldung für die entsprechenden Abschlussklausuren zu Semesterende erfolgt. Das macht das Belegen von Anfang an verbindlich und schränkt die Möglichkeiten des Reinschnupperns und des Ausprobierens drastisch ein.

Björn studiert im fünften Semester Biologie, er lebt mit seiner Freundin Sabine zusammen in einer größeren WG, seit einem Jahr haben die beiden eine gemeinsame Tochter – Leonie. Sabine hat ihr Studium an der Fachhochschule für ein Jahr unterbrochen, nun hat sie mit Beginn des Wintersemesters wieder angefangen, mit etwas reduziertem Programm, aber eine Fachprüfung möchte sie im Januar ablegen. Björn kommt in die Beratungsstelle, weil es „Beziehungsstress gibt" und er sich unter Druck fühlt, nicht richtig arbeitsfähig ist. Er hat das Gefühl, viel zu tun, sich sehr viel Mühe mit der kleinen Tochter zu geben – und dennoch ist es nie genug. Wir sprechen im Erstgespräch ausführlich über seine Lebenssituation, über sein Studium, seine Schwerpunkte, seine Zielvorstellungen. Björn ist begeisterter Biologe, hat wissenschaftliche Ambitionen und bisher sehr breit und gründlich studiert, er will „in Richtung Genetik weitermachen" und muss im laufenden Semester ein Blockpraktikum absolvieren. In diesem Praktikum präsent zu sein und gute Ergebnisse zu erzielen, ist für sein Weiterkommen in diesem sehr aussichtsreichen Schwerpunkt der Biologie von großer Bedeutung. Seine Freundin Sabine studiert Pflegepädagogik und befindet sich in der Endphase ihrer Ausbildung. „Sie sollte jetzt eigentlich konsequent auf den Abschluss hin studieren", sagt Björn, „damit wir allmählich eine Perspektive in unser Leben kriegen." Beziehungsstress haben Björn und Sabine, weil sie beide Platz und Zeit für ihr Studium wollen, sich nicht einigen können, was jeweils wichtiger ist, und immer wieder vom anderen verlangen, mehr Aufgaben im Haushalt zu übernehmen und die Belastungen des/der anderen im Blick zu behalten.

Was kann ein Berater/eine Beraterin tun, um die in dieser Lebenssituation aufeinandertreffenden Anforderungen sichtbar zu machen? Anbieten kann man Björn ein Paargespräch, in dem es neben einigen lebenspraktischen Tipps vor allem darum geht, die Gleichrangigkeit beider Studieninteressen anzuerkennen und herauszuarbeiten, dass Björns Erfahrungen des „nie genug" kein persönliches Versagen seinerseits und auch nicht reine „Männerschelte" von Sabines Seite darstellt. Erst wenn objektiv gegebene Schwierigkeiten anerkannt sind, kann man nach Kompromissen suchen: Mehr externe Betreuung für Leonie in Anspruch nehmen? Um Unterstützung aus der Familie bitten? Die Wohnsituation ändern? Den Studienabschluss mit weniger zeitlichem Druck angehen? Für nicht zu vermeidende Ungerechtigkeiten in der Belastung Ausgleich vereinbaren?

Anders als in der Fallskizze bei Björn und Sabine ist Elternschaft ein häufiger Grund, neben dem Studium auch arbeiten zu müssen, da die Kosten für den Lebensunterhalt höher werden und studierende Eltern von der Reform des Kindergeldes nicht profitieren. Erwerbstätigkeit gehört auch für viele Studierende ohne Kinder zum Alltag und ist schon lange nicht mehr auf die vorlesungsfreie Zeit beschränkt. Im Sommersemester 2006 waren 63 % der Studierenden im

Erststudium erwerbstätig.[15] Der Großteil davon jobbt, nicht wegen der Kontakte in die Berufswelt oder um sich „etwas mehr leisten zu können", sondern weil es für ihren Lebensunterhalt notwendig ist.[16] Die Erwerbstätigkeit mit dem Studium koordinieren zu müssen, ist für alle Betroffenen problematisch, da die Studienbelastungen es nicht erlauben, das Studium auf eine Teilzeitbeschäftigung zu reduzieren.[17] Bei allen zugeschriebenen und auch tatsächlich bestehenden Freiheiten, die mit dem Studentenstatus verbunden sind, können Studierende nur eingeschränkt flexibel zwischen verschiedenen gesellschaftlichen Rollen agieren. Sie sind zuvorderst in einem Ausbildungsverhältnis, müssen sich an bestimmte Pläne, Abläufe, Fristen, Orte halten und können sich Unterbrechungen ihres Status meist nicht leisten.

Jede Zentrierung auf andere Rollen (Familie, Beruf, Job, Leistungssport) als die des/der Studierenden dezentriert daher in Bezug auf das Studium. Das, was Bourdieu die „illusio" des wissenschaftlichen Feldes genannt hat, die Identifikation mit dem gewählten Fach und der Rolle des Wissenschaft Lernenden/Betreibenden, wird brüchig, wenn andere Identifikationen Bedeutung gewinnen. Deshalb kostet der Wechsel von den Tätigkeiten in der Familie oder im Job zur Konzentrationsfähigkeit auf die Studieninhalte viel mehr Zeit und Energie, als man rein äußerlich dafür veranschlagen müsste. – „Zwei Stunden hatte ich am Abend Zeit, um mich mit meinem Referat zu beschäftigen, aber als ich endlich wieder klar hatte, an welcher Stelle ich weitermachen muss, war die Zeit fast schon um." – So eine Studentin, die regelmäßig eine Rentnerin betreut.

Die identitätsstiftende Aufgabe für Studierende ist der Erwerb von Wissen und Arbeitsmethoden, in der Realität konkurrieren damit allerdings die Herausforderungen und Belastungen durch Lohnarbeit und Alltagsroutine. Häufig scheint das Lernen auf Grund von Aktivitäten in beruflichen oder privaten Lebensbereichen zu kurz zu kommen. Es gibt immer etwas, was noch nicht vollständig und abschließend verstanden ist, was man noch vertiefen und erarbeiten könnte. Sich von den akademischen Aufgaben abzugrenzen und sich ande-

---

15 Laut Bericht des Studentenwerks Berlin (2008) ist damit 2006 die Quote der Erwerbstätigen um 3 % zurückgegangen. Als Gründe werden die Studiengebühren für Langzeitstudierende und die stattgefundene Studienstrukturreform verantwortlich gemacht, da Bachelorstudiengänge eine höhere Regelungsdichte aufweisen.

16 Im Bundesdurchschnitt arbeiten 42 % der Studierenden, die einer Erwerbsarbeit nachgehen, aus diesem Grund (BMBF 2007). In Berlin, sicher nicht untypisch für Studierende in Großstädten, waren es 66,6 %. (Studentenwerk Berlin 2008).

17 An einigen Hochschulen wird inzwischen mit Formen des Teilzeitstudiums experimentiert, das – bei entsprechender Verlängerung der Gesamtstudienzeit – eine Kombination von Studium und Berufstätigkeit ermöglichen soll. Allerdings liegt für die meisten „Jobber" darin kein wirklich hilfreiches Angebot, da sie, anders als Teilzeitberufstätige, ihre Erwerbstätigkeit kaum perspektivisch planen können.

ren Pflichten oder Vorhaben zuzuwenden bzw. diese so zu organisieren, dass für die Studienziele auch ausreichend Zeit zu Verfügung steht, setzt ein hohes Maß an Zeit- und Selbstmanagement voraus sowie ein klares Bewusstsein des eigenen Leistungsvermögens und eine Übersicht über die eingeforderten Arbeitsergebnisse.[18] Diese Kompetenzen müssen im Laufe des Studiums aufgebaut werden, was nicht ohne Verunsicherungen möglich ist. Viele Studierende entbehren das Gefühl, ihrem Lernziel gerecht werden zu können und leiden an einem Mangel an Selbstbestätigung und Vergewisserung, ihren Aufgaben gerecht zu werden.

Selbstständigkeit ausbauen

Die ersten selbstverantwortlichen Entscheidungen sind gefallen: Das Studienfach ist gewählt, Art und Ort der Hochschule sowie die neue Unterkunft sind gefunden. Rund um die Organisation des neuen Alltags sind immer wieder neu Festlegungen zu treffen, es gilt zwischen Möglichkeiten abzuwägen, Prioritäten zu setzen. Für viele ist es neu, alles selbst überlegen und entscheiden zu müssen; das Leben bei den Eltern war bequemer und leichter.

Ein Student der Physik hat zu Semesterende zwei Klausuren geschrieben, zwei weitere muss er in den Semesterferien noch schreiben. Er ist unzufrieden mit seiner Lernleistung und fürchtet nicht alle Prüfungen zu bestehen. Dies könnte sein Vorhaben, sich für ein Stipendium für ein Studienjahr an einer ausländischen Universität zu bewerben, gefährden. Es fehlen effiziente Lernmethoden und eine bessere Arbeitsplanung. Er arbeite gegenwärtig sehr unstrukturiert, habe ständig das Gefühl mehr tun zu müssen, dabei fühle er sich zu langsam und zunehmend erschöpft. Er würde sich mit allen Entscheidungen, selbst den banalsten Alltagsproblemen unglaublich aufhalten. Beispielsweise habe er die letzten beiden Tage wenig arbeiten können, da er sehr mit der Frage beschäftigt gewesen sei, welche Radtasche er sich kaufen solle, da er eine neue brauchte. Ähnlich kompliziert sei es für ihn auch, sich zu entscheiden, an welcher Lerngruppe er mitmachen solle. Er wisse zwar, mit welchen Leuten er wahrscheinlich besser arbeiten würde, aber die treffen sich immer privat, und er vermeide es, Leute zu sich einzuladen, da es bei ihm absolut chaotisch aussähe. Das müsse er dringend ändern, da er unbedingt einen Mitbewohner suchen müsse. Das sei finanziell notwendig und besonders hinsichtlich des geplanten Auslandsaufenthalts

---

18 Mit Motivationsproblemen und unangemessenen Lernmethoden wollen wir uns weiter unten befassen, die Beratungsinhalte, die hier angesprochen sind, beziehen sich auf die Bewältigung der neuen Arbeits- und Lebenssituation.

> *wichtig. Er schiebe alles vor sich her und fühle sich den Aufgaben nicht gewachsen: Lernen, aufräumen, saubermachen, jemanden für die WG suchen, sich für eine Uni im Ausland zu entscheiden und sich zu bewerben – sein Alltag sei der pure Stress.*

Aufgabe von Beratung in dieser Situation ist es, dem Studenten dabei zu helfen, Ordnung in die verschiedenen Anforderungen zu bringen (das Erstellen von Listen, in denen die Wichtigkeit der einzelnen Aufgaben markiert werden kann und die auch Platz lassen, um den benötigten Zeitrahmen zu notieren, sind dabei hilfreich). Erst mit einer entsprechenden Übersicht, die sich nicht mit jedem Stressgefühl verschiebt, können Entscheidungen getroffen werden. Im Beratungsprozess sollte es nicht nur darum gehen, die aktuelle Drucksituation zu lösen, sondern auch darum, Entscheidungskompetenz zu stärken und Selbstständigkeit auszubauen.

Entscheidungen fallen umso leichter, je selbstbewusster man sich fühlt. Umgekehrt wird alles zum (belastenden) Problem, wenn man ängstlich, unsicher oder besonders selbstkritisch ist. Die Entwicklung von Identität und Selbstwert erfordert mit Misserfolgen, Enttäuschungen und Widersprüchen umgehen zu können. Um sich zu trauen, eigenen Wünschen und Wertungen entsprechend zu handeln, braucht man Zuversicht und Selbstvertrauen. Die Bestätigung des Selbstwertgefühls ist aber gerade in Umbruchsituationen, wie sie das Studium bietet, eher gering. Trotz Anstrengung und Leistungsbereitschaft fehlen Rückmeldungen, an denen man sich orientieren könnte. Die geforderten Anpassungen zu leisten, ist anspruchsvolle psychische Arbeit, die zu Widersprüchen mit Werthaltungen und Gewohnheiten und zu Belastungen und Konflikten führen kann. Bildungsherkunft, soziale Herkunft und ethnisch-kultureller Hintergrund sind entscheidende Variablen für das Gelingen, deren Auswirkungen im universitären Alltag aber wenig offen diskutiert werden, sie gelten als individuell zu lösendes Handicap.[19]

Akademische Ausbildung will nicht nur Fachwissen vermitteln, sondern auch persönlichkeitsbildend wirken, selbstreflexives Denken stärken und die Übernahme von Verantwortung fördern. In der Praxis werden diese Bemühungen durch wenig transparente Strukturen und bürokratische Auflagen erschwert. Studierende müssen die Verschränkungen ihrer Einzelentscheidungen erst erkennen lernen, um tatsächlich Souveränität über ihr Studium zu gewinnen. Eine wichtige Erfahrung ist dabei, dass an der Universität nicht nur Lern-

---

19 Der Anteil der Studierenden mit Migrationshintergrund wurde 2006 zum ersten Mal erhoben. Er betrug 8 % (BMBF 2007). Die Zahl der in Deutschland studierenden Bildungsausländer lag 2006 bei einem Prozentsatz von 9,5 (BMBF 2008).

leistung belohnt wird, sondern auch das Zurechtfinden im Wissenschaftssystem und mit der Verwaltung. Das macht es oft sehr kompliziert, persönliche Studienziele, Interessen und universitäre Vorgaben in Einklang zu bringen, zumal das Nichtgelingen oft persönlich weitreichende Konsequenzen haben kann.[20] Beratungsangebote haben die Aufgabe, Unterstützung bei den damit verbundenen inneren Konflikten zu bieten und Bewältigungsstrategien zu vermitteln.

Viele Studierende können Irritationen und Belastungen bei Alltagsentscheidungen durchaus aus eigener Kraft oder mithilfe ihres Umfeldes lösen, aber der Bedarf an professioneller Beratung steigt. Für Studierende, die eine Beratung an der Hochschule nachfragen, sind Probleme, die mit Entscheidungen, Selbstwert- und Identitätsgefühlen in Zusammenhang stehen, ein häufiger Anlass. Mangelndes Selbstwertgefühl, Verstimmungen, Zweifel am Studium sind auch in der letzten Sozialerhebung als wesentliche Begründung für den hohen Beratungsbedarf von Studierenden angegeben worden.

Fachwahl prüfen, Ziele finden

Die Freude, selbst über sich und die eigene Zukunft bestimmen zu können, selbst zu wählen, womit man sich in Zukunft vorrangig beschäftigen möchte, ist bei manchen dadurch getrübt, dass beim Studienfach oder -ort Kompromisse nötig geworden waren. Aber auch das Wunschfach entpuppt sich oft als recht verschieden von den Vorstellungen, mit denen man darauf zugegangen war. Auch in Bezug auf die Studieninhalte sind daher Anpassungen zu leisten, die Erwartungen sind der Realität anzugleichen, Identitätsentwürfe mit konkreten Erfahrungen in Beziehung zu setzen. Studienentscheidungen erfordern Verbindlichkeiten sowie die Aufgabe von Selbstvorstellungen, die sich auf Interessen und Kompetenzen beziehen, die nun nicht mehr, oder nur noch sehr eingeschränkt, weiter entwickelt werden können. Begabungen müssen auf das gewählte Fach eingeengt werden. Diese auch mit Verlustgefühlen verbundenen Prozesse aktivieren bei einigen noch einmal Skepsis oder Besorgnisse, die sie bereits bei der Studienentscheidung bzw. der Fachwahl begleitet haben. Wie bei allen wichtigen Entscheidungen muss man sich mit Dissonanz und Reaktanzphänomenen auseinandersetzen. Das kann erheblich verunsichern. Die auftauchenden Zweifel sind abhängig von der Qualität des vorangegangenen Entscheidungsprozesses. Es erfordert Mut,

---

20 „Durch die Kopplung von Erziehungssystem, Wissenschaftssystem und Verwaltungsorganisation sind Verzögerungsmechanismen eingebaut, die die soziale Selektion übernehmen. Sie regulieren die Studien- (und Forschungs-)Leistung durch die Variable Risikoneigung der Antragsteller und lösen das Problem durch das Einrichten von Zeitschleifen, die oft in keinem Verhältnis stehen zur Kalkulation der Anwärter" (Berzbach 2000, 114 mit Verweis auf Luhmann).

sich den Tatsachen zu stellen und die getroffene Entscheidung mit Hinblick auf die neuen Erfahrungen noch einmal zu überdenken.

Holger z.B. zweifelt gegen Ende des zweiten Semesters an seinem Studienfach Frankreichstudien. Auch die Informationen der Studienfachberatung hätten ihm nicht weitergeholfen. Er ist unzufrieden, so wenig an seiner Sprachkompetenz arbeiten zu können. Mit dem wissenschaftlichen Arbeiten fühlt er sich stark überfordert, er wisse nicht wirklich, was von ihm verlangt wird und er bekäme auch weder Anleitung noch Rückmeldung bezüglich der Hausarbeiten. Er überlege sein Studienfach zu wechseln, dabei könne er es sich gut vorstellen, an eine andere Hochschule zu gehen, weil er sich hier auch nicht richtig wohlfühle. Er wisse noch nicht, was er als Alternative wählen könne, habe aber als BaföG-Empfänger Angst, eine falsche Entscheidung zu treffen, auf die er dann festgelegt sei.

Die 18. Sozialerhebung (BMBF 2007) liefert auch Informationen zu den faktischen Studienverläufen, in denen sich die skizzierten Probleme spiegeln: 20 % der Befragten hatten ein Fach oder die Art ihres Studienabschlusses und 15 % die Hochschule gewechselt. Der Großteil der Fachwechsel vollzieht sich nach der Studie innerhalb der ursprünglich gewählten Fächergruppe. Ein erheblicher Anteil der Studierenden (13 %) unterbricht das Studium um mehrere Semester, wobei Zweifel am Sinn des Studiums und der Wunsch, andere Erfahrungen sammeln zu wollen, als die häufigsten Unterbrechungsgründe unmittelbar auf Gründe verweisen, die im Studium selbst wurzeln. Die Studienabbruchquote ist in den vergangenen Jahren zwar zurückgegangen, aber mit nahezu einem Viertel der Studienanfänger und mit 15 % bei den Anfängerinnen ist sie noch immer unerfreulich hoch.[21] Die Ursachen für den vorzeitigen Abgang sind vielfältig: In den Wirtschaftswissenschaften klagen Abbrecher häufig über zu wenig Praxisbezug. Geisteswissenschaftler vermissen ein konkretes berufliches Ziel, die Abbruchquoten an den Fachhochschulen hängen vor allem mit falschen Erwartungen an das Studium zusammen.

Studienabbruch und Fachwechsel sind allerdings nicht grundsätzlich negativ zu bewerten. Eine unbefriedigende Situation zu analysieren und begründet zu revidieren, ist verantwortungsvolles Verhalten, wenn Erfahrungen, Diskrepanzen zu Erwartungen, Selbstentwürfe, Fähigkeiten und Interessen angemes-

---

21 Die Studienabbruchquote hat sich insgesamt verringert, aber differiert erheblich nach Abschlussart. Bei Magister- und Diplomstudiengängen liegt sie deutlich höher als beim Bachelor-Studium. Bei den Studienanfängern der Jahre 2000 bis 2004 lag die Abbruchquote beim Bachelor-Studium an den Fachhochschulen deutlich höher als bei den Studiengängen an Universitäten (Heublein, Schmelzer, Sommer & Wank 2008).

sen berücksichtigt werden. Eine Umorientierung kann sinnvoll und effizient in Hinblick auf persönliche und gesellschaftliche Ressourcen sein. Es ist fatal, wenn es bei einer oberflächlichen Lösung bleibt, um Konflikte oder andere Probleme zu verdrängen, wie beispielsweise Arbeitsstörungen oder intellektuelle Überforderung.

Ablösung, Bindung und Trennung

Mit der Entwicklung zu mehr Eigenständigkeit und notwendigen Festlegungen sind immer auch Trennungen verbunden. Zu Studienbeginn beziehen sie sich auf das gewohnte Lebensumfeld und in besonderem Maße auf das Ende des bisherigen Familienlebens. Aber ganz unabhängig von den äußeren Lebensverhältnissen schließt die Identitätsentwicklung Loslösung und einen Zugewinn an Autonomie ein. Das Ende der symbiotischen Welt mit Eltern und den vertrauten Freundeskreisen ist konfliktreich. Auf Verlust reagieren manche mit einer forcierten Hinwendung zum Neuen, andere mit Rückzug oder sie verbleiben in einer passiven, abwartenden Haltung. Während sich die einen in die neuen Erfahrungen stürzen, versuchen andere die anstehenden Gestaltungsaufgaben zu vermeiden. Sie scheuen eine produktive Arbeitsgestaltung und lebendige Freundschafts- und Liebesbeziehungen. Verstimmungen und Apathie sind dann Ersatz für das Verlorene, während die, die den Lösungsprozess, das emotionale Abschiednehmen überspringen, ihre Irritationen oder Ängste ignorieren, noch gebunden bleiben, beispielsweise durch unreflektierte Schuldgefühle. Die adoleszente Selbstfindung basiert auf der Erfahrung früherer Ablösungs- und Trennungskonflikte: In welchem Maße waren sie möglich, wurden sie lustvoll oder schuldhaft erlebt, waren expansive sowie aggressive Impulse erlaubt oder mussten sie verdrängt werden. Diese frühen Erfahrungen markieren die Entwicklungsaufgaben in der Adoleszenz auch in Hinblick auf die Gestaltung des Beziehungs- und Sexual-Erlebens.

Timo, Student der Pharmazie im 8. Semester, stagniert im Studium. Theoretisch sei er Spitze, aber nicht in den praktischen Kursen. Es fehlen ihm noch zwei Praktika, vor denen er richtig Angst habe. Er weiß, er müsse die praktischen Scheine endlich ablegen, er könne sich aber nicht motivieren. Der Versuch herauszuarbeiten, was ihm bei den Laborkursen so schwerfällt, gerät konfus. Schließlich gesteht Timo ein, dass er schon seit einem Jahr kaum mehr im Institut war. Die theoretischen Scheine habe er ja längst. Das Problem sei, dass er vom Prüfungsamt aufgefordert wurde, die Kurse zu absolvieren, er hat Angst, im nächsten Semester exmatrikuliert zu werden. Er würde jeden Tag aus dem Haus gehen, seine Eltern hätten keine Ahnung, weder von seiner Stagnation im Studium noch davon, welches Ausmaß seine ehrenamtliche Arbeit (Trainer im Jugendsport) inzwischen erreicht habe und wie viel Zeit er dort verbringe. Er habe den Kontakt zu anderen Studierenden ziemlich verloren, in seinem Verein fühle er sich aufgehoben, anerkannt und gebraucht.

Im Beratungsgespräch wird deutlich: Die Probleme von Timo sind vielfältig, die bislang nicht vollzogene Ablösung von den Eltern ist dabei zentral. Nur zu Hause und in seinem Verein fühlt er sich wohl, er hat definierte Rollen und Aufgaben, die er erfüllen kann, dort erlebt er Geborgenheit und Schutz. Der Rückzug aus der Universität erspart ihm eine angemessene Auseinandersetzung mit der Realität. Dass er bei seinen Eltern wohnt, ist allein noch kein Problem, heikel ist, dass alle Familienmitglieder den momentanen Zustand aufrechterhalten möchten. Wenn er das Haus verlässt, denkt Timo, die Eltern glauben, er kümmere sich zielorientiert um sein Studium, obwohl sie niemals konkret nachfragen und das Ausbleiben von Informationen über den Studienverlauf ignorieren. Sie scheinen keine Anforderungen an ihn zu stellen, die über den momentanen Stand hinausgehen. Timo scheint mit den Lebensvorstellungen seiner Eltern identifiziert, gerät aber mit seinem Verhalten in Widerspruch zu seinen längerfristigen persönlichen Zielen und den altersbezogenen gesellschaftlichen Erwartungen. Seine realen Studienerfahrungen und die aufgetauchten Probleme kann er nicht kommunizieren, er versucht sie auszublenden. Anderenfalls müsste er sowohl seine Fähigkeiten und sein Studienziel überdenken, sich mit den Eltern auseinandersetzen als auch seine Rolle im Verein in Frage stellen.

Der lebensgeschichtliche Hintergrund von Timo legt die Vermutung nahe, dass er die Funktion übernommen hat, das familiäre System zu stabilisieren. Eine solche Position erschwert es, sich von den Eltern zu lösen und Schritte zu unternehmen, das Studium abzuschließen oder das Ausbildungsziel zu verändern. Die studentische Rolle ist ein Status, der es relativ leicht ermöglicht, in einer Situation zwischen kindlicher Abhängigkeit und erwachsener Selbstverantwortung zu verharren. Vor allem, wenn die Bedürfnislage der anderen Beteiligten auch auf Stagnation und Vermeidung von Veränderungen gerichtet ist. So führen ungelöste familiäre Bindungen zu Entwicklungsstillstand, wenn beispielsweise der elterlichen Autorität nicht widerstanden werden kann und in der unbewussten Verweigerung des Funktionierens der scheinbar einzige Weg besteht, Autonomie zu wahren.

Für die Lösung der Krise, in der Timo sich befindet, können in der Beratungssituation unterschiedliche Wege eingeschlagen werden: Man kann an seiner starken Motivation ansetzen, das Studium erfolgreich zu beenden. Dann ginge es zuerst darum, die nächsten Schritte hin zu den Praxiskursen zu klären und sie daraufhin zu prüfen, wie realistisch es für Timo ist, sich diesen Anforderungen unter den gegebenen Bedingungen zu stellen. Vielleicht gelingt es ihm mit dieser Unterstützung, im Studium wieder voranzukommen, und dies könnte ihm helfen, seine Blockierung zu lösen und sich auch seinen persönlichen „Entwicklungsaufgaben" zu stellen. Man kann auch zunächst die familiäre Situation zum Thema machen und klären, was Timo in der Stagnation hält. Möglicherweise wird bereits durch die Enttabuisierung eine Lockerung der Familienbindung erreicht, die Timo eigenständige Schritte und Entscheidungen erlaubt. Vielleicht bietet sich ein Familiengespräch in der Beratungsstelle an, um den Druck des „Doppellebens" zu beenden und familiäre Ressourcen freizusetzen, die es Timo ermöglichen, sich zukunftsorientiert zu verhalten. Es ist allerdings auch möglich, dass die familiäre Situation sich als so belastend erweist (Sucht- oder Gewaltprobleme; Tod von Geschwistern ...), dass Timo erst im Verlauf einer Psychotherapie in der Lage sein kann, die Anforderungen eines eigenständigen Lebens anzugehen. Beratung würde dann dabei helfen Zeitvorstellung zu erarbeiten, wann die ausstehenden Kurse belegt werden könnten, einen Therapieplatz zu finden und die formalen Voraussetzungen in der Hochschule für eine befristete Unterbrechung herzustellen.

Zu den phasentypischen Entwicklungsaufgaben der Studienzeit gehören die Lösung aus bisher zentralen Beziehungen und die Bewältigung ihrer Veränderung. Das gilt nicht nur in Hinblick auf die familiären Bindungen, sondern auch bezüglich Freundschaften und ersten Liebesbeziehungen. Ansprüche und Anforderungen verändern sich erheblich, weil Zukunftsperspektiven in das Verhältnis zum anderen einbezogen werden, was bislang meist keine Bedeutung hatte. Mit dem Studium verändern sich Selbstentwürfe, verschieben sich Interessenschwerpunkte und nicht alle Entwicklungen werden von Partnern und Freunden mitgetragen. Loyalitätskonflikte, Schuldgefühle wegen der zunehmenden inneren Entfernung von Freunden, Eltern, Partnern und Beziehungsprobleme sind häufiger Anlass für das Nachsuchen von Beratung. Studierende erhoffen sich Unterstützung bei Liebeskummer, Trennungswünschen und Verlassenheitsängsten, sie möchten auch für ihre privaten Probleme Lösungen finden und wollen über emotionale und sexuelle Schwierigkeiten in ihren Beziehungen sprechen. Thema sind nicht nur misslingende Beziehungen, sondern auch das Erkennen, dass manche Kontaktwünsche nicht realisiert werden können, weil Scheu und Ängste dem Wunsch nach Bindung im Wege stehen. Kummer beeinflusst das Lebensgefühl, führt zu Verstimmung und schränkt die Arbeitsfähigkeit ein. Ungelöste Konflikte, langwierige Beziehungsprobleme oder soziale Ängste werden zum Ausgangspunkt von anhaltenden Verstimmungen und in der Folge von ungünstigen Studienverläufen.

2.3.2 Beratungsschwerpunkt: Entwicklungsaufgaben

Wie in einigen der beschriebenen Beispiele deutlich wird, werden die übergeordneten Zielsetzungen der Lebensphase, in die das Studium fällt, die Entwicklung der Persönlichkeit und fachlicher Kompetenzen, für die Studierenden in sehr verschiedenen Lebensumständen erfahren. Was für die Einzelnen
zum Beratungsanlass wird, hängt von den Aspekten der jeweiligen Lebenssituation ab, die als widerständig und problematisch erlebt werden bzw. an denen sie wiederholt scheitern. Die Lösung der angesprochenen Einzelprobleme
ist wichtig, Berater/innen sollten aber die zu bewältigenden psychischen Entwicklungsaufgaben im Blick behalten, die mit diesen Einzelproblemen verknüpft sind: die Ausdifferenzierung eigener Interessen und deren emotionale
Besetzung (= das, was Bourdieu „investissement" nennt, vgl. 2001, 210 f.),
die Festlegung auf Inhalte, die Befähigung zu emotionaler Bindung, Verant-
wortungs- und Leistungsbereitschaft sind in dieser Perspektive Zielsetzungen,
die in Beratungsprozessen in der Hochschule im Mittelpunkt stehen oder präventiv (mit-)verfolgt werden. Persönliche Entwicklung bezieht sich auf emotionale und intellektuelle Prozesse; Beratung hilft, emotionale, kognitive, intellektuelle und soziale Impulse zu verarbeiten und zu einem kohärenten
Selbstbild zu integrieren. Psychische Entwicklungsprobleme engen nicht nur
die Emotionalität, sondern auch die intellektuellen Fähigkeiten ein. Denn das
Studium verlangt Kompetenz im Umgang mit Vieldeutigkeit und Komplexität. Selbstständiges Denken, die innere Kraft und das Selbstvertrauen eigene
Gedanken zu kommunizieren und Neues zu erkunden, setzt innere Sicherheit
und die Bereitschaft voraus, sich verunsichern zu lassen. Kreativität und intellektuelle Leistungsfähigkeit beruhen sowohl auf Standfestigkeit und Vertrau-
en in die Zulässigkeit eigener Wahrnehmungen und Gedanken als auch auf intellektueller Offenheit und der Fähigkeit, eigene Erkenntnisse begründet zu
revidieren.

Neben aktueller Problemlösung sollte in Beratungsgesprächen deshalb die
persönliche Bedeutsamkeit von intellektuellen und sozialen Erfahrungen reflektiert werden können. Konkret wird Hilfestellung bei der Alltagsbewältigung
benötigt durch Aufbereitung von Informationen und Vermittlung grundlegender
Kompetenzen wie Selbst- und Zeitmanagement. Im Hintergrund sind Entwicklungsprozesse zu unterstützen, beispielsweise die Auseinandersetzung mit normativen Vorstellungen auch in Hinblick auf Beziehungsgestaltung und Sexualität.

Die Kurzfassung eines Beratungsprozesses, in dem persönliche Entwicklungsaufgaben im Zentrum stehen, kann dies veranschaulichen.

Marlene ist im Laufe ihres ersten Semesters dreimal in die Beratung gekommen. Beim ersten Mal, nach drei Wochen ihres Studiums, war sie sehr verunsichert. Sie hatte lange überlegt, ob sie eine kaufmännische Ausbildung beginnen, sich an einer Fachhochschule einschreiben oder an der Universität Wirtschaft studieren soll. Sie hat sich dann zu einem Studium der Betriebswirtschaftslehre (Bachelor) entschlossen. Nun fühlte sie sich am Fachbereich fremd und unwohl. Sie konnte in diesem Semester die Wohnung einer Bekannten ihres älteren Bruders benutzen, die sich gerade im Ausland befand. Sie war froh gewesen, in der Stadt studieren zu können, in der ihr Bruder und noch einige frühere Bekannte leben. Nun fühlte sie sich sehr fremd in der Stadt, ihr Bruder hat viel weniger Zeit für sie, als sie es erhofft hatte. Am meisten beunruhigt sie aber, dass sie daran zweifelt, ob BWL das richtige Studienfach für sie ist. Es wird spürbar, dass Marlene sehr unter Druck steht und unglücklich ist.

Im Mittelpunkt des ersten Beratungsgesprächs standen ihre Unsicherheit und ihre Zweifel am Studienfach. Sie sei nicht der Typ, einfach etwas durchzuziehen, ohne sich darüber Gedanken zu machen. Sie habe große Ängste, sich die Zukunft zu verbauen. Sie wisse nun nicht, ob ihr Studium für sie „Sinn mache". Sie fände es nicht uninteressant, aber könne sich auch etwas ganz anderes vorstellen, beispielsweise Sozialpädagogik oder eine duale wirtschaftsorientierte Ausbildung. Ihr Abitur sei überdurchschnittlich gut gewesen, sie habe dann noch ein Jahr als Au-pair in Kanada verbracht. Das war zwar furchtbar, habe ihr wenig Freude gemacht, aber ihr Englisch sei schlecht gewesen, deshalb habe sie unbedingt durchhalten wollen und es auch geschafft. Jetzt vermisse sie aber das Gefühl, das Richtige zu tun. Sie suche etwas, das sie „innerlich packt", so erlebe sie das Studium bisher nicht. Sie fühle sich fremd, die Leute seien ihr fremd, das mache ihr Angst. Von der Beraterin wollte Marlene wissen, ob sie es für vernünftig hielte, das Fach zu wechseln, obwohl sie keine überzeugende Alternative hätte. In der Schulzeit hätte sie einmal ein Unterrichtspraktikum von einigen Tagen gemacht und auch ein mehrwöchiges Praktikum im Bereich Ergotherapie. Beides sei durchaus interessant gewesen, aber auch „nervig". Sie würde vieles beruflich interessant finden, sie sei aber von nichts überzeugt. Kunst, eines ihrer Lieblingsfächer, habe sie in der Schule richtig gerne gemacht, und sie sei auch gern mit anderen Menschen zusammen, aber das helfe ihr jetzt nicht weiter, was soll sie jetzt tun?

Im Laufe des Gesprächs wird deutlich, dass Marlene all ihre Unsicherheit an ihr Studienfach knüpft. Sie hatte sich versprochen, damit eine gute Grundlage zu schaffen, ein Fach mit vielen Optionen. Sie wird ruhiger, als sie darüber spricht und entspannt sich sichtlich, als ich ihr rate, genauer zu erkunden, womit ihre Irritation und Unzufriedenheit zusammenhängen. Es könne sein, dass sie „normale" Dissonanzgefühle dramatisiere und mit einer voreiligen unbegründeten Umorientierung würde sie ihre Situation langfristig nicht verbessern. Wir besprechen, sie solle in den nächsten Wochen ein Tagebuch führen und notieren, was sie erlebt und welche Erfahrungen sie an der Universität und in der Freizeit macht.

Im zweiten Gespräch, nach vier Wochen, spricht Marlene differenzierter über ihre Studienerlebnisse. Sie benennt Veranstaltungen, die ihr gefallen, und fand zukünftige Wahlmöglichkeiten zwischen verschiedenen Vertiefungsgebieten gut. Auch dass man Zusatzqualifikationen wie Wirtschaftsfranzösisch erwerben könne, schien sie zu begeistern. Die Inhalte ihres Studiengangs konnte sie nun differenzierter bewerten, die Frage, ob sie am richtigen Platz sei, viel weniger. Sie erlebe sich zwar nicht ausgeschlossen, aber doch als eine Art Zaungast. Sie habe mit Kommilitoninnen zu tun, die richtig begeistert seien. Sie habe darüber viel in ihr Tagebuch geschrieben und festgestellt, dass sie mit der Frage nicht weiterkomme. Sie würde vielmehr über ihr Studienfach grübeln, als über andere Themen schreiben. Sie hätte nämlich auch Heimweh, besonders nach ihrem Freund und vermisse ihre Clique. Es sei gar nicht gut, dass sie nach dem Jahr in Kanada doch wieder relativ viel alleine sei und sich nicht heimisch fühle. Sie sei außerdem enttäuscht und wütend über ihren Bruder. „Ich hätte nicht gedacht, dass es mir so schwerfallen würde, mich hier wohlzufühlen." Im Gespräch entwickelt sie die Idee, ihre Freunde an einem der nächsten Wochenenden einzuladen und sich auch bald darum zu kümmern, in einer Wohngemeinschaft unterzukommen und sich in einem Studentenwohnheim zu bewerben.

Als in unserem dritten Gespräch die Rückmeldung für das kommende Semester anstand, war sie damit beschäftigt, sich auf Klausuren vorzubereiten. Sie war zuversichtlich, sich mit dem Bachelor einen guten Ausgangspunkt verschaffen zu können. Das nächste Projekt war, in den Semesterferien mit einer Kommilitonin eine Wohnung zu renovieren. Ihr Freund wolle versuchen, nach dem Abschluss seiner Ausbildung sich hier um eine Arbeitsstelle zu bemühen, aber das würde noch ein Jahr dauern.

Wie Marlene reagieren die meisten Studierenden erleichtert, wenn sie Schwierigkeiten und erlebte Beeinträchtigung als normale Entwicklungsschritte einordnen können. Marlene war froh, als sie erkannte, dass ihre Unsicherheit nicht bedeutete, dass sie für das gewählte Studium unfähig sei. Individuelle Verstörung als Begleiterscheinung von Lebensaufgaben verstehen zu können, nimmt Angst und stärkt die Zuversicht. Im geschützten Raum der Beratung können persönliche Ziele mit altersbezogenen Erwartungen abgestimmt und übergeordnete Entwicklungsthemen identifiziert werden.

Lustlosigkeit und Demotivation im Studium, die Studierende oft in die Beratung führen, sind nicht immer Folge von leistungsbezogenen Misserfolgen, intellektueller Unter- oder Überforderung, sondern können in emotionalen Schwierigkeiten begründet sein. Angst vor Entwicklung drückt sich zuweilen in einer verweigernden Gleichgültigkeit und Interesselosigkeit aus. Jeammet

(2004) beschreibt diese „Nullbock"-Haltung als „Phobie des Denkens und Phobie des Verlangens."[22]

Die geglückte Bewältigung von Verunsicherungen oder gar krisenhaften Entwicklungen stellt dagegen eine wesentliche Voraussetzung dar für einen Zugewinn an Selbstbewusstsein, insbesondere hinsichtlich von Leistungsbereitschaft und Selbstvertrauen. Der positive Verlauf führt zur Herausbildung alternativer flexibler Identitätsentwürfe und einem Zugewinn an Ich-Stärke. Kurze Studienzeiten, interdisziplinäre Erfahrungen, unkonventionelle Fächerkombinationen, Auslands- und Praxiserfahrungen, hohe Motivation und leidenschaftliches Interesse sind als indirekte gesellschaftliche Forderungen im Bewusstsein der Studierenden präsent. Wenn das eigene Erleben von Verunsicherungen, Fremdheitsgefühlen und Zweifeln bestimmt ist, wird die Diskrepanz als bedrängend oder ängstigend erlebt. Gesucht werden Lösungen, die über das gegenwärtige Problem hinausweisen. Es besteht der Wunsch, die Widersprüche zwischen Erwartungen und Erfahrungen zu reflektieren, dabei Ressourcen und Potenziale einzubeziehen und eigene Kapazitäten zu aktivieren. Die Unterstützung von Entwicklungsprozessen im Studium hat im Kontext der Hochschulberatung daher auch präventive Aufgaben. Sie soll emotionale Stabilität sichern, um intellektuelle und soziale Entwicklung zu ermöglichen und negativen Studienverläufen, lang andauerndem psychischen Stress und der Chronifizierung von seelischen Belastungen entgegenzuwirken. Viele Beratungseinrichtungen haben deshalb präventive Angebote entwickelt, die Studierende anregen, sich mit Themen der persönlichen Entwicklung im Studium zu beschäftigen.

Obwohl Entwicklungsthemen oft schambesetzt sind, müssen sie nicht individuell bearbeitet werden. In Gruppen lassen sich Erfahrungen in einer verdichteten Form erleben und experimentelle Situationen erweitern die Verhaltensmöglichkeiten. Andere Menschen zu verstehen und sich in sie hineinzuversetzen, ist eine Voraussetzung dafür kooperativ zusammenarbeiten zu können, ebenso wie die Fähigkeit ein realistisches Bild von sich zu entwickeln und zu vermitteln. Gruppen haben sich für diese Themen sehr bewährt. Sie bieten Studierenden einen sicheren Raum, sich mit den Verunsicherungen im Studienalltag und den sozialen Beziehungen auseinanderzusetzen. Sie liefern Orientierung, bieten Entlastung, empathische Bestärkung, unterstützen Reflexionsprozesse, geben Rückmeldung, verhindern die Vernachlässigung und Entwertung eigener Ressourcen und ermutigen bei der Umsetzung neuer Ideen.

---

22 In der adoleszenten Entwicklung kann die Sehnsucht nach Bindung als bedrohliche Abhängigkeit erlebt werden. Die Verdrängung der Angst vor übergroßer Beeinflussung ist ein Weg, Kontrolle zu behalten.

Selbsterfahrungsgruppen[23] zur Förderung der emotionalen Entwicklung und der Prophylaxe von Studienproblemen

Meist werden Selbsterfahrungsgruppen unter einem offenen Thema wie „Den Studienalltag bewältigen" oder „Kontakt im Hochschulalltag" offen ausgeschrieben. Sie können aber auch als Ergänzung für Studierende durchgeführt werden, die bereits eine Einzelberatung aufgesucht haben. Die Gruppen bieten einen Rahmen, in dem sich die Teilnehmenden mit ihren Gefühlen und Erlebnisweisen im sozialen Umfeld Universität konfrontieren und sich über ihre wechselseitigen Gefühle und Beziehungen austauschen können. Sie ermöglichen, eigene Erfahrungen zu überdenken, sie mit aktuellen Empfindungen in Beziehung zu setzen und nutzen Möglichkeiten des identifikatorischen Lernens. Der Arbeitsansatz ist persönlichkeitszentriert, Ziel ist es Entwicklungsprozesse anzustoßen zur Entfaltung der Subjektivität und Stärkung der Kommunikationsfähigkeit. Es soll sowohl eine verbesserte Wahrnehmung eigener Reaktionsweisen, mehr Offenheit und Akzeptierung von sich selbst und von fremden Personen erreicht werden, als auch Hemmungen im Ausdruck eigener Gefühle und im Umgang mit anderen abgebaut werden.

Oft werden solche Gruppen auch mit einer einschränkenden Themensetzung verbunden, betonen also beispielsweise das Thema soziale Unsicherheit oder die Auseinandersetzung mit der neuen Lebenssituation oder dem neuen Arbeitsfeld Universität. Den (bis zu 12) Teilnehmer/innen wird ermöglicht, Selbstbild und Selbstideal mit dem Bild, das andere von ihnen haben, zu konfrontieren. Die Erfahrungen verhelfen zu neuen bzw. differenzierteren Einsichten, stärken die sozialen Kompetenzen sowie die Empathiefähigkeit und gestatten eine angstfreiere Reflexion der eigenen Studien- und Lebenssituation. Die anderen Gruppenmitglieder fungieren als Vorbild oder Konkurrenz, man kann sich mit ihnen vergleichen, sowohl hinsichtlich der Bewältigung von Studienaufgaben als auch im Auftreten, den Lebensbezügen und in der Alltagsbewältigung. Solche Gegenüberstellungen dienen der Selbstbestätigung, ermöglichen Abgrenzung oder Anpassung. Erlebte Irritationen, bei größeren Diskrepanzen oder dem Eindruck, nicht dazuzugehören, können in der Gruppe besprochen und bearbeitet werden.

---

23 Selbsterfahrungsgruppen sind eine Form personennaher Gruppenarbeit, die aus den Ausbildungskontexten der klinischen Psychologie stammt (vgl. Schmidbauer 1979) und in den 1970/80er Jahren auch in pädagogischen Studiengängen und in hochschulpädagogischen Initiativen (vgl. Scholz 1975) eine wichtige Rolle gespielt haben. Heute sind Selbsterfahrungsgruppen Arbeitsformen in der Ausbildung der Psychotherapie und der Erwachsenenbildung.

In der Regel werden Selbsterfahrungsgruppen von ein oder zwei Berater/innen angeleitet, die auf die Einhaltung der Gruppenregeln achten (Pünktlichkeit, Regelmäßigkeit, Vertraulichkeit), die Gespräche moderieren und ein konstruktives Gesprächsklima gewährleisten. Die Aktivität der Leiter/in hängt von ihrer methodischen Ausrichtung ab:[24] So werden bei Gruppen, die psychodramatisch arbeiten, Übungen vorgeschlagen, die Kontaktaufnahme, Selbst- und Fremdwahrnehmung, Kontaktwünsche oder Kontaktängste in Szene setzen und immer zu konkreten Rückmeldungen auffordern. Encountergruppen betonen den emotionalen Bezug im Hier und Jetzt, die unverstellte Interaktion und das unmittelbare Erleben. Sie arbeiten nach einem personenzentrierten Ansatz, der helfen soll, sich selbst zu erforschen und seiner selbst bewusster zu werden. Entwickelt werden sollen die Wahrnehmung von verbalen und nonverbalen Mitteilungen der anderen und das Bewusstwerden der eigenen Gefühle. In gruppentherapeutisch orientierten Settings wird der Verlauf der Begegnungen oder Vermeidungen gespiegelt und mit individuellen, in der Gruppensituation aktualisierten Konflikten und lebensgeschichtlichen Ereignissen in Beziehung gesetzt. Verhaltenstherapeutische Gruppen arbeiten mit sehr genauen Anleitungen, wobei der Ablauf der Übungen einem zuvor erhobenen aufsteigenden Schwierigkeitsgrad folgt. Es werden zum Teil Lösungsvorschläge für die konflikthaft erlebten Situationen entwickelt und in der Gruppe erprobt.

Gruppenveranstaltungen zur Studienfachwahl und zum Fachwechsel

Bei diesen Gruppenangeboten werden die oben skizzierten Entscheidungsprobleme oder die Irritationen über Erfahrungen mit dem gewählten Fach thematisch ins Zentrum gerückt. Das Arbeitskonzept solcher Gruppen zielt darauf ab, sowohl die Motivation zu klären, als auch persönliche Voraussetzungen durchschaubar zu machen und zu einem angemessenen Informationsverhalten anzuleiten. Ausgehend von der spezifischen Problemanalyse der Teilnehmer/innen werden in solchen Gruppen die Motive für den bisherigen Entscheidungsverlauf exploriert, um mögliche Konflikte aufzudecken. Defizite und Mängel im bisherigen Entscheidungsprozess sollen sichtbar werden, um ein besseres, an den persönlichen Werthaltungen und Vorbedingungen orientiertes Problemlösungsverhalten aufzubauen.

Darüber hinaus werden Möglichkeiten aufgezeigt, wie individuelle Perspektiven konkretisiert werden können. Dies dient zum einen der Klärung von aktu-

---

24 Das Vorgehen bei einer psychodramatisch arbeitenden Selbsterfahrung beschreibt Reysen-Kostudis (1994), Techniken der Encounter-Tradition sind bei Bödiker & Lange (1975) und bei Schmidbauer (1979) nachzulesen.

ellen Entscheidungsproblemen, zum anderen einer Verbesserung der Motivation und der Entwicklung von Kompetenzen realistischer Erwartungsproduktion.

Wesentlicher Wirkfaktor bei solchen Veranstaltungen ist die Entlastung von Scham und Perfektionsdruck. Da alle Teilnehmer/innen in gewissem Ausmaß unsicher sind oder an ihrer bisherigen Entscheidung zweifeln, muss in diesen Gesprächen keine Sicherheit vorgespielt werden und die eigenen Gefühle und Motive können sehr differenziert herausgearbeitet werden. Abbau von Angst, Schuldgefühlen und Stärkung von Zuversicht, Selbstvertrauen und Entscheidungssicherheit sind die Effekte erfolgreicher Gruppenarbeit.

Solche Gruppen können gut gemeinsam mit Studierenden, die ihr Fach wechseln wollen, und mit Studieninteressierten durchgeführt werden. Die Abiturient/innen bekommen Einblick in den universitären Alltag und die Studierenden werden angeregt, noch einmal stärker ihre individuellen Voraussetzungen und die Erwartungen an das Studium zu reflektieren.[25]

Veranstaltung zur Verbesserung von Selbstsicherheit und sozialer Kompetenz

Das Studium stellt hohe Anforderungen an die soziale Kompetenz der Studierenden. Soziale Fertigkeiten sind verlangt, wenn es darum geht, im universitären Kontext sein Recht einzufordern, auf Kritik zu reagieren, den eigenen Standpunkt zu vertreten, Gespräche zu beginnen, Beziehungen aufzubauen und zu pflegen oder Sympathien zu gewinnen. Auch in Hinblick auf die Entwicklung von Teamfähigkeit scheint es wichtig, entsprechende Lernmöglichkeiten bereitzuhalten, insbesondere dann, wenn der universitäre Massenbetrieb wenig geschützten Raum zur Selbsterprobung bietet. Die Zunahme an persönlicher und sozialer Kompetenz führt zu mehr Selbstbewusstsein und Lernleistung.

Gruppen zur Stärkung der Selbstsicherheit beginnen ähnlich wie die bereits beschriebenen Selbsterfahrungsgruppen mit Übungen zur Verbesserung der Selbstwahrnehmung. Die Gruppenarbeit ist allerdings viel deutlicher auf Veränderung des Verhaltens in sozialen Situationen ausgerichtet, Hemmungen und soziale Ängste sollen reduziert und die Kommunikationsfähigkeit gestärkt werden. Die Verbesserung der Wahrnehmungsfähigkeit eigener und fremder Gefühle, Stimmungen, Einstellungen und Reaktionen dient der zunehmenden

---

25 Püschel (1994) beschreibt ausführlich ein Veranstaltungskonzept für Studierende, die an ihrer Studienentscheidung zweifeln. Heute liegt ein Schwerpunkt der Beratung von Fachwechslern auf der Reflexion und Auswertung von Ergebnissen von vielfältigen Zugangsberatungen und Anleitungen zu (virtuellem) Self-assessments. Das Beratungszentrum der Universität Duisburg-Essen hat ein Konzept zur Unterstützung der Studienwahl erprobt, das flexibel in den Schulalltag der Oberstufen integrierbar ist (Laroche, Pöpsel & Störkel-Hampe 2008).

Einsicht in eigene und fremde Verhaltensweisen, um soziale Fertigkeiten wie auch die Leistungsfähigkeit in Arbeitsgruppen zu steigern. Auf der Grundlage des Verständnisses des eigenen Erlebens kritischer sozialer Interaktionen sowie durch die gezielte Analyse von Situationen, die von den teilnehmenden Studierenden als belastend oder gar ängstigend erlebt werden, lassen sich verschiedene Perspektiven auf ein interaktionelles Geschehen entwickeln.

Um in subjektiv kritischen Situationen gelassen reagieren und um im Kontakt emotionale Risiken eingehen zu können, muss man sich eigenen Gefühlen von Ärger, Unzufriedenheit und Angst stellen und eigene Gefühle anderer Menschen in angemessener Form mitteilen können. Die Übungen der Selbst- und Fremdwahrnehmung, das Austauschen von gegenseitigen Beobachtungen erweitern Erfahrungen im Hier und Jetzt. Gemeinsam können alternative Reaktionen erprobt werden, die das Verhaltensrepertoire erweitern und so einen Zugewinn an Sicherheit bieten. In manchen Gruppen werden darüber hinausgehend Pläne erarbeitet, um die in der Gruppe geübten Verhaltensweisen in die alltägliche Praxis zu übertragen.[26]

Je nach Akzentuierung der Veranstaltungen, ob vor allem die Aufnahme von sozialen Kontakten, der Ausbau von Selbstsicherheit oder die Stärkung der Konfliktfähigkeit im Mittelpunkt stehen, variieren einzelne Kursinhalte. Die häufigsten Übungen, die in solchen Gruppen durchgeführt werden, wollen den Abbau sozialer Ängste unterstützen und Kompetenzen fördern wie das Verbalisieren von Wahrnehmungen in sozialen Situationen, das Kommunizieren mit Ich-Botschaften, den aktiven Einsatz von Körpersprache (das Achten auf Mimik und Gestik), das Erproben motivations- und kooperationsförderlicher Regeln für Arbeitsgruppen, das Unterscheiden von konstruktiven und destruktiven Feedbacks.

In diese Gruppen ist oft das Erlernen von Entspannungsverfahren integriert, wie bei anderen Veranstaltungen, die sich um den Abbau von Stress und Angst in sozialen Situationen bemühen.

Co-Counselling (studentische Selbsthilfe)

Vor allem an Hochschulen, die psychologische und pädagogische Studiengänge anbieten, gibt es mitunter Selbsthilfeangebote von bzw. für Studierende. Prinzipien des Co-Counsellings werden unter fachkundiger Supervision vermittelt und stellen ein sehr niedrigschwelliges Angebot dar, sich auszusprechen, zu entlasten und erste Veränderungsschritte herauszufinden. Durch das

---

26 Dies geschieht vor allem in Gruppen, die nach lerntheoretischen Prinzipien aufgebaut sind, vgl. Hinsch & Pfingsten (2007).

Sprechen über eigenes Erleben wird das Sich-selbst-Erleben gestärkt und die Fähigkeiten des gegenseitigen Zuhörens und Verstehens als Voraussetzung für die Aufrechterhaltung von Beziehungen ausgebildet. Die Sitzungen finden meist zu zweit oder zu dritt statt, wobei streng darauf geachtet wird, dass jeder Person die gleiche Zeit für die Arbeit an ihren Problemen zusteht. Eine Person spricht, die anderen haben unterstützende Funktion und hören im Wesentlichen zu. Diese Form psychologischer Selbsthilfe gibt es auch außeruniversitär in regionalen Selbsthilfenetzen.[27]

2.3.3   Beratungsschwerpunkt: Studentischer Alltag und Vernetzung in der Lebenswelt Universität

Ein zweites übergreifendes Thema, das sich durch alle oben angesprochenen Beratungsanlässe zieht, die sich aus der Alltagsbewältigung ergeben, ist die Auseinandersetzung mit der lebensweltlichen Seite der Universität. Beratung an Hochschulen ist durch die Besonderheit geprägt, dass sie innerhalb der Organisation den Umgang mit dieser zum Thema macht. In jedem Semester treten Newcomer in die Hochschulen ein, hauptsächlich Absolvent/innen der letzten Abiturjahrgänge, die trotz vorhandener Differenzen (Gender/Kultur/familiale Ressourcen) als relativ homogen zu beschreiben sind. Die Anfängerprobleme dieser Gruppe beziehen sich stark auf die Bewältigung der neuen Lebenswelt Universität.[28] Beratung nimmt hierbei nicht nur vermittelnde Aufgaben wahr, indem sie hilft, sich in der Informationsflut und den vielschichtigen Dynamiken von Hochschulen, als Orte der Produktion von Wissen und akademischer Ausbildung, zurechtzufinden. Sie hat auch konstituierende Funktion. Denn „Lebenswelt" umschreibt kein objektiv auffindbares quasi-natürliches Gefüge sozialer Bezüge und Ressourcen, sondern den jeweils individuellen Bezug auf solche Gegebenheiten. Deren Besetzung mit Sinn, Emotionen, Werthaltungen und eigener Gestaltungsbereitschaft hat maßgebenden Einfluss auf die Ausdifferenzierung von Studienverläufen und deren Erfolgschancen. Die Möglichkeiten, die eine Studentin, ein Student aufgreift, um ein individuelles Leben am Hochschulort aufzubauen, entspringen den in der bisherigen Sozialisation entwickelten Habitusformen.[29] Damit aus dem anfänglich bürokratischen Verhältnis von Studierenden zu ihrer Hochschule eine persönlich relevante Beziehung

---

27   In Moeller (2007) sind Formen von Selbsthilfe in eigenverantwortlichen Kleingruppen und die Zusammenarbeit mit professionellen Helfern beschrieben.

28   Zum Verhältnis von Beratung und Lebenswelt vgl. Thiersch (1992).

29   „Habitus" ist hier durchaus im präzisen soziologischen Sinne Bourdieus gemeint – Familienherkunft, Bildungsverlauf, ökonomische Ausstattung, Geschlechtsspezifik und ethnisch-

erwachsen kann, sind insbesondere zu Studienbeginn Anstrengungen und Auseinandersetzungen nötig, individuelle Sozialisationsleistungen also. Das ist der Grund, weshalb trotz ähnlicher Anfangsbedingungen die Lebenswelt Universität individuell sehr verschieden ausfällt: Es gibt Studierende, die am Heimatort ein Studium aufgenommen haben, den Studienort nie wechseln und ihre bisherigen Lebensformen und Beziehungen so weiterentwickeln, dass sie mit dem Studium zu verbinden sind. Dann gibt es Studierende (oft mit Migrationshintergrund), die zwei Lebenswelten individuell verknüpfen, indem sie zu unterschiedlichen Zeiten und an unterschiedlichen Orten zwei verschiedene Lebensstile realisieren. Sie versuchen sowohl den Anforderungen und Unterstützungsleistungen der Herkunftsfamilie zu genügen als auch den Gepflogenheiten der studentischen Kultur. Eine andere Gruppe von Studierenden nutzt die Studienzeit, um durch Praktika und Auslandsaufenthalte Lebensstile zukünftiger Berufsfelder zu erkunden. Und es gibt Studierende, die sich mit der Universität als Berufsfeld für Wissenschaftler/innen identifizieren.

Lebenswelt herzustellen ist ein aktiver Prozess und eine individuell zu erbringende Leistung, bei der Beratungsprozesse zu einer wichtigen Ressource werden können. Wie der Prozess des Aufbaus einer Lebenswelt durch Beratungsprozesse unterstützt wird, zeigt unser Beispiel:

Julian bittet um einen Gesprächstermin, es gehe um etwas Persönliches, das aber mit dem Studium zusammenhänge. Im Erstgespräch ergeben sich folgende Daten, die seine Situation kennzeichnen: Julian studiert Chemie (in einem 6-semestrigen Studiengang), er ist neu am Hochschulort, wohnt im Studentenwohnheim und befindet sich am Ende seines ersten Studienjahres. Im ersten Semester sei alles ganz gut gelaufen, berichtet er. Das Studium sei anstrengend, aber interessant, am Wochenende sei er häufig in den 200 km entfernten Heimatort gefahren, habe sich dort erholt und Freunde getroffen. Aber seit ungefähr zwei Monaten fühle er sich schlecht und inaktiv – er gehe zwar nach wie vor regelmäßig in die Lehrveranstaltungen, so richtig Spaß aber mache das alles nicht mehr.
Es schließt sich ein explorierendes Gespräch über Julians Lebenssituation an, über Julians Wochenverlauf, die Länge und Struktur seiner Arbeitswoche, über seine Freizeitgestaltung und seine sozialen Kontakte wird gesprochen. Es wird deutlich, dass Julian am Hochschulort noch nicht richtig „Fuß gefasst" hat. Außer Treffen in der Mensa hat er nur wenig Kontakt mit anderen Studierenden. Er schätzt das Kinoangebot und schaut sich immer mal wieder einen interessanten Film an – ansonsten ist sein Leben vom Studium ausgefüllt; der Studiengang hat

---

kultureller Hintergrund als Differenz bildend mitgedacht (vgl. Bourdieu 2001; Krais & Gebauer 2002).

eine hohe Präsenzstundenzahl und, so Julians Einschätzung, „wenn ich nicht einigermaßen regelmäßig die Dinge nacharbeite, schaffe ich die Klausuren nicht". Aus diesem Grunde ist er im zweiten Semester auch seltener „nach Hause" gefahren.

In diesem ersten Gespräch gelingt es relativ schnell sich darauf zu verständigen, welches Problem Julian belastet: Sein Leben ist anstrengend und dabei gleichzeitig zu eintönig geworden – „irgendwie langweilig". Julian stellt mit einer gewissen Hilflosigkeit fest: „Es hat sich im Alltag nichts ergeben, keine interessanten neuen Kontakte, nichts wirklich Spannendes." Das Beratungsgespräch knüpft an Julians Ausdruck „sich ergeben" an. So hatte er seine bisherigen Beziehungen, Hobbys und Interessen wahrgenommen: Sie hatten sich „ergeben" – in der Schule, im Sportverein, im Jugendclub. Die Universität erscheint ihm demgegenüber unlebendig. Die Beraterin verweist darauf, dass es auch am Hochschulort kulturelles und soziales Leben gibt. Sie erzählt von den Fachschaften, Diskussionsveranstaltungen und Vorträgen an den Fakultäten und anderen Institutionen, von Partys und Sportveranstaltungen sowie von anderen selbstverständlich zum Rhythmus des Hochschuljahres gehörenden Gepflogenheiten. Und sie ermutigt Julian sich aktiv mit diesem Angebot auseinanderzusetzen und herauszufinden, wo er die für ihn persönlich richtigen Orte und Veranstaltungen finden kann. Am Ende des Gesprächs wird Julian mit einigen Broschüren über die Infrastruktur der Hochschule versorgt, ein neuer Gesprächstermin wird vereinbart, bis zu dem Julian die Broschüren durchsehen und zwei bis drei Angebote aussuchen wird, die ihn näher interessieren.

Auf diesen Erstkontakt folgen zwei Beratungsgespräche, in denen es vordergründig um das kulturelle Angebot der Hochschule geht, das Julian nicht wirklich anspricht, in denen aber immer wieder Verlustgefühle ausgedrückt und verarbeitet werden, die sich auf die selbstverständlich lebendige soziale Welt seiner Schülerzeit beziehen: Freundschaften, der Basketballverein, die attraktive Umgebung, in der Julian lange Spaziergänge gemacht hat, wenn es ihm mal nicht so gut ging. Am Ende dieses „Trauerns" entscheidet sich Julian für zwei Angebote am Hochschulort, die er ausprobieren will: die Basketball-AG im Hochschulsport und den vom ASTA initiierten Filmclub. Verabredet wird ein weiteres Treffen nach sechs Wochen, bei dem die Erfahrungen, die Julian mit diesen neuen Schritten gemacht hat, reflektiert werden sollen.

Nach sechs Wochen berichtet Julian, dass er beides versucht hat: Der Filmclub hat sich als ein eher chaotisches Unternehmen erwiesen, bei dem er sich nicht engagieren möchte – zu den Vorführungen allerdings wird er auch in Zukunft gehen und er hat einen Studenten kennengelernt, der sich ähnlich „komisch" gefühlt hat unter all diesen „Alternativ-Soziologen". Sie haben verabredet, regelmäßig gemeinsam ein Programmkino der Stadt zu besuchen. Auch das Hochschulsportangebot ist für Julian nicht attraktiv: „Ich bin jetzt seit einem Dreivierteljahr nicht mehr in meinem Verein aktiv und trotzdem war ich aus dem

Stand schneller als die anderen – ich habe Basketball ja wirklich als Leistungssport betrieben, da kann ich mich nicht auf so'n bisschen Rumdribbeln einlassen. Was ich aber gemerkt habe, ist, dass es mir hinterher trotzdem besser ging. Mir fehlt einfach Bewegung und ich fange, glaube ich, wieder mit dem Joggen an ..."An diesen Erfahrungsbericht schließt sich ein Gespräch darüber an, was Julian noch so alles fehlt und welche Möglichkeiten am Hochschulort bestehen, um die Lücken wenigstens ein wenig zu füllen. Deutlich wird, dass Julians Freundschaften sich auch „früher" nicht einfach so ergeben haben. Mit seinem besten Freund hat er auch in der Schule kooperiert, gelegentlich haben sie auch nachmittags zusammen Klausuren vorbereitet. Es braucht einige Ermutigungen, bis Julian anerkennt, dass er auch hier an der Fakultät die Möglichkeit hätte, sich um entsprechende Arbeitsbeziehungen zu bemühen. Ein Gefühl von Beschämung oder Peinlichkeit ist für ihn damit verbunden, Beziehungen aktiv einzuleiten und zu intensivieren, weil er selbst bedürftig ist. Er fühlt sich lieber „gewählt" und hatte die Tatsache, dass bisher keine neuen Bekanntschaften entstanden sind, je nach Stimmung darauf zurückgeführt, dass er halt für niemanden interessant sei oder dass die Uni eben zu groß und zu anonym ist. Dieses Beratungsgespräch endet ohne eine neue Terminvereinbarung, aber mit der Möglichkeit verbunden, dass Julian sich wieder melden kann, wenn von seiner Seite Gesprächsbedarf besteht. Weitere Beratungsgespräche kommen jedoch nicht zustande. Stattdessen etabliert sich ein lockerer E-Mail-Kontakt. Julian berichtet, dass er mit dem Joggen angefangen hat; er erzählt mit einigen Smileys kommentiert, dass er auf einen Mitstudenten aus dem Laborpraktikum in studiVZ gestoßen sei und es sehr merkwürdig gefunden hätte, ihn nicht anzusprechen; der sei ganz nett. Am Ende des Semesters teilt Julian mit, nun gehe es erst einmal nach Hause. Und in der Mitte des darauf folgenden Semesters kommt eine E-Mail, in der es lapidar heißt: Es geht mir besser. Danke.

Die Fallskizze zeigt, wie im Beratungsverlauf Bedürfnisse aufgedeckt und die emotionale Besetzung von Tätigkeiten und Orten thematisiert, gelöst und neu aufgebaut werden können. Die am Heimatort gewachsenen Bezüge werden von Julian nicht als hergestellt erlebt, sie erscheinen ihm „irgendwie geworden". Diese gefühlte Inaktivität lässt sich zum Teil darauf zurückführen, dass Kindheit und Jugend zum großen Teil durch familiale Strukturen und elterliche Aktivitäten vorgeformt sind. Die neue – zunächst fremde – soziale Welt Hochschule wird von Julian nicht als andere oder fremde soziale Welt wahrgenommen, sondern als sozial leer. Das ist in dem Wahrnehmungsfokus begründet, über den sich Julian zu Beginn seines Studiums Kontinuität und damit Sicherheit verschafft. Die Universität ist für ihn die Fortsetzung der Schule, ein Ort des Lernens, er nimmt sie als Ausbildungsinstitution wahr. Das persönliche soziale Leben wird von ihm außerhalb angesiedelt, zunächst setzt er die gewohnten Kontakte am Heimatort fort, mit dem Effekt, dass sein Sozialleben eingeschränkter wird, in dem Ausmaß, in dem sein Studium mehr Zeit beansprucht. Julian hat die emotionalen Aspekte, die mit der neuen Lebensphase verbunden waren, übergangen. Er empfand es eher als Zumutung denn als Aufgabe, sich um sein soziales Leben zu kümmern, und er hat sich nicht mit den empfundenen Kränkungen und Entwertungen auseinandergesetzt, die darin lagen, im Universitätsbetrieb nicht als Person wahrgenommen und eingebunden zu sein. Erst in der Beratungssituation, im Kontext einer Kommunikationsbeziehung, in der er sich als Person mit individuellen Gefühlen, Bedürfnissen und Defiziterfahrungen angenommen fühlte, konnte er seine Erlebnisse benennen und reflektieren. Im Gespräch gelingt es mithilfe der Netzwerkkenntnisse der Berater/innen, die in der Universität vorhandene soziale Infrastruktur lebendig werden zu lassen. Die Hochschule wurde als sozialer Raum für Julian vorstellbar, als er im Gespräch mit der Beraterin, in ihrer Beschreibung des Hochschullebens erkennt, dass das, was in Broschüren und Wandzeitungen angekündigt ist, auch an ihn persönlich gerichtet ist. Erst dann kann er sich in mehreren Schritten „seine" Lebenswelt aktiv aneignen. Der am Beispiel geschilderte Prozess kann allgemein als notwendig für die Herstellung von Lebenswelt gelten: Vergegenwärtigung wichtiger Aktivitäten im bisherigen Alltag, Suche nach Anknüpfungspunkten dafür in der neuen Umgebung, Wahrnehmen und Erfahren von entsprechenden Angeboten am Hochschulort, Verarbeiten der Ambivalenz von Verlust versus Neuanfang, bewusste Nutzung bisher erfolgreicher Muster im Umgang mit anderen, emotionale und symbolische Besetzung lebensweltlicher Aktivitäten vor Ort und der Aufbau neuer Gewohnheiten.

Die durch die Beratung angeregte Auseinandersetzung mit der eigenen Lebenssituation und der angeschobene Vernetzungsprozess gestatten die Umarbeitung einer gegebenen sozialen Umwelt in eine individuell gestaltete Lebenswelt. Die für viele befremdliche Anonymität und Distanziertheit in der (Massen-)Universität muss akzeptiert werden, um aktiv die Lern- und Arbeitsumgebung aufbauen zu können, die individuell benötigt wird. Studierende müssen ihr Leben in oft fremden Städten selbstständig organisieren. Das universitäre Leben ist dabei von dem kommunalen deutlich abgegrenzt, ein Umstand, der es besonders ausländischen Studierenden sehr schwer macht, sich befriedigende Lebensumstände zu schaffen. Fast jeder zweite ausländische Studierende bricht das Studium in Deutschland ab. Das hat sicherlich vielfältige Gründe, jedenfalls betont es die Notwendigkeit bei der Beratung ausländischer Studierender nicht nur auf spezifische, kulturell bedingte Einstellungen und Erwartungen einzugehen, sondern auch auf die universitätsinternen Angebote zur besseren Vernetzung hinzuweisen. An den Hochschulen wird im Allgemeinen wenig berücksichtigt, dass kulturelle Differenz sich auch auf die Lernkultur bezieht und besonders auch auf das Verhältnis zwischen Lehrenden und Studierenden. Hochschulberatung kann helfen, Missverständnisse auszuräumen, und auf Informationsbedarf hinweisen.

Auch für diesen Beratungsschwerpunkt sind in der Hochschulkultur der einzelnen Universitäten Angebote entwickelt worden, die das Thema sichtbar machen und zur aktiven Auseinandersetzung damit anregen. Einige Beispiele seien genannt:

Information für Studieninteressierte

Das Angebot für Schüler/innen sich über Studienmöglichkeiten zu informieren, ist sehr groß. Es gibt (s. o.) überregionale Initiativen, Messen, Veranstaltungsreihen, Schnupperstudium in den Semesterferien, Informationstage an den Hochschulen oder auch besondere Veranstaltungen in einzelnen Schulen, die mit den Hochschulen kooperieren, um ihren Absolvent/innen den Übergang von der Schule zur Universität zu erleichtern. Meist jedoch sind diese Veranstaltungen und Informationen auf die funktionale Seite der Studienorganisation ausgerichtet. Aufgabe der Hochschulberatung ist es dann, sowohl auf den Prozesscharakter der Studienentscheidung hinzuweisen (s. dazu genauer in Kapitel 3), als auch die lebensweltliche Seite des Studiums zu thematisieren und anschaulich zu machen.

Orientierungswochen für Erstsemester

Orientierungsveranstaltungen werden in der Regel von den einzelnen Fachbereichen oder Instituten organisiert und durchgeführt. Die Ausgestaltung ist sehr unterschiedlich, es gibt Konzepte, die eine obligatorische Teilnahme vorsehen und die sich dafür vor dem eigentlichen Studienbeginn eine ganze Woche Zeit nehmen, und andere, die fakultativ zu einzelnen Schwerpunktthemen Vorträge anbieten. Einige verknüpfen die Einführungsveranstaltungen mit Mentorenprogrammen und bieten eine Begleitung für das erste Semester an. Vielerorts sind Hochschulberatungsstellen daran beteiligt, in der Schulung der studentischen Mentor/innen oder durch Übernahme einzelner Themenschwerpunkte. Dieser Beitrag kann sich sowohl auf Informationen über die Organisation des Studiums, Transparenz der Verwaltungsstrukturen, aber auch auf Lernkompetenzen und einschlägige Arbeitstechniken beziehen. An vielen Orten wird darauf Wert gelegt, dass auch über die kulturelle, politische und soziale Infrastruktur des Hochschulorts informiert wird.

Angebote für ausländische Studierende

Berater/innen an Hochschulen haben eine vermittelnde Funktion und können Hochschulangehörige auf die besonderen Erschwernisse für ausländische Studierende hinweisen. Die Kooperation bezieht sich bei diesem Schwerpunkt vor allem auf die einzelnen Studienkollegs bzw. auf die obligatorischen Sprachkurse, in denen Studierende sich auf die Sprachprüfung vorbereiten, die oft als Voraussetzung für die Immatrikulation noch zu absolvieren ist. Studentenwerke, der Deutsche Akademische Austauschdienst und christlich orientierte Studentengemeinden bieten Begegnungsmöglichkeiten zwischen ausländischen und deutschen Studierenden. Denn vor allem daran mangelt es ausländischen Studierenden, die „unter sich" oft gut organisiert sind, aber über zu wenig Kontakten mit Deutschen klagen. Als sehr erfolgreich haben sich Patenschaftsprogramme erwiesen und internationale Clubs, die meist von Studierenden organisiert sind.[30]

2.4   Akademisches Arbeiten

Studienanfänger treffen an den Hochschulen auf eine Lernkultur, die sich von dem – bei Glück – fürsorglichen Lernklima an den Schulen extrem unterscheidet. An den Schulen gibt es Anleitung zum Wissenserwerb und zur Bearbeitung von Materialien, die Lernschritte werden expliziert und es gibt – das ist der größte Unterschied – relativ kontinuierlich Rückmeldung über Lernverhalten und Erfolg. An den Hochschulen sind die Lehrveranstaltungen dagegen selten in dieser Weise didaktisch aufgebaut und anders als in der Schule und in Ausbildungsberufen kann das Gelernte nicht unmittelbar im Konkreten erprobt werden. Es wird von Seiten der Lehrenden erwartet, dass die Studentinnen und Studenten selbstständig Lernstrategien entwickeln, sich Klarheit sowohl über die geforderten Leistungen als auch über ihren individuellen Leistungsstand und ihr persönliches Arbeitsvermögen verschaffen. Erwartungen, denen besonders Studienanfänger oft nicht entsprechen können, da sie in der Regel nicht über ein ausreichendes Repertoire geeigneter Arbeitstechniken verfügen. Viele Studierende erhoffen sich von ihren Dozent/innen orientierendes Feedback, was nicht nur subjektiv verständlich erscheint, sondern auch eine objektiv Lernprozesse begünstigende Bedingung ist. Der Mangel an Rückmeldung über die

---

30   Beispiele sind das www.welcomeprojekt.de der Universität Frankfurt/M., das Wohnheimtutorenprogramm des Studentenwerks Berlin (Keiderling 2007) und der Internationale Club an der Freien Universität Berlin www.internationalerclub.de.

erbrachte Leistung wird von den Studierenden als verunsichernd und demotivierend empfunden.[31]

Die im Studium selbstverständliche Erwartung an die Eigenständigkeit in der Organisation von Schreibtischarbeit und Lernprozessen, verbunden damit, dass individuell unterschiedliche Unsicherheiten darüber bestehen, was man beherrscht und kann, was man noch lernen muss und ob die bisher geübten Lerntechniken auch jetzt noch die „richtigen" sind, führt zu vielen kleinen Situationen von Irritation und Scheitern, für deren Bewältigung Unterstützung benötigt wird und die zu Beratungsanlässen werden können.

2.4.1 Beratungsanliegen und Beratungsanlässe

Analysiert man die Arbeitsschwierigkeiten und Sorgen, mit denen Studierende in die Beratung kommen, dann lassen sie sich den im Arbeitsablauf sich verschränkenden Anforderungen des wissenschaftlichen Arbeitens zuordnen:

Das Handwerk erlernen

„Obwohl ich viel gelernt habe, bin ich zum zweiten Mal durch die Klausur gefallen und muss nun die Veranstaltung wiederholen." Alexander studiert Politologie und hatte vor, sein Studium zügig „durchzuziehen", und sieht sich nun fast gescheitert. Am meisten Kummer macht es ihm, dass er nicht wirklich weiß, wie er es schaffen kann, denn im neuen Semester muss er nicht nur den Statistikkurs wiederholen, sondern hat auch neue, anspruchsvolle Seminare belegt, für die er am Semesterende Leistungsnachweise erbringen muss. Für die Statistikklausur hat er immer mit Freunden gelernt, er habe genauso viel getan wie sie und letztlich geglaubt, alles verstanden zu haben. Eigentlich weiß er nicht genau, was er falsch gemacht habe, er wisse nur, dass er die Punktzahl nicht erreicht hat. Auch für die anderen Seminare habe er sich immer vorbereitet, aber er schaffe das Pensum nicht, und er glaube, dass er die falschen Arbeitstechniken habe. Seine Freunde könnten ihm nicht weiterhelfen und seine Eltern hätten nicht studiert, sie hätten vom Studieren keine Ahnung. Alexander wirkt sehr angespannt und ist sichtlich frustriert. Sein erstes Jahr an der Universität hatte er sich anders vorgestellt. Er ist sehr aufstiegsorientiert, plant ein Auslandssemester und möchte deshalb mehr Zeit für einen Sprachkurs haben, stattdessen muss er nacharbeiten.

---

31 Beispielsweise bedauerten über 60 % der befragten Bachelor-Studierenden der Freien Universität Berlin, dass nach Prüfungen keinerlei Feedback erfolgt (verfügbar unter: www.fu-berlin.de/bachelorbefragung/Bachelorbefragung_08.pdf [14.12.08]).

Schon an der Beschreibung, die Alexander von seiner Lernerfahrung gibt, wird deutlich, dass ihm weder die Prüfungsformen, denen er sich stellen muss, noch die Techniken planvoller und zeitökonomischer Vorbereitung vertraut sind – dies zu erarbeiten wird Aufgabe des Beratungsprozesses sein. Doch Alexanders Probleme sind nicht ausschließlich individueller Art. In einführenden Veranstaltungen werden Studierende zwar in der Regel an die fachspezifischen wissenschaftlichen Methoden herangeführt. Die erfahrbaren Unsicherheiten mit diesen Methoden tauchen jedoch für viele erst im Verlauf und besonders am Ende eines Semesters auf. Dann aber fehlen Möglichkeiten, angstfrei und konstruktiv über handwerkliche Probleme zu sprechen. So fühlen sich die Studierenden, die zu ihrer Studienzufriedenheit befragt werden, zwar inhaltlich auf die Prüfungen gut vorbereitet, aber hinsichtlich der Vermittlung von Lernmethoden nicht gut betreut.[32] Es ist – besonders für Studienanfänger – nicht immer leicht zu erkennen, wie bestehende Arbeitsprobleme oder Wissenslücken zu beseitigen, welche Teilkompetenzen auszubauen und welche Defizite zu beheben sind. Die bestehenden Unsicherheiten beziehen sich sowohl auf die Prüfungsformen und die Arbeitstechniken als auch auf die dafür benötigte Zeit. Viele Studierende sind es nicht gewohnt, ihre Arbeitsabläufe und Lerngewohnheiten auf Effizienz hin zu kontrollieren. Vieles erarbeiten sie sich autodidaktisch und nebenbei, mit dem Nachteil wenig gezielt Korrekturen anfügen zu können. Dies wird zum Problem, wenn Unzufriedenheit mit den Lernergebnissen aufkommt und diese nicht gezielt optimiert werden können. Die dadurch entstehenden Unlustgefühle können die Arbeitsmotivation erheblich beinträchtigen.

Hinzu kommt: Viele Studierende führen mit ihren Hochschullehrerinnen und -lehrern im Laufe des Studiums kein wirklich substantielles Gespräch über die handwerklichen Seiten des akademischen Arbeitens. Damit fehlen differenzierte Hinweise, an denen sich der individuelle Lernprozess orientieren könnte. Welche Schwierigkeiten zu überwinden sind und welche Hürden und Frustrationen zum Arbeitsprozess dazugehören, bleibt vielen unklar. Es bleiben daher oftmals Zweifel am eigenen Können und Leistungsvermögen bestehen, die immer wieder verunsichern, das Selbstbewusstsein bedrohen und denen sich die Studierenden oft erst nach einer Kette von Misserfolgen stellen.

Um hier den Beratungsauftrag erfüllen zu können, muss man nicht nur viel

---

32   67 % von befragten Studierenden der Bachelorstudiengänge der Freien Universität Berlin fühlten sich hinsichtlich der Lerntechniken schlecht betreut (Bachelorbefragung 2006; 2008 waren die Ergebnisse etwas besser, aber nicht gut; verfügbar unter: www.fu-berlin.de/bachelorbefragung/index.html [27.5.2009]). Die Daten des 10. Studentensurvey im Auftrag des Bundesforschungsministeriums zeigen, dass die Studierenden sich zwar nicht grundsätzlich schlecht betreut fühlen (ca. die Hälfte ist zufrieden), aber Diskussion und kritische Auseinandersetzung werden vermisst (Bargel, Ramm & Multrus 2008).

von der psychischen Situation des Klienten verstanden haben, sondern auch die spezifischen Anforderungen wissenschaftlichen Arbeitens kennen und über ein breites Spektrum ressourcenorientierter Arbeitsweisen Bescheid wissen. Alexander hatte viel Ausdauer, aber schlechte Lerntechniken. Methoden der Literaturbearbeitung, das Anfertigen von Zusammenfassungen oder Mindmaps über zentrale Themen, das schriftliche Festhalten von Thesen sowie von Kommentaren zu wichtigen Texten waren ihm fremd. Er benutze lediglich einen Marker und hatte, wenn er am Semesterende den Lernstoff wiederholen wollte, längst vergessen, warum er manche Textstelle hervorgehoben hatte. Er konnte eigentlich nicht auf Vorarbeiten aufbauen, sondern musste alles neu lernen, was ihm mit seiner unstrukturierten Arbeitsweise nicht gut gelungen war.

Die Umstrukturierungen der Studiengänge, die in den vergangenen Jahren an den Hochschulen begonnen haben, lösen diese Probleme nicht. Zwar streben sie eine Lernumwelt an, die den Studierenden mehr Gestaltungsfreiraum für die eigene Ausbildung überträgt (Rott 2006, 44), allerdings ist der dafür erforderliche lernzentrierte Ansatz in den Lehr- und Studienbedingungen noch nicht umgesetzt. Studierende, so die erklärte Absicht, sollen ihre Zukunftsoptionen selbst entwerfen, einschließlich der Strategien, wie sie das erworbene Wissen in Fähigkeiten und Qualifikationen umwandeln können, um auf dem Arbeitsmarkt zu bestehen und die Grundlagen für ein lebenslanges Lernen zu legen. Der bis lang noch selten vollzogene, aber in diesem Zusammenhang bereits stark diskutierte und als gerade für die neuen Studiengänge erforderliche „Shift from teaching to learning" (Clauß 2007) umschreibt einen Unterrichtsstil, der den Studierenden noch mehr Verantwortung für die Gestaltung der eigenen Lernprozesse zuschreibt als bisher. Regelmäßige Rückmeldungen über erreichte Lernziele werden sicherlich in sehr viel größerem Umfang erforderlich, genauso wie eine kontinuierliche Unterstützung bei der Ausarbeitung individuell angemessener Lernstrategien.

Für ein erfolgreiches Studieren müssen verschiedene Kompetenzen erworben werden. Zum einen benötigt man Verfahren zur zielorientierten, fokussierten Literaturauswertung, Methoden, den Lernstoff zu strukturieren und die Anwendung von Behaltenstechniken. Das Zentrum wissenschaftlicher Arbeiten ist die Fähigkeit, komplexe Inhalte zu kommunizieren. Studierende müssen deshalb auch lernen, ihr Wissen zu präsentieren. Sie müssen Vortragstechniken ebenso ausbauen wie ihre Fähigkeit, wissenschaftliche Texte zu verfassen.

Gerade über den Schreibprozess haben Studierende häufig falsche Vorstellungen. Den Vorgang des Schreibens verstehen sie als genialischen Akt, in dem auf Anhieb all das Gelesene strukturiert und wohl formuliert zu Papier gebracht werden muss. Es fehlt an Wissen über Schreibstrategien und verschiedene Methoden, Texte zu produzieren. Besonders am Anfang des Studiums wird Schreiben vor allem dazu benutzt, bereits Gedachtes „abzulegen". Wenn zuvor keine klare Konzeption über die Argumentationslinien und die Rhetorik der Texte besteht, kommt das Schreiben dann meist schnell zum Stillstand. Kohärentes Schreiben braucht eine klare Fragestellung, an der man sich orientieren kann und auf die hin Erkenntnisse aus der bearbeiteten Fachliteratur diskutiert werden können, und/oder eine klar umrissene Absicht, auf die der Text abzielt. Schreibprobleme sind häufig Folgen von schlecht aufbereiteter Literatur, einer fehlenden oder zu wenig präzisen Fragestellung und einem Mangel an konzeptionellen Vorüberlegungen. Das Schreiben kommt leicht ins Stocken, wenn die Studierenden sich beim Verfassen ihres Textes stark auf Zusammenfassungen der zuvor gelesenen Sekundärtexte stützen, ohne diese in Hinblick der eigenen Fragestellung argumentativ aufbereitet zu haben, dies umso mehr, wenn die Exzerpte in Struktur und Sprache stark an den ursprünglichen Text angelehnt sind. Die Hauptquellen für Schreibblockaden haben viel damit zu tun, dass Studierende wenig über Textproduktion wissen und oft auch keine genauen Vorstellungen darüber haben, was von ihnen verlangt wird.

Schreiben als Prozess zu sehen und zu wissen, dass der eigentliche Text erst in wiederholten Überarbeitungen der ersten Skizzen und niedergeschriebenen Gedanken entsteht, ist eine Sicherheit, die professionelle Schreiber besitzen, die den Studierenden aber zu selten vermittelt wird. Viele haben zu hohe Ansprüche an ihre Texte und ein zu geringes Wissen über die einzelnen Arbeitsschritte, die beim Verfassen einer umfangreichen wissenschaftlichen Arbeit anfallen. Vor allem wissen sie meist nicht, dass man die Methoden des wissenschaftlichen Schreibens systematisch erlernen kann.

Arbeitsroutinen aufbauen

Der Studienalltag verlangt ein großes Maß an organisatorischem Geschick und Managementkompetenzen. Die Alltagsorganisation kann, wenn sie einmal gefunden und eingeübt ist, je nach konkreten Lebensumständen modifiziert und angepasst werden. Die Studienorganisation dagegen ist komplexer und konfrontiert immer wieder mit neuen Anforderungen. Arbeitspläne sind zu entwerfen, wobei anders als in regulären Arbeitsverhältnissen die von den Studierenden erwarteten Arbeitsschritte nicht eindeutig definiert sind. So ist beispielsweise bekannt, dass am Semesterende mit einer Klausur das erworbene Wissen überprüft werden wird, weniger klar ist allerdings, wie das Lernziel erreicht werden kann. Wie viel Hintergrundwissen braucht man, um ein vorgegebenes Hausarbeitsthema zu bearbeiten? Welche Leistungserwartungen sind gemeint, wenn in den Studien- und Prüfungsordnungen steht, dass einzelne Schwerpunkte zu wählen und zu vertiefen sind?

> *Alexander hatte im vergangenen Semester, so fand er heraus, vielleicht auch deshalb den Eindruck, den anderen seiner Lerngruppe hinterherzuhinken, weil er nicht recht wusste, wie er sich die Arbeit einteilen kann und wie umfangreich der Lernstoff ist. Er wusste auch nicht, wann er gut arbeitet, und hatte überhaupt einen ungeregelten Arbeitstag. Er half oft im elterlichen Geschäft aus, die Bürotätigkeit war ihm willkommen, dann geriet er regelmäßig in Zeitdruck mit den Seminarvorbereitungen.*

Das Erlernen von Techniken des Selbst- und Zeitmanagements erleichtert den Aufbau von Arbeitsroutinen, die besonders dann entlastend wirken, wenn unterschiedliche Aufgaben zu bewältigen sind. Wenn man zu Semesterende mehrere Klausuren schreiben und Hausarbeiten abliefern muss, ist es entlastend, wenn man einen Überblick über die Anforderungen hat und auch weiß, wie man ihnen entsprechen kann. Um Arbeitsprozesse verantwortlich steuern zu können, muss man beispielsweise gelernt haben, sowohl die gestellten Aufgaben als auch die vorhandene Zeit realistisch einzuschätzen und zu strukturieren. Zeitdruck erhöht die Leistungsfähigkeit nur kurzfristig und hindert die Entwicklung von Zuversicht und Selbstwirksamkeit. Die grundlegende Anforderung, geeignete Arbeitstechniken zu beherrschen und diese zielorientiert und effektiv einzusetzen, ist durch die Studienreform nicht gelöst, sondern bleibt als individuell zu erfüllende bestehen. Damit verschwinden auch die typischen Konfliktlinien nicht, die durch das Zusammenspiel von kognitiven und motivationalen Faktoren des Arbeitens zu Tage treten.

Sich bewähren müssen

Der Umstand, dass Lernen selbst organisiert erfolgt und es zugleich wenig Orientierung hinsichtlich des eigenen Leistungsstandes gibt, macht eine hohe Motivation für das eigene Tun und ein großes inhaltliches Interesse erforderlich, um die unvermeidlichen Misserfolge und Verständnishürden zu bewältigen. Die Fähigkeit, Motivation über lange Zeit aufrechtzuerhalten und selbstgesteuert zu lernen, ist insgesamt eine optimale Voraussetzung für ein erfolgreiches Studium. Lernen, von intrinsischer Motivation getragen, kann als die beste Grundlage gelten, den Studienanforderungen subjektiv und objektiv zu entsprechen. Um eine positiv motivierte Arbeitshaltung aufzubauen, ist es wesentlich, sowohl die Anforderungen als auch die eigenen Ressourcen realistisch einzuschätzen. Lernen, aus Neugier und Wissensdurst motiviert, fällt leichter und wird positiver erlebt als Lernen, das vor allem auf Disziplin oder auf Angst vor Misserfolg basiert. Der Umgang mit einer unübersichtlichen Menge an Informationen und die Fähigkeit, daraus eine begründete Auswahl zu treffen, eigenständig Schwerpunkte zu setzen, die Inhalte zielbezogen zu strukturieren und zu kommunizieren – all das erfordert Fertigkeiten, die erlernt und ausgebaut werden müssen. Da sich Lernerfolge nicht immer unmittelbar einstellen, benötigen Studierende auch die Fähigkeit mit Frustration, Ungeduld und Misserfolgen umgehen zu können.

Beratungsstellen an Hochschulen werden sehr oft aufgesucht, weil Studierende entmutigt, demotiviert oder deprimiert über ihren Studienverlauf sind. Sie haben häufig mit Interesse und guten Vorbedingungen das Studium begonnen, aber ihr Arbeitseinsatz führt zu keinem Zugewinn an Wissen und Kompetenzen. Alexander aus unserem Beispiel hatte für sich klar erkannt, dass er sein Arbeitsverhalten grundsätzlich verändern müsse, sonst würde er seine Ziele nicht erreichen. Anderen Studierenden gelingt es nicht, rechtzeitig Unterstützung zu suchen, sie zweifeln zunehmend an ihren Fähigkeiten und wachsende Unlustgefühle führen dazu, dass sie Studienaufgaben vermeiden und in eine Spirale aus Aufschieben, Selbstvorwürfen und Misserfolgen geraten. Dabei scheinen vor allem Männer lange zu warten und ihre Konfliktlage damit zu verschärfen.

Die relativ hohen Studienabbruchquoten stehen nicht nur damit in Zusammenhang, dass Studierende vorschnell und schlecht informiert Fachrichtungen studieren, die sie nicht interessieren und die sie überfordern, sondern auch damit, dass es ihnen nicht gelingt, sich als erfolgreich zu erleben, dass sie keine Selbstbestätigung erfahren und sich subjektiv ausgeschlossen fühlen.

In der Schule war Doreen eine gute, angesehene Schülerin. Sie studiert Mathematik und Latein im 2. Semester. Sie ist blass, nah am Weinen und überreicht mir einen Brief ihres Hausarztes. Er schlägt vor, Doreen solle ein Semester aussetzen, denn sie leide unter Schlafstörungen, häufiger Übelkeit, Appetitmangel und einer Darmstörung. Doreen erzählt, dass sich ihre Familie sehr sorge, sie aber auf keinen Fall ein Semester versäumen wolle. Sie habe das letzte Semester gut abgeschlossen, sie fühle sich auch nicht überfordert, aber durch das Ausmaß der Arbeit außerhalb der Veranstaltungen an der Universität sehr belastet.
Sie scheint völlig mit den Aufgaben identifiziert, sie versichert, sie fände alles sehr interessant, sie habe einfach sehr wenig Freizeit und die Eltern und ihr Freund würden das nicht so recht verstehen. Sie habe in der Schulzeit auch viel gelernt, aber keinerlei gesundheitlichen Probleme gehabt, aber jetzt seien die Ansprüche einfach anders. Auf mein Nachfragen hin fällt ihr nichts ein, was sie verändern könnte. Auch die Semesterferien seien bereits verplant, sie müsse Griechisch komplett nachlernen, da müsse sie einen „kleinen" Schein erwerben. Doreen wirkt vorwurfsvoll, als sie davon spricht, dass sie es sehr ungerecht finde, dass sie in Latein mit den Studierenden konkurrieren müsse, die Altphilologie anders als sie im Hauptfach studierten.

Sie könne sich anstrengen, wie sie wolle, sie hätte keine wirkliche Chance gegen die anderen, die viel mehr Unterricht hätten und letztlich doch auch keine anderen Übungsklausuren schreiben müssten. Das Gespräch macht deutlich, dass Doreen sehr darunter leidet, keine Rückmeldungen zu ihren Leistungen zu bekommen, und dass sie davon ausgehen muss, dass der Dozent nicht zwischen Haupt- und Nebenfächlern differenziert, da er sich eigentlich immer an die anderen wende. In Mathematik sei es ähnlich, da habe sie zwar weniger Probleme, aber dass sie auf Lehramt studiert, wird nicht wirklich berücksichtigt. Es fällt Doreen sehr schwer zu akzeptieren, dass sie nicht mehr direktes Lob und Anerkennung für ihre Anstrengungen erhält, und besonders schmerzlich ist das Gefühl, dass ihre Leistungen nicht wirklich gewürdigt werden. Dann kommt sie auf ihr eigentliches Anliegen zu sprechen, sie möchte gerne mehr über Arbeitstechniken erfahren, damit sie ihr Lerntempo steigern könne.

Es liegt auf der Hand, dass im Gespräch mit Doreen nicht nur die Effizienz ihrer Lernmethoden Thema ist. Doreen muss sich auch damit auseinandersetzen, wie sehr es sie enttäuscht, dass sie für ihre Leistungen kein unmittelbares Lob erhält, und dass sie die Kriterien für Selbstbestätigung und Zufriedenheit neu definieren muss. Konkurrenzgefühle und den Eindruck, ungerecht behandelt zu werden, hatte sie auf diese Weise in Leistungszusammenhängen noch nicht erlebt. Es kränkte sie, eine unter vielen zu sein, und ihre Anstrengungen, durch besonders gute Leistungen hervorzustechen, hatten nicht das gewünschte Ergebnis. Im Laufe mehrere Beratungsgespräche konnte sie erkennen, dass es keine Lösung ist, immer mehr zu arbeiten und ihren Ehrgeiz darauf zu setzen, andere zu übertreffen, sondern dass es darum ging, für sich selbst die Erfahrung zu machen, dass sie die Kompetenzen entwickelt, die sie sich als Studienziele gesetzt hatte. Die Lösung für Doreen war, sich weiter auf ihre Klausuren und Sprachprüfungen vorzubereiten, sich aber auch die Zeit zu nehmen, an ihrer früheren Schule eine Arbeitsgemeinschaft für Latein zu übernehmen. Außerdem „erlaubte" sie sich, wieder regelmäßig Sport zu treiben. Ihre Klausuren hat sie trotzdem alle bestanden.

Motivation aufrechterhalten und Arbeitsprozesse steuern

Überforderung und Unterforderung – beides ist Gift für motiviertes Arbeiten. Wenn man den Studieninhalten über längere Zeit nichts Interessantes mehr abgewinnen kann oder es nutzlos erscheint, sich um Verständnis zu bemühen, wird es schwer, noch weiter die Motivation für Lektüre, schriftliche Ausarbeitungen und Lernen aufzubringen. Demotivation macht unzufrieden, führt zu Vermeidungsverhalten und häufig zu sozialem Rückzug. Neben den Zweifeln an der eigenen Leistungsfähigkeit bedrückt vor allem die Angst, nicht dazuzugehören, ausgeschlossen zu sein. Wenn Angst und Selbstabwertung überhandnehmen, geht oft die Bereitschaft verloren, sich den Schwierigkeiten zu stellen.

Die Promovendin der Biochemie, Karola, leidet unter erheblichen Aufschiebeproblemen. Ihr Stipendium sei abgelaufen, deshalb müsse sie nun für ihren Unterhalt an zwei Tagen arbeiten und käme mit ihrer Doktorarbeit nur schleppend voran. „Streng genommen stagniert meine Arbeit seit etlichen Monaten und auch in der Zeit, als ich das Stipendium hatte, gab es wiederholt Phasen, in denen ich trotz aller Absichten wochenlang nichts getan habe." Ihr Arbeitsverhalten sei extrem störbar. Die Laborarbeiten, im Rahmen eines Projekts, an dem noch andere Doktorand/innen mitgearbeitet hatten, konnte sie zuverlässig erledigen, da gab es auch feste Termine einzuhalten und vorgegebene Laborzeiten. Aber das Zusammenschreiben der Ergebnisse und des Forschungsstandes gestalte sich sehr schwierig. Sie lenke sich oft ab, Haushalt, Babysitten bei der Schwägerin, Überstunden bei ihrer Arbeit. Oder sie sitze Stunden an ihrem Schreibtisch, verliere sich in Detailarbeiten für die graphische Darstellung ihrer Ergebnisse, verschönere ihre Tabellen, schreibe aber keinen einzigen „vernünftigen" Satz.
In letzter Zeit habe sie mitunter starke Angstgefühle oder fühle sich richtig deprimiert. Vor ihrem Freund und ihren Eltern schäme sie sich sehr, die hätten ein anderes Bild von ihr. Die hätten keine Ahnung, wie schlecht sie sich oft fühle und wie wenig Zuversicht sie habe, dass sie die Arbeit bald abschließen könne. Auch am Institut meide sie Gespräche über ihre Arbeit, eigentlich habe sie nie engen Kontakt zu den anderen Projektmitarbeitern gehabt. Sie leide schon immer unter Konkurrenzängsten und habe wenig klare Vorstellungen für ihre berufliche Zukunft. Sie denke auch, dass es sich negativ auf ihre Note auswirken wird, dass sie mit ihrer Doktorarbeit in Verzug ist. Diese Erwartung mache es ihr noch schwerer, sich an die Arbeit zu setzen.

Das Beispiel von Karola zeigt viele Bedingungen auf, die zu Demotivation und ausuferndem Vermeidungsverhalten führen. Sie arbeitet relativ isoliert, kommuniziert wenig über Arbeitsinhalte und Arbeitsweise und hat keine klaren Vorstellungen von ihrer Zukunft. Wenn man weiß, was man will, wenn sich das eigene Handeln in Übereinstimmung zu den Lebensperspektiven befindet, fühlt man sich wohl. Man ist bereit sich anzustrengen und erlebt das Bewältigen von Aufgaben als befriedigend. Das motiviert für weitere Arbeit und bestätigt das Selbstbild. Wer aber unklare oder widersprüchliche Ziele mit dem Studium verfolgt, gerät bei auftauchenden Arbeitsproblemen schnell in grundsätzliche (Selbst-)Zweifel. Wer dann, wie Karola, die eigene Leistungsfähigkeit schnell in Frage stellt, wird immer störbarer und meist auch unkoordinierter, zielloser in seinen Arbeitsbemühungen. Es stellen sich langfristig Misserfolgserwartungen ein, die letztlich verhindern, dass Erfolge als den Selbstwert stärkend erlebt werden können. Wer bei seinen Anstrengungen eher Misserfolg erwartet, schreibt Erfolge günstigen Umständen zu, Misserfolge aber der eigenen Unfähigkeit. Dieser selbstabwertende Umgang mit den eigenen Leistungen kann zu dauerhaften Motivationsproblemen führen.

Karola, so hat das Beratungsgespräch gezeigt, hat große Ängste zu versagen und kann nicht mehr davon profitieren, dass sie ein sehr gutes Examen erreicht hatte. Zufall, wie sie meint, und eigentlich könne sie zu wenig, das zeige sich ja an ihren Ergebnissen. Diese seien nicht so eindeutig, wie sie es sich erhofft hatte. Entweder müsse sie noch eine weitere Untersuchungsreihe anschließen oder sie müsse eine richtig gute Idee haben, wie sie Widersprüche zur Literatur erklären könne. Sie könne sich aber nicht entscheiden, welche Strategie sie wählen solle, stattdessen grollte sie über die Projektleitung, die ihr das Untersuchungsmaterial zugeteilt hätte, die anderen ihrer Forschungsgruppe hätten es leichter gehabt, „gute" Ergebnisse zu erzielen.

Die Stagnation in der Fertigstellung ihrer Doktorarbeit schützt Karola in mehrfacher Hinsicht: vor dem Eingeständnis, zu spät auf die sich abzeichnenden widersprüchlichen Ergebnisse mit einer Veränderung des Versuchsplans reagiert zu haben; vor der Kränkung, keine überragende Arbeit abzugeben und vielleicht schlechter abzuschneiden als andere ihrer Gruppe; vor der Anstrengung noch weitere Untersuchung durchführen zu müssen und vor den Unlustgefühlen, mit denen sie Arbeitssuche und Bewerbungssituation verbindet.

Ein Problem von Karola – Prokrastination, also das Aufschieben von Arbeitsvorhaben – ist eine an Universitäten weitverbreitete Arbeitsstörung. Im Hintergrund stehen negative Affekte, starke Unlustgefühle oder Ängste, die mit bestimmten Arbeitsanforderungen verbunden sind, vor denen man sich bewahren möchte. Da Aufschieben eine kurzfristige Spannungserleichterung bietet, wird es zu einer (schlechten) Angewohnheit und führt zu einem erschöpfenden und subjektiv wenig zufrieden stellenden Arbeitsstil: Arbeiten, die man weniger mag oder die einem besonders viel Anstrengung abzuverlangen scheinen, werden zu spät angefangen und müssen dann unter enormen Kraftanstrengungen auf den letzten Drücker erledigt werden. Die Qualität von Arbeiten leidet darunter, nicht alle werden fristgerecht fertig und mit den Arbeitsabläufen verbinden sich Stress und Unzufriedenheit. Statt Kompetenzgewinn zu erzielen, hinterlassen solche Aktionen den Eindruck, seinen Stimmungen ausgeliefert zu sein und Arbeitsprozesse nicht steuern zu können. Statt positiver Gefühle und

Zuversicht in die eigene Leistungsfähigkeit bauen sich negative Einstellungen auf, sowohl sich selbst gegenüber als auch gegenüber den Anforderungen des akademischen Arbeitens oder gegenüber bestimmten wissenschaftlichen Themen. Besonders das fristgerechte Abgeben von Hausarbeiten und Examensarbeiten ist bei vielen Studierenden von ausgedehnten, quälenden Vermeidungshaltungen erschwert. Das liegt daran, dass gerade bei umfassenden Arbeiten der Schreibprozess selbst organisiert werden muss und die Aufgabe weniger klar definiert erscheint als etwa die Vorbereitungen für eine Klausur. Gleichzeitig ist der Schreibvorgang meist durch eigene Ansprüche stark akzentuiert. Schreiben ist ein selbstreflexiver Arbeitsprozess, der manchmal dazu verführt, jeden Teilschritt genau zu kontrollieren und die eigenen Vorstellungen vom zu schreibenden Text mit jedem Teilschritt der Textproduktion zu vergleichen. Jeder Ausdruck wird dann selbstkritisch geprüft und mit inneren Standards verglichen. Das führt dazu, dass die gedankliche Entwicklung der Argumentation immer wieder unterbrochen wird, dass an Details verbessert wird und es selten zu einem fließenden, befriedigenden Arbeitsprozess kommt.[33] Neben solchen emotionalen Erschwernissen führen oft auch konzeptionelle Schwächen und fehlende Arbeitstechniken zu einem mühevollen Schreibprozess, der Prokrastination Vorschub leistet. Die wenigsten Studierenden haben klare Vorstellungen, was beim Schreiben von ihnen genau verlangt wird, welche Kriterien erfüllt sein müssen, um eine gute Beurteilung zu erlangen. Besonders die notwendige Einengung und Fokussierung des Materials auf eine Fragestellung fällt vielen Studierenden sehr schwer. Jeder einzelne Arbeitsschritt bedarf solcher Entscheidungen, die schwerfallen und von denen sich Studierende oft überfordert fühlen. Je weniger jemand lernen konnte, eigene wissenschaftliche Überlegungen (selbstbewusst) auszudrücken, desto schwieriger ist es, ein Thema einzugrenzen und zu vertiefen. Der Mangel an diskursiven Erfahrungen in überfüllten Veranstaltungen ist sicher ein Grund für Unsicherheiten beim Anfertigen von wissenschaftlichen Texten. Die Probleme nehmen zu, je bedeutungsvoller die Arbeiten für den Studienverlauf sind, weil die Ansprüche der Studierenden und das Ausmaß ihrer Selbstkritik anwachsen. Besonders was das Handwerkliche beim Schreiben und die Struktur des Schreibprozesses angehen, ist es vielen Studierenden nur schwer möglich, sich als Lernende zu begreifen. Sie vergleichen ihre Texte mit denen versierter Schreiber/innen der Fachliteratur. Mit der Unzufriedenheit an den eigenen Produkten steigt oft die Angst, den Anforderungen nicht gerecht zu werden und an der Aufgabe zu scheitern. Diese Gefühle können als so unerträglich erlebt werden, dass das Schreiben immer weiter

---

33 Csikszentmihalyi (1997), der über das Wesen der Freude und des Glücks geforscht hat, beschreibt die Erfahrung ganz in einer Tätigkeit aufzugehen als „flow".

aufgeschoben wird. Bei manchen Studierenden führt dies zu Verzögerungen oder Unterbrechungen des Studiums und oft (auch) zu depressiven Verstimmungen.[34]

Sich beweisen müssen

Auch Leistungsdruck und Konkurrenzdruck sind zwar meist aus der Schulzeit bekannt, aber im neuen sozialen Umfeld und in Bezug auf persönlich relevante Leistungsziele gewinnen sie eine neue Bedeutung. Das Beispiel von Doreen hat gezeigt, wie sich Leistungsdruck schädlich auf die Gesundheit auswirkt, die Angaben über die Verbreitung von Burn-out-Symptomen bei Studierenden beweisen, dass sie kein Einzelfall ist.[35] Wenn die Angst zu versagen allgegenwärtig ist, kostet es sehr viel Anstrengung sich dennoch mit seinen Leistungen zu präsentieren. In den überfüllten Veranstaltungen deutscher Hochschulen ist es leicht möglich, sich in der Anonymität zu verstecken, mit den fatalen Folgen, dass es immer schwerer wird, das eigene Leistungsniveau realistisch einzuschätzen. Die Entlastung, sich nicht präsentieren zu müssen, weicht dem Eindruck, nicht mithalten zu können, und verstärkt Angst und Stress. Viele Studierende haben Angst, in Seminaren zu sprechen und Referate zu halten. Redeangst ist verbreitet und verleidet vielen das Studium, Angst sich durch die schriftlichen Ausarbeitungen zu „entlarven", hat verzögerte Studienverläufe zur Folge. Während beim Schreiben vor allem die Angst vor der inneren Kritik den Arbeitsvorgang hemmt und manchmal unerträglich werden lässt, steht bei Referaten und in mündlichen Prüfungen die Angst vor dem Urteil der anderen im Vordergrund. Je größer und je fremder eine Gruppe ist, vor der man sich exponieren muss, desto größer ist die Angst. Je wichtiger eine Prüfung, je größer die Autorität des Prüfers oder der Prüferin, umso belastender sind die Gedanken an die Prüfung – eine Angst, die schon die Prüfungsvorbereitung erschwert und sich zu Panikattacken steigern kann. Ängstigend ist die Phantasie, sich unmöglich zu machen, Achtung zu verlieren, ausgegrenzt zu werden, weil man nicht mithalten kann, oder auch nur der gefürchtete Eindruck, dass sich die Aufmerksamkeit der anderen auf einen richtet und man im Mittelpunkt steht. Diese Angst wirkt sich körperlich aus, man zittert, bekommt Herzklopfen, feuchte

---

34 Rückert (1994) hat sich intensiv mit der Prokrastination auseinandergesetzt. Er diskutiert Wege das Aufschieben zu beenden und verweist auf den psychodynamischen Hintergrund dieser Störung.

35 Nach der jüngsten Sozialerhebung leiden Studierende zunehmend unter der typischen Burn-out-Symptomatik, wie Depressionen, Angstattacken, Versagensängsten, Schlafstörungen und Magenkrämpfen. Jeder siebte Studierende gab an, sich wegen Prüfungsängsten beraten lassen zu wollen (BMBF 2007).

Hände oder gar einen roten Kopf. Man befürchtet keine Kontrolle mehr über die eigenen Worte zu haben, nicht mehr auf sein Wissen zurückgreifen zu können, und ist sehr besorgt über den (schlechten) Eindruck, den man macht. Obwohl die meisten Studierenden die Symptome von Angst bei anderen verzeihlich finden, fürchten sie für sich selbst den „sozialen Tod"[36], wenn sie sich in Leistungszusammenhängen so präsentieren müssen.

> *Das erste Mal war Thomas während seines Auslandssemesters in England als unbeherrscht aufgefallen. Kurz vor Abgabe eines für ihn wichtigen Essays habe er eines Abends die Kontrolle über sich verloren und in großer Wut eine Glastür im Leseraum des College eingetreten. Außer einer tiefen Schnittwunde und einer kaputten Jeans habe es keine großen Folgen für ihn gehabt, er hätte sich herausreden können. Es sei ihm nun einige Jahre gelungen, seine Gefühle zu kontrollieren, gegenwärtig kämpfe er allerdings wieder mit Wellen von Aggression und Zerstörungslust und sei darüber sehr beunruhigt. Er schreie manchmal seine Freundin an und würde sich manchmal in seiner Arbeitsgruppe lieber prügeln, als den Ausführungen seiner Kommilitonen zuzuhören. Er fürchte, er könne einmal im Institut ausrasten, was ihm beruflich und sozial sehr schaden würde. Er schreibe gerade seine letzte Klausur in Strafrecht und möchte sich zum Staatsexamen anmelden, auf Vermittlung seines Vaters habe er einen Praktikumsplatz in einer sehr angesehenen Kanzlei. Sein Hausarzt habe ihm Antidepressiva verschrieben, da er ihm gesagt habe, er sei sehr erschöpft und oft düsterer Stimmung. Manchmal würde er sich auch betrinken, aber das würde er sich in den darauffolgenden Tagen wieder extrem übel nehmen.*
>
> *Es wird im Gespräch nicht recht klar, ob Thomas sich überfordert fühlt von den unterschiedlichen Herausforderungen, die vor ihm stehen. Undeutlich bleibt auch, inwieweit er eigene Ziele verfolgt oder mit den Vorstellungen der Familie identifiziert ist. Klar ist, er will alles bestens erledigen und „cool" bleiben. Es gibt Ängste, nicht alles so gut hinzubekommen, wie er das von sich verlangt, und er ist besorgt, weil er merkt, dass er seine Leistungsfähigkeit nicht weiter steigern kann. Wenn sich beim Arbeiten ein Problem nicht rasch lösen lässt, spürt er seine Wut und würde gerne um sich schlagen. Er habe die besten Bedingungen für ein gutes Examen und eine berufliche Karriere, er könne weder sich noch seine Familie enttäuschen.*
>
> *Seine Wut findet Thomas beschämend und sieht sie als etwas, das er am liebsten selbst in den Griff bekommen möchte. Er ist über seinen Mangel an Coolness enttäuscht und es ist nicht klar, ob er die empfohlene therapeutische Hilfe annehmen kann. Er wollte sich gegebenenfalls vor dem Examen wieder melden.*

---

36 Der ausgeprägte Konkurrenzdruck unserer Leistungsgesellschaft fördert die Angst vor Desintegration: Gerade Menschen mit einer außergewöhnlich hohen Leistungs- und Konkurrenzbereitschaft leiden unter der Angst, die hohen Ansprüche nicht erfüllen zu können und dadurch ihren sozialen Status unwiderruflich zu verlieren. Vgl. Haubl (2008).

Das Erleben von Unsicherheit reaktiviert oft frühere Erfahrungen von Misserfolgen und Kränkungen, Situationen von Selbstüberforderung, Selbstüberschätzung und Selbstzweifel werden wach. Leistungsängste erschüttern den Selbstwert einer Person ganz grundsätzlich, weil darin Vorstellungen eines idealen Selbst mit einem verzerrten, defizitären Selbstbild konfrontiert werden. Bei Thomas sind es Erinnerungen an kindliche Wutausbrüche und die Beschämung, der er anschließend ausgesetzt war. Er hat gelernt, sich über Enttäuschungen hinwegzusetzen, und verlangt von sich Selbstkontrolle und Spitzenleistungen. Er scheint sich in der inneren Auseinandersetzung zwischen seinem realen Leistungsvermögen und dem eingeforderten Selbstideal zu erschöpfen.[37]

Die heutige Studierendengeneration gilt als pragmatisch und an eigenen Zielsetzungen orientiert. Anders als früher suchen viele keine Auseinandersetzung um gesellschaftliche Werte, Bildungsinhalte oder universitäre Strukturen. Sie wollen die Institution regelgerecht und mit guten Noten durchlaufen. Das Wissen, dass Karriere und gesellschaftlicher Erfolg ein eher knappes Gut sind und starke Konkurrenz besteht, setzt viele Studierende unter Druck und hohe Leistungsansprüche. Die Selektion über Leistung ist sehr präsent, waren früher Ergebnisse von Zwischenprüfungen relativ unwichtig und dienten vorwiegend der eigenen Orientierung gegenüber den universitären Anforderungen, ist heute fast jede Note entscheidend für den Bachelorabschluss und für die Zulassung zum Masterstudium. Studierende, die zu Prüfungsängsten oder zu perfektionistischem Verhalten neigen, sind davon besonders betroffen, da in jedem Semester prüfungsrelevante Leistungen zu erbringen sind. Die aktuell zu konstatierende Zunahme klassischer Beratungsanlässe – Leistungsstörungen, Stressbeschwerden, Angst und Panik – zeigt, dass die Umstrukturierung der Studienfächer auch neue Belastungen mit sich bringt. Wie die angeführten Fallskizzen zeigen, sind viele Schwierigkeiten im Bereich des akademischen Arbeitens so mit individuellen Dispositionen verknüpft, dass sie erst im explorierenden Einzelgespräch als solche erkennbar werden. Für diesen wichtigen Bereich des Studiums werden von den Beratungseinrichtungen informative und prophylaktische Arbeitsformen entwickelt, die im Folgenden skizziert werden. Die dort beschriebenen Methoden und Techniken kommen auch in der Einzelberatung zu Einsatz.

---

[37] Die offenkundige Zunahme von Depressionen und Erkrankungen, in denen Schamgefühle vorherrschen, spiegeln den gesellschaftlichen Leistungsdruck. Das Erleben, dem Selbst-Ideal nicht gerecht zu werden, wird als Makel erlebt, der den Selbstwert erniedrigt. „In der narzisstischen Depression, die das Individuum daraufhin entwickeln kann, bleibt ein ‚erschöpftes Selbst' (Ehrenberg 2004) unbewusst an den Anspruch gekettet, der es kränkt und krank macht." (Haubl 2008, 321)

2.4.2 Beratungsschwerpunkt: Planungskompetenz und Selbstorganisation

In unserer Beschreibung der Herausforderungen, denen sich Studierende bei der Gestaltung ihres Alltags am Studienort stellen müssen, haben wir hervorgehoben, dass eine der wichtigsten Aufgaben darin besteht, *selbstständig* Tage und Wochen, Semesterabläufe und vorlesungsfreie Zeit zu strukturieren und die eigene Person mit ihren Bedürfnissen und Zielen so zu organisieren, dass ein tragfähiger Alltag dabei entsteht. Über Zeit scheint man frei verfügen zu können, die Lehrveranstaltungen bilden darin festliegende Zeitblöcke, die allerdings – anders als der Stundenplan zu Schulzeiten – keinen Arbeits- und Lebensrhythmus bilden. Im Übergang von der Vorlesungszeit in die Semesterferien scheint sich der an die Uni gebundene Alltag zudem jedes Mal aufzulösen, viele Studierende verlassen den Hochschulort, der Hochschulsport macht Pause – fällt ganz aus oder bietet ein geschrumpftes Ferienprogramm –, Bibliothek und Mensa bleiben die einzigen Treffpunkte für diejenigen, die Klausuren vorbereiten oder die im Semester zu kurz gekommene Auseinandersetzung mit einer Studienarbeit vorwärtsbringen wollen. Das Einüben der persönlichen Planung von Arbeitsprozessen, die bewusste Auseinandersetzung mit Formen der Selbstorganisation, die Verbindlichkeit herstellen ohne Zwanghaftigkeit zu produzieren, und das Erlernen der Kunst kurzfristige Anforderungen mit längerfristig anzugehenden Zielen in Balance zu bringen – all dies sind Aufgaben, die sich allen Studierenden stellen und mit denen viele Schwierigkeiten haben, ohne dass sie deshalb eine Beratungsstelle aufsuchen würden. Die Hochschulberatung hat deshalb bereits seit den 1970er Jahren an vielen Universitäten die Erfahrungen aus der Einzelberatung in hochschulöffentlichen Informationsveranstaltungen und offen ausgeschriebenen Trainingskursen zum Thema „Arbeitsplanung", und „Alltagsstruktur" umgesetzt. Ziel solcher Veranstaltungen ist es zum einen, diesen Themen im Studienalltag selbst legitimen Raum zu verschaffen, vor allem aber Lern- und Übungsmöglichkeiten zu schaffen, bevor der Mangel an Struktur zu einem gravierenden Problem wird.

Seit es Angebote von Managementtrainings, Kurse zur Steigerung der Selbsteffizienz und Coaching im kommerziellen Bereich gibt, ist „Zeitmanagement" ein verbreiteter Terminus, der auch für akademische Lernprozesse Begriffe wie „Arbeitsplanung" und „Alltagsorganisation" abgelöst hat. Gemeint ist mit „Zeitmanagement" ein Set von Planungs- und Strukturierungstechniken, die es ermöglichen (sollen), eigene Ziele zu realisieren, Prioritäten zu setzen und mit der begrenzten Ressource Zeit möglichst effektiv und output-orientiert umzugehen. Dabei liegt der Akzent darauf, realitätsorientiert vorzugehen (statt gute Vorsätze zu formulieren), die persönlichen Gewohnheiten wertzuschätzen (statt nur das sozial Anerkannte gelten zu lassen) und Entscheidungen eigenständiger Lebens- und Arbeitsgestaltung zu unterstützen. Zu den Methoden, mit denen in Kursen zum Zeitmanagement gearbeitet wird, gehören:

➢ Das Erstellen persönlicher Zielkataloge, in denen nicht nur die quasi-offiziellen Ziele von Ausbildung/Beruf und die sozial erwünschten (von Partnern, Eltern, Freunden formulierten) Leistungen vorkommen, sondern auch die individuellen Wünsche (was hätte ich gern?) sowie Bedürfnisse (was fehlt mir in meinem Alltag?) einen Platz haben und die häufig vorhandenen Negativorientierungen (z.B. „ich will auf gar keinen Fall sein wie mein Vater") in positive Orientierungen umformuliert werden (z.B. „ich will im Studium Erfolg haben, aber meine Beziehungen darüber nicht vergessen").

➢ Übungen zur Operationalisierung von Zielen, indem man entlang eigener Zielformulierungen Fragen wie die folgenden beantwortet: Was muss ich tun, um dieses Ziel zu erreichen? Was hängt von mir ab, was von anderen? Lassen sich die einzelnen Schritte konkret benennen, die nacheinander getan werden müssen, um dieses Ziel zu erreichen?

➢ Übungen zu realistischen Einschätzungen des Energie- und Zeitaufwandes, den eine Tätigkeit erfordert. Dabei ist z.B. die Auseinandersetzung mit folgenden Fragen hilfreich: Wie viel Zeit benötige ich, um zehn Seiten eines fachwissenschaftlichen Aufsatzes zu lesen? Eine gründliche Literaturrecherche dauert wie lange? Wie viel Zeit pro Woche benötige ich im Schnitt, um meinen Haushalt zu versorgen (Einkaufen, Aufräumen, Absprachen mit Nachbarinnen/Mitbewohnern ...)?

➢ Aufspüren der Strukturen und Rhythmen, die im Wochenablauf (häufig unbemerkt) vorhanden sind. Wann steh ich normalerweise auf? Welche Fernsehsendungen sehe ich, wann immer es geht? Wann mache ich Sport, gehe in den Chor oder ...? Wenn ich mit Eltern, Freundinnen, Bekannten telefoniere, wann tu ich das meistens? Wann erledige ich meine Einkäufe gern/nur zur Not? Gibt es feste Arzt- oder Therapietermine?

➢ Aufspüren von Zeit- bzw. Energiefressern: Was tue ich, wenn ich nichts tue (Träumen? E-Mails lesen? Daddeln? Fensterputzen? Kaffeetrinken? Kiffen?)? Was passiert, wenn ich mit der Schreibtischarbeit beginne, aber nicht wirklich anfange? Welche Dinge tue ich mit Akribie, obwohl sie nicht wichtig sind? Lasse ich mich häufig in Dinge verwickeln, die ich nicht will (wer schafft das und wie gelingt es?)?

➢ Prioritäten setzen lernen: Da nicht alle Ziele und Wünsche in der begrenzten Ressource Zeit (168 Stunden pro Woche) erreicht werden können, gilt es Prioritäten zu setzen: Nicht alles, was dringlich scheint, ist wirklich wichtig. Nicht alles, was wichtig ist, lässt sich kurzfristig erreichen. Manche Dinge sind persönlich wichtig oder wünschenswert, aber nicht jetzt zu realisieren (wann dann?). Häufig eingesetzte Übungsmethoden sind die (für berufsbezogene Assessment-Center entwickelte) Postkorbübung[38] oder das (aus dem Managementtraining stammende) Eisenhower-Quadrat.[39]

➢ Planungsprozesse einüben: Wer sich in der Planung von Alltag und Studium üben will, muss zunächst eine Grundhaltung überwinden, die viele mit sich herumtragen: dass eine Planung normorientiert und im Detail bindend ist. Umgekehrt wird ein nützliches Instrument daraus: Planung geht von realistischen Annahmen und Erfahrungswerten aus, verlangt Prioritätensetzung und ist im Detail flexibel. Für die Arbeit mit Studierenden haben sich zwei Übungen als nützlich erwiesen: eine umfangreichere Studienleistung, die einzeln zu erbringen ist (Studienarbeit oder Referat), im Detail durchplanen (Arbeitsschritte festlegen, Zeiterfordernis zuordnen, Arbeitsschritte bis zum Abgabetermin verteilen) oder einen strukturierten Wochenablauf schriftlich vorplanen und mit einem Erfahrungsprotokoll begleiten.

Methoden wie die hier aufgeführten können in Beratungsprozessen eingesetzt werden und sie können in Informationsveranstaltungen beschrieben werden – z. B. bei den Einführungsveranstaltungen der einzelnen Fachbereiche.[40]

Für die Einzelnen wirkungsvoll und hilfreich sind aber vor allem Trainingskurse (mit bis zu 15 Tln.), in denen sich die Studierenden über ihre Alltags- und Arbeitsprobleme austauschen können, die Methoden vorgestellt sowie an den jeweils individuellen Lebenssituationen der Teilnehmer/innen erprobt werden. In der Reflexion der dabei gemachten Erfahrungen können Anpassungen an die individuellen Denkstile und Organisationsformen vorgenommen werden – wer gewohnt ist, den Alltag aus dem Gedächtnis zu strukturieren, benötigt

---

38 Die „Postkorbübung" besteht klassischerweise aus einer Sammlung unterschiedlicher Anforderungen und Posteingänge, wie sie in beruflichen Arbeitsfeldern vorkommen. Die Aufgabe besteht dann darin, diese Anforderungen zeitlich und nach Wichtigkeit so zu sortieren, dass sich eine Agenda ergibt. In der Arbeit mit Studierenden wird dies an deren Studien- und Alltagsanforderungen angepasst: von Sprechstunde bei Prof. X besuchen über Blumengießen bis „für Klausur lernen" kann alles vorkommen.

39 Das „Eisenhower-Quadrat" beschreibt eine einfache Kreuztabelle, in der wichtig/unwichtig und dringlich/hat Zeit so kombiniert werden, dass sich alle Anforderungen des Alltags vier Stapeln zuordnen lassen: wichtig und dringlich; wichtig, hat aber Zeit; unwichtig und nicht eilig; unwichtig, aber eilig. Auch hier hängt der Übungswert für die Studierenden davon ab, wie nah an ihrem eigenen Alltag die jeweiligen Anforderungen formuliert sind. In einer Trainingsgruppe kann diese Übung mit den für die einzelnen real bestehenden Anforderungen durchgeführt werden.

40 Eine solche, rein informative Beschreibung hat meist keine direkten Auswirkungen auf das Alltagsverhalten der Teilnehmer/innen – hat man jedoch schon einmal im Studienkontext etwas über Methoden des Zeitmanagements gehört, kann man darauf zurückkommen, wenn wirklich Veränderungsbedarf besteht.

weniger Listen als andere; wer zur Selbstüberschätzung neigt, muss detaillier-
ter planen; wer sich schwer damit tut Entscheidungen zu treffen, sollte vielleicht Übungen zur Prioritätensetzung in seinen Alltag einbauen.

Solche Trainingsgruppen können als Workshops über ein bis zwei Tage organisiert werden – dann haben sie einführenden Charakter, machen mit den Methoden vertraut, überlassen aber den Transfer in den Studienalltag den Einzelnen. Sie können auch semesterbegleitend durchgeführt werden (zehn Sitzungen zu je zwei Stunden jeweils im Abstand einer Woche), dann kann auch der
Transfer in den Alltag durch die Beraterin oder den Berater unterstützt werden,
und Aufmerksamkeit für möglicherweise gravierende Probleme bzw. anderwei-
tigen Unterstützungsbedarf kann die einzelnen Teilnehmer/innen begleiten.[41]

Selbstorganisation hat einen anderen Akzent als das Zeitmanagement; Selbstorganisation bezeichnet die Fähigkeit, Zeit und andere persönliche Ressourcen
zielorientiert einsetzen zu können, um Erwartungen an eigene Leistung und die
realen Möglichkeiten auszubalancieren. Methoden der Feststellung der eigenen
Ziele, wie sie oben beschrieben sind, bilden auch hier den Ausgangspunkt für
den Kompetenzerwerb. Im Mittelpunkt steht dabei die Fähigkeit, unterschiedliche Zielsetzungen, persönliche und studienbezogene, aufrechtzuerhalten und
Alltags- und Arbeitsroutinen aufzubauen, die sowohl Professionalisierungsprozesse stärken als auch Lebensqualität verbessern. In der Einzelberatung oder in
Workshops werden dazu neben Grundlagen des Zeitmanagements auch Kenntnisse über Selbstführung, Selbstsorge vermittelt und Strategien erarbeitet, wie
Veränderungsprozesse selbst initiiert werden können. Neben der Vermittlung
von Planungs- und Organisationstechniken wird daher auf Übungen zur the-
menbezogenen Selbsterfahrung zurückgegriffen, um neben Fertigkeiten auch
einen Zuwachs von Gefühlen der Selbstwirksamkeit und Zuversicht zu erreichen.

2.4.3 Beratungsschwerpunkt: Aufbau von Lernkompetenz

Positive Arbeitshaltungen sind wesentlich für Studienzufriedenheit und Studienerfolg, Unzufriedenheit mit den Lernergebnissen und Gefühle der Ineffizienz
führen dagegen zu Studienverzögerungen oder Abbruch des Studiums und zu
persönlichem Leid. Lernkompetenz zu unterstützen bleibt auch nach der Studi-

---

41 Eine Alternative zu semesterbegleitenden Veranstaltungen sind regelmäßige Treffen für ehe-
    malige Teilnehmer/innen von Workshops und Kompetenztrainings, durch die sowohl die
    Umsetzung und Aufrechterhaltung gelernter Strategien kontinuierlich unterstützt und ausge-
    baut werden können als auch die kollegiale Zusammenarbeit gefördert wird.

enreform eine zentrale Beratungsaufgabe, profitieren doch gerade die Studierenden von der Umgestaltung der Studiengänge, die inhaltlich und zeitlich gut strukturiert arbeiten können und gute Lerntechniken besitzen. Diese Fertigkeiten sind nicht generell vorauszusetzen, sondern müssen im Studium aufgebaut bzw. weiterentwickelt werden.

Die Beratungsstellen an Hochschulen haben in der Vergangenheit den Schwerpunkt Prävention studienbedingter Probleme zunehmend ausgebaut. Die Beobachtung, dass viele Studienschwierigkeiten die Folge von Misserfolgserlebnissen durch ungeeignete Arbeitstechniken, mangelnde Anleitung und zunehmender Frustration sind, hat zu einem breiten Angebot an Kompetenztrainings und Coaching geführt. In Einzelberatung oder Gruppenveranstaltungen werden Fertigkeiten vermittelt, um handwerkliche Defizite auszugleichen und um die durch strukturelle Bedingungen an den Hochschulen erschwerten Lern- und Arbeitsprozesse zu verbessern. Eine Aufgabe von Beratung ist es, Studierende zu befähigen, ihre Ressourcen zu mobilisieren und ihre intellektuellen Potentiale freizusetzen. Mit der Studienreform sind vereinzelt einige der aus und für die Beratung entwickelten Gruppenkonzepten zum Erlernen studienrelevanter Fertigkeiten[42] Grundlage für Module zum Erwerb von Schlüsselqualifikationen geworden und somit in den Lehrplan integriert. Dabei werden folgende Schlüsselkompetenzen[43] hervorgehoben: aktive Orientierung, zielbewusstes Handeln, selbstgesteuertes Lernen und soziale Kompetenz. Generell ist der Erwerb dieser Kompetenzen zwar Ziel der Hochschulsozialisation, aber die beschriebenen Beratungsanlässe machen deutlich, dass die akademische Lehre bisher nicht genügend Lernangebote bereitstellt. In welchem Umfang und in welcher Arbeitsteilung (fachspezifische Lehre wissenschaftlichen Arbeitens, Studienfachberatung, zentrale Kursangebote, Tutorenprogramme) die Vermittlung von Schlüsselkompetenzen sich etablieren wird, ist heute noch nicht abzusehen.

Je nach Modell werden sich die Beratungsanliegen modifizieren. Absehbar ist allerdings, dass zwei Themen, die über das im engeren Sinne „Handwerkliche" des wissenschaftlichen Arbeitens hinausgehen, weiterhin vor allem Gegenstand von Beratungsprozessen sein werden: die Verknüpfung von Knowhow mit Motivation und die Integration einer angemessenen Arbeitshaltung in den (nach Geschlecht, Bildung und kultureller Herkunft unterschiedlichen) individuellen Habitus.

---

42 Beispielsweise Knigge-Illner & Kruse (1994).
43 Das Konzept der Schlüsselkompetenzen bezieht sich auf soziologische Modernisierungstheorie und berücksichtigt sowohl die Lernwelt an der Hochschule als auch die veränderte Berufswelt.

In der Beratung bei Arbeits- und Leistungsstörungen sind Problemanalysen erforderlich, die über technische Aspekte des Lernens hinausgehen. Alexander konnte durch die Vermittlung einer aktiven Lerntechnik schnell Erfolgserlebnisse erzielen und Motivation am Studium zurückgewinnen. Doreens Probleme lagen weniger in der Art ihres Lernens begründet als vielmehr darin, dass sie ihren Arbeitsprozess an Lob und Bestätigung durch Lehrende orientierte und an der Universität zu wenig Rückkopplung erfuhr. Hier waren zuerst andere Interventionen nötig, um die Verunsicherung und die Enttäuschungen aufzuarbeiten; erst zu einem späteren Zeitpunkt wurde über effiziente Lerntechniken gesprochen. Um Studierenden dabei zu helfen, ihre Arbeitsstörungen zu bewältigen, ist es wichtig, diese weder auf technische Probleme zu reduzieren, noch vorschnell als Folge anderer psychischer Probleme wie Depressionen und Angststörungen zu betrachten.[44] Die angemessene Problemanalyse wird erleichtert durch Kenntnisse über Arbeitsabläufe und Leistungsanforderungen. Das Wissen über universitäre Arbeitsbedingungen und methodisches Vorgehen und die zugrunde liegenden mentalen Prozesse erleichtert es Hochschulberater/innen zu verstehen, wie sich Störungsgefühle und handwerkliche Probleme verschränken. Umgekehrt lässt sich auch verstehen, welche seelischen Probleme durch bestimmte Leistungsanforderungen aktualisiert werden, wie schwer es beispielsweise ängstlichen Studierenden fällt, vor Prüfungen den Lernstoff zu begrenzen und Schwerpunkte zu setzen und dass sich auch Entscheidungsprobleme hinter den aufgeschobenen Klausurterminen verbergen. Die äußeren Realitäten (Arbeitsprobleme) lassen sich als eine Projektionsleinwand des inneren Geschehens (seelischer Konflikt) aufzeigen.

In der Beratung zu Schreibproblemen wird die Verbindung von kognitiven und emotionalen Prozessen besonders deutlich. Wenn jemand die Beratungsstelle aufsucht, aus Angst die wissenschaftliche Hausarbeit nicht fristgerecht abgeben zu können und somit das Semesterziel zu verfehlen, ist es noch nicht klar, worin das eigentliche Problem besteht. Geht es um Leistungsängste oder fehlt es an Kenntnissen und Fertigkeiten? Der Beratungsverlauf orientiert sich zuerst am Erleben der konkreten Tätigkeiten, wie sie im Schreibprozess erfor-

---

44 Wenn Arbeitsstörungen Studierender ausschließlich als Folge anderer psychischer Probleme wie Depressionen und Ängste betrachtet werden, findet in Beratung und Therapien das gestörte Arbeitsverhalten zu wenig Beachtung und die pathogene Wirkung einer stagnierenden Kompetenzentwicklung und fehlender Studienerfolg werden für den Behandlungserfolg unterschätzt. Burn-out und Arbeitsstörungen sind oft mit depressiven Entwicklungen verknüpft, wobei Arbeitsstörungen ihre Ursache in psychischen Konflikten haben können wie auch seelische Erkrankungen Folgen von andauernden Arbeitsstörungen sein können. In der klinischen Literatur wird zwischen primären und sekundären Arbeitsstörungen unterschieden, letztere sind Beeinträchtigungen von Arbeitsabläufen durch seelische oder körperliche Erkrankungen.

derlich werden. Dafür ist es günstig, sich den Schreibprozess zu vergegenwärtigen und problem- und prozessorientiert die Schwierigkeiten herauszuarbeiten. In welcher Dimension drücken sich die Schwierigkeiten aus: ist es der Wissenserwerb oder sind die sprachlichen oder die kommunikativen Fähigkeiten unzureichend? Oder entstehen die Probleme aus den subjektiven Erwartungen an die Güte des Textes? Jeder Teilprozess bedarf eines anderen Vorgehens und kann unterschiedliche Gefühle auslösen, die das Schreiben unterstützen oder blockieren. Beratung im Sinne von Coaching ist ein Prozess der fortschreitenden Problemklärung und des Suchens nach angemessenen Lösungswegen. Viele der Interventionen bei Schreibstörungen bestehen darin, Aufgaben zu stellen, die den Ratsuchenden die Möglichkeit bieten, bei der schrittweisen Lösung des Problems weiterzukommen. Die Bearbeitung liefert weiteres (diagnostisches) Material, um Widerstände zu erkennen und Defizite festzustellen. Dann kann man nach Entlastungsmöglichkeiten suchen; es können Informationen über Schreibstrategien oder Techniken vermittelt und neue, weiterführende Bearbeitungsaufgaben formuliert werden. Der Fokus einer konkreten Beratung entsteht aus der Problemanalyse und kann unterschiedlich sein, je nachdem ob dabei vor allem der Prozess der Textproduktion oder die Schwierigkeiten mit dem Schreibprozess im Vordergrund standen.[45]

Auf folgende Aspekte/Techniken des Lernens kann dabei zurückgegriffen werden:

Einüben von Lerntechniken

Um sich Wissen zu erarbeiten und die eigenen Ressourcen effizient einsetzen zu können, sind methodische Fähigkeiten erforderlich: Fachinhalte müssen zielbezogen recherchiert, strukturiert und kommunizierbar erarbeitet werden. Der Ausbau verschiedenster Kompetenzen sollte die Weiterentwicklung affektiv-spontaner Begabungen einschließen. Wenn der Bezug zu den subjektiven Interessen und Intentionen aufrechterhalten bleibt, werden Lernprozesse als persönlich bedeutsam erlebt. Beratungen und Kurse zum Ausbau von Studienkompetenzen sind deshalb nicht als Vorträge über Techniken des wissenschaftlichen Arbeitens anzulegen. Vielmehr sollten sie Raum für Reflexion von Gewohnheiten bieten und neue Erfahrungen hervorrufen. Lernen soll als ein aktiver Prozess vermittelt werden, der abwechslungsreich gestaltet und von positiven Gefühlen unterstützt ablaufen kann. „Passive traditionelle Techniken wie das kommentarlose Mitschreiben in Seminaren oder das Lesen ohne eige-

---

45 Unterschiedliche Akzente der Schreibberatung in einem Schreiblabor bzw. in einer Einrichtung der Studienberatung sind bei Furchner, Großmaß & Ruhmann (1999) nachzulesen.

ne Fragestellung führen zu eintönigen und ineffizienten Arbeitsabläufen, die nicht den gewünschten Erfolg bringen" (Reysen-Kostudis 2006, 77). Wenn Lernen mehr bewirken soll als das Abspeichern von Informationen, muss man dem Prozess eine Richtung geben, also zuvor Lernziele festlegen und überlegen, in welcher Form von eigenständiger, aktiver Wiedergabe oder Transfer der Lernerfolg überprüft werden kann.[46]

Offene Sprechstunden

Arbeitsstörungen sind oft sehr bedrängend und können heftige Gefühle von Hilflosigkeit und Ausgeschlossensein auslösen. Da sie nicht nur von Enttäuschung (einem selbst gewählten Ziel nicht entsprechen zu können), sondern auch von Schamgefühlen begleitet sind, werden sie oft lange bagatellisiert oder verschwiegen. Vor Abgabeterminen, kurz bevor man ein Referat halten soll oder eine Klausur schreiben muss, werden handwerkliche Probleme dann doch als solche erkennbar und es wird nach Rat gesucht. Wir halten es deshalb für günstig, wenn an den Beratungsstellen offene Sprechstunden für Studierenden mit methodischen Schwierigkeiten angeboten werden.

Lerntagebücher und Wissenschaftsjournale

Selbstgesteuertes Lernen setzt voraus, dass man sowohl den Arbeitsprozess als auch die Lernfortschritte überblickt und sich über die Effizienz von Arbeitstechniken und -abläufen Rechenschaft ablegt. Besonders beim Einstieg ins Studium haben sich Lerntagebücher bewährt, da sie dokumentieren, welche Erfahrungen gemacht wurden, und gleichzeitig eine Distanzierung ermöglichen. Die eigenen Arbeitsvorgänge lassen sich betrachten und der Status als experimentierender Lernender wird betont. Man kann sich Fragen stellen wie: „Was war positiv bei meiner Arbeit?", „Was hat nicht gut funktioniert?", „Was war besonders interessant?", „Was hat mich frustriert?", „Welches Ziel hatte ich mir gesetzt? Habe ich es erreicht?"

   Arbeitstagebücher unterstützen eine sorgfältige Reflexion des Arbeitsverhaltens, sie zeigen Stärken und Schwächen auf und machen (gute und schlechte) Angewohnheiten bewusst. Sie decken auf, welche Problemlösestrategien man benutzt, welche Teilaufgaben man gerne erledigt und welche man vor sich herschiebt. In die Tagebücher schreiben die Studierenden Beobachtungen über

---

46 Hinweise auf die Gestaltung von Lernprozessen, die Studierende darin unterstützen, eigene Potentiale und sinnvolle persönliche Zielsetzungen zu entwickeln, gibt Brigitte Reysen-Kostudis (2006, 2007a).

Arbeitsabläufe und notieren Gedanken über die Effizienz ihres Arbeitsverhaltens. Insofern lassen sie sich gut als Beratungsstrategie nutzen. Daneben objektivieren sie auch Planungsvorgänge, was die Studien- und Selbstorganisation stärkt. Und eher nebenbei entwickelt sich auch ein selbstverständliches Verhältnis zum Schreiben selbst.

Tagebücher haben sich auch als didaktisch wertvoll erwiesen, da sie zu einer vertieften inhaltlichen Bearbeitung des Lernstoffs führen. Sie fördern eine regelmäßige Nachbereitung von Seminarinhalten, helfen Schwerpunkte zu identifizieren und Zusammenhänge zu erkennen. Wenn neben den Notizen über Abläufe auch Einträge zum Inhalt der Arbeit gemacht werden, lassen sich Arbeitstagebücher als persönliche Wissenschaftsjournale verwenden. Sie lassen sich nutzen, um Argumente kritisch zu prüfen oder für abstrakte Inhalte Beispiele zu formulieren. So genutzt reflektieren die Tagebücher nicht nur den Arbeitsprozess, sondern bilden auch den Erkenntnisprozess ab. Dies hilft, bei der Vorbereitung von Referaten und Hausarbeiten inhaltliche Strukturen, Interessenschwerpunkte und Fragestellungen zu finden.

Über universitäre Lernplattformen, Diskussionsforen oder Blogs können solche Tagebücher auch von anderen eingesehen oder kommentiert werden. Gerade wenn Studierende viel über elektronische Wege miteinander kommunizieren, kann ein regelmäßiger Austausch über den Arbeitsprozess helfen, sich zu disziplinieren und vor allem differenzierter über Arbeitsziele und Arbeitsgewohnheiten zu reflektieren.[47]

Ob Beratung bei Fragen oder Problemen mit dem wissenschaftlichen Arbeiten prozessbegleitend angelegt wird oder eher Formen von Coaching annimmt, bestimmt sich aus der Situation und den Erwartungen der Ratsuchenden und auch durch das gewählte Setting. Strategien und Techniken zum effizienten Lernen lassen sich nach unseren Erfahrungen besonders gut in Gruppen erarbeiten. Die Teilnahme an Workshops erfordert von den Studierenden zwar eine hohe Bereitschaft zu Selbstreflexion und Offenheit, sie bietet aber auch emotionale Entlastung. Man muss Schwächen einräumen, Hilfsbedürftigkeit zugeben und Hilfe annehmen können, erlebt aber auch andere mit deren Schwierigkeiten. Das stärkt die Bereitschaft, sich mit dem eigenen Arbeitsverhalten zu konfrontieren. Ein weiterer Vorteil der Gruppenarbeit im Verhältnis zur Einzelarbeit ist die Möglichkeit des Lernens am Modell: sich mit den anderen nicht nur reflexiv, sondern durch direkte Anschauung und Miterleben auseinandersetzen zu kön-

---

47 Über den Einsatz von Lerntagebüchern als Medium selbstgesteuerten Lernens berichten Berthold, Nückles & Renkl (2007), Nückles, Schwonke, Berthold & Renkl (2004) beschreiben den Gebrauch von Lerntagebüchern in Verbindung mit Internet gestütztem Lernen (blended learning).

nen. Man erfährt sehr konkret, welche Unsicherheiten und Arbeitsschwierigkeiten andere überwinden müssen, man kann sich an den Arbeitsweisen der anderen orientieren, aber auch selbst zum Modell werden.

Seminare zur Entwicklung von Lernkompetenz

Ziel solcher Gruppenveranstaltungen ist es sowohl Grundlagen akademischer Arbeitsmethoden als auch (kreative) Wege des wissenschaftlichen Arbeitens aufzuzeigen. In der Pädagogik hat sich in letzter Zeit ein Konzeptwandel vollzogen, der sich auch in vielen Veranstaltungen zur Vermittlung basaler Lerntechniken niederschlägt: Es steht nicht mehr Anleitung im Vordergrund, sondern es werden Trainingsprogramme durchgeführt, mit denen die Effizienz von Lernprozessen gesteigert werden soll.[48] Ausgangspunkt ist, den Studierenden zu vermitteln, welche gehirnphysiologischen Prozesse stattfinden, wenn sie lernen. Durch gezielte Übungen kann die Gehirnleistung gesteigert werden und erst dann wird im Seminar geübt, wie bei der Aufnahme, der Bearbeitung und der Abspeicherung von Informationen die Funktionsweise des Gehirns voll ausgenutzt werden kann. Arbeitstechniken werden erst vermittelt, wenn eine Lernmethode erarbeitet wurde, die die Arbeitsweise des Gehirns berücksichtigt. Es werden verschiedene Arbeitstechniken vermittelt: wie Lerninhalte strukturiert und sinnvoll verknüpft und wie Lerninhalte aufbereitet werden können, damit sie zuverlässig behalten und erinnert werden können. Um sicher sein zu können, dass der Lernstoff beherrscht wird, müssen Inhalte erarbeitet, eingeprägt, geübt und angewandt werden. Das benötigt Zeit und sowohl die Erfolge als auch mögliche Schwierigkeiten bei der Umsetzung der vermittelten Techniken und Lernstrategien lassen sich nicht sofort erkennen. Deshalb hat es sich bewährt, in größeren zeitlichen Abständen zu Nachtreffen einzuladen, an denen die Erfahrungen besprochen und gezielt Rückmeldungen gegeben werden können.

Die einzelnen Gruppensitzungen folgen dem idealtypischen Ablauf eines gelingenden Lernprozesses von der Planung des Lernziels zum Wissenstransfer:

➤ Informationen über Planungsmethoden; die Gruppenteilnehmer werden angehalten, ihre jeweiligen Lernziele zu definieren

➤ Informationen über neurobiologische Voraussetzungen des Lernens; die Gruppenteilnehmer definieren ihren Lerntyp und lernen Methoden, ihre Konzentration aufbauen und halten zu können

---

48 Seminarkonzepte, in denen an den Erkenntnissen der Neurobiologie orientiert Lesen, Gedächtnisleistung und Denkleistung trainiert werden können, beschreibt Reysen-Kostudis (2006, 2007a).

➢ Methodenvermittlung zur Strukturierung von Informationen; die Gruppenteilnehmer erarbeiten Kriterien zur Bewertung der Wichtigkeit von Informationen und Möglichkeiten, neue Informationen in vorhandene Wissens-
netze zu integrieren
➢ Vermittlung von Kenntnissen über Gedächtnisleistung und Memorierungs-
techniken; die Gruppenteilnehmer entwickeln ihre Behaltensstrategie
➢ Vermittlung von Kenntnissen über Präsentationstechniken; die Gruppenteilnehmer entwickeln ihre persönlichen Bewertungskriterien, an denen sie
Lernerfolg messen können.[49]

Die Gruppensitzungen können semesterbegleitend oder als Kompaktkurs in den
Semesterferien durchgeführt werden.

Workshops zu Lesetechniken und zum Umgang
mit wissenschaftlicher Literatur

Die Bearbeitung wissenschaftlicher Texte ist eine Grundlage für den Wissens-
erwerb an den Hochschulen, die geeigneter Techniken bedarf: sowohl was den
Lesevorgang selbst betrifft als auch für die Verarbeitung der aufgenommenen
Informationen.

Wie Lernen kann auch Lesen motivierender und effizienter gestaltet werden,
wenn es als aktiver Vorgang gestaltet wird: Das eigene Vorwissen sollte aktiviert werden, den Lesevorgang leitende Fragen sollten ausgebildet sein, bevor
neue Informationen aufgenommen und bewertet werden. Welche Informationen sind neu, welche sind für die das Lesen leitende Problemstellung wichtig,
wie sollen neue Inhalte dokumentiert werden? Auch beim Lesen lässt sich die
Konzentration verbessern, wenn die Aufmerksamkeit durch entsprechende Entscheidungen gesteuert wird, die den Lesevorgang und die Bearbeitung der wissenschaftlichen Literatur leiten. Damit aus dem Lesen Lernen, im Sinne von Er-
kenntnisgewinn wird, müssen die neuen Informationen mit den vorhandenen
Wissensstrukturen in Verbindung gebracht werden und Konsequenzen gezogen,
also Differenzierungen, Erweiterungen und Widersprüche erfasst werden.

Auch Lesen ist ein aktiver Prozess des Auswählens und Bewertens, denn
akademisches Lesen zielt nicht auf die schnelle Abspeicherung von Informationen, sondern auf Kompetenzzuwachs ab. Zuerst sollte ein Überblick über Inhalt und Art der Lektüre gewonnen werden, dann sollten Fragestellungen formuliert werden, die sich auf das Arbeitsziel des Lesers (z. B. Material für die

---

49   Die Arbeitsschritte orientieren sich an den Veranstaltungen, wie sie an der Beratungsstelle
der Freien Universität Berlin durchgeführt werden. Vgl. hierzu Reysen-Kostudis (2006, 78).

Seminardiskussion oder für eine schriftliche Ausarbeitung) beziehen, dann sollte der Text abschnittsweise gelesen und wesentliche Inhalte sollten schriftlich festgehalten werden.[50]

Studierende sind sehr an Workshops interessiert, die ihnen neben dem zielorientierten Umgang mit Fachliteratur auch Methoden des schnellen Lesens vermitteln. Durch Training lässt sich die Lesegeschwindigkeit nachweislich steigern, wobei auch hierfür die Aufmerksamkeit fokussierende Fragestellungen und die Formulierung relevanter Leseziele wesentlich sind. Reysen-Kostudis (2007b) hat ein Seminarkonzept entwickelt, das die Vorteile des aktiven Lesens mit Methoden des schnellen Lesens verbindet.

Schreibworkshops und Schreibwerkstätten

Gruppenkonzepte zur Verbesserung der Schreibkompetenz zielen entweder auf die Vermittlung von grundlegenden Fertigkeiten des wissenschaftlichen Schreibens ab oder auf die Begleitung konkreter schriftlicher Ausarbeitungen (Hausarbeit oder Abschlussarbeit) der Teilnehmer und damit auf die Lösung individueller, sehr konkreter Schreibhemmnisse.

In den Workshops können die Studierenden ihr Repertoire an Schreibtechniken und -strategien erweitern und die Überzeugung gewinnen, dass Texte aus Entwürfen, ersten Formulierungen durch wiederholte Überarbeitungsschritte nach und nach entstehen. Ausgehend von den einzelnen Arbeitsschritten, die im Laufe des Verfassens von Texten notwendig sind, werden einzelne Verfahren erprobt. Die Studierenden erfahren die Prozesshaftigkeit der Textproduktion und können sich gezielt mit Techniken vertraut machen, die sie in den einzelnen Arbeitsphasen anwenden können, vor allem dann, wenn sie mit ihren gewohnten Strategien nicht weiterkommen. Im Laufe des Workshops lernen die Studierenden grundlegende Techniken kennen, die das Schreiben erleichtern und Schreibblockaden vermeiden lassen. Für das Schreiben wissenschaftlicher Texte sind klare Konzepte, eingegrenzte Fragestellungen, Entscheidungen über Argumentationslinien und die (innere) Bezugnahme auf potentielle Leser unerlässlich. Um von einer Idee oder einem weiteren Themenfeld zu einem ausformulierten wissenschaftlichen Text zu gelangen, braucht man fokussierende Lese- und Schreibstrategien, man muss schriftliches Material strukturiert organisieren und auf mögliche Schwerpunkte und Fragestellungen hin untersuchen. Neben kreativen Verfahren, die das „Losschreiben" erleichtern und erste

---

50 Die bekannteste Methoden SQ3R (survey, question, read, recite, repeat) bzw. SQ4R (um reflect erweitert) wurde von Robinson entwickelt. Ein Workshop zur Steigerung der Lesekompetenz, der sich an dem Vorgehen orientiert, ist von Reysen-Kostudis (2007b) beschrieben.

eher intuitive Fragestellungen und Zielsetzungen offenbaren, werden deshalb auch systematische und an Regeln der klassischen Rhetorik orientierte Vorgehen vorgestellt, um Schreibideen und -material aufzufinden und zu strukturieren. Studierende sollten ermutigt werden, die Ausarbeitung der Themen vom eigenen Vorwissen aus zu organisieren und die eigene Position davon ausgehend mit den Ergebnissen der themenorientierten Recherche zu entwickeln. Die Lektüre sollte schriftlich ausgewertet werden und der schrittweisen Fokussierung des Themas dienen. Viele Studierende versäumen es, solche Zwischenergebnisse und ihre Kommentare ausreichend auszuformulieren oder mit Visualisierungstechniken strukturiert zu dokumentieren. Schreiben vor dem Verfassen des eigentlichen Textes hat deshalb einen großen Anteil an den vermittelten Schreibmethoden und -strategien.

Die Strukturierung von Material, das Auffinden von Leitfragen und das Erstellen von Gliederungen werden gemeinsam an Beispielen und auch einzeln an den jeweiligen Fachthemen geübt. Das Vorlesen der Texte, die während des Workshops geschrieben werden, kostet die Teilnehmer in der Regel viel Überwindung. Textentwürfe in ihrer Unvollkommenheit ertragen zu lernen, ist aber eine Vorbedingung, um sie sachlich analysieren und verbessern zu können. Die Reflexion der bisherigen Schreiberfahrungen und der Anwendung neuer Methoden ermöglicht es den Studierenden ihr Verhalten hinsichtlich der Gefahr von Blockaden und Schreibhemmungen zu reflektieren und geeignete Maßnahmen zu erproben, die Frustrationen, Entmutigung und Misserfolge vermeiden helfen.[51]

Andere Gruppenkonzepte orientieren sich an den aktuellen Schreibaufgaben der teilnehmenden Studierenden und an den Schwierigkeiten, denen sie dabei begegnen. Die Anliegen sind klar umrissen, es gibt definierte Arbeitsziele, die meist in einer festgelegten Zeitspanne, oft in den Semesterferien, zu erfüllen sind. Daher bietet es sich an, solche Werkstätten, in denen es ausdrücklich um das Erstellen konkreter Arbeiten geht, in den Semesterferien durchzuführen. Interdisziplinär zusammengestellte Gruppen haben den Vorteil, dass störende Konkurrenz kaum auftritt. In solchen Gruppen werden Probleme stets im Zusammenhang mit den zu erstellenden Arbeiten besprochen, der zuvor geschilderte Workshop bietet mehr Raum zum Experimentieren und zur Reflexion der unmittelbaren Schreiberfahrung in der Gruppe.

---

51 Der Workshop „Schreiben, Denken, Fühlen", der die genannten Zielsetzungen abdeckt, ist bei Kruse & Püschel (1994) beschrieben, ein erweitertes Konzept in Püschel (2005); in Gödde & Püschel (2006) sind zwei verschiedene Gruppenkonzepte dargestellt. Arbeitstechniken sind nachzulesen bei Esselborn-Krumbiegel (2002), Frank, Haacke & Lahm (2007) und Kruse (1998).

Jour fixe und Begleitung von Arbeitsgruppen

Fortlaufende Gruppen, in denen sich Teilnehmer/innen regelmäßig treffen, um ihre Fortschritte und Probleme beim Verfassen ihrer Abschlussarbeiten vorzustellen, wirken ähnlich wie die oben beschriebene Schreibwerkstatt. Alle sind mit der Erstellung eines für sie subjektiv bedeutsamen Textes befasst. Besonders in der Studienabschlussphase wird der sozial-integrative Charakter dieser Veranstaltungen deutlich, denn etliche Studierende haben gerade in dieser Zeit relativ wenig studienbezogene Kontakte. Das Schreibverhalten wird supervidiert, inhaltlich können über die Diskussionen (von Schwerpunktsetzung, Gliederungsentwürfen oder Textausschnitten) Anregungen und Korrekturen erhalten werden. Die Studierenden, die an solchen Veranstaltungen teilnehmen, betonen den Unterschied zu Kolloquien an ihren Fachbereichen. In den Veranstaltungen der Beratungsstelle können Unsicherheiten, inhaltliche und motivationale Zweifel relativ frei geäußert werden, was sie sich am Fachbereich wenig gestatten – aus Konkurrenzdruck, aus Angst als unfähig abgestempelt zu werden oder weil handwerkliche Probleme ein Tabu sind.

Erprobt sind hierfür zwei verschiedene Settings: Arbeitskreise mit fester Teilnehmerzahl, die sich verbindlich wöchentlich treffen, oder offene Gruppen, deren Mitglieder sich nach Bedarf zu einem verlässlich stattfindenden Jour fixe treffen können, an dem die Teilnahme aber nicht verbindlich ist, außer für die Beraterin oder den Berater.[52] Gute Erfahrungen haben wir auch mit dem Angebot gemacht, studentische Arbeitsgruppen zu begleiten und sie bei Bedarf in methodischen oder gruppendynamischen Anliegen zu beraten. Zu Beginn der Zusammenarbeit solcher selbstorganisierter Arbeitsgruppen sollten grundlegende Regeln der Zusammenarbeit von Gruppen eingeführt und Unterstützung bei der Arbeitsplanung und -organisation angeboten werden. Die Gruppen arbeiten dann besonders gut, wenn Berater in einem vereinbarten Rhythmus, beispielsweise alle sechs Wochen, an den Sitzungen teilnehmen.

Vortragstechnik und Präsentation von Ergebnissen

Leistungsbewertung bezieht sich nicht nur auf die vorgestellten Inhalte, sondern immer auch auf die Art, wie diese präsentiert werden. Kurse, in denen die Studierenden Grundprinzipien der Vortragstechnik erwerben, sind sehr beliebt. Die Teilnehmer/innen erfahren Grundlegendes über Rhetorik, das Anfertigen von Hand-outs, das Visualisieren von Ergebnissen und über den Einsatz von

---

52 Der Arbeitskreis ist in Gödde & Püschel (2006) ausführlich dargestellt, das Konzept des Jour fixe in Püschel (1998b).

Medien und Körpersprache. Nach der Übungsphase bekommen die Teilnehmer/innen meist Gelegenheit ein kurzes Referat zu halten. Der Auftritt wird auf Video aufgezeichnet, anschließend gemeinsam analysiert und Verbesserungsvorschläge werden entwickelt. In solchen Gruppen können Schwerpunkte gesetzt werden, die sich z. B. auf eine Vertiefung von Rhetorik und einen Ausbau der Argumentationsfähigkeit richten.

Coaching speziell für Studentinnen

In Kompetenztrainings und Gruppenveranstaltungen der Beratungsstellen gibt es meist mehr Teilnehmerinnen als Teilnehmer, dennoch hat es sich bewährt, ein Angebot speziell für Studentinnen bereitzustellen. Unabhängig von dem Wunsch Unterstützung bei der Bewältigung spezieller Studienanforderungen zu erhalten, bieten die Frauengruppen den Studentinnen Gelegenheit, ihr Verhältnis zu Wissenschaft und Unsicherheiten der Selbsteinschätzung zu klären, die sich aus Normen in Bezug auf die Frauenrolle ergeben. Im Vordergrund stehen Selbstmanagement und Arbeitstechniken, aber das Setting ermöglicht auch Entlastung in Bezug auf bestimmte Interaktionsmuster wie: Konkurrenz, Zukunftsängste und Beziehungsprobleme. Konflikte sowohl mit Studieninhalten, Arbeitsabläufen als auch mit Mitbewohner/innen oder Partner/innen können in Frauengruppen leichter thematisiert werden. Die Arbeit in gemischten Gruppen ist mehr auf die Bewältigung eingegrenzter Probleme bezogen, in Frauengruppen gelingt es den Teilnehmerinnen leichter, die emotionalen Aspekte des Studiums zu thematisieren. Das unterstützt einen wesentlichen Wirkfaktor der Gruppenarbeit, die Motivation an der Arbeit und die Effizienz werden dadurch gestärkt, dass sich die Gefühle klären und ein „besseres Verhältnis" zur Arbeit und zum Arbeitsumfeld entsteht. Die Verbindlichkeit der in der Gruppe gestifteten Beziehungen geht oft über die Sitzungen hinaus. Es bilden sich z. B. Arbeitsgemeinschaften, die sich in Bibliotheken treffen oder regelmäßig über ihre Arbeit informieren (vgl. Kootz & Püschel 1992; Püschel 1998b).

2.4.4 Beratungsschwerpunkt: Klären und Aufbau von Motivation

Vorübergehende Motivationsprobleme im Studium sind in gewisser Weise Teile des Prozesses, in dem sich eine wissenschaftliche bzw. berufliche Identifikation herausbildet – insofern sind sie normal. Und es ist sinnvoll, dass man die Entscheidung für einen Studiengang überdenkt, wenn man mehr über die Studieninhalte, die Kultur und auch die Lernerfordernisse des Faches erfahren hat. Dauerhafte Motivationsprobleme jedoch verunsichern, machen depressiv und vermitteln das Gefühl, nicht am richtigen Platz zu sein. Sie sind neben Arbeitsproblemen der häufigste Anlass eine Beratungsstelle aufzusuchen.

Häufig entstehen Motivationsprobleme, wenn sich andere Interessen zu Wort melden, sobald der Lernprozess zäh oder anstrengend wird. Denn Lernen ist ein langwieriger und manchmal auch langweiliger Prozess und wenn andere Identifikationen hinzukommen, die schnell stärker werden als die, die sich aufs Lernen beziehen, wird der Lernprozess wahrscheinlich durch andere Handlungsabsichten unterbrochen. Hilfreich ist es in einem Beratungsprozess, in dem Motivationsprobleme Thema sind, nicht nur auf die (im akademischen Feld allein geltende) intrinsische Motivation zu setzen. In der Motivationsforschung haben sich in den letzten Jahrzehnten unterschiedliche Modellvorstellungen zur Erklärung von zielgerichtetem Lernen etabliert (vgl. Urhahne 2008). Mit einer Vielfalt von Motivationskonstrukten werden Richtung, Ausdauer und Intensität von Lernverhalten beschrieben und erklärt. Diese Konzepte verweisen auf mehrere Variablen, die den Lernprozess unterstützen können, damit das Lernziel in schwierigen Phasen, beispielsweise bei nachlassendem Interesse, weiterverfolgt werden kann. Willensanstrengungen, soziale Motivation, Streben nach Kompetenz und Selbstbestimmung können ähnlich befriedigende Anreize setzen wie eine intrinsische Motivation. Studierende, die wegen Lernproblemen in die Beratung kommen, erleben Lernen meist nicht mehr als spannend und in sich befriedigend und sie können den Impuls, sich mit den Studieninhalten zu beschäftigen, nicht lange gegen konkurrierende Gedanken abschirmen. Sie beklagen mitunter, dass Lernen für sie (nicht mehr) von positiven Gefühlen begleitet ist. Beratung übernimmt dann die Aufgabe Veränderungsprozesse anzuregen und die Studierenden dabei zu unterstützen, sich aktiv mit ihren Motivationsproblemen auseinanderzusetzen. Für die Berater/innen stellt sich die Aufgabe zu klären, wie (nicht nur das Verhältnis zu den Lerninhalten, sondern) der Studienalltag und das Studieren (auch in ihrer lebensweltlichen Bedeutung) verändert werden können, damit sie wieder als erstrebenswert erlebt werden. Dazu sind der Arbeitsablauf, die Angemessenheit der Arbeitstechniken, aber auch die konkreten Zielsetzungen, der Wunsch bestimmte Konsequenzen zu erzielen bzw. andere zu vermeiden, das Bedürfnis nach sozialer Eingebundenheit, Art und Ausmaß von Leistungsmotivationen sowie die gegenwärtigen Attributionen in Bezug auf das Arbeitsverhalten zu berücksichtigen. Die Arbeitssituation kann nicht isoliert betrachtet werden, andere Lebensziele und -umstände sind abzuklären und haben möglicherweise Vorrang in der Bearbeitung, wenn sich tieferliegende neurotische Störungen abzeichnen. Um sich als Beratende nicht ebenso zu frustrieren wie die Ratsuchenden, sollten die angekündigten Vorhaben nicht vorschnell aufgegriffen und bearbeitet werden. Zuerst muss unterscheidbar sein, ob es sich um aktuelles Aufschieben in einer gegebenen Situation handelt oder um eine generalisierte Verhaltenstendenz vor dem Hintergrund eines festen, die Einzelsituation überdauernden Kognitionssystems. Hans-Werner Rückert hat solche Kognitionssysteme relativ drastisch beschrieben: „Wer sich selbst abwertet, schiebt auf, um sich nicht dem Risiko verstärkter Selbstablehnung auszusetzen. Wer anderen feindselig gegenübersteht, akzeptiert keine von außen kommenden Leistungsanforderungen. Wer infantil fordert, dass sich alles seinen Wünschen unterordnen müsse, lebt lieber von der Hand in den Mund (und vermeidet kurzfristige Härten, short-term-pain), als sich mittels langfristiger Entbehrungen langfristig einen Gewinn zu sichern (long-term-gain). Die Überzeugungssysteme sind starr geworden; ihr dogmatischer Charakter (*must*urbation) zeigt eine Verfestigung ubiquitärer Wünsche zu rigiden Forderungen" (Rückert 1994, 131). Nur wenn im Beratungsgespräch deutlich wird, dass der/die Ratsuchende ausreichend Selbstkontrolle über sein/ihr alltägliches Verhalten ausüben kann, sind Interventionen in Hinblick auf eine Veränderung des Studienverhaltens sinnvoll. Falls aktualisierte Konflikte und verfestigte Einstellungen eine Bewältigung der Vorhaben unwahrscheinlich erscheinen lassen, sollte eine psychotherapeutische Behandlung empfohlen werden. Die Beratung übernimmt dann die Aufgabe, situativ zu entlasten und pragmatisch überbrückende Verhaltensmöglichkeiten zu erarbeiten sowie die Suche nach therapeutischer Hilfe zu unterstützen.

Vielen Studierenden, die sich mit Motivationsproblemen herumplagen, ist nicht klar, dass Lernen nicht einfach eine Frage der Entscheidung, des Wollens ist. Das Interesse an Handlungen, auch an Lern-Handlungen, entsteht durch eine Wechselbeziehung von Person und Gegenstand, wobei Wertschätzung, Selbstintentionalität der Handlung und die begleitenden Gefühle wichtige Bestimmungsgrößen sind. Der Studienalltag und die Arbeitsabläufe müssen, soll ausreichend Motivation erhalten bleiben, positives Selbsterleben und Kompetenzerwerb in subjektiv bedeutungsvollen Zusammenhängen ermöglichen. Im Beratungsgespräch muss folglich geklärt werden, welche Einstellungen zum Studium und zur Arbeit bestehen, Perfektionismus, Ärger und Versagensängste, die mit den Studienaufgaben in Verbindung stehen, sind offensichtlich kontraproduktiv und müssen bearbeitet werden, um realitätsgerechten Auffassungen Platz zu machen. Problematisch sind auch Überzeugungen wie „Arbeit muss Spaß machen" – gerade Studierende, die ohne Mühe durch die Schule gekommen sind, verlieren die Lust am Studium, weil sie keine Bereitschaft haben über längere Phasen Anstrengungen auf sich zu nehmen, oder weil sie den Kraftaufwand als ein Zeichen mangelnder Eignung werten.

Für einige der Ratsuchenden, die über mangelnde Motivation für ihr Studium klagen, haben die Schwierigkeiten sich auf das Studium zu konzentrieren auch eine fachliche Seite. Im Beratungsgespräch muss die Studienentscheidung überprüft werden, gegebenenfalls ist die Veränderung von Studienschwerpunkten anzuregen, manchmal geht es auch um einen Studiengangswechsel oder um den Wechsel in eine nicht-akademische Ausbildung. Bei denen, die ihr Studienfach schätzen, aber nicht wissen, ob sie „bloß zu faul oder ungeeignet" sind, müssen Arbeitsorganisation und Arbeitstechniken überprüft und optimiert werden. Dazu sind die Grundlagen des Planens wichtig: Festlegen von Zielen, Wertsetzungen und Prioritäten; Zerlegen von Arbeitsprojekten in kleinteilige Vorhaben, Festlegen von Erfolgskriterien und Belohnungen. Auch in diesem Zusammenhang haben sich Lerntagebücher sehr bewährt.[53]

Auch für diesen Beratungsschwerpunkt sind von den Beratungsstellen Gruppenangebote entwickelt worden, die helfen, sich mit den Motivationsproblemen auseinanderzusetzen und Auswege zu suchen:

Veranstaltungen für Studierende, die ihr Studium abbrechen wollen

Gruppenangebote mit dieser Zielgruppe schließen ähnliche Themenschwerpunkte ein wie die Gruppen für Fachwechsler/innen (s. dazu weiter oben). Der Ausgangspunkt ist allerdings anders, denn für die Teilnehmer/innen steht die Erfahrung gescheitert zu sein im Mittelpunkt und verbaut eine differenzierte Bilanz der bisherigen Studienerfahrungen. Manchen Studierenden fällt es zunächst schwer, über ihr Scheitern zu sprechen. Der Austausch mit anderen, die ebenfalls vom Studium frustriert sind, die sich überfordert oder unterfordert fühlen, wird jedoch als entlastend erlebt. Die Arbeit in diesen Gruppen folgt einer klaren Schrittfolge: Nach der kritischen Reflexion der bisherigen Erfahrungen und der differenzierten Bewertung des individuellen Qualifikationsprofils kann an einer neuen Perspektive gearbeitet werden. Wichtig ist es bei diesen Veranstaltungen, dass sowohl die inneren Konflikte der Teilnehmer/innen angemessen Ausdruck finden können, als auch die äußere Realität (Studienmöglichkeiten und -anforderung; Arbeitsmarkt/nicht-akademische Ausbildungswege) als Handlungsfeld sichtbar gemacht werden kann. Deshalb ist es günstig, wenn Studienberater/innen, Psycholog/innen und Vertreter/innen der Bundesagentur für Arbeit zusammenarbeiten.

Einen neuen Anfang finden

Bei diesen Gruppenangeboten geht es darum, aus unproduktiven Verhaltensweisen auszusteigen. Die Teilnehmerinnen und Teilnehmer solcher Veranstal-

---

53 Um Aufschiebeprobleme zu überwinden, empfiehlt Hans-Werner Rückert (1999) „Veränderungslogbücher".

tungen kennen meist alle einschlägigen Ratschläge und Tipps zur Verbesserung des Studienerfolgs, können diese aber nicht umsetzen. Meist haben sie Erfahrung damit, grundlegende Veränderungen zu versuchen, die aber zu keinem oder nur zu kurzfristigem Erfolg führen. Auch in diesen Workshop kommen sie mit der Hoffnung, nun eine Methode kennenzulernen, die man „nur" konsequent anwenden müsse, und dann wäre man die Probleme endgültig los. Diese Hoffnung wird schnell enttäuscht, wenn erfahrbar wird, dass die Anstrengungen, Selbstzweifel und Ängste vor Misserfolgen bestehen bleiben. Die Studierenden brauchen die Unterstützung der Gruppe und der Berater/innen, um sich selbst genau zu beobachten und konsequent mit ihren Gewohnheiten zu konfrontieren. Interventionen sollten daher darauf ausgerichtet sein, den eigenen Handlungen gegenüber aufmerksam zu werden, um Störfaktoren kennen und kontrollieren zu lernen. Die Teilnehmer/innen sollten mit den Details ihres Arbeitsverhaltens vertraut werden, um zu verstehen, wann Entscheidungen zu treffen sind, nach denen sie ihren Arbeitsprozess steuern können. Bewusste Entscheidungen zu treffen und die Verantwortung für die Konsequenzen des gewählten Verhaltens zu übernehmen, sind die entscheidenden Weichen, um Verhalten zu verändern. Das Ziel der Veranstaltungen ist es daher, vor allem die Eigenverantwortung der Einzelnen für ihr Arbeitsverhalten zu stärken. Planungs- und Arbeitstechniken sollten auf die konkreten Arbeitsziele der Gruppenmitglieder bezogen sein, damit bewährte Arbeitsweisen ergänzt bzw. unzulängliche ersetzt werden können, wobei es gut ist, wenn der Transfer über eine längere Zeit hinweg in der Gruppe reflektiert und besprochen werden kann. Nachbesprechungstermine, mehrere Wochen nach Abschluss des Seminars, helfen die Veränderungen nachhaltig im Verhaltensrepertoire zu verankern.

Maßnahmen gegen das Aufschieben

In Einzel- oder Gruppengesprächen wird versucht, die für das Aufschieben relevanten situativen und überdauernden Kognitionen zu identifizieren und sie als irrationale Auffassungen oder dysfunktionale Überzeugungen zu entlarven. In Einzelgesprächen können sie mittels eines sokratischen Dialogs (einem Verfahren der Rational-Emotiven Therapie RET) verändert werden und unterstützt durch konkrete Arbeitsaufgaben und Übungen lassen sich habitualisierte Vermeidungsreaktionen erkennen und lockern. Rückert (1994) hat einen Workshop beschrieben, der das Ziel hat, einerseits darüber zu informieren, wo und wie die erforderlichen Kenntnisse für ein sinnvoll angelegtes Studium zu erwerben sind, und andererseits Wege aufzuzeigen, um den selbstschädigenden Umgang mit dem Aufschieben zu modifizieren. Es geht nicht darum, aufgeschobene Arbeitsziele anzugehen, sondern darum, die hinter dem Aufschieben liegenden Konflikte als solche kennenzulernen und in Ansätzen zu verstehen.

2.4.5 Beratungsschwerpunkt: Aufbau von Prüfungskompetenz

Ein erfolgreicher Abschluss ist die selbstverständliche Erwartung aller Studierenden. Viele Studiengänge sehen eine Abschlussprüfung vor, die sowohl schriftliche – Abschlussarbeit und Klausuren – als auch mündliche Leistungsnachweise beinhaltet. Bei einigen Studiengängen gibt es auch nach der letzten Reform weiterhin eine Examensphase, die zahlreiche Einzelprüfungen vorsieht, bei den meisten Studiengängen des konsekutiven Modells kann man studienbegleitend Teilprüfungen absolvieren, die als Bestandteil des Examens zählen. Auch wenn es im Studium in einzelnen Seminaren und Übungen und zum Semesterabschluss immer wieder Prüfungen abzulegen gilt, bleiben Situationen, an denen man sein Wissen präsentieren muss, gefürchtete und belastende Aspekte des Studiums. Die Anforderungen an eine gute Organisation, Ausdauer und beständige Arbeitsmotivation sind hoch, Selbstorganisation und das auf die Arbeit bezogene Zeitmanagement (s. o.) haben sich in besonderer Weise zu bewähren.

Es geht jedoch nicht nur darum, zur rechten Zeit gut vorbereitet und körperlich und geistig fit zu sein, Prüfungsphasen sind auch emotional eine belastende Zeit, geprägt von Unruhe, Gedanken an ein mögliches Scheitern, ein labiles Selbstsicherheitsgefühl, manchmal sogar von Schlafstörungen und Magenschmerzen. Selbst Studierende, die sich gut vorbereitet haben und bislang erfolgreich waren, spüren vor der Klausur oder dem Prüfungsgespräch Unruhe und Herzklopfen. In Prüfungssituationen ist eine Leistung zu erbringen, die bewertet wird, und es besteht die Gefahr, dass ein positives Selbstbild in Frage gestellt und das Selbstwertgefühl verletzt wird. Ausschlaggebend für den Grad der erlebten Bedrohung sind Selbstansprüche, Erwartungen von anderen, Komplexität und Umfang des Prüfungsstoffs, Bekanntheit der Prüfer/in, die soziale Bedeutung der Prüfung und die Qualität der Vorbereitung. Angst vor schwierigen Aufgaben zu haben, ist eine durchaus normale Reaktion, wenn sie allerdings mit großem Ehrgeiz, Leistungs- und Erwartungsdruck zusammentrifft, nimmt sie belastende, die Leistungsfähigkeit einschränkende Ausmaße an.

Studierende, die mit Versagensängsten oder Panikgefühlen in der Beratungsstelle um Hilfe nachsuchen, stehen ihren Gefühlen oft verständnislos gegenüber. Es ist hilfreich, sie über die verschiedenen kognitiven, emotionalen, physiologischen und verhaltensbezogenen Aspekte von Angstreaktionen aufzuklären. Prüfungsangst entsteht im Kopf. Sie ist eine komplexe Reaktion und beruht auf dem bewertenden Vergleich zwischen der subjektiven Einschätzung der Prüfungssituation und der Selbsteinschätzung. Wenn ein Prüfling beispielsweise davon ausgeht, dass er sein Wissen nicht gut präsentieren kann, oder zu wenig weiß, wenn er oder sie sich dem Wohlwollen des Prüfers ausgeliefert fühlt und nicht weiß, wie eine Prüfung abläuft, aber davon ausgeht, dass er sie in keiner Weise mitgestalten kann, dann wird er vermutlich erhebliche Ängste empfinden.

Damit Ängste nicht als diffuses, komplexes Geschehen erlebt werden, dem man ausgeliefert ist, muss man Gefühle und Verhalten steuern lernen. Um Selbstvertrauen und Zuversicht von Prüflingen zu stärken, ist es sinnvoll, in der Beratung auf die einzelnen am Prüfungsgeschehen beteiligten Aspekte einzugehen und den Studierenden zu ermöglichen, Emotionen, Kognitionen, Erregungszustände und Verhalten zu unterscheiden – denn nur dann können sie darauf Einfluss nehmen und mehr Selbstwirksamkeit erlangen. Die Bewältigungsstrategien für Prüfungsängste beziehen sich auf eine fundierte fachliche Vorbereitung durch effiziente Lernmethoden, ein realistisches Zeitmanagement, ein Training für die Prüfungssituation, die Vermittlung von Entspannungsverfahren, den Aufbau einer erfolgsorientierten Motivation und eine Kognitionsanalyse, um einer ständigen Besorgtheit um ein mögliches Prüfungsversagen etwas entgegenzusetzen.[54] Beratungen, die im Vorfeld von Prüfungen stattfinden, sollten den Studierenden helfen, soziale Ressourcen zu nutzen und sich ein Unterstützernetzwerk aufzubauen, um der Gefahr der sozialen Isolation zu entgehen, denn Lernen ist oft ein einsamer Prozess.

Prüfungen, die in die Abschlussphase des Studiums fallen, sind bei einigen Studierenden mit weitergehenden Problemen belastet. Denn Prüfungen in der Abschlussphase sind nicht nur in Hinblick auf das Arbeitspensum und die Anforderungen an die Selbststeuerung eine besondere Herausforderung, sie mischen sich auch mit den im Weiteren notwendig werdenden Entscheidungen in Hinblick auf Fortsetzung des Studiums oder Übergang in den Beruf und können eine krisenanfällige Schwellensituation individuell zuspitzen. Wie hemmend z. B. nicht gelöste Konflikte, die Ablösung vom Elternhaus betreffend, zu Motivationsproblemen und Stagnation im Studium führen, haben wir beschrieben. In der Examenszeit aktualisieren sich Konflikte, da unausweichliche Entwicklungsanforderungen bewältigt werden müssen. Eine nicht gelungene Separation, zwanghafte Opposition gegen die Eltern oder stellvertretend gegenüber

---

54 Die Kognitionsanalyse verdeutlicht den Zusammenhang von Gedanken und Gefühlen: negative, Misserfolg zuschreibende Gedanken werden identifiziert und einer kritischen Prüfung auf Rationalität unterzogen. Die emotionale Wirkung von positiven versus negativen Gedanken wird genutzt, um Zuversicht zu entwickeln.

Autoritäten sowie brüchige Pseudoautonomie äußern sich in Stagnation, die aber gerade in der Studienabschlussphase keine Lösung mehr darstellt.[55] Studierende in einer solchen Krisensituation bedürfen psychotherapeutischer Unterstützung, um sich ihren inneren Konflikten zu stellen *und* die äußeren Anforderungen nicht aus dem Blick zu verlieren.

Nicht nur Examenssituationen werden als Prüfungen erlebt, sondern zuweilen auch Seminare. Es gibt viele Studierende, die sich nicht trauen im Seminar mitzudiskutieren oder auch „nur" Fragen zu stellen. Das Halten von Referaten wird als große Belastung erlebt, als Prüfung, die einen bloßstellen kann, und als Versagen, weil man eigenen Selbstvorstellungen nicht gerecht wird. Deshalb stellen wir hier auch ein Seminarkonzept vor, das auf die Überwindung von Redeängsten ausgerichtet ist.

Training gegen Redeängste

Die Hauptmerkmale von Leistungsängsten – ein mangelndes Selbstwertgefühl, Versagensangst, ausgeprägte Selbstkritik, Wunsch nach Anerkennung, Schamgefühle, starke Erregung und Anspannung – bestimmen auch das Erleben von Redeängstlichen. Entsprechend konzentriert sich die Arbeit auf ein Verständnis der Angst machenden Situation, auf die Auseinandersetzungen mit dysfunktionalen Überzeugungen, auf Selbstakzeptanz, die Vermittlung von Entspannungstechniken und auf Redeübungen. In den einzelnen Sitzungen werden Redebeiträge mit ansteigendem Schwierigkeitsgrad abverlangt. Vom Vorlesen eines einfachen Textes bis zum freien Vortag vor der Videokamera, wobei das Thema fachrelevant zu wählen ist. Man kann die Schwierigkeit auch erhöhen, indem die Zahl des Publikums gesteigert wird. Wichtig sind zusätzliche Transferübungen, bei denen die Gruppenteilnehmenden sich in für sie relevanten Lehrveranstaltungen zu Wort melden sollen. Die Erfahrungen in der Gruppe sowie in der Bewährungssituation am Fachbereich werden ausführlich besprochen, auch die Widerstände und Ängste, um die Eigenverantwortlichkeit für eine Verhaltensänderung zu stärken.[56]

---

55 Im Falle eines anstehenden Studienabschlusses lassen sich äußere und innere Entwicklungsschritte nicht mehr durch Stagnation umgehen. „Das Außen und das Innen sind miteinander verflochten; es ist ein reziproker Prozess" (Trimborn 2008, 229).

56 In Steinbuch (1994) wird ein Trainingskonzept vorgestellt, Steinbuch (1998) kann als Buch zur Selbsthilfe gelesen bzw. Ratsuchenden empfohlen werden, um Lernerfahrungen im Beratungssetting zu reflektieren.

Gruppen zum Aufbau von Prüfungskompetenz

Diese Workshops und Gruppen richten sich an Studierende, die unter Prüfungsangst leiden und die ihre Vorbereitung auf die Prüfungen verbessern wollen. Den Teilnehmer/innen werden Strategien zur Optimierung ihrer Vorbereitung vermittelt, sowohl für die schriftlichen als auch für die mündlichen Prüfungen. Die Teilnahme an Gruppen verbessert in der Regel die Motivation für die Phase der Vorbereitung, hilft Schwierigkeiten beim Lernen zu überwinden und eventuelle Arbeitsstörungen in den Griff zu bekommen. Die sichere Präsentation des Gelernten in der Prüfung ist meist ein weiterer Schwerpunkt solcher Veranstaltungen.[57]

Durchgängiges Thema dieser Veranstaltungen ist, über verschiedene methodische Ansatzpunkte einen Lernprozess in Gang zu setzen, der einen konstruktiven Umgang mit Prüfungsängsten ermöglicht. Die Gruppen sollten sich ausdrücklich nicht darauf beschränken, sich mit ihren Ängsten zu akzeptieren, obwohl dies eine Voraussetzung ist, um Einstellungen und Verhalten zu ändern. Die Studierenden sollen Gelegenheit bekommen Arbeitstechniken einzuüben, Lernerfahrungen zu machen, um Kompetenzen zu erwerben, die für die Prüfungsvorbereitung besonders erforderlich sind. Deshalb sollten Arbeitsstrategien und Zeitmanagement als Lernziele einbezogen werden. Ausgangspunkt für eine gute Vorbereitung auf die Prüfung ist eine realistische Arbeitsplanung und ein gutes Zeitmanagement. Strategien, sowohl kognitive wie auch körperliche Aspekte der Prüfungsangst zu bewältigen, bilden allerdings den Schwerpunkt. Dazu gehört es, sich mit den eigenen Angst erzeugenden Einstellungen und Vorstellungsbildern auseinanderzusetzen zu lernen, um sie auf ihren Realitätsgehalt überprüfen und korrigieren zu können. Für einen besseren Umgang mit Erregung und Anspannung werden Strategien zur Stressbewältigung vermittelt und verschiedene Entspannungsverfahren eingesetzt. Für wichtig halten wir es auch über Beurteilungskriterien für Prüfungsleistungen zu sprechen und über die Besonderheiten verschiedener Verfahren zu informieren, mit denen die Leistungen in der Prüfung erbracht werden müssen. Prüfungsworkshops können unterschiedliche Akzente setzen:

➤ Wenn der Workshop sich besonders auf die Vorbereitung einer *mündlichen Prüfung* bezieht, können die Teilnehmer/innen in Prüfungssimulationen die erlernten Techniken ausprobieren und sicheres Auftreten in Prüfungssitua-

---

57 Veranstaltungskonzepte sind in Knigge-Illner (1998) und Knigge-Illner & Kruse (1994) zu finden. In Knigge-Illner (1999) sind ausführlich Hintergründe und Bewältigungsstrategien von Prüfungsängsten dargestellt. Gruppen, die einen stärker psychotherapeutischen Akzent setzen, werden in 3.2 vorgestellt.

tionen trainieren. Im Veranstaltungskonzept sind – neben der Bearbeitung von Stress und Angstreaktionen – vor allem Übungsanteile enthalten, die sich auf Präsentation, Vortragstechnik und öffentliches Sprechen beziehen. Mündliche Prüfungen sind eine klassische Kommunikationssituation, auf die man sich mit angemessenen Gesprächstechniken gut vorbereiten kann.

➢ *Schriftliche Prüfungen* stellen unterschiedliche Anforderungen an die Prüflinge, je nachdem ob Themenklausuren oder Fragenklausuren abverlangt werden. Die vorbereitende Erarbeitung des Materials sollte auf die Art bezogen sein, in der das Wissen abgefragt wird. In Gruppen mit dem Schwerpunkt Klausuren ist es wichtig, auch auf eine Planung für den zeitlichen Prüfungsablauf vorzubereiten. In jedem Fall gilt es, sich mit der jeweils geforderten Textform bzw. dem Verfahren vertraut zu machen und Strategien zu erarbeiten, wie man die Klausur vorbereiten und dann schreiben wird.

➢ Steht vor allem die Bewältigung der *Examensarbeit* im Vordergrund, sollten vor allem unterschiedliche Schreibstrategien und kreative Methoden zur Strukturierung von Ideen und für die Arbeit mit Formulierungen vermittelt werden. Ein zentrales Ziel der Veranstaltungen ist es, Schreiben als begleitendes Arbeitsinstrument im Verhalten zu verankern. Da die Themenfindung, die Eingrenzung auf eine realisierbare Fragestellung für Studierende oft äußert schwierig und langwierig verläuft, sollten diese Arbeitsschritte methodisch gut eingeführt und begleitet werden. Wir haben oben bereits beschrieben, dass sich wöchentlich treffende Arbeitskreise (vgl. Gödde & Püschel 2006) zur Unterstützung des Schreibens von Abschlussarbeiten als äußerst effektiv erwiesen haben, besonders für Teilnehmende, die kaum (mehr) Anbindung an ihre jeweiligen Institute haben. Solche Betreuungsangebote können als slow-open-Gruppe gestaltet werden, dann ist die Dauer der Teilnahme sehr unterschiedlich, manche verlassen den Kreis nach wenigen Monaten, andere brauchen länger. Wenn ein Platz frei wird, kann ein neuer Teilnehmer hinzukommen. Dadurch verändert sich die Rollenverteilung häufig, was gelegentlich zu Störungen des Gruppengefühls führt, aber auch die Chance birgt, im Verlauf der Gruppenarbeit verschiedene Rollen übernehmen zu können und daran Kompetenzfortschritte zu erleben. Da in Gruppen, die über einen längeren Zeitraum zusammenarbeiten, natürlich auch Gefühle wie Neid, Rivalität, Eifersucht mit hoher Wahrscheinlichkeit das Gruppenklima belasten können, sollte die Leitung gruppendynamisch versiert sein.

Netzwerk Studienabschluss

Der Studienabschluss ist für die meisten Studierenden ein anspruchsvolles Projekt. Die Examensarbeiten und eine Vielzahl von Teilprüfungen ängstigen oder rufen erhebliches Unbehagen hervor. An der Freien Universität Berlin gibt es seit einigen Jahren ein umfassendes Beratungsangebot für Studierende, das auf Selbsthilfe, Coaching, Gruppenarbeit und multimediale Informationsgabe setzt (Püschel 2008). Dabei wenden wir uns an zwei Gruppen von Studierenden: Erstens Studierende, die bei sich selbst Defizite in der Bewältigung von studienspezifischen Aufgaben festgestellt haben und die ihre Vorbereitung auf den Studienabschluss als Professionalisierungsschub in Hinblick auf akademisches Arbeiten nutzen wollen, und zweitens solche, die ihren Abschluss verzögert haben, nur noch gering mit dem Studium identifiziert sind, aber ihr Ziel, das Studium abzuschließen, beibehalten haben.

Beide Gruppen profitieren von Möglichkeiten der Vernetzung, der Bereitstellung relevanter Informationen und von verschiedenen Coaching-Angeboten. Das „Netzwerk Studienabschluss" verbindet persönliche Betreuung mit virtuellen Trainingsangeboten. Den Studenten werden effiziente Arbeitstechniken und geeignete Selbstmanagementmethoden vermittelt, verschiedene Vernetzungs- und Kommunikationsmöglichkeiten mit Kommiliton/innen und individuelle Beratung geboten. Klassische Beratungsformen werden mit E-Learning-Modulen und virtueller Interaktion (Diskussionsforen und Chat über die Lernplattform der Universität) verknüpft: Online-Veranstaltungen wie beispielsweise ein zweimonatiger Kurs zur Themenfindung sind mit regelmäßigen Gruppentreffen verbunden. Bei allen Vorteilen, die eine orts- und zeitunabhängige Beratung bietet, werden Präsenzveranstaltungen und persönliche Kontakte stark eingefordert.

In diesem Kapitel haben wir uns mit Beratungsthemen und -schwerpunkten beschäftigt, die sich unmittelbar aus den Anforderungen des akademischen Arbeitens und den mit dem Studium verbundenen lebensweltlichen Fragen der Studierenden ergeben. Damit ist das Themenspektrum der Hochschulberatung jedoch noch nicht vollständig abgedeckt. Da eine Beratungsstelle im Universitätsalltag von anderen Personen und Einrichtungen wahrgenommen und wahrnehmungsspezifisch in Anspruch genommen wird, ergeben sich auch hieraus Beratungsaufgaben. Da Beratungsteams ihr Aufgabenfeld fachlich reflektieren und daraus systematische Interventionen ableiten, eröffnen sich zusätzliche Perspektiven auf das akademische Feld. Zwei Arbeitsbereiche, die sich in dieser Weise aus einer – systemtheoretisch gesprochen – Beobachtung zweiter Ordnung ergeben, werden Gegenstand des folgenden dritten Kapitels sein.

3 Ausbau von Fachkompetenz und Erwartungen an Beratungseinrichtungen – weitere Beratungsschwerpunkte

Beratung ist darauf ausgerichtet, Defizite zu kompensieren und Perspektiven zu entwickeln. Sie kann Lösungen bereitstellen, für Bestätigung und Zuwendung sorgen, ordnen und entlasten. Im vorangegangen Kapitel haben wir Beratungsschwerpunkte beschrieben, die sich unmittelbar aus den Anforderungen und Aufgaben ergeben, die Studierende zu bewältigen haben, wenn sie mit der Universität, dem akademischen Arbeiten und den für sie jeweils biografisch gegebenen Entwicklungsanforderungen sozial erfolgreich und persönlich befriedigend zurechtkommen wollen. Die über den Einzelfall hinausgehenden *Praxiskonzepte*, die wir vorgestellt haben, entstehen aus der Analyse und der Reflexion der Beratungsarbeit: Sie werden für solche Themen konzipiert, die nicht nur individuelle Probleme abbilden, sondern für viele, manchmal für alle eine Herausforderung darstellen. Die entsprechenden Veranstaltungen – Informationsveranstaltungen, Kurse, Workshops und Seminare – folgen einer doppelten Perspektive. Es werden Angebote entwickelt, die zum einen bereits stattfindende Beratungsprozesse effektiv begleiten können und zum anderen prophylaktisch wirken und Kompetenzerwerb ermöglichen, bevor Probleme sich zuspitzen und individuell Beratungsbedarf wahrgenommen wird. Anforderungen und mögliche Schwierigkeiten sollen frühzeitig angesprochen und Bewältigungsstrategien vermittelt werden.

Ist Hochschulberatung innerhalb der Universität institutionell etabliert, dann entstehen weitere Beratungsschwerpunkte, die sich nicht in derselben Weise unmittelbar aus den studentischen Lebens- und Arbeitsbedingungen ableiten lassen. Werden Beratungserfahrungen und Erfahrungen aus den Gruppenangeboten fachlich reflektiert und mit sozialwissenschaftlichen Theorien und Erkenntnisse verknüpft,[1] dann ergeben sich weiterführende Einsichten in Problemzusammenhänge und Arbeitskonzepte, die zu neuen bzw. veränderten Beratungsschwerpunkten führen. Außerdem ist eine Beratungseinrichtung selbst Teil der Universität und agiert als Institution in der Institution – sie entwickelt Beratungsangebote, die sich aus dem Zusammenwirken von individuellen Entwicklungsaufgaben (der Studierenden) mit den organisationstypischen Strukturen

---

1 Systemtheoretisch gesprochen: Das Interventionssystem Beratung beobachtet das eigene Operieren auf einer Beobachtungsebene zweiter Ordnung.

der Universität ergeben – damit sind sowohl die entsprechenden Themen als auch die Option Beratung im akademischen Feld sichtbar. Entsprechend wird Hochschulberatung als Institution auch von den übrigen Mitgliedern der Hochschule (in den jeweiligen Untergliederungen der Universität) wahrgenommen und in spezifischer Weise in die eigenen Routinen eingebaut.[2] Auch das führt zu Beratungsanliegen und entsprechenden Arbeitsschwerpunkten.

Auf beide Aspekte wollen wir in diesem dritten Kapitel eingehen, indem wir beispielhaft zwei solcher Beratungsschwerpunkte genauer beschreiben. Zunächst stellen wir einen Beratungsschwerpunkt vor, der deutlich Kontur annimmt, wenn man die Auswirkungen der Rhythmen und Schrittfolgen einer akademischen Ausbildung auf die individuelle Entwicklung aus der Perspektive des theoretischen Konzeptes der *Statuspassage* betrachtet: Die Verdichtung der Entscheidungs- und Bewährungsanforderungen an bestimmten (Schnitt-) Punkten der Ausbildungslaufbahn macht darauf bezogene Beratungsaktivitäten sinnvoll.

Im Anschluss daran greifen wir Beratungsaufgaben auf, die sich dadurch ergeben, dass die Beratungseinrichtung innerhalb der Universität als für psychische Belange zuständig angesehen und entsprechend genutzt wird. Dies geschieht relativ unabhängig davon, ob Psycholog/inn/en das Profil der Einrichtung prägen; es entsteht aus der Tatsache, dass in der Beratung Erleben, Erfahren und Fühlen von Personen hinsichtlich der akademischen Arbeit und des akademischen Lebens (an dieser Hochschule) explizit und ernsthaft Gegenstand der Kommunikation sind. Von Seiten der Organisation (Prüfungsämter, Dekanate, Immatrikulationsamt …) wird bei Komplikationen, die persönlicher Art zu sein scheinen, auf die Beratungseinrichtung verwiesen, Wissenschaftler/innen empfehlen Studierenden mit emotionalen Konflikten die Nutzung von Beratung; und auch diejenigen, die sich psychisch belastet fühlen bzw. sich nach einer psychotherapeutischen oder psychiatrischen Behandlung Unterstützung für den akademischen Alltag wünschen, wenden sich an die Beratungseinrichtung. So müssen Berater und Beraterinnen auch fachliche Umgangsweisen für *Krisen im klinischen Sinne* und Belastungen mit Krankheitswert entwickeln.

---

2   Eine Form der Beobachtung, die – wiederum systemtheoretisch gesprochen – zur weiteren Ausdifferenzierung des Interventionssystems Beratung führt.

3.1   Statuspassagen und die Erarbeitung von Perspektiven[3]

Im ersten Kapitel sind wir in sehr allgemeiner Form darauf eingegangen, dass das soziologische Theorem der Statuspassage für die Hochschulberatung von Bedeutung ist und dabei hilft, Probleme und Schwierigkeiten besser zu verstehen, die zu Studienbeginn und in der Endphase der akademischen Ausbildung auftreten. Im Vergleich zu anderen Lebensbereichen, in denen die soziologische Forschung auch von Statuspassagen spricht, fällt mit Blick auf die Lebensphase Studium als Besonderheit auf, dass diese Übergänge auch im Feld selbst – in den Universitäten, in der Hochschuldidaktik, in der Bildungspolitik – als „Schnittstellen" zum Thema werden.[4] Dabei hat man meist Bildungslaufbahnen und berufliche Karrieren im Blick und in dieser Perspektive enthält jedes Studium zwei Statuspassagen – den Übergang von der Schule in die Universität und den Übergang von der Universität in den Beruf.

Ein flexibilisierter Berufsmarkt und die Ausdifferenzierung von Studienmöglichkeiten verlangen von den Studierenden an beiden Schnittstellen Festlegungsbereitschaft *und* Offenheit. Wer sich für ein Studium entscheidet bzw. im Anschluss daran auf ein Berufsfeld hin ausrichtet, legt sich insofern fest, als aus dem Spektrum individueller Begabungen, Interessen und Wünsche ein Bereich ausgewählt wird, mit dem man sich – unter Vernachlässigung der anderen – im Weiteren intensiv beschäftigt.

> *„Ich interessiere mich für Sprachen, will aber nicht Anglistik studieren oder so … Das ist mir zu eng! Ich habe an Kulturwissenschaften gedacht – da kann man ja mehrere Sprachen wählen und außerdem ist man nicht nur auf Literarisches festgelegt. Ich weiß aber nicht, ob mein NC dafür ausreicht, und auch nicht, was man damit hinterher überhaupt werden kann." – So das Beratungsanliegen einer Studienbewerberin, in der diese Anforderung zum Ausdruck kommt.*

Gleichzeitig ist jeder Entschluss dieser Art insofern riskant, als weder ein (die damit verbundenen Wünsche befriedigender) Studienerfolg sichergestellt ist, noch klar ist, ob der Arbeitsmarkt nach dem Abschluss dann auch die entsprechenden Verwertungsmöglichkeiten bereithalten wird. Offenheit gegenüber

---

3   Dieser Abschnitt basiert in vielen Punkten – insbesondere hinsichtlich der Beratungsangebote im Übergang Schule–Beruf – auf der kollegialen Zusammenarbeit mit Roswitha Hofmann. Vgl. Großmaß & Hofmann (2007).

4   Viele Institutionen, die ihre Dienstleistungen auf diesen Arbeitsschwerpunkt konzentrieren, sind durch Aktivitäten von Beratungseinrichtungen angestoßen und mitgetragen worden. Vgl. Großmaß (2006b, 497 f.).

sich verändernden Bedingungen ist daher genauso gefragt wie die Bereitschaft, auf die Verschiebung eigener Interessen und die Erfahrung persönlicher Leistungsgrenzen realitätsangemessen zu reagieren. Dass mit dieser paradoxen Anforderung Schwierigkeiten verbunden sind, wird bereits deutlich, wenn man die Situation ausschließlich von der funktionalen Seite, vom System Universität aus, betrachtet – Fehlentscheidungen bei der Studienwahl finden ihren Ausdruck in Studienabbrüchen, im Wechsel von Studiengängen und in verlängerten Studienzeiten; Probleme des Übergangs in die Berufswelt werden sichtbar als Aufschieben des Studienabschlusses, als fehlende „Passfähigkeit" von Arbeitgebererwartungen und Absolventenprofilen und in Umwegen, die zu einem verspäteten Start ins Berufsleben führen. Wenn man solche Probleme aus der Sicht rationaler Entscheidungslogiken betrachtet, werden vorrangig Informationsdefizite diskutiert: Studienbewerber sind nicht ausreichend über das Studienangebot und die jeweiligen Kompetenzerwartungen der Studiengänge informiert; Studienabsolventen orientieren sich nicht ausreichend am Arbeitsmarkt, kennen die Verwertungsmöglichkeiten ihrer Ausbildung nicht. Einen entsprechenden Informationsbedarf formulieren Studienbewerber und Studierende auch selbst.

> *Etwa, wenn von Schüler/innen gefragt wird: „Ich möchte später einmal in der Werbung arbeiten – was muss ich denn dafür studieren?" Oder wenn es heißt: „Ich würde gern etwas ‚Soziales' studieren, aber welche Berufsaussichten hat man denn damit?"*

Begleitet man Studienverläufe aus der Subjektperspektive der Individuen – wie es Beratung tut –, dann wird allerdings deutlich, dass die Anforderungen, denen sich Studienanfänger und Studienabsolventen stellen müssen, komplexerer Art sind (vgl. Rückert 2006b, 108 f.). Mit dem Übergang ins Studium und mit dem Übergang ins Berufsleben ist ein Entscheidungsprozess von ganzheitlicher Natur verbunden. Nicht nur Nutzenkalküle, auch „selbstbezogenes Wissen (Interessen, Können usw.), Gefühle, Selbstwirksamkeitserwartungen, Werte, Leitbilder, innere Vorstellungen" (ebenda, 110) spielen bei Studien- und Berufsentscheidungen eine Rolle.

3.1.1   Statuspassagen in der akademischen Ausbildung

Das Theorem der Statuspassage ermöglicht es die Vielschichtigkeit der Prozesse wahrzunehmen, in die Entscheidungen an den Schnittstellen Schule – Universität – Beruf eingebunden sind: Die angesprochenen Übergänge sind jeweils auch mit einem *biografisch bedeutsamen Statuswechsel* verbunden, in beide Übergänge mischen sich *entwicklungspsychologische Reifungsschritte* – sie stellen *Stufen des Erwachsenwerdens* dar und sind mit (schon mehrfach angesprochenen) psychischen Prozessen der Adoleszenz verknüpft. Es geht folglich auch um Ablösungsprozesse (von der Herkunftsfamilie bzw. später von der „Alma Mater"), um den Verlust von Sicherheiten, das Risiko des Neubeginns, um den Zugewinn von Selbstverantwortung: Prozesse, die Irritationen des Selbstbildes einschließen, überwunden geglaubte innere Konflikte lebendig werden lassen und von Krisen begleitet sein können. Zeit, psychische Energie und Reflexion sind erforderlich, um diese Passagen erfolgreich zu bewältigen. Entscheidungsprozesse sind daher zwar ein wichtiger Teil dieser Übergänge, aber sie beschreiben die sich auf der Subjektebene vollziehende Transformation nur unzureichend. Der langfristige Prozess der Herausbildung von Kompetenzen und Identitäten wird dadurch auf einen oder mehrere punktuelle Beschlüsse reduziert.

Neben den allgemein bewussten Übergängen zu Beginn und am Ende des Studiums ist noch ein weiterer Entwicklungsprozess in Gang gesetzt. Diese dritte Passage ist zeitlich weniger klar begrenzt, zudem wird sie durch die in der Diskussion markierten und öffentlich wahrgenommenen Übergänge verdeckt. Spätestens mit dem Eintritt ins Studium beginnt eine Auseinandersetzung um die Einstellung zur Wissenschaft und der Bestimmung der eigenen Position dazu. Fast alle, die den Weg in die Hochschule gefunden haben, beginnen ihr Studium – unabhängig davon, ob sie bereits ein berufliches Ziel mit dem Studium verbinden oder diese Entscheidung auf sich zukommen lassen wollen – zunächst einmal neugierig und aufgeschlossen für das „Neue", das die Wissenschaften zu bieten haben; sie „lernen" die vorgeschriebenen Grundlagen des belegten Studienfaches und stellen sich – mit unterschiedlichem Erfolg – den Leistungsanforderungen der Universität. Zu Beginn des Hauptstudiums (in den traditionellen Studiengängen) bzw. in der Endphase des BA-Studiums verändert sich diese Haltung. Ein Teil der Studierenden entwickelt eine gänzlich pragmatische Haltung zum Studienabschluss: Es gilt einen Abschluss zu machen, mit möglichst guten Noten, es gilt Entscheidungen für die Berufslaufbahn zu treffen bzw. zu verfestigen und es gilt sich um den Arbeitsmarkt zu kümmern – die nächste Statuspassage kündigt sich an. Ein anderer Teil der Studierenden verwandeln sich in derselben Phase in von Wissenschaft „Infizierte", sie stoßen auf Fragestellungen, die sie über unterschiedliche Lehrveranstaltungen hinweg weiter verfolgen, und entwickeln eine Identifikation mit dem Fach. Wer in die eine oder andere Richtung geht, hängt sicher auch davon ab, wie erfolgreich den Leistungsanforderungen begegnet werden konnte, erklären aber lassen sich die je verschiedenen Wege nicht mit Leistungsdifferenzen. Es scheint eher so zu sein, dass nicht nur zu Beginn des Studiums und am Ende der Hochschulausbildung Schwellen zu überwinden und neue Entwicklungsschritte zu bewältigen sind, sondern dass es im Verlauf des Studiums selbst eine weniger sichtbare Schwelle gibt. Sie trennt eine leidenschaftliche Einstellung zu Wissenschaft von einer pragmatischen Haltung und hat mit Genuss am intellektuellen Disput, mit Heimischwerden in der akademischen Kultur oder mit Interesse an der Operationalisierung theoretischer Einsichten zu tun. Die Bewältigung dieses Übergangs bestimmt neben äußeren Faktoren wie vorgefundene Gelegenheiten, ob der Berufsweg in die eine oder andere Richtung führt.

> *„Ich war selbst überrascht – im Statistikkurs habe ich gemerkt, wie viel Spaß es mir macht, formal zu denken und genau zu sein bei quantitativen Verfahren. Die Anderen haben oft über mich gelacht, weil ich immer nach den Beweisen gefragt habe; aber das ist mir inzwischen egal." – So eine Studentin der Pädagogik kurz nach dem Vordiplom.*

Nicht nur der Eintritt in die Universität und der Studienabschluss, sondern auch dieser eher still sich vollziehende Übergang trägt Merkmale moderner Statuspassagen: Jeder dieser Übergänge hält für alle, die die jeweilige Schwelle überschreiten, einen veränderten gesellschaftlichen Status bereit, jede dieser Schwellen enthält Chancen individueller Differenzierung und – man kann an ihnen persönlich scheitern.

Natürlich werden diese Übergänge von den Personen nicht in der hier skizzierten Weise als soziologische Fakten erlebt und benannt. Erlebt werden Unsicherheit, persönliche Entwicklung und lebensweltliche Veränderungen, wahrgenommen werden persönliche Entscheidungsprozesse, neue Perspektiven, Konflikte in nahen Beziehungen, manchmal Einsamkeit. In Beratungsgesprächen lassen sich diese Veränderungen in ihrer subjektiven Gestalt nachvollziehen.

3.1.2 Erlebte Irritationen

Vor der ersten Statuspassage, z. B. dem Übergang in die Hochschule, kommen *Schüler/innen* in die Beratungsstelle – und wer den Weg von sich aus in die Universität findet, gehört nicht zu den studienfernen sozialen Schichten –, um für sich herauszufinden, ob sie nach dem Abitur gleich studieren oder eine Ausbildung vorziehen sollen; sie wollen wissen, wie die Chancen einzelner Studienrichtungen auf dem Arbeitsmarkt sind und möchten erfahren, wie „schwer" ein bestimmtes Studienfach ist. Im Gespräch zeigt sich dann oft, dass es sich dabei nicht ausschließlich um Fragen handelt, deren Beantwortung zur Entscheidung führt. In diesen Fragen drücken sich auch Erwartungen und Verunsicherungen aus, denen sich diese Studieninteressenten ausgesetzt fühlen – Lehrer legen „begabten" Schüler/innen nahe in die jeweils selbst vertretene Fachrichtung zu gehen; Eltern wünschen Entscheidungen, die in sichere Berufswege führen; die Berufsberater warnen vor „aussichtslosen" Berufsfeldern und die Position, die die Einzelnen jeweils in der Leistungshierarchie der Schule eingenommen haben, belegt abweichende oder ungewöhnliche Studienwünsche mit einem Hauch von Peinlichkeit.

> *So kommt es vor, dass in einem längeren Beratungsgespräch, in dem schon ein ganzes Spektrum von Studienmöglichkeiten besprochen wurde, ohne den Studienbewerber aus einer Haltung leicht resignierter Neutralität zu locken, das Gespräch eine Wendung nimmt. Auf die Bemerkung der Beraterin „Naja, alles was wir bisher besprochen haben, liegt so im Bereich des aus der Schulperspektive Naheliegenden; haben Sie denn schon einmal darüber hinaus gedacht?", erfolgt als Antwort: „Ja, klar: Schlagzeug studieren – aber das kann man ja nicht mal im Musikunterricht sagen ..."*

Hinzu kommen selbstauferlegte, aber als zwingend empfundene, Vorlieben oder Beschränkungen. Beispielsweise lassen Liebesbeziehungen, die in der Oberstufe entstanden sind, nur eine begrenzte Auswahl bei den Studienorten zu oder sie sind der Differenz, die in den Studienwünschen sichtbar werden kann, nicht gewachsen.

In Phasen der Verunsicherung neigen Menschen dazu, sich stärker als in anderen Lebenssituationen an traditionellen Mustern zu orientieren. Und so wissen wir auch aus empirischen Studien (vgl. Bamler 2007, 174 f.), dass in den beruflichen Entscheidungen Jugendlicher u.a. auch Geschlechterstereotype Wirksamkeit entfalten; ein Effekt, der durch Faktoren kultureller Ferne zum akademischen Milieu (ein bestimmter Migrationshintergrund z.B. oder Sozialisationserfahrungen auf dem Hintergrund sehr knapper kultureller Ressourcen) verstärkt werden kann.

Berater/innen können diesen Irritationen mit einer Haltung doppelter Anerkennung begegnen – Anerkennung der real schwierigen Situation und Anerkennung des Klärungsprozesses, in dem sich die Schüler/innen bereits befinden. Die Rückmeldung, dass die Entscheidung Zeit braucht, dass der Weg ins Studium ein Prozess ist, der auch viele Schritte der Selbstklärung enthält, sowie das

Angebot, an einer späteren Stelle des Entscheidungsprozesses wiederkommen zu können – dies alles ist in einem Beratungsgespräch in der Phase der Berufsorientierung von ähnlich großer Bedeutung wie Informationen über Studiengänge, Berufsperspektiven und Bewerbungsmodalitäten und genauso wichtig wie die Ermutigung sich auf eigene Faust in der Uni umzusehen und das Gespräch mit Studierenden und Lehrenden zu suchen.

Die zweite Passage, die Schwelle zwischen akademisch-wissenschaftlicher und beruflich-pragmatischer Studienorientierung, wird von den Betroffen selbst meist nicht als solche wahrgenommen und benannt, sondern eher gefühlt. Sie drückt sich aus als Bedauern über die Praxisferne des Studiums („Wozu soll man das alles lernen – das hat doch mit meinem späteren Beruf nichts zu tun!"), als Demotivierung durch die mangelnde Wahrnehmung der Personen im anonymisierten Seminarbetrieb („Ich habe keine Ahnung, ob das Referat wirklich gut war"). Sie wird gespürt als Faszination mancher Themen oder Methoden („Ich hätte nie gedacht, dass mir die Rechnerei so viel Spaß macht") und heftige Abneigung gegen andere („Ich weiß auch nicht – diese Vorträge, bei denen ein Ergebnis an das andere gehängt ist und man weiß gar nicht, wie die darauf gekommen sind – das langweilt mich einfach"). Sie wird erlebt als Verzweiflung über die Mühen des Textverstehens oder der mathematischen Beweise, als Hemmung und Angezogensein zugleich gegenüber Dozent/innen und Professor/innen. Manchmal wird sie auch indirekt erfahren – als zunehmende innere Distanz zu bisherigen Studiengefährten, als Phase des Rückzugs von bisher selbstverständlichen Aktivitäten. Anders als zu Studienbeginn lassen sich die nun erlebten Irritationen nicht mehr in der Gruppe der Kommilitonen bewältigen, denn es geht dabei nicht um äußerlich sichtbar unterschiedliche Wege, sondern um sich verändernde innere Haltungen und um unterschiedliches Engagement, um eine innere Differenzierung.[5] Aufgabe von Beratung ist es dann häufig, diese einzeln gefühlten Veränderungen und Irritationen nachzuvollziehen, ihnen Bedeutung beizumessen und sie auf die Studienrealität beziehen zu helfen. Innere psychische Konflikte stehen dabei manchmal einer progressiven Verarbeitung im Wege. Das Studium soll vielleicht nach einer frustrierenden Schulphase die ersehnte Selbstverwirklichung ermöglichen, neue Enttäuschungen können dann unverhältnismäßig entmutigen. Misserfolge im Studium können an Schulerfahrungen rühren – auch wenn die Klausur nur schlecht vorbereitet war und deshalb missglückte, kann sich das anfühlen wie die Bestätigung „alles, was mit Zahlen zu tun hat, einfach nicht zu können". Oder die Erinnerung an spöttische Bemerkungen aus Kindertagen, mit denen Neugier als Altklugheit belächelt wurde, bremst die im Studium wieder erlebte spontane Wiss-

---

5   Insofern hat diese Schwelle auch Merkmale eines Initiationsritus.

begier. Oder die innere Entfernung von den Freunden der Anfangssemester rührt an – oft geschlechtsspezifisch gefärbte – Loyalitätskonflikte aus der Familiengeschichte.

> *So erweist sich bei einem Studenten der technischen Fakultät sein erfolgreicher Studienabschluss im BA-Studiengang (verbunden mit der Empfehlung „weiterzumachen und sich für Forschung zu qualifizieren") zunächst als eine Belastung. Er fühlt sich in seinem Freundeskreis isoliert und hat Sorge „seine Eltern zu enttäuschen". Einige Beratungsgespräche decken den Hintergrund seiner Sorgen auf: Der Vater betreibt als Selbstständiger ein kleines Ingenieurbüro und hat die Studienwahl seines Sohnes als Berufsperspektive im selben Bereich verstanden. Den Wechsel von der Realschule in eine gymnasiale Oberstufe hatte der Student als Jugendlicher als einen großen Bruch erlebt, der ihn Freunde gekostet und sein sportliches Engagement stark eingeschränkt hatte. Sein Gefühl war, sich auf Wissenschaft einzulassen, bedeute einen Verlust an Lebensfreude und Sicherheit. Und zudem sah er den ersten großen Konflikt mit seinem Vater auf sich zukommen.*

Klärungsprozesse, die solche Konfliktlagen einbeziehen und zugleich die universitären Erfahrungen als eigenständige und für den weiteren Weg bedeutsame Realität bewerten, sind wichtiger Teil von Beratungsgesprächen.

Bourdieu nennt die dabei lebendig werdende Mischung aus emotional gefärbter Grundhaltung, spontan sich einstellenden Werturteilen und Einsicht in die Sachlogik eines gesellschaftlichen Feldes „illusio".[6] Die akademische illusio schafft die Bereitschaft, sich den Themen und Gegenständen des wissenschaftlichen Feldes bedingungslos zu überlassen. Die illusio der beruflichen Praxisfelder dagegen setzt die Energien frei sich für ein gesellschaftliches Feld außerhalb von Wissenschaft (Medien, Schule, Wirtschaft, Gerichtswesen) zu engagieren und die Bedeutung wissenschaftlicher Fragen und Verfahren als abgeleitet, abhängig von ihrem Nutzen für den zukünftigen Beruf zu verstehen. Ein erfolgreicher Studienabschluss erfordert eine Vereindeutigung des individuellen Habitus in die eine oder andere Richtung. Die dazu erforderliche Klärung ist im Feld der Hochschule nicht leicht, weil hier Einstellungen zu wissen-

---

6   Mit „illusio" (Bourdieu 2001, 122 f., 129) bezeichnet Bourdieu die unhinterfragte Bereitschaft das, was in einem gesellschaftlichen Feld geschieht – hier dem akademischen oder wenn sich z.B. jemand für den Lehrerberuf begeistert, dem der Schule – wichtig und ernst zu nehmen, es für bedeutender zu halten als anderes, sich zu identifizieren und die Themen und Gegenstände affektiv zu besetzen. Das Changieren der Bedeutung zwischen „Illusion" und „Ins-Spiel-Vertieftsein" ist gewollt.

schaftlichen Inhalten und ihrer Anwendungen sehr unterschiedlich bewertet werden. Es besteht meist eine ausgeprägte Hierarchie zwischen den theoretisch orientierten und den anwendungsorientierten Wissenschaftlern. Die erforderliche Klärung wird schwierig, weil die unterschiedliche Bewertung von Studieninhalten nicht als (zwar verschieden, aber dennoch) gleichberechtigt wahrgenommen werden können, sondern eindeutig hierarchisiert sind: Im Lichte wissenschaftlicher Forschung hat die Verwertung von Qualifikationen außerhalb des akademischen Milieus den Status der Zweitrangigkeit und ausschließlich wissenschaftliche Leistung hat die Chance der „Exzellenz". So ist diese Schwelle für die Studierenden nicht nur mit der Erfahrung von Leistungsgrenzen, mit Enttäuschungen und persönlichen Irritationen verknüpft, sondern auch mit den Bewertungsschemata begabt/unbegabt, glänzend/mittelmäßig, willkommen/fehl am Platz besetzt. Diese als abwertend erlebten Abgrenzungen finden zuweilen schon zwischen „Haupt-" und „Neben-"Fächlern statt und in jüngster Zeit entstehen ähnliche Bewertungshierarchien zwischen Studierenden mit den unterschiedlichen Zielqualifikationen. Beratungsarbeit muss hier über Hintergründe, Implikationen informieren und eine selbstbewusste Auseinandersetzung mit Zuschreibungen bzw. Unterstellungen ermöglichen. Wenn bei Studierenden Selbstzweifel und Verunsicherung geweckt sind, ist es Aufgabe von Beratung, Gelegenheiten zu bieten, damit die (Neu- oder Um-)Orientierungen vollzogen werden können, die für die Herausbildung einer belastbaren beruflichen Identität notwendig sind: von einem fachlichen Schwerpunkt zu einem anderen; von der Vorstellung, alles gleichermaßen interessant/wichtig finden zu sollen zu gezielt ungleichem Engagement; vom beruflich-pragmatischen Ziel zur Bereitschaft Wissenschaft zu riskieren und von der Enttäuschung durch Wissenschaft zur beruflichen Praxis.

Die dritte Passage, der Übergang vom Status des oder der Lernenden zum Status des/der sich (wissenschaftlich oder berufspraktisch) Bewährenden, setzt zum einen die bereits stattgefundene Differenzierung fort und stellt sie andererseits erneut auf die Probe – erst die Bestätigung von der Institution (in Form von Aufnahme in/Förderung von Master- oder Phd-Programme/n) oder durch den Arbeitsmarkt (in Form eines Stellenangebotes) bestätigt die Richtigkeit des eingeschlagenen Weges. Das damit verbundene Risiko erleben die meisten Studierenden als Angst zu versagen bzw. als diffuses Gefühl, nicht genug oder nicht das Richtige gelernt zu haben. Für die Arbeitswelt gelten sie nun als Expert/innen ihres Fachs, die damit verbundene Verantwortungsübernahme löst, wie es bei Entwicklungsschritten oft zu beobachten ist, ambivalente Gefühle aus, die zu reflektieren sind, um den Veränderungsprozess des Übergangs zuversichtlich abzuschließen.

> *So sucht eine Studentin – im letzten Semester eines BA-Studiums und nach Ab-*
> *solvieren eines Bewerbungstrainings – die Beratungsstelle auf: „Ich weiß nicht,*
> *ob ich mich überhaupt auf eine Stelle bewerben kann … nichts von dem, was wir*
> *in der Uni gelernt haben, wird in der Wirtschaft benötigt. Und dieses ‚So-tun-*
> *als-ob‘, das in Bewerbungsschreiben offenkundig notwendig ist – sehr gute Eng-*
> *lischkenntnisse soll ich da hinschreiben, obwohl ich seit der Schule nicht mehr*
> *in einem englischsprachigen Ausland war –, das kann ich einfach nicht.“*

Die selbstkritische Grundhaltung des akademischen Arbeitens und die kompe-
tenzorientierte Selbstdarstellung auf dem Arbeitsmarkt treffen hier nicht nur relativ unversöhnlich als Habitus aufeinander, sie machen es den Studierenden
auch schwer bis unmöglich, die im Studium erworbenen Kompetenzen überhaupt als beruflich verwertbare zu erkennen und verschiedene Kompetenzni-
veaus zu unterscheiden.

3.1.3   Beratungsschwerpunkt: Eröffnen von Perspektiven

Beratungen, die auf das Bewältigen der skizzierten Statuspassagen abzielen, lassen sich gut mit der Überschrift „Eröffnen von Perspektiven" umschreiben. In
allen drei Statuspassagen – Übergang ins Studium, Differenzierung wissenschaftliches versus berufsbezogenes Engagement, Übergang ins Erwerbsleben –
geht es für die Studierenden darum, aus Irritationen und Verunsicherung (ausgelöst durch Erfahrungen in der akademischen Ausbildung und den damit verbundenen Veränderungen der Selbstwahrnehmung und der sozialen Beziehungen)
heraus Optionen, Ziele und realitätsbezogene Entwicklungsmöglichkeiten zu
entwerfen. Dies ist eine Leistung des individuellen Subjekts – Beratung kann dabei helfen Irritationen und Verunsicherungen zu verstehen, Blockierungen aufzulösen und Perspektiven zu eröffnen.

Für alle drei Statuspassagen sind in der Hochschulberatung Konzepte, Beratungsstrategien und Angebote entwickelt worden, die auf die Spezifika der einzelnen Übergänge ausgerichtet sind:

Beratung im Übergang Schule – Hochschule

Am Anfang dieses Übergangsprozesses steht die Entscheidung für oder gegen
ein Studium, für oder gegen eine bestimmte Studienrichtung. Hierbei handelt es
sich um einen längeren Prozess, in dem sich eine *tragfähige Entscheidung* im
Wechsel von Annäherung (an Studienangebot, Informationen über die Berufs-

felder, Hochschulkultur) und Rückbesinnung (auf eigene Wünsche, Interessen, Fähigkeiten, Gefühlslagen) erst herausbildet – ein Prozess, in dem zugleich wichtige persönliche Entwicklungsschritte (selbstverantwortlich Entscheidungen treffen, Klärungsprozesse eigenständig organisieren und gegen Eingriffe von außen absichern, Fehlerfreundlichkeit einbauen) zu bewältigen sind. Die hierfür nötige Entscheidungskompetenz zu erwerben, ist daher ein wichtiger Entwicklungsschritt, der auf dem Weg ins Studium bewältigt werden muss.

Neben frühzeitigen Informationsangeboten (Schulbesuche, Vorträge zu Studienrichtungen und Studiengängen, Mitarbeit in den von der jeweiligen Universität organisierten „Schnupperangeboten" und Schülerakademien) bieten viele Beratungseinrichtungen Workshops an, die dabei helfen sollen, eine prozessbezogene Entscheidungskompetenz zu entwickeln (vgl. Hofmann 1999). In diesen Workshops – Nachmittags- oder Tagesveranstaltungen für Gruppen von Studieninteressenten mit 15–20 Teilnehmern – werden die folgenden Kompetenzen thematisiert und personenbezogen mit Inhalt gefüllt:

➢ eigene Interessen kennen und benennen können
➢ sich der eigenen Stärken/Fähigkeiten bewusst sein
➢ eigene Schwächen wahrnehmen, Umgangsformen damit entwickeln
➢ Entscheidungskompetenz: Die Wahl eines bestimmten Studienfaches erfordert eine *echte* Entscheidung, die gleichzeitig auch Weichen für die Lebensplanung stellt
➢ Entscheidungen als Prozess sehen lernen, der von Wiederholungen, Überlagerungen und Zufällen geprägt ist
➢ Entscheidungsspielräume entwickeln (zeitliches Nacheinander der Schritte, Eingrenzen des Wahlbereichs, Rahmenbedingungen erkunden)
➢ offen sein für Alternativen (alternative Berufswege entdecken)
➢ Zufälle zulassen (zufälligen Begegnungen/Anregungen mehr Bedeutung schenken)
➢ Umgang mit Irritationen lernen (Irritationen zulassen und ihnen einen realistischen Stellenwert geben)
➢ mit der Vielfalt von Möglichkeiten umgehen können
➢ Informations- und Recherchekompetenz (Wo und wie finde ich was? Wer kann mir dabei helfen? Wie formuliere ich meine Fragen? Wie überwinde ich meine Schüchternheit?)

Für viele Teilnehmer/innen entsteht in einem solchen Workshop eine Perspektive für die als Nächstes zu erledigenden Schritte; die meisten verstehen am eigenen Beispiel oder an den Themen, die die anderen einbringen, dass sie sich in einem Prozess befinden, der noch unabgeschlossen ist; und alle machen die Erfahrung beratungstypischer Kommunikation: Anerkennung des individuellen

Frageinteresses, Herausarbeitung des zu lösenden Problems unter Einbeziehung persönlicher Faktoren und institutioneller Gegebenheiten. Die Wege der Einzelnen nach einem solchen Workshop können dann sehr unterschiedlich ausfallen: ein Besuch der Fakultät, die den gewünschten Studiengang anbietet; ein klärendes Gespräch mit den Eltern; eine Hilfestellung durch einen Fachlehrer; die systematische Recherche nach in Frage kommenden Studienmöglichkeiten ... Angeboten wird nach der Teilnahme an einem solchen Workshop in der Regel die Möglichkeit einer sich anschließenden Einzelberatung, manchmal mit dem Hinweis, dass ein Beratungsgespräch nach dem erfolgten nächsten Schritt hilfreich sein kann.

Ist eine Studienentscheidung gefallen, dann wird Beratung von einem Teil der Studienbewerber/innen für die Bewältigung der bürokratischen Anforderungen von Bewerbung und Immatrikulation benötigt. In vielen Fällen geht es um Auskünfte über Fristen, Gebühren und Bewerbungsmodalitäten, die telefonisch oder per E-Mail gegeben werden können. Je weiter verbreitet die Nutzung elektronischer Medien ist, desto mehr bieten auch Chats, die im Umfeld der Bewerbungstermine angeboten werden, Möglichkeiten für individuelle Fragen und bedarfsgerechte Information. Häufig bedeutet diese Phase des Übergangs aber auch noch einmal eine Realitätsüberprüfung der getroffenen Entscheidung: Manche Studienwahl lässt sich nur an entfernten Orten realisieren; manche Bewerber/innen bemerken erst an dieser Stelle, dass sie die geforderte Abiturdurchschnittsnote nicht bieten können, andere sind überrascht, dass ein Fachhochschulstudium ein berufsbezogenes Praktikum voraussetzt; einige müssen unvorhergesehene Konflikte mit der Familie überwinden. In solchen Fällen hilft ein Einzelgespräch mit einem Berater oder einer Beraterin eine Lösungsrichtung zu erarbeiten.

Der Studienbeginn selbst – Erkundung des Studiengangs, Erstellung des Studienplanes, Nutzung von Bibliothek und Rechenzentrum – wird an den meisten Hochschulen durch Angebote der Fachberatungen[7] gestaltet. Fakultäten/Fachbereiche bieten tutorengeleitete Einführungsveranstaltungen für Studienanfänger/innen an; Mitglieder des Lehrkörpers leisten fachliche Beratung zu Studienschwerpunkten und Stundenplangestaltung; die zentralen Einrichtungen stehen mit offenen Sprechstunden für übergreifende Fragen und Probleme zur Verfügung. In den beiden ersten Wochen eines Studienjahres bzw. Semesters sind nahezu alle Studienberatungen und Serviceeinrichtungen vor allem mit der Integration der Anfänger/innen beschäftigt.

---

7 In den dreißig Jahren, in denen sich an den Universitäten Hochschulberatung etabliert hat, ist an fast allen Universitäten ein Kooperationsnetz zwischen den zentralen Beratungseinrichtungen und fachspezifischen Beratungsangeboten entstanden.

Manche Studierende, die nicht ihr Wunschfach studieren können und sich auf ein Studienfach einlassen, das lediglich als Kompromiss zwischen den persönlichen Wünschen und den Realisierungsmöglichkeiten erscheint, haben oft mit emotionalen Widerständen oder Schuldgefühlen zu kämpfen. Beratung, wenn sie gesucht wird, bezieht sich auf die Aufarbeitung von Reaktanzgefühlen und sollte eine Aussöhnung mit der gewählten Alternative in Gang setzen, damit sich eine innere Distanz nicht verfestigt.

Beratung zu Wissenschaftsorientierung versus Berufsorientierung im Studium

Die Ausdifferenzierung von Studienzielen zu wissenschaftsorientierten versus berufsorientierten stellt keinen in der Universität explizit markierten Übergang dar, sondern erfolgt eher verdeckt auf der Individualebene – systemtheoretisch gesprochen durch Selbstselektion. Daran hat auch die Einführung gestufter Studiengänge bisher noch nicht viel geändert.[8] In der Hochschulberatung tauchen Probleme, die mit dieser individuell zu leistenden Differenzierung verbunden sind, daher vor allem als Themen in der Einzelberatung auf – wenn Motivationsverlust zu Arbeitsstörungen führt, wenn sich herausbildende Interessen an wissenschaftlichen Fragen Schwerpunktverschiebungen verlangen, die vom ursprünglichen Studienziel wegführen, wenn unterschiedliches Engagement im Studienfach zu Konflikten in Freundschaften und Liebesbeziehungen führt, wenn die Erfahrungen mit akademischer Konkurrenz eigene Arbeits- und Lebenskonzepte irritieren. In den mit solchen Konflikten verbundenen Schwierigkeiten und Problemen kommen stärker als bei anderen Themen soziale Unterschiede (Nähe/Ferne der Herkunftsfamilie zum akademischen Milieu; unterschiedlich stark erlebter Druck, sich schnell durch eigene Arbeit ernähren zu können) und ethnische Differenzen (Verhältnis zur Wissenschaftssprache Deutsch; Lernkultur im Herkunftsland/im besuchten Schulsystem; kulturell geteilte Bilder über Wissenschaft/berufliche Welt) zum Tragen. Und auch die atmosphärisch noch in vielen Situationen zu spürende Geschichte der Universität als ursprünglich männliche Korporation wirkt auf Studentinnen anders als auf Studenten.

---

8   Zwar soll mit dem Bachelor-Abschluss Berufsqualifizierung erreicht werden, gleichzeitig ist der („exzellente") BA-Abschluss die Voraussetzung für Master-Studiengänge und gerade Bachelor-Absolventen sichern gute Berufsaussichten außerhalb der Universität am besten durch sehr gute Leistungen im Studium. Zwar sollen die Master-Studiengänge forschungs- und praxisorientiert differenziert sein, gleichzeitig gilt ein Master-Abschluss (je nach Studienrichtung auch ein forschungsorientierter) in vielen Berufsfeldern als angemessene Einstiegsqualifikation und wird auch von dem Großteil der Studierenden angestrebt. Nach Bargel (2008) sind das in Deutschland bis zu 85 %, europaweit 73 % der BA-Studierenden.

Mit welchen Konzepten und Angeboten begegnen Berater/innen diesen Konflikten? – Die Grundhaltung ist auch hier das Ernstnehmen der Themen und Anliegen, die von dem Studenten oder der Studentin in das Gespräch eingebracht werden. Auf dieser Grundlage wird ein gemeinsames Problemverständnis erarbeitet; dies ist nicht nur bei psychischen oder familiären Konflikten erforderlich, auch bei akademischen Fragen – wenn beispielsweise eine Studentin mit hervorragenden Leistungen an ihren intellektuellen Fähigkeiten zweifelt oder ein Student nach einer misslungenen Prüfung ausschließlich mit den Umständen hadert – helfen schnelle Diagnosen nicht. Hat sich herausgestellt, dass Studienschwerpunkte, Erfahrungen mit Wissenschaft und Unsicherheiten die ursprüngliche Studiensituation betreffend zentrales Thema sind, dann gilt es die für die Klärung erforderlichen Schritte zu begleiten und die Erarbeitung einer realitätsangemessenen eigenständigen Perspektive zu unterstützen. Dabei bleibt der Blick offen für möglicherweise dahinter liegende biografische Problemfelder und psychische Konflikte, die in Krisen der Spätadoleszenz ja besonders virulent werden können.

Wenn auch Beratungsprozesse nicht schematisch ablaufen, lassen sich bei Irritationen der skizzierten Art doch einige, regelmäßig zu durchlaufende Schritte benennen:

➢ Realitätsprüfung der Erfahrungen mit Wissenschaft: Welche Erlebnisse/Erfahrungen wurden persönlich wie interpretiert? Welche Bedeutung haben die im Wissenschaftsbetrieb erlebten Episoden? Wie viel Arbeit ist in die Leistungen investiert worden? Was geht leicht, was schwer?

➢ Klarifizierung der emotionalen Bindungen zum Thema: Welche Gefühle sind mit der intellektuellen Tätigkeit verbunden? – Freude (beim Arbeiten/über Ergebnisse), Angst (zu versagen/vor Erfolg), Stolz über Erreichtes (vor sich selbst/vor anderen), Scham (wegen der nötigen Anstrengung/des eigenen Ehrgeizes), Schuldgefühle (wegen des mit der Tätigkeit verbundenen Rückzugs/der Entfernung von kindlichen Loyalitäten)?

➢ Erstellen eines realistischen Bildes der eigenen Fähigkeiten: Wo liegen persönliche Stärken? Wo persönliche Schwächen? Wie hoch ist die Bereitschaft, in eine kognitive Anforderung Zeit und Ausdauer zu investieren? Wie gelingt die Einzelarbeit am Schreibtisch, wie die Kooperation im Team? Welche Erfahrungen wurden bei Vorträgen und Präsentationen gemacht? Wie wichtig ist es zu wissen, was man mit den Ergebnissen der eigenen Arbeit anfangen kann? Wie wurden Praktika und Kontakte mit der Berufswelt erlebt?

➢ Reflexion des eigenen Selbstbildes: Wie wird die eigene Person zukünftig gesehen – in welcher Berufsrolle, in welchem Lebensmodell, an welchem Ort der Welt? Welche Bedeutung sollen intellektuelle Tätigkeiten haben? Welche Bedeutung die finanziellen Einkünfte? Welche Rolle spielt die zukünftige Tätigkeit für die eigene Geschlechtsidentität?

➢ Reflexion der sozialen Einbindung: Welche Beziehungen sind von einer Berufsentscheidung betroffen? Welche Wünsche/Ziele haben Eltern und Partner bezogen darauf, „was aus einem werden soll"? Welche Beziehungen fühlen sich gut/anregend/belastend/langweilig an? Woran liegt das? Gibt es Geselligkeitsformen, die besonders anziehend sind/die abstoßen? Woran liegt das?

Aus jedem dieser Schritte können sich Entscheidungshilfen ergeben. Wer z. B. deutlich vor Augen hat, wie anstrengend die Treffen mit den „alten Freunden" in letzter Zeit waren, hat es leichter damit, Distanz zuzulassen. Es können aber auch Aufgaben erkennbar werden, die noch zu erledigen sind – beispielsweise ein klärendes Gespräch mit der Familie, die Beratung durch einen Hochschullehrer, das Ablegen einer Prüfung oder ein Praktikum in einem größeren Unternehmen.

Beratung bietet für diesen Klärungsprozess zum einen eine zeitliche Struktur – durch die Vereinbarung von Terminen und zu erledigenden Klärungsschritten wird der Prozesscharakter auf der Erlebnisebene wirksam und zugleich stellt dieses Arrangement für die mit psychischer Entwicklung verknüpften inneren Konflikte Kontinuität und Sicherheit her. Wie in jedem Beratungsgespräch haben Berater/innen in diesem Prozess die Aufgabe, als wohlwollendes Gegenüber das Gespräch zu gestalten, Verbalisierungshilfen zu geben, emotionale Anteile anzusprechen, ausgeblendete Aspekte zu benennen und bei der Bewältigung subjektiv belastender Erfahrungen Unterstützung zu geben. Gerade beim Thema „Entscheidung für oder gegen Wissenschaft" aber, in dem „Exzellenz", „Brillanz" und „Begabung" eine große Rolle spielen und das daher sehr stark mit Bewertung, Abwertung und Konkurrenz besetzt ist, bekommt eine andere Aufgabe von Beratung eine besondere Bedeutung: Es gilt Nüchternheit und Sachkenntnis in die Fragen einzubringen, die eine mögliche akademische Karriere betreffen; es gilt der „Zweitrangigkeit" der Praxis (die der Wissenschaftsbetrieb implizit nahelegt) mögliche Erfahrungen entgegenzusetzen – damit eine Differenz entsteht, die Entscheidungen zulässt. Dazu ist es auch erforderlich, immer wieder zu verdeutlichen, dass es nicht um „leicht" oder „schwer" geht, sondern dass *beide* beruflichen Richtungen Investitionen (an Zeit, Anstrengung, Lernen und Engagement) erfordern – wenn auch unterschiedliche. Zur Versachlichung trägt auch bei, wenn die im akademischen Feld oft unausgesprochen bleibenden subjektiven und materiellen Motive klar benannt und als legitime Gesichtspunkte in das Gespräch einbezogen werden: Wissenschaftsmüdigkeit kann der Ausdruck einer Lust auf Veränderung und Neues sein, das Engagement für Wissenschaft kann vom Wohlgefühl am inzwischen Vertrauten getragen sein. Reizvoll an einer Praxisperspektive ist, dass sie mit guter Bezahlung lockt und dem Leben mit dem engen studentischen Budget ein Ende bereitet.

Beratung im Übergang zur Erwerbstätigkeit

In den Beratungsprozessen, die den Übergang in den Beruf begleiten, stehen vor allem Themen im Zentrum, die mit dem Abschied vom Studentendasein (als einer Phase von Ausbildung, Förderung und verlängerter Adoleszenz) verbunden sind und um die nun anstehende Lebensphase kreisen. Die Entscheidung für oder gegen den Berufseinstieg außerhalb von Wissenschaft und Forschung ist bei vielen Studierenden gegen Ende ihres Erststudiums meist gefallen, muss aber im Übergang emotional verarbeitet werden (Ängste bei der Fertigstellung der Abschlussarbeit sowie psychische Aufschiebeproblematiken sind häufig Teil eines solchen Verarbeitungsprozesses) und wird noch einmal einer Realitätsprüfung unterworfen. Die Phase des Studienabschlusses ist für viele Studierende auch eine Zeit der Überprüfung persönlicher Lebenskonzepte und ein Zeitpunkt, zu dem sich die Wege derer trennen, die gemeinsam die Studienzeit bewältigt haben. Arbeitsbeziehungen und kollegiale Freundschaften gehen zu Ende, Freundschaften und Liebesbeziehungen stehen vor großen Anforderungen und Belastungen. Psychologische Einzelberatungen und Gesprächsgruppen zur Verarbeitung der emotionalen Seite des Studienabschlusses sind Angebote, mit denen die Beratungseinrichtungen auf diese Themen eingehen.

Seit zwei Jahren bin ich scheinfrei, könnte also mein Examen ablegen. Ich habe auch ein Thema, aber vielleicht hat das zu viele persönliche Bezüge, es geht um Geschwisterkonstellationen. Ich bin selbst ein „Sandwichkind", eingerahmt von erfolgreichen Schwestern und Brüdern. Seit ca. neun Monaten tue ich gar nichts mehr, ich lese nicht, ich schreibe nichts, denke, ich weiß gar nichts mehr. Ich habe nicht gerne studiert und freue mich auch nicht auf die Berufstätigkeit. Ich arbeite bei ambulanten Diensten und betreue einen körperbehinderten Mann. Seit einem Jahr mache ich eine Therapie, ich habe viele gute Freunde, aber keine Idee für mein Leben.

In vielen Beratungsgesprächen stehen aber auch die Anforderungen des zukünftigen Berufsfeldes im Zentrum. Neben dem Einholen von Informationen (über die Eintrittsbedingungen der jeweiligen Berufsfelder, deren Bewerbungsrituale, über Trainee-Programme und Volontariate), neben dem Verarbeiten der beschriebenen Irritationen beim Kontakt mit der Berufswelt fordert dieser Entwicklungsschritt von den Einzelnen immer auch eine Auseinandersetzung mit sich selbst und den eigenen Vorstellungen zum zukünftigen Arbeitsfeld. Wer sich auf den Lehrerberuf oder die zweite juristische Staatsprüfung einstellt, muss sich möglicherweise auch auf einen Ortswechsel einstellen, der nicht selbst gewählt ist, auf jeden Fall aber auf eine neue Ebene von Ausbildung und Geprüftwerden. Wer in der „freien Wirtschaft" tätig werden möchte, muss eine neue Form der Selbstdarstellung lernen (Kleidungs- und Sprachstile eingeschlossen) und ein persönliches Kompetenzprofil entwickeln, das er bzw. sie mit dem Gelernten in Beziehung setzen und selbst glauben kann. Wer eine Laufbahn in Wissenschaft und Forschung anstrebt, hat die Umstellung von gefördertem Lernen auf Bewährung in Konkurrenz um knappe Ressourcen zu verarbeiten und muss zudem verkraften, dass Wissenschaft über weite Strecken in Projektzusammenhängen stattfindet, die über befristete Teilzeitverträge finanziert werden – ökonomische Sicherheit daher auf längere Zeit nicht bieten. – All dies sind Herausforderungen, die mit den eigenen Wünschen, Lebensformen (viele Studierende befinden sich am Studienende in festen Beziehungen, manche haben Kinder) eine möglichst produktive Verbindung finden sollen.

Vier Typen von Angeboten, mit denen Beratungseinrichtungen auf diese Anforderungen reagieren, seien hier – exemplarisch – vorgestellt, um das Spektrum von Unterstützungsangeboten zu verdeutlichen, das neben dem Einzelgespräch hilfreich sein kann:

Bewerbungstraining

Bewerbungstrainings gehören seit langem zu den Arbeitskonzepten von Beratungseinrichtungen. Sie sind allerdings inzwischen auch in vielen anderen Bereichen etabliert und werden auch in der Universität bzw. im Umfeld von Universitäten mit unterschiedlichen Akzenten angeboten: Career-Service und Berufsberatung stellen die Anforderungen des Berufsmarktes in den Vordergrund; Berufsakademien und berufsständische Verbände heben oft den Charakter eines Potenzial-Assessments hervor. Innerhalb der Hochschulberatung haben Bewerbungstrainings die Funktion, die Differenzen hinsichtlich von Habitus, Einsatz und Bewertung von Fähigkeiten in Studium und Berufswelt in einer Gruppe erlebbar zu machen. Ziel ist es, die persönliche Rollenflexibilität der Teilnehmer/innen zu erweitern und Bewältigungsmöglichkeiten für die neuen Herausforderungen zu erproben.

Bewerbungstrainings bieten Informationen zu den Berufsfeldern, erheben Wünsche und Fähigkeiten der Teilnehmer/innen und folgen im Aufbau den konzeptionellen Schritten des Verhaltenstrainings: Konstruieren von Handlungssituationen, die Simulation von realen Herausforderungen ermöglichen → Festlegen der Rollen in der Simulation → Besetzung der Rollen und der Beobachterfunktionen → Simulation unter Beobachtung und medialer Aufzeichnung → Auswertung der Spielerfahrung (Erleben/Wirkung/Erfolgswahrscheinlichkeit) → eventuell: Erprobung erweiterter Handlungsmöglichkeiten in einer erneuten Simulation.

Da Beratungseinrichtungen mit knappen Ressourcen arbeiten, wird an Universitäten, in denen andere Einrichtungen Bewerbungstrainings anbieten, auf die Durchführung eigener Trainings verzichtet. Erfahrungen, die in Bewerbungstrainings in anderen Kontexten gemacht wurden, liefern dann oft wichtige Aspekte für Beratungsprozesse.

Workshop zur Erarbeitung von Kompetenzprofilen für den Beruf

Eine Schwierigkeit des Übergangs von der Hochschule in den Beruf liegt darin, das im Studium Gelernte so mit den Anforderungen einzelner Tätigkeitsfelder in Beziehung zu setzen, dass berufliche Kompetenzen erkennbar werden. Diese Schwierigkeit ergibt sich einerseits aus der mit einer Statuspassage verbundenen doppelten Entwertung des bis dahin hoch Bewerteten – doppelt, weil alles, was man kann, den Charakter des Selbstverständlichen bekommt und zugleich Universität und Berufswelt/Theorie und Praxis jeweils auch aus der Abwertung des jeweils anderen ihre Bedeutung ableiten. Zum anderen wird diese Schwierigkeit dadurch verstärkt, dass in der akademischen Welt Kritik einen hohen Wert hat und Understatement Wertschätzung erfährt, in der marktbezogenen Berufswelt aber gerade umgekehrt die zielorientierte Hervorhebung von Stärken von Bedeutung ist.[9] Beratung hat deshalb häufig auch die Aufgabe, Studierende dabei zu unterstützen, eigene Kompetenzprofile zu entwickeln. Dabei geht es nicht darum, neue Bezeichnungen zu lernen, sondern darum, das eigene Können in neue Relationen zu setzen – es nicht mehr zu vergleichen mit denen, die es besser können, sondern es für Felder zu beschreiben, in denen andere dieses nicht können; es nicht mehr aus theoretischen Kontexten abzuleiten, sondern auf Praxisanforderungen zu beziehen. Die neuen Studienstrukturen haben den Bedarf an Unterstützung bei dieser Umarbeitung erhöht[10] und so haben Beratungsstellen damit begonnen, Workshops zu diesem Thema anzubieten.

---

9 Mit der Einführung der BA/MA-Struktur der akademischen Ausbildung bekommt die Kompetenzorientierung von Lernprozessen eine größere Bedeutung für das Studium und die Vermittlung von Schlüsselkompetenzen gilt als Aufgabe der Universität. Das ändert jedoch nicht die strukturelle Entgegensetzung von Marktorientierung und Wissensproduktion.

10 Das hat unserer Einschätzung nach mit der zeitlichen Dichte zu tun, in der Qualifikationen erworben werden und der Übergang in den Beruf gestaltet wird.

Dabei kommen gruppenpädagogische Verfahren zum Einsatz, die auch in den Entscheidungsworkshops für Schüler verwendet werden: Einführung in die Dynamik der Statuspassage ➔ Austausch von Erfahrungen mit der Berufswelt ➔ individuelle Erhebung von „Stärken" und „Schwachpunkten" ➔ Vorstellen in der Gruppe ➔ Anregungen zur Umarbeitung in Kompetenzen ➔ Umarbeitung der individuellen Inventare in Kompetenzprofile ➔ Diskussion in der Gruppe.

Zukunftswerkstatt – Was kommt nach dem Studium?

Die Zukunftswerkstatt ist eine bewährte Methode aus der politischen Bildungsarbeit, kreative Potentiale zur Problemlösung zu nutzen. Gemeinsam werden gewünschte, mögliche und auch utopische Lösungsalternativen für eine definierte Zukunftsfrage entworfen und auf Realisierbarkeit überprüft. Der Phase der (phantasievollen) Entwürfe geht eine kritische Aufarbeitung der Ausgangssituation voraus. Der Akzent bei dieser Veranstaltungsform liegt auf Lernen, Explorieren, Experimentieren, Simulieren und spielerischem Erproben. Zukunftswerkstätten stellen den Anspruch, aktiv in die Zukunftsgestaltung einzugreifen, statt sich passiv den gesellschaftlichen Erfordernissen anzupassen. Sie veranlassen dazu, Ereignisse und Möglichkeiten zu antizipieren, Veränderungen bewusst zu steuern sowie mittel- und langfristige Perspektiven in die Zukunftsplanung einzubringen.

Dieser aktive Umgang mit der Zukunft kann erfolgreich genutzt werden, um persönliche Strategien zur Berufseinmündung zu erarbeiten, denn es werden Voraussetzungen geschaffen, die letzte Phase des Studiums und den Übergang in den Beruf zielgerichtet zu gestalten. Die intensive Gruppenarbeit mobilisiert und aktualisiert intrapsychische und interpersonelle Konfliktkonstellationen, die, deutlich geworden, reflektiert und beantwortet werden können. Das Vorgehen erleichtert es, innovative, kreative, visionäre Elemente in die Problemlösung einzubinden. Eingesetzt werden Methoden der themenzentrierten Gruppenarbeit, Encounter-Techniken, meditative Verfahren und Rollenspiele. Der Ablauf des Seminars folgt der Struktur der Zukunftswerkstatt, der kritischen Überprüfung der Realität folgen utopische Zukunftsentwürfe, die in einem dritten Abschnitt auf ihre Realisierungsmöglichkeiten hin untersucht werden, um daraus geeignete Problemlösungen abzuleiten.[11]

---

11 Püschel (2001) und Scholz (2007) haben das Veranstaltungskonzept ausführlich beschrieben, die Zukunftswerkstatt ist als Blockveranstaltung für vier Tage geplant, wobei Kritik- und Utopiephase zeitlich rasch aufeinanderfolgen, damit die Teilnehmenden nicht zu lange in den beunruhigenden Gefühlen der kritischen Bestandsaufnahme belassen werden. Auch die Phase der Utopie sollte nicht zu lange von den ersten Schritten der Verwirklichung der entworfenen Strategien getrennt sein, damit das freigesetzte kreative Potential genutzt wer-

Konkret sollen die Studierenden bzw. die Absolvent/innen dabei unterstützt werden ➔ ihre spezifischen Kompetenzen zu erkennen ➔ die bisherigen Studienergebnisse und Studienbedingungen zu analysieren ➔ sich mit kurz- und langfristigen Lebenszielen bewusst auseinanderzusetzen ➔ ihre Einstellungen zu Karriere, Erfolg, Geld und Macht zu reflektieren ➔ unbescheidene persönliche Zukunftsszenarien zu entwickeln ➔ Strategien für die Realisierung ihrer Ziele zu entwerfen ➔ die gewählten Studienschwerpunkte in Hinblick auf Interessen neu zu bewerten ➔ im Blickwinkel der neuen Perspektiven ihren Studienabschluss zu gestalten und Übergänge in den Beruf zu planen.

Das Konzept der Zukunftswerkstatt unterstreicht den Prozesscharakter der Auseinandersetzung mit der beruflichen Zukunft. Die Gruppe hat zum einen entlastende Funktion, entscheidend ist aber zum anderen die Erweiterung und Stärkung des Selbsthilfepotentials. Im Berufsfindungsprozess kommen äußere und innere geschlechtsspezifische Behinderungen für viele Studentinnen zum ersten Mal sehr deutlich zum Tragen. Studentinnen können sich mit befürchteten Benachteiligungen oder auch hemmenden Selbstzuschreibungen in geschlechtshomogenen Arbeitsgruppen gewinnbringend auseinandersetzen. Das Konzept der Zukunftswerkstatt lässt sich natürlich auch in gemischten Gruppen einsetzen. Günstig ist es, wenn die Veranstaltung dann von einer Beraterin und einem Berater durchgeführt werden kann. Besonders die Reflexion der Rahmenbedingungen und der berufsbezogenen Werthaltungen sollte in geschlechtshomogenen Arbeitsgruppen durchgeführt und erst anschließend gemeinsam besprochen werden. Frauen und Männer haben oft unterschiedliche Vorstellungen von Erfolg und Karriere und sie sollten Raum haben, diese für sich zu entwickeln. So können sie sich der gesellschaftlichen Bedingtheit dieser Unterschiede bewusst werden und sich besser auf Wettbewerb und Konkurrenz einstellen.

Coaching für Doktorandinnen (und Doktoranden)

Ganz anders als bei der Vorbereitung auf die außeruniversitäre Berufswelt sind die Anforderungen der Statuspassage am Ende des Studiums für diejenigen, die Wissenschaft zu ihrem Beruf machen wollen. Nicht nur die Passion für die gewählte Wissenschaftsdisziplin und ihre Fragestellungen muss gefestigt werden und steht zugleich auf dem Prüfstand; die Entscheidung für eine Promotion bzw. ein Promotionskolleg[12] schließt ein, sich im Sinne der

---

den kann. Der zweite Teil der Umsetzungsphase und die Auswertung der Veranstaltung folgen dann vier bis sechs Wochen später.

12   In manchen Universitätsdisziplinen trifft das hier für die Promotion Beschriebene bereits zu, wenn sich jemand für ein Masterstudium entscheidet.

akademischen Exzellenz für begabt und intellektuell leistungsfähig zu halten und zu zeigen. Die akademische Konkurrenz bekommt nun eine existenziellere Bedeutung – wer die Auswahl in ein Promotionskolleg „schafft" und eine Förderung bekommt, kennt häufig diejenigen, deren Weiterkommen an dieser Hürde scheitert. Wer für eine Qualifikationsstelle ausgewählt wird, erlebt darin Anerkennung und gleichzeitig den Druck dem Prestige des Lehrstuhls oder der Forschungsgruppe zuzuarbeiten, Vorträge, Berichte und Aufsätze zu übernehmen – auch wenn dies nicht der eigenen Dissertation zuträglich ist.

Diese Schwierigkeiten und Herausforderungen stellen sich allen Nachwuchswissenschaftlern – unabhängig von Herkunft und Geschlecht. Die Ressourcen für deren Bewältigung sind allerdings unterschiedlich. Auf Grund der höheren Bereitschaft weiblicher Studierender zu Selbstzweifeln, auf Grund der geringeren Beziehungsressourcen von Frauen[13] und der aus einer männlichen Korporation entstandenen Förderstrukturen sind Frauen in dieser Variante der Statuspassage deutlich stärker belastet als Männer (vgl. Dilk 2008). Aus diesen Gründen ist an mehreren Universitäten ein Beratungsangebot eigens für Doktorandinnen entstanden – in Form eines jour fixe oder einer den Promotionsprozess begleitenden Coaching-Gruppe. Beiden Unterstützungsformen ist gemeinsam, dass bei regelmäßig stattfindenden Treffen in geschützter Gesprächsatmosphäre ein Austausch initiiert wird – über das eigene Forschungsprojekt, über Schwierigkeiten im Arbeitsprozess und über Konflikte in Arbeitsgruppen oder mit den betreuenden Gutachter/innen.

Nützlich dafür sind Rahmenbedingungen, die von Beratungseinrichtungen (als geschütztem kulturellen Raum innerhalb der Universität) hergestellt und mit den spezifischen Kompetenzen von Beraterinnen gestaltet werden können:

➢ Eine vom Fächerspektrum her gemischte Zusammensetzung der Teilnehmerinnen ermöglicht die Begrenzung akademischer Konkurrenz so, dass Kooperation und wechselseitige Unterstützung mehr im Mittelpunkt stehen als das Zeigenmüssen von Fachkompetenz.

➢ Die Zusammensetzung der Gruppe aus Teilnehmerinnen, die sich an unterschiedlichen Punkten des Promotionsprozesses befinden, vermittelt ein Gespür dafür, dass auch das Verfassen einer Dissertation ein Prozess mit verschiedenen, aufeinanderfolgenden Stadien ist – ein Prozess, der mit je unterschiedlichen Freuden und Belastungen verbunden ist: Die Angst beispielsweise, nie ein Ende der Recherche finden zu können, ist dann kein Zeichen von Strukturlosigkeit im Arbeitsprozess, sondern signalisiert, dass man sich auf dem Höhepunkt der Recherche befindet.

---

13 Sie unterhalten zwar mehr und verbindlicher Beziehungen als ihre männlichen Mitstudierenden, investieren aber mehr in Beziehungen, als sie Unterstützung erhalten, und sind, sobald Kinder zu versorgen sind, stärker eingebunden.

➢ Eine verstehende, auch Gefühle und psychische Konflikte einbeziehende Gesprächskultur hilft den Einzelnen, ihre Belastungen anzuerkennen und nach pragmatischen Lösungen zu suchen.

➢ Der Austausch über Arbeitsprobleme hilft, diese als normale Begleitung des Arbeitsprozesses zu akzeptieren, und er macht zugleich deutlich, dass auch die wissenschaftliche Arbeit mit unterschiedlichen Arbeitsstilen bewältigt werden kann und bewältigt wird.

➢ Das komplexe Verhältnis zu Doktorvater und Doktormutter spiegelt die Konflikte, die dem Ringen um Autonomie innewohnen. Das ambivalente Bedürfnis nach Rückmeldung, der Kampf um Anerkennung und Gefühle der Schuld über die eigene Fort-Entwicklung werden in der Gruppe verstehbar und es lässt sich ein distanzierter Umgang mit möglichen Problemen erarbeiten.

Coachinggruppen für Doktorand/innen oder Workshops, die Promovend/innen unterstützen, ihre Doktorarbeit zu schreiben, können genauso gestaltet werden wie Gruppen für Studierende, die sich um ihre Examens- oder Hausarbeiten bemühen.[14] Ausschlaggebend ist, dass sie neben handwerklichen Aspekten (die sich auf das Verfassen von wissenschaftlichen Texten und ein den Lebensumständen angemessenes Zeit- und Selbstmanagement beziehen) auch die beschriebenen Konfliktpotentiale aufgreifen und für deren Erarbeitung einen geschützten Raum bieten.

3.2   Persönliche Krisen und Erkrankungen

Die Themen und Problemfelder des Studienverlaufs, die wir bisher beschrieben haben, sind als je Einzelne herausfordernd und belastend, sie führen zu unterschiedlichen Unterstützungswünschen und Beratungsbedarf. Treffen mehrere Probleme zusammen, dann kann auch Hilfestellung auf mehreren Ebenen erforderlich sein. Im klinischen Sinne krank werden die meisten Studierenden nicht, auch wenn sich ein erheblicher Prozentsatz, wie die Umfragen des Deutschen Studentenwerks immer wieder zeigen, psychisch stark belastet empfindet. Allerdings: Neben den Studierenden, die eine Beratung aufsuchen, weil sie sich Klarheit über ihre Studienbedingungen verschaffen wollen und mit der Bewältigung alltäglicher Probleme in ihrem Lebensumfeld bzw. in ihrer Arbeitssituation nicht zufrieden sind, kommen viele auch mit dem Gefühl, in einer existen-

---

14 Gödde & Püschel (2006), Knigge-Illner (2001) beschreiben unterschiedliche Seminarkonzepte, die sich in der Praxis bewährt haben.

ziellen Sackgasse festzustecken. Das Beratungsanliegen bezieht sich dann nicht auf ein umschriebenes Problem, sondern auf einen dominierenden, negativen Zustand: Ein Gefühl der Insuffizienz oder der Verunsicherung bestimmt das Selbstbild und den Selbstwert, manchmal von Angst und Verzweiflung begleitet. Wer sich in einer solchen Situation befindet, dem ist es meist über eine längere Zeit nicht gelungen, bestehende Schwierigkeiten mit den eigenen Möglichkeiten und Ressourcen zu überwinden. Diese Ratsuchenden stehen unter dem Eindruck, sich in eine unlösbare Situation manövriert zu haben oder hilflos einem unerträglichen Zustand ausgesetzt zu sein. Ausgangspunkt kann eine extrem belastende Erfahrung sein, eine seelische Erkrankung oder ein psychisch-physischer Erschöpfungszustand, der ein Ausmaß erreicht hat, das nicht länger zu ignorieren ist.[15]

Menschen, die durch äußere oder innere Geschehnisse in einem Ausmaß beeinträchtigt sind, dass die gewohnten Verhaltens- und Bewältigungssysteme versagen, geraten unter extremen psychischen Druck. Eine emotionale Krise entsteht dann, wenn Stress und Erregung die Möglichkeiten übersteigen, die psychische Balance wiederzugewinnen, da sie die inneren und äußeren Ressourcen übersteigen. In Belastungssituationen wird meist versucht, mit vermehrter Anstrengung auf die Krisenhaftigkeit zu reagieren. Wenn dies nicht gelingt, kommt es zu einer Unterbrechung der Kontinuität des Erlebens und zu einer partiellen Desintegration der Handlungsmuster, was emotional destabilisiert. In solchen Zuständen geht das Gefühl verloren, Kontrolle über die innere und äußere Wirklichkeit zu besitzen. Symptomatisch für Krisen sind eine deutliche innere Anspannung, Unruhe und Nervosität, die von Gefühlen der Hilflosigkeit und von Ängsten begleitet sind und sich bis zu Panikattacken steigern können. Auffällig sind Erschöpfungsgefühle und depressive Verstimmungen, die mit Selbstmordgedanken oder (prä)suizidalen Handlungen verbunden sein können. Eine Krise kann sich aber auch in Aggressionen und inadäquaten Verhalten äußern, in Verwirrtheitszuständen, Depersonalitätserleben oder präpsychotischen Symptomen.[16]

---

15 Durch andauernden Stress, durch psychische Probleme, aber auch durch hohen Leistungs-
    druck, Erfolgsdruck, Kollision von privaten und beruflichen Anforderungen entsteht das Ge-
    fühl ausgebrannt und völlig verausgabt zu sein. Die Symptomatik wird durch das Burn-out-
    Syndrom beschrieben, das Gefühl innerer Leere geht mit depressiven Verstimmungen, An-
    triebslosigkeit, erhöhter Reizbarkeit, Unruhe, körperlichen Dysfunktionen, Schlafstörungen
    und Erschöpfungszuständen einher.
16 Man spricht von Depersonalisationsgefühlen, wenn sich Personen als unwirklich, fremd, un-
    einheitlich erleben, die Störungsgefühle können sich auch auf den Körper beziehen. Präpsy-
    chotische Symptome verweisen auf eine krankhafte Entwicklung, es sind Beeinträchtigun-
    gen, Konzentrationsprobleme, Stimmungsschwankungen, Belastungsreaktionen und Fremd-
    heitsgefühle, die meist erst durch ihre Zunahme und Häufung auffällig werden.

Krisen im hier beschriebenen Sinn[17] bauen sich durch wiederholte lang anhaltende belastende Ereignisse auf oder werden durch einmalige Traumen, unvorhergesehene Schicksalsschläge ausgelöst. Trennungen, Krankheiten oder der Tod eines Nahestehenden, Gewalt, Missbrauch, aber auch Verluste und Kränkungen im weiteren Sinne (massive Herabsetzungen z. B.) oder die Einbuße des Selbstwertgefühls können dazu führen, dass das seelische Gleichgewicht zusammenbricht. Ob ein Ereignis oder eine Lebenssituation als Krise zu bewerten ist, hängt davon ab, wie sehr die psychische Stabilität *subjektiv* bedroht ist. Krisenhaft wirken das Erleben von Desorientierung und die massive Verstörung des Selbstwertgefühls. Dabei können sehr unterschiedliche Grundbedürfnisse verletzt sein.

Rebecca kommt in großer Verzweiflung zur Beratungsstelle. Seit Wochen leidet sie unter Schlafstörungen mit Alpträumen und Grübeln, gedrückter Stimmung und Appetitlosigkeit. Sie sei im Kontakt mit anderen überempfindlich, wolle nicht auffallen und fühle sich oft wie betäubt. Sie bekäme seit Wochen vieles nicht mit, fühle sich desorientiert und wisse gar nicht mehr, wer sie sei. Vor zwei Monaten habe ihr Freund in einem Drogenrausch stundenlang auf sie eingeschlagen. Sie konnte ihn nicht beruhigen und erst als er gegangen sei, die Notrufzentrale verständigen. Noch im Krankenhaus habe sie Anzeige erstattet und ihre Wohnung gekündigt. Augenblicklich sei sie bei ihrem Bruder untergekommen, wolle aber in zwei Monaten wieder in eine eigene Wohnung ziehen. Sie habe sich rückwirkend für dieses Semester beurlauben lassen, weil sie sich nicht in der Lage fühle, wie geplant ihre Zwischenprüfung abzulegen. Sie könne sich auf nichts konzentrieren und nicht lernen. Sie verliere die Zuversicht, dass sie wieder normal funktionieren werde und im Augenblick sei sie besonders durcheinander, da ihr Freund wieder den Kontakt zu ihr suche. Trotz großer Vorbehalte möchte sie eine freundschaftliche Beziehung zu ihm halten. Ihre Familie und ihre Freunde hätten dafür kein Verständnis und setzten sie stark unter Druck. Sie wisse nicht, wie sie sich verhalten solle und wie es mit ihr weitergehen könne.

Die Krise, in der sich Rebecca befindet, geht auf das erlebte Trauma zurück. Ihre Verstörung, ihre Wut, Verzweiflung und auch Trauer, die sie in den ersten Ta-

---

17 Der Begriff der Krise bezeichnet hier die teilweise Verwischung zwischen Normalität und Pathologie, die nicht klar einem klinischen Störungsbild zuzuordnen ist. Eine psychiatrische Klassifikation wird insbesondere den Entwicklungskrisen nicht gerecht, die keine Krankheit, sondern eine Zuspitzung normaler Reifungsabläufe darstellen. Die diagnostische Unterscheidung zwischen Krisen und Erkrankungen, wie beispielsweise Anpassungsstörungen, die als neurotische Verarbeitung von Traumen oder länger anhaltenden Belastungen zu verstehen sind, ist für die Beratungsarbeit aber durchaus bedeutungsvoll.

gen nach der Misshandlung erlebt hat, konnte sie einordnen. Die anhaltende Symptomatik, das Unvermögen wieder zum Alltag zurückzukehren, sind ihr unverständlich und ängstigen sie zunehmend. Sie möchte vergessen.

Auch die Irritationen, die mit den Statuspassagen im Studium verbunden sind, können existenzielle psychische Krisen auslösen. Examenssituationen erzwingen die Auseinandersetzung mit äußeren Realitäten, die viele durch Aufschieben, Wechsel von Schwerpunkten oder relativen Rückzug vermieden haben. Man muss Grenzen akzeptieren (Zeiträume, in denen Leistungen zu erbringen sind, Umfang, den die Bearbeitung einer Aufgabe nicht überschreiten darf) und sich der Konkurrenz stellen. Das beraubt einer narzisstischen Abwehrorganisation: Tagträume und Größenphantasien, die bislang helfen konnten, den Selbstwert zu regulieren, werden obsolet. Ein (erfolgreicher) Abschluss ist zwar ein Schritt der Individuation, bedeutet aber auch eine Festlegung und Begrenzung der Omnipotenz und kann mitunter zu erheblichen psychischen Problemen führen. Treffen diese auf psychische Erschöpfungszustände oder individuelle Vulnerabilität anderer Art, kann das Gefühl der Aussichtslosigkeit in apathische Haltungen oder schwer steuerbare Aggression umschlagen.

In anderen Fällen wird eine Krise durch ganz alltägliche Erfahrungen ausgelöst. Ein Scheitern in einer wichtigen Prüfung, beispielsweise, zwingt alle Studierende dazu, sich kurzfristig umzuorientieren und verlangt psychische Arbeit am Selbstverständnis und eine selbstkritische Reflexion des eigenen Arbeitsverhaltens. Von manchen wird ein Scheitern allerdings als Katastrophe erlebt, die die gesamte Lebensplanung in Frage stellt und subjektiv einer psychischen Vernichtung gleichkommt. Vor allem, wenn einem solchen Misserfolg eine psychische Destabilisierung vorausgegangen ist, kann dies eine Krisenreaktion herbeiführen.

Markus wurde von einem Mitbewohner seiner Wohngemeinschaft zur Beratung angemeldet. Er wirkt übernächtigt, extrem angespannt und ist in seinen Bewegungen sehr fahrig. Seine Mitbewohner hätten ihn nahezu gezwungen die Beratungsstelle aufzusuchen, sie hielten es nicht mehr mit ihm aus. Er könne seit Tagen kaum noch schlafen und sei extrem reizbar. Zwar würde er sich die meiste Zeit über in sein Zimmer zurückziehen, aber auch das wird ihm nach einigen Stunden unerträglich. Er fühle sich dann unwohl und möchte mit den anderen reden, fühle sich aber meist angespannt, unverstanden, von den anderen schnell gestört und raste dann aus. Vor zwei Wochen habe sich seine Freundin von ihm getrennt und kurz danach habe er erfahren, dass er eine (Wiederholungs-)Klausur nicht bestanden hätte, das werfe ihn im Studium sehr zurück, da er nun für ein wichtiges Praktikum, das nur alle zwei Semester angeboten wird, keine Zulassung bekäme. Er weiß nicht, was er nun tun solle, bislang habe in seinem Leben alles reibungslos geklappt, nun liege alles in Scherben. Er wisse nicht wei-

ter und richtig ernst nähme niemand seine hoffnungslose Lage. Er könne die Be-
schwichtigungen nicht mehr ertragen. Er sei unglaublich wütend und habe das
Gefühl ein vollkommener Versager zu sein. Am liebsten würde er alles hinwer-
fen oder einfach abhauen, er könne sowieso nicht ertragen, denen zu begegnen,
die das Semesterziel erreicht hätten.

Die Mitbewohner von Markus hatten Angst vor ihm und um ihn. Markus ver-
hielt sich offensichtlich nach dem Motto „lieber Angst verbreiten, als Scham
aushalten" und zeigte daneben starke selbstabwertende Tendenzen. Die Beziehung zu seinen Freund/inn/en war belastbar genug, dem Drängen, sich profes-
sionell helfen zu lassen, zu entsprechen. Es gab den Wunsch nach Hilfe, auch
wenn er eine solche Bedürftigkeit anfänglich aggressiv abwehren musste und
gleich zu Beginn des Gesprächs deutlich machte, dass er sich nicht wirklich etwas davon erhoffte. Er brauchte erst Raum, um zu zeigen, wie unvereinbar
Scheitern mit seinem Selbstbild war, bevor er sich darauf einlassen konnte, seine Situation differenzierter zu betrachten.

Wenn Studierende in einer akuten Krisensituation Beratung suchen, auch das
können die Beispiele zeigen, geht es vorrangig um Stabilisierung und Orientierung. Wie lässt sich die verzweifelte Situation ertragen, welche Maßnahmen
sind möglich, um Angst und Anspannung zu mildern? Die Aufarbeitung der Situation, der Kränkungen durch Trennung und Misserfolg, kann erst angestrebt
werden, wenn man sich in seiner Selbstwahrnehmung akzeptiert fühlt. Dann
lässt sich damit beginnen, die auslösende Situation zu reflektieren und Hilfe dafür anzubieten, sie neu zu bewerten und Konsequenzen daraus zu ziehen. Es bedarf meist längerfristiger psychologischer Hilfe, um die vorhandenen Ressourcen aus den realen Lebensumständen, der Intelligenz und der Phantasie des Studenten aufzuspüren und für die Krisenbewältigung nutzbar zu machen. Bei der
ersten Begegnung aber geht es darum, Kontakt herzustellen, ein Arbeitsbündnis
aufzubauen und das bedeutet, sich dem Entsetzen, der Panik, dem überwälti-
genden Kummer, dem inneren Chaos zu stellen, am Erlebten Anteil zu nehmen,
ohne sich davon überwältigen zu lassen.

Diese grundlegenden Schritte gelten für alle Beratungen, bei denen auf aktuelle Krisen zu reagieren ist, auch dann, wenn erkennbar wird, dass die Krise
nicht durch ein traumatisch erlebtes Ereignis ausgelöst, sondern Ergebnis einer
längeren ungünstigen Entwicklung, oder Ausdruck einer psychischen Erkrankung ist. Besonders, wenn bei bislang recht stabilen Personen ein psychischer
Zusammenbruch ohne größere erkennbare Belastung auftritt, ist die Bedroh-
lichkeit des Auslösers oft nur durch die individuelle Lebensgeschichte und die
Persönlichkeit zu verstehen.

Iris kommt in spürbarer Erregung. Sie ist von einem Psychiater, bei dem sie wegen einer möglichen Semesterbeurlaubung vorgesprochen hat, an die Beratungsstelle verwiesen worden. Seit ihr vom Studienbüro die Auflage gemacht wurde, in Kunstgeschichte ihre Zwischenprüfung abzulegen, leide sie unter Panikattacken. Sie schreibe gegenwärtig an drei Hausarbeiten, die sie für die Prüfungszulassung noch fertigstellen muss. Die Schilderung der konkreten Arbeitsanforderungen und ihres Vorgehens ist konfus, ihre Panik wird spürbar. Es ist offensichtlich, dass Iris ihre Ziele nicht realisieren kann. Sie ist verzweifelt, sieht keinen Ausweg, kann weder ihr Studium fortführen, noch eine Alternative entwickeln: „ ... dann müsste ich mit allem Schluss machen!" Iris lebt sehr isoliert, ist trotz massiver psychischer Probleme aktuell nicht in Behandlung. Sie erlebt sich als von ihrer Umwelt schikaniert und im Stich gelassen, sie fordert Hilfe ein, um im nächsten Atemzug alle Welt als unfähig, herzlos und desinteressiert zurückzuweisen.

In solchen Krisenberatungen geht es zunächst darum, die Gefahr zu bannen, die darin liegt, dass Verzweiflung, Hilflosigkeit und Destruktivität übermächtig werden. In jeder Krise steckt die Chance, durch die notwendig werdende kognitive und emotionale Verarbeitung der belastenden Ereignisse neue Einsichten zu gewinnen und neue Verhaltensmöglichkeiten zu entwickeln. Berater/innen orientieren sich am Potenzial, das mit Überwindung der Krise erwächst, und können dabei helfen, dieses zu erkennen und zu nutzen. Es ist aber auch Wissen über seelische Erkrankungen erforderlich, um Ratsuchenden Halt zu bieten und vor unrealistischen Scheinlösungen zu schützen. Beratungsarbeit zielt darauf ab, zu prüfen, inwieweit die Auseinandersetzung mit der Realität möglich ist und welche Vorbedingungen dafür zu schaffen sind.

Gespräche, die unter hohem Belastungsdruck stattfinden, wie in dem Beispiel geschildert, folgen eigenen Gesetzmäßigkeiten. Vorrangig ist, Beistand anzubieten und Vertrauen auf einen möglichen Ausweg aufzubauen. Das kann auch heißen, dass Ratsuchende Unterstützung bekommen, Institutionen oder Personen aufzusuchen, die tatsächlich die notwendige Hilfe oder Behandlung bieten können. Beratungen in Krisensituationen erfordern flexibles Vorgehen und – das wird häufig übersehen – diagnostische Kompetenz. Nur auf der Basis einer soliden Einschätzung der Ursachen, Einflussfaktoren, Art und Schwere der Krise, aber auch der inneren und äußeren Ressourcen inklusive der Bewältigungsstrategien können effiziente Interventionen erfolgen. Aus diesem Grund werden wir im Folgenden auch auf krankmachende Entwicklungen und die Beratung von psychisch kranken Studierenden eingehen. Sie stehen nicht im Zentrum der Hochschulberatung, kommen aber im Beratungsalltag vor. Und sich damit auszukennen, ist notwendig, um mit Krisenerfahrungen von Studierenden wie den hier skizzierten angemessen umzugehen.

3.2.1 Maligne Entwicklungen

Die Krisen, mit denen die Berater/innen an Hochschulen konfrontiert werden, sind meistens Ergebnis einer länger andauernden belastenden Lebens- und Arbeitssituation und weit seltener durch seelische Traumen verursacht. Wiederholte Kränkungen, fortwährender Stress, der sich aus ungünstigen Studien- und Lebensumständen heraus entwickelt, können sich zu einer Krise steigern. Die zunehmenden Anforderungen und vor allem die gewachsenen Selbstanforderungen manifestieren sich in Reifungskrisen und aktivieren ungelöste Konfliktkonstellationen. In der Phase der Spätadoleszenz wollen junge Erwachsene wichtige Entscheidungen selbstständig und ohne den gewohnten Beistand treffen. Sie wollen weitgehend für sich selbst sorgen und ihr Leben verantworten. Wenn Menschen wenig gelernt haben, mit auftretenden seelischen Spannungen umzugehen, wenn sie trotz ihres Wunsches nach Unabhängigkeit doch sehr mit ihren Eltern verstrickt sind, kann es sein, dass sie die anstehenden Entwicklungsziele nicht erreichen. In (Beziehungs- oder Studien-)Abbrüchen, im wiederkehrenden Wunsch nach neuen Anfängen zeigt sich die Ambivalenz zwischen Abhängigkeit und Autonomie.

> *Zur Beratung erscheint eine junge Frau, Lea, die sich zunächst über Modalitäten und Implikationen wegen eines geplanten Fachwechsels informieren will. Lea stellt zielgerichtet ihre Fragen, hört sich ruhig an, mit welchen Schwierigkeiten sie rechnen müsse und macht sich Notizen, was sie in der Studienfachberatung und im Prüfungsbüro in Erfahrung bringen soll. Auf mein Nachfragen, was sie an der bisherigen Fächerkombination als unbefriedigend erlebt habe, erzählt sie, dass sie das Fach wechsle, weil ihre Familie sie dazu dränge, sie würden ihr einreden, die bisherige Fächerkombination (Vergleichende Literaturwissenschaften, Germanistik und Musikwissenschaft), die sie seit 2 Jahren studiert, würde zu nichts führen. Sie solle auf Lehramt wechseln, die Fächer Grundschulpädagogik und Deutsch belegen und nach Möglichkeit am Heimatort studieren. Auf die Nachfrage, ob sie die Einschätzung ihrer Eltern teile und selbst auch einen Vorteil im Wechsel erkenne, zeigt sie großes Verständnis für die elterliche Position.*
> *Im Verlauf des weiteren Gesprächs entsteht dann ein völlig anderes Bild von Lea, die auch zunehmend berührter wirkt, rote Flecken im Gesicht verraten ihre Aufregung. Sie würde jedes Semester mit Zuversicht und Elan beginnen, kön-*

ne sich dann aber nicht auf das Studium konzentrieren. Sie habe das Problem vielseitig begabt zu sein, aber sie verliere schnell das Interesse und langweile sich dann „tödlich". Sie habe an einem anderen Ort bereits zwei Semester Medizin studiert und auch schon drei Praktika in verschiedenen Bereichen gemacht. Sie wisse nur, dass sie weiter hier leben wolle, obwohl die Eltern dagegen seien. Alles andere sei wohl egal, sie müsse einfach nur lernen, am Ball zu bleiben und die Seminare zu besuchen. Wenn sie sich motivieren könnte, wäre das alles kein Problem, davon ist sie überzeugt. Sie ziehe sich aber immer zu schnell zurück und ginge nicht mehr zu den Lehrveranstaltungen. Sie verstehe auch, dass ihre Eltern sie „zurückholen" wollen. Seit der Schulzeit neige sie zu selbstverletzendem Verhalten (ritzen) und seit letztem Monat denke sie immer wieder über Selbstmord nach.

Lea hat ihre Unzufriedenheit, ihre zunehmende Verstimmung und Anspannung sehr lange nicht ernst nehmen wollen. Die immer wieder auftauchende Erfahrung, das Interesse zu verlieren, hat sie sich mit ihrer vielseitigen Begabung erklärt. Ihre Probleme, sich auf ein Fach festlegen, sich mit Selbstzweifeln auseinandersetzen zu müssen, ihre Leistungen bewerten zu lassen, mit anderen in einen Leistungsvergleich zu treten, hat sie vermieden. Sie pflegt einige Freundschaften, aber vermeidet den Kontakt zu anderen Studierenden. Dies Verhalten ist ihr aus der Schulzeit bekannt, sie hat allerdings nicht wahrhaben wollen, dass sie damit nicht allein fertig werden kann. Den Zusammenhang von Selbstzweifeln, Selbstabwertung, Stress und Vermeidungsverhalten sieht sie nicht. Sie geht von falschen Annahmen aus über das Studium, den zeitlichen und psychischen Aufwand, vermeidet jeden Kontakt, der ihr Rückmeldung über ihr Verhalten geben könnte, da sie negative Zuschreibungen fürchtet. Sie hofft immer auf einen neuen Anfang, kann ihr Verhalten aber nicht verändern. Aber die psychische Belastung und ihre Angst nehmen zu.

Wenn Studierende über eine längere Zeitspanne missgestimmt sind oder sich trotz Anstrengungen nicht erfolgreich fühlen können, fällt es ihnen oft besonders schwer, ein „Scheitern" in Aspekten ihres Lebens anzusprechen. Schamgefühle über das eigene Unvermögen belasten sie zusätzlich und erhöhen den Distress. Bei Rebecca hat es dazu geführt, dass sie nach Jahren wieder begonnen hat, sich Schmerzen zuzufügen, um ihre Anspannung zu regulieren. Erst die Forderung der Eltern, in ein weniger anspruchsvolles Studium zu wechseln und nach Hause zurückzukommen, haben ihr ermöglicht, über Veränderungsmöglichkeiten zu sprechen.

Auch Mario, der Mathematik und Französisch auf Lehramt studiert, überlegt seine Studienfächer zu wechseln oder sein Studium ganz aufzugeben. Er begründet dies mit den Erfahrungen im Schulpraktikum. Er habe zwar gute Rückmeldungen erhalten, habe sich aber überfordert gefühlt. Es sei sehr schwer für ihn gewesen, ihm fiele es nicht leicht, auf andere Menschen zuzugehen. Er müsse noch ein weiteres Schulpraktikum absolvieren, das mache ihm Angst. Vielleicht sei Dolmetscher richtiger für ihn, aber er wisse nicht, wie er dies finanzieren könne, da er auf das BaföG angewiesen sei.

Er habe generell Angst vor neuen Kontakten und das sei in den letzten Jahren schlimmer geworden, oder er leide mehr darunter als früher. Er habe sich immer gewünscht, offener sein zu können und sei in der Schulzeit auch zuversichtlich gewesen, dass es mit der Zeit besser würde. Nun sei er erwachsen, hätte das Studium fast hinter sich und er habe sich nicht verändert, fühle sich aber erschöpft und glaube, sein Berufsziel nicht aufrechterhalten zu können. Er wisse nicht, wie er den Eltern erklären könne, dass er aufgeben will, sie hätten auf Vieles verzichtet und hart daran gearbeitet, dass die Kinder es besser haben sollten.

In den ersten Studienjahren sei es ihm besser ergangen, da habe er sich angestrengt, er war Perfektionist und erzielte ausgezeichnete Noten. Aber inzwischen denke er viel nach und stelle fest, dass er sich nicht verändere. „Vielleicht war einfach die Herausforderung zu klein, dass ich das Interesse am Studium verloren habe und keinen Sinn mehr darin sehe, mich anzustrengen. Wozu?"

An die Studienzeit werden vor allem dann viele Wünsche gerichtet, wenn die bisherige Ausbildung und Entwicklung nicht als befriedigend erfahren wurde. Manchen gelingt es nicht, bestimmte Rollen und Zuschreibungen zu überwinden, die sie in der Familie oder im Klassenverband innehatten, sie sehnen sich danach, in einer neuen Umgebung andere Verhaltensmöglichkeiten zu erproben. Die Sehnsucht nach neuen Erfahrungen bezieht sich auf soziale Bezüge ebenso wie auf intellektuelle Bereiche. Der Wunsch, sich seinen eigenen Interessen hingeben zu können, auf Menschen zu treffen, die von gleichen Themen fasziniert sind und sich mit Themen zu befassen, die man für wesentlich hält, weckt große Erwartungen an die eigene Person, an die neue Lebenswelt und an die Wissenschaft. Besonders wenn deutlich wird, dass man in der neuen Umgebung noch immer mit den altbekannten Hemmungen und Ängsten zu kämpfen hat, breiten sich Enttäuschung und Unzufriedenheit aus, die oft von Selbstabwertung begleitet wird. Größenphantasien können beflügeln und konstruktive Lösungswege aufzeigen, wenn diese aber nicht zu realisieren sind, verstärkt sich das Gefühl von Unfähigkeit. Der Leidensdruck ist besonders hoch, wenn bereits viele Anstrengungen unternommen wurden, die (Lebens-)Situation zu verbessern, die (Liebes-)Sehnsüchte aber unerfüllt bleiben und das Gefühl auftaucht, das wirkliche Leben zu verpassen, nicht dazu zu kommen die eigenen Potenziale zu entwickeln.

Die erlebte Enttäuschung kann sich am eigenen Unvermögen ebenso festmachen wie an den Kommilitonen/innen, die man fremd findet und zu denen man sich nicht zugehörig fühlen kann. Der Eindruck ausgeschlossen zu sein, kann sich auch auf die Wissenschaft beziehen, die man sich nicht mit dem erhofften Erfolg erschließen kann, oder die ihre Faszination verloren hat. Es sind solche sich wiederholenden Kränkungen, die einen regressiven Rückzug auslösen und das Selbstwertgefühl untergraben. In all diesen Fällen besteht die Gefahr der Chronifizierung von Verstimmungen sowie einer Verschärfung der Symptomatik. Soziale Bezüge gehen verloren, Arbeitsprobleme nehmen zu, Perspektivlosigkeit, Hilflosigkeit und Gefühle des Unerwünschtseins breiten sich aus.

Wie Entwicklungskrisen und andauernde Enttäuschungserlebnisse verarbeitet werden können, ist von den individuellen Ressourcen abhängig. Es gibt Studierende, die sich durch kreative Betätigung Bereiche erschließen, in denen sie Bestätigung finden und die ihnen helfen, den negativen Sog einer krisenhaften Entwicklung zu durchbrechen. Andere reagieren mit häufigen Erkrankungen und finden so objektive Begründungen für ihr subjektives Versagen, was es ihnen ermöglicht Hilfe anzunehmen. Belastungsstörungen, Erschöpfungszustände, Entwicklung von Essstörungen, aber auch die Flucht in Alkohol, Drogen, Aggressivität, (Selbst-)Destruktivität und Suizidalität können Folgen anhaltender Enttäuschungen und nicht gelöster Konflikte sein.[18]

3.2.2 Psychische Erkrankungen

Die unter Studierenden am häufigsten vorkommenden psychischen Erkrankungen sind depressive Beschwerden, Anpassungs- und Belastungsstörungen. Viele Studierende sind erstaunt, wenn sie erfahren, dass ihre Verstimmungen und Symptome als Erkrankung zu verstehen sind, andere haben eine klare Einschätzung, dass ihre Beschwerden eine Therapie erforderlich machen, und wünschen sich von der Beratung eine fundierte Hilfestellung bei der Suche eines Therapieplatzes.

---

18 Geschlechtstypische Symptomatik: Suchterkrankungen und Aggressivität ist bei Männern häufiger, Essstörungen bei Frauen.

Johanna studiert BWL und kommt mit einem depressiven Beschwerdekomplex in die Beratung. Ihr sei oft zum Weinen und sie habe starke Stimmungsschwankungen. Es gäbe gute und schlechte Tage, ohne dass sie es sich erklären könnte. Sie müsse sich intensiv auf anstehende Prüfungen vorbereiten. Dies mache ihr große Angst und manchmal würde sie tagelang nur im Bett liegen und nichts mehr auf die Reihe kriegen. Oft sei sie traurig und habe keinen Spaß mehr. Auf der anderen Seite würde sie schnell explodieren und sei leicht reizbar. Die Phasen, in denen es ihr schlecht gehe, würden überhandnehmen. Sie leide unter Durchfall und Magenbeschwerden. Eigentlich würde sie sich nur noch zusammenreißen. Außerdem sei ihre Beziehung zu ihrem Freund sehr konfliktreich und das Verhältnis zu ihrem Vater denkbar schlecht. Sie möchte beraten werden, wie sie zu einer Therapie kommt und welches Verfahren für ihre Problematik geeignet sei.

Studierende, die unter einer psychischen Erkrankung leiden, benötigen Hilfe, um zu differenzieren, wie ihre Beschwerden mit den Bedingungen ihrer gegenwärtigen Lebens- und Arbeitssituationen verbunden sind. Was ist ein Hinweis auf ein Krankheitsgeschehen, was ist vorübergehende Belastung, warum belastet ein seelischer Konflikt gerade jetzt in diesem Ausmaß? Wie ernst sind die Störungsgefühle zu nehmen, was hat mit der Psyche, was mit dem Studium zu tun? Aus Schilderungen wie denen von Johanna müssen Berater/innen herausarbeiten, welche Maßnahmen geeignet sind, das aktualisierte Konfliktgeschehen aufzuarbeiten, damit eine Verstärkung der Symptomatik und eine Chronifizierung vermieden werden können. Daneben ist auch zu klären, welche momentanen Lebensumstände in besonderer Weise belasten und ob diese kurzfristig zu verändern sind. Johanna hatte selbst die Vermutungen, dass das Zusammenwirken von Prüfungsstress, Partnerschaftskonflikten und ungelösten Problemen mit den Eltern ein Ausmaß erreicht hat, das professionelle Hilfe erforderlich macht. Andere verstehen ihre Beschwerden nicht als Krankheitssymptome, sondern als Verkettung ungünstiger Lebensumstände. Sie fühlen sich überfordert, beklagen eine eingeschränkte Leistungsfähigkeit, fühlen sich den universitären Arbeitsstrukturen ausgeliefert. Ihre Situation erfahren sie zwar als unerträglich, sie unterschätzen aber ihre Probleme hinsichtlich deren Persistenz und glauben, wenn sie etwas mehr Disziplin aufbringen könnten, würden sie ihre Arbeitsstörung überwinden und auch alles andere käme damit ins Lot.

Angela, eine Jura-Studentin, erzählt, sie sei durch einen Vortrag zur Prüfungsvorbereitung auf die Idee gekommen, sich für ein Beratungsgespräch anzumelden. Sie berichtet von Panik im Vorfeld von Klausuren, wobei sie sich dann wie unter Zwang Haare ausreiße. Sie kenne das seit ihrer Kindheit, im Laufe des letzten Jahres sei es jedoch nach massiven Belastungen schlimmer geworden. Neben Schlafstörungen, extremen Gefühlsschwankungen und Grübeln habe sie zunehmend das Gefühl, es breche alles über ihr zusammen und sie befürchte, nicht mehr weiter studieren zu können. Sie und ihr tunesischer Ehemann seien nach einer Neonazi-Demonstration von Rechtsradikalen verfolgt und fotografiert worden, monatelang hätten sie sich bedroht gefühlt und Angst gehabt, die Wohnung zu verlassen. Die Polizei habe nichts unternommen, sie habe das Gefühl gehabt, ihr glaube niemand und sie sei schutzlos. Sie seien dann umgezogen, aber dann hätte sie Probleme mit ihrem Mann bekommen, der sei plötzlich zu einem Freund in eine andere Stadt gezogen. Ihr BaföG sei ihr gekündigt worden, man hätte sie schlecht beraten und ihr eine nachträgliche Beurlaubung verweigert. Nun müsse sie in ihrem Nebenjob noch mehr arbeiten. Dort (Altenheim) sei es furchtbar und sie habe viele Auseinandersetzungen, eine Kollegin würde sie regelrecht mobben. Insgesamt sei ihr momentan alles zu viel, sie fühle sich überfordert und würde mit ihren Studienarbeiten immer weniger klarkommen. Sie hätte noch immer viel Angst und habe gegenwärtig viel Streit mit ihrer Familie, die dauernd Hilfsdienste von ihr einfordern würde, wie Nachhilfe, Behördengänge und Ähnliches.

Der Gesprächsverlauf offenbart, dass Angela mit der Teilnahme an einem Workshop gegen Prüfungsängste nicht geholfen ist. Das könnte eine zusätzliche Maßnahme sein, die sie unterstützt, ihr Studium besser zu organisieren, und ihr ermöglicht, sich mit anderen über Arbeitsverhalten und Lernstrategien auszutauschen. Sie könnte auch erfahren, wie andere mit Angstgefühlen und großer Aufregung umgehen. Aber dies alles ist sicher nicht ausreichend, die Beratung muss auch auf die Behandlung der darüber hinausreichenden Symptomatik eingehen, die eine umfassende Störung vermuten lassen.

3.2.3   Beratungsschwerpunkt: Krisenintervention und Therapievermittlung

Beratungsstellen sind keine Einrichtungen, die langfristige Psychotherapie anbieten können oder als Kriseninterventionsstellen ausgestattet sind. Dennoch suchen Studierende hier Hilfe, die in einer subjektiv bedrohlichen Lebenskrise stecken oder an einer psychischen Erkrankung leiden. Sie benötigen unmittelbare Entlastung von den heftigen Gefühlen, denen sie ausgesetzt sind und brauchen Rat bei der Einschätzung der wahrgenommen Störungsgefühle. Sind diese ein Hinweis auf gravierende Fehlentwicklungen und Erkrankungen? Oft sind die Betreffenden erleichtert, wenn sie erfahren, dass ihr Kummer als normale Krise, als „Wachstumsschmerz" anzusehen ist. Den Berater/innen wird die Kompetenz zugeschrieben zu wissen, welche Umstände zur Entstehung und Aufrechterhaltung von Problemen und Erkrankungen beitragen und welche Änderungswege es gibt. Eine wichtige Ressource der Hochschulberatung ist ihr feldspezifischer Zugang. Er ist für das Verständnis lebensphasischer Bezüge von psychischen Erkrankungen ein enormer Vorteil. Er erleichtert es Krankheitsgenese und Hintergrund einer krisenhaften Dekompensation nicht nur durch die individuelle Dynamik zu verstehen, sondern auch in der spezifischen Ausgestaltung der Symptomatik und der dadurch gemiedenen Erfahrungen. Feldspezifisches Bedingungswissen ergänzt klinisches Bedingungswissen und erleichtert die gemeinsame Formulierung von Entwicklungszielen, eine Voraussetzung dafür, mit den Ratsuchenden abzuwägen, welche Maßnahmen in ihrem/seinem Fall geeignet sind, um Veränderungsprozesse in Gang zu setzen.

Beratung als Krisenintervention

Wer sich in einer aktuellen Krise befindet, erlebt einen emotionalen Ausnahmezustand. Es stehen keine Verhaltensmöglichkeiten zur Verfügung, um sich gegen den Ansturm der Gefühle zu schützen. Günstig ist es, wenn Beratungsstellen, um möglichst rasch und niedrigschwellig reagieren zu können, Beratungskapazität für Krisengespräche zur Verfügung halten. Von den Berater/inne/n ist in einem Krisengespräch eine aktive Haltung gefordert und die Konzentration auf die akute Problemlage. Nur auf der Basis einer soliden Einschätzung der Ursachen, Einflussfaktoren, von Art und Schwere der Krise, aber auch der inneren und äußeren Ressourcen können effiziente Interventionen erfolgen. Das ist im Grunde eine Strategie, der eine Beratung im Groben immer folgt, hier ist sie allerdings auf die akute, die Krise auslösende Situation fokussiert.

Es ist günstig, wenn darüber hinaus eine psychopathologische Einschätzung vorgenommen werden kann, eine differenzierte Erfassung des emotionalen und kognitiven Zustandes, inklusive einer Beurteilung der Selbst- oder Fremdgefährdung der Person. Damit sind diagnostische Kompetenzen angesprochen, die besonders dann notwendig werden, wenn die im Beratungsgespräch beschriebenen Belastungen die Art und Heftigkeit der Reaktionen nicht erklären können. Dann ist zu vermuten, dass eine psychische Erkrankung besteht oder ein psychodynamischer Zusammenhang zwischen dem Auslöser der Krise und einem bestehenden inneren Konflikt angesprochen ist. Es ist abzuschätzen, welche Bedingungen die aktuelle Zuspitzung hervorrufen, um ihre Bedeutung für Ausmaß und Aufrechterhaltung der Krise abzuschätzen. Wenn das Gespräch zu keiner Entlastung führt, müssen andere Hilfsmaßnahmen einbezogen werden, um Schutz, Geborgenheit und Möglichkeiten der Entspannung zu sichern. Das kann bedeuten, in Absprache eine kurzfristige Unterbringung in einer Krisenstation zu organisieren oder Freund/innen und Angehörige zu verständigen.

Eine Krisenintervention umfasst folgende Schritte, wobei nicht (immer) alle in der Beratungseinrichtung erfolgen:

➢ Kontakt aufbauen
➢ Sicherheit gewährleisten
➢ Emotionale Entlastung ermöglichen
➢ Krise verstehen und gemeinsam definieren
➢ Suizidalität klar nachfragen
➢ Ressourcen analysieren, dabei soziales Netz und die bisherigen Bewältigungsstrategien einbeziehen
➢ Bewältigungsstrategien reaktivieren
➢ Weiterführende Behandlung und Nachsorge besprechen bzw. organisieren

Ziel jeder Intervention ist, ein gemeinsames Verständnis für die Krisensituation zu erarbeiten und darauf aufbauend Strategien zur besseren Bewältigung zu finden. Das Krisenerlebnis zeichnet sich durch den Zusammenbruch des Zukunftshorizontes und des Antizipationsvermögens aus, auch die Vergangenheit ist verloren. Es scheint nur der gegenwärtige unerträgliche Zustand zu existieren. Bei Suizidalität, die aus narzisstischen Kränkungen resultiert, hindern überwältigende Schamgefühle daran, sich an Freunde, Bekannte zu wenden, die Betreffenden suchen neue Bezugspersonen. Dies können Berater/innen nutzen, die ihnen entgegengebrachten positiven Gefühle erleichtern die Kontaktaufnahme und wirken als eine Art Vertrauensvorschuss.

Da in Krisen der Kontakt zu anderen wegen der hohen psychischen Belastung eher gemieden wird, ist ein Setting von kurzen, aber häufigeren Gesprächen förderlich. Das Arbeitsbündnis zum Berater kann so eher aufrechterhalten werden, weil die Anteilnahme als selbstbestätigend und stärkend empfunden wird, es wirkt als „narzisstische Allianz".[19] Benötigt wird ein Gegenüber, das nicht geschont werden muss und vor dem auch Schamgefühle nicht übermächtig werden. Wenn es gelingt, ein tragfähiges Arbeitsbündnis aufzubauen, kann das Selbstwertgefühl gestärkt, die kognitiv-emotionale Einengung aufgebrochen und die Beziehungsfähigkeit wieder hergestellt werden.

---

19 Die Arbeitsbeziehung als gemeinsamer Erlebnisraum ermöglicht neue Erfahrungen – hier selbstwertstützende, nicht wertende Erfahrungen.

Für Markus war es wichtig, dass er mehrmals pro Woche für eine halbe Stunde vorbeikommen konnte. Zum einen hatte er wieder etwas vor, konnte sein Grübeln in seinem Zimmer unterbrechen und merkte allmählich, dass er sich auf dem Campus gelegentlich vertraut fühlen konnte, so als ob er nicht beschlossen hätte, dass er an dieser Universität fehl am Platze sei. Zuerst sprach er nur von seiner Wut auf sich, seinem Versagen und seiner Scham, sich nicht besser im Griff gehabt zu haben. Es wäre doch besser gewesen, Schluss zu machen, anstatt sich so unmöglich aufzuführen. Nachdem er sich darauf einlassen konnte, sein Verhalten auch als Selbstbehauptungsversuch und in diesem als Stärke zu sehen, gelang es ihm den Zustand der Hoffnungslosigkeit zu überwinden. Er zweifelte nicht mehr an seiner Leistungsfähigkeit und konnte Ansatzpunkte herausarbeiten, mit denen er sich (vielleicht im Rahmen einer Psychotherapie) beschäftigen wollte. Er verabschiedete sich nach vier Wochen, mit dem Versprechen auf alle Fälle vor der nächsten Klausur an einer Lernberatung teilzunehmen.

Menschen, die das Gefühl haben, dass ihr bisheriges Leben zusammenbricht, die sich wertlos fühlen und an wesentlichen Zielen gescheitert sind, reagieren auf Versuche, sie zu trösten, aggressiv. Sie fühlen sich nicht ernst genommen, wohingegen die Würdigung ihrer Krise – im Versuch zu verstehen, was die Krise an (Vernichtungs-)Gefühlen und Vorstellungen auslöst – entlasten und sogar stabilisieren kann. Denn das Verstehen des Zusammenbruchs schließt die Wahrnehmung der vorangegangenen Bemühungen um Bewältigung ein. Auch wenn ersichtlich ist, dass Anzeichen des Konfliktgeschehens, die inneren oder äußeren Zusammenbrüche, lange Zeit ignoriert wurden, ist es hilfreich auch solche Abwehrgänge erst einmal als Leistungen zu würdigen, im Dienste der Aufrechterhaltung des seelischen Gleichgewichts. Die erlebte Anteilnahme dient der Selbstvergewisserung und ermöglicht den Bezug zu nur schwer eingestandenen Phantasien, Gedanken und Empfindungen.

Für Julia dagegen war es leichter zu akzeptieren, dass sie ohne professionelle Hilfe die Folgen der Misshandlung und des Vertrauensbruchs nicht überwinden könne. Sie wollte möglichst schnell zurück in ihr altes Leben. Sie begann mit einer Psychotherapie und nahm Kontakt zu einer Gruppe auf, die Frauen dabei unterstützt, die gerichtliche Aufarbeitung von Gewalterfahrungen durchzustehen.

Wenn Studierende in Krisensituationen eine Beratung aufsuchen, geht es – das haben wir anhand der Beispiele zu zeigen versucht – in erster Linie um ein Angebot an Sicherheit, um der Überflutung von Gefühlen gegensteuern zu können. Berater/innen können auch klären, welche äußeren Faktoren bei einer als problematisch erlebten Situation zu berücksichtigen sind, um von Scham und Schuld zu entlasten. Am Ende einer Krisenintervention stehen ein gemeinsames Verständnis der Krise und ihres Hintergrunds und die Frage der Nachsorge, der Einbindung von Bezugspersonen sowie der weiterführenden psychotherapeutischen, sozialarbeiterischen oder medizinischen Hilfe.

Beratung psychisch kranker Studierender

Studierende, die sich seelisch belastet fühlen, suchen die Beratung dann auf, wenn ihre Probleme zunehmend unbeeinflussbar geworden sind und zu Konflikten mit sich und anderen führen. Selbsthilfe reicht dann offensichtlich nicht mehr aus, und auch gute Beziehungen zu Freund/innen und Familie können die erlebte Not nicht ausreichend mildern. Schlimmer werdende Ängste, Zwangsgedanken und -handlungen, anhaltende depressive Verstimmungen, immer wiederkehrende Beziehungsstörungen oder körperliche Beschwerden, für die es nach ärztlichen Untersuchungen keine Erklärung gibt, sind Anlass im Beratungsgespräch gemeinsam über eine Psychotherapie nachzudenken. Von der Beratung wird sowohl eine Bestätigung der Therapieentscheidung erwartet als auch Informationen darüber, wie diese umgesetzt werden kann. Wo kann eine Therapie durchgeführt werden, wie ist sie zu finanzieren, welches Verfahren scheint angemessen. Manchmal wird auch Entscheidungshilfe eingefordert, mit welchen Therapeut/innen, mit denen bereits Vorgespräche geführt wurden, man denn nun arbeiten solle. Dann müssen nicht nur die Motive für die Therapie, sondern auch die Ambivalenzen sowie die Erwartungen an eine therapeutische Beziehung noch einmal gründlich geklärt werden.

Eine Therapieempfehlung gründet auf einer differenzierten Diagnostik und umfasst meist auch eine Indikationsentscheidung. Dazu muss nicht nur die Symptomatik erfasst und mit dem Arbeits- und Lebensumfeld in Beziehung gebracht werden. Die Identifikation der die aktuelle Symptomatik auslösende Situation genügt meist nicht, um entscheiden zu können, auf welchem Konflikthintergrund eine Störung sich entfaltet und um die subjektive Bedeutung der Störung und ihrer Auswirkungen angemessen einordnen zu können. In Beratungsgesprächen wird zwischen Student/in und Berater/in Einverständnis darüber hergestellt, welche äußeren Faktoren und welche subjektiven, inneren Einstellungen oder Verhaltensweisen zum Problem beitragen. Die anschließend empfohlene Interventionsstrategie kann sich auf die gemeinsam erarbeiteten Informationen stützen und besprochen werden. Auch auf die Notwendigkeit einer zusätzlichen ärztlichen Behandlung sollte eingegangen werden. Es ist nicht selten, dass die Studierenden medikamentöse Problemlösungen einer psychologischen und/oder therapeutischen Unterstützung vorziehen.[20] Solche Wünsche sind unter Einbeziehung des Krankheitskonzepts der Ratsuchenden zu erörtern, ebenso wie Vorurteile und Ängste, die mit Therapiebedürftigkeit verbunden sind. Manchmal lässt sich das nicht in einem Gespräch klären und ein Angebot weiterer Verabredungen ist notwendig. Um Widerstände und schlechte Erfahrungen in vorangehenden Behandlungen angemessen berücksichtigen zu können, müssen Studierende ausreichend Gelegenheit bekommen, sich damit auseinanderzusetzen. Ermutigung, die Zweifel und Abwehr zu thematisieren, verhindern, dass Studierende vorschnell einer Therapie zustimmen, die sie dann aber nicht beginnen, weil sie ihre Zweifel erst später erleben und manchmal Monate benötigen, um sich Rat zu holen.

> *Das Beratungsgespräch mit Mario endete mit einer Vereinbarung für weitere Treffen, um herauszuarbeiten, welche inneren Konflikte ihn in sozialen Situationen beeinträchtigen und mit welchen lebensgeschichtlichen Erfahrungen diese in Verbindung stehen könnten. Es war auch verabredet, über Zielsetzungen und Verfahren einer weiterführenden Therapie zu sprechen. Dies schien für ihn zu diesem Zeitpunkt noch keine Lösung. Bereits einen Tag nach dem ersten Beratungsgespräch (und zwei Wochen vor dem vereinbarten zweiten) schrieb er in einer E-Mail, dass er nicht sicher sei, ob eine Therapie das Richtige sei. Schließlich hätte er den Wunsch aufgegeben, neue Kontakte zu knüpfen. Das größte Problem für ihn sei gegenwärtig, dass seine Eltern erfahren könnten, dass er das Studium abbrechen will. Nur, weil sie es noch nicht wüssten, verspüre er einen inneren Zwang, sich damit zu beschäftigen, sonst hätte er schon längst resigniert. Er wollte wissen, warum er nicht einfach weiter studieren könne, wie in den Semestern zuvor.*
>
> *In der Nachricht zeigte er sich weit offener als im Gespräch, er schilderte ausführlich seine momentane Situation: Mario lebt mit seinen Eltern und einer 1,5 Jahre älteren Schwester zusammen, auch sie würde studieren, müsse aber wohl aufhören, da sie die Leistungen nicht fristgerecht erbracht hätte. In der Schule habe er, seit er in der Grundschule ein Jahr überspringen durfte, immer die Schwester überholen wollen. Jetzt, wo er es erreicht hätte, würde es ihm nichts mehr bedeuten. Er habe zwar für die schulischen Leistungen immer Bestätigung bekommen, aber eigentlich nie soziale Anerkennung. Mit seinen Eltern sei er viel umgezogen und da er schulisch gute Leistungen erbracht habe, hätten die*

---

20 Begleitende ärztliche bzw. psychiatrische Behandlung ist sicherlich in manchen Fällen notwendig, nicht aber psychopharmakologisches Enhancement. Das Einnehmen leistungssteigernder Mittel im universitären Wettkampf ist nicht nur gesundheitlich riskant, es berührt auch ethische Probleme von Leistungsgerechtigkeit und Berater/innen haben mit Coaching und Therapie bewährte Alternativen zu bieten.

Lehrer immer geglaubt, er sei gut eingelebt. Er habe jedoch schon früh aufge-geben, soziale Kontakte zu knüpfen. Da es ihm offensichtlich leichter fiel zu schreiben, wurde vereinbart, noch eine Weile auf diesem Weg zu kommunizieren. Er schrieb häufig, über seine plötzlichen Stimmungseinbrüche, über das Ange-bot ein Schulpraktikum im Ausland zu absolvieren, wie ihm eine Kommilitonin empfohlen hatte, und danach auch wieder über Für und Wider einer Psychothe-rapie. Nach dem Auslandsaufenthalt ist er auch wieder persönlich zur Beratung gekommen und bis zum Beginn der Referendariatszeit hat er dann an einer Gruppentherapie teilgenommen.

Nach einer Beratung sollen neue Sichtweisen auf das Problem und damit mehr Handlungs- bzw. Kontrollmöglichkeiten möglich werden, als die ursprüngliche Wahrnehmung zugelassen hat. Beratungen haben die Wirkung, dass sich die Ratsuchenden verstanden und akzeptiert fühlen, sie sind dabei behilflich he-rauszufinden, welche inneren und welche äußeren Faktoren zur problemati-schen Situation beitragen und vor allem, wie äußere Bedingungen und die eige-nen Anteile daran zu verändern sind und wo/von wem es Unterstützung gibt. Die vorgeschlagenen Lösungswege sind nicht immer erwünscht, weil Studie-rende beispielsweise ihr Problem bagatellisieren und ihr Problem loswerden, aber sich nicht damit beschäftigen wollen.

Angela hatte sich noch nie damit auseinandergesetzt, dass es einen Zusammen-hang zwischen den verschiedenen Schwierigkeiten in ihrem Leben geben könn-te, und war anfangs, trotz ihrer ausgewiesenen intellektuellen Fähigkeiten, zu mehr Selbstreflexion nicht in der Lage. Ihre Angst war viel zu groß. Für sie schien das Angebot richtig, alle 14 Tage in der Beratungsstelle vorbeikommen zu können, um „ihr Leben zu besprechen". Die dabei erlebte kontinuierliche Unterstützung und Anteilnahme an ihren „Wehwehchen" haben sie stabilisiert, manchmal besucht sie auch Workshops in der Beratungsstelle, und sie spricht auch davon, dass sie es sich mittlerweile (ein knappes Jahr ist mit vielen Turbu-lenzen vergangen) vorstellen könne, an einer Psychotherapie teilzunehmen.

Unabhängig von der Feldspezifik und der institutionellen Einbindung haben Beratungsstellen den (dienstlichen) Auftrag dabei mitzuwirken, dass ihr Klien-tel angemessene und fachgerechte Unterstützung erfährt. Psychotherapie ist im Rahmen der Gesundheitsversorgung eine Serviceleistung, weshalb in Bera-tungseinrichtungen weniger Therapie durchgeführt als auf niedergelassene Psy-chotherapeut/innen verwiesen wird. Anders als beispielsweise in Frankreich

gibt es in Deutschland auch keine speziell für studentische Patient/innen vorge-
sehenen psychiatrischen Einrichtungen.[21]

Dringlich geäußerte Therapiewünsche von Studierenden scheinen allerdings
nicht immer gerechtfertigt, sie entspringen häufig auch einem regressiven
Wunsch nach Versorgtwerden und Abgabe von Verantwortung. Eigentlich wird
Schutz vor unbefriedigenden Lebenssituationen und Trost für enttäuschte Sehn-
süchte und Hoffnungen gesucht. In der Beratung kann eine solche (unbewusste) Motivation zugänglich gemacht und alternative Lösungswege vorgestellt
werden.

> *Eine junge Psychologiestudentin, Mary, möchte von der Beraterin eine Thera-
> pie vermittelt bekommen. Sie fürchtet an einer Essstörung zu leiden. Die Schwie-
> rigkeiten hätten vor eineinhalb Jahren in Neuseeland begonnen. Sie habe dort
> ein Freiwilliges Ökologisches Jahr geleistet und in einer relativ einsamen Ge-
> gend in einer Art Wohngemeinschaft gelebt. Die Arbeit habe ihr recht gut gefal-
> len, die Leute seien auch nett gewesen und zuerst lief alles prima. Aber mit der
> Zeit hätte sie angefangen, sich viele Gedanken über ihr Essen zu machen und
> dem Was und Wieviel zunehmend mehr Aufmerksamkeit zu schenken, es sei oft
> wie ein Zwang gewesen. Sie glaube nicht, dass es den anderen aufgefallen sei,
> wohl aber ihren Freundinnen, die sie später in Australien getroffen hätte und mit
> denen sie dann noch zwei Monate herumgereist ist. Beide hätten sie kritisiert
> und mit einer habe sie sich deswegen richtig verkracht. Nun studiere sie im zwei-
> ten Semester, weit weg von ihrem Heimatort, und wieder fange sie an, ihr Ess-
> verhalten stark zu kontrollieren und viel zu viel Zeit dafür zu verwenden. Sie
> schäme sich sehr und versuche es zu verbergen, aber sie ärgere sich auch über
> sich, denn diese Symptomatik passe überhaupt nicht zu ihr. Es ginge ihr phasen-
> weise sehr schlecht, sie fühle sich stark beeinträchtigt und könne sich gar nicht
> mehr auf das Studium und die neue Wohngemeinschaft einlassen.*

Die Erörterung der Umstände, in denen Mary Symptome einer Essstörung entwickelt hat, decken auf, dass sie, ohne es sich eingestehen zu wollen, in Neu-
seeland unter Heimweh gelitten hatte. Sie war in der Schulzeit in einen großen
Freundeskreis eingebunden und bekam sehr viel Bestätigung. Die begann ihr zu
fehlen und sie erlebte sich als unsicher. Solche Gefühle tauchten seit dem Beginn des Studiums wieder auf – „es sei nicht wirklich schlimm, aber sie fühle

---

21 In den „maisons universitaires" wird neben der psychiatrischen Versorgung auch pädagogi-
    sche Hilfe im Sinne von Ergänzungsunterricht erteilt. Die Wiederherstellung und konse-
    quente Unterstützung der Studierfähigkeit folgt der Überzeugung, dass dadurch eine psy-
    chische Reorganisation unterstützt und der Heilungsprozess bei manchen Störungsbildern
    beschleunigt werden kann (Püschel 1986).

sich auch nicht mehr so wohl und unbeschwert wie früher. Es sei etwas ganz Neues für sie feststellen zu müssen, dass ihr nicht alles selbstverständlich zufliegt". Weder die Zuneigung anderer noch das Gefühl, alles verstehen zu können, was sie wissen will.

Im Gespräch über etwaige Therapieziele verlieren die störenden Gedanken an ihr Essverhalten an Bedeutung. Mary vereinbart erst einmal zu fünf Beratungsgesprächen zu kommen, um zu sortieren, womit sie in ihrem Leben unzufrieden ist und zu überlegen, was sie tun kann, um dies zu verändern. Mary hat anschließend von einer Therapie Abstand genommen. Sie konnte von der in den Gesprächen erlebten Zuwendung profitieren. Der neue Blick auf ihre Störung und die gemeinsam erarbeiteten Strategien ermöglichten ihr, Studium und Freizeit als Quelle von Selbstbestätigung und Anerkennung zu erfahren und haben ihr geholfen, das verlorene Dazugehörigkeitsgefühl wieder zu erlangen. Sie fühlte sich nicht mehr ausgeschlossen und war in ihrem neuen Leben angekommen. Das Bedingungswissen über alters- und studienbedingte Konfliktkonstellationen, die Lebens- und Arbeitsumwelt bestimmen, erleichterte es, Mary einen Umweg zu ersparen. Sicherlich hätte sie von einer Psychotherapie profitiert, aber sie hatte sie auch nicht wirklich nötig.

In Krisensituationen und bei Fällen manifester psychischer Erkrankung geht es vorrangig darum, wie die seelische Gesundheit wiederhergestellt werden kann, aber auch um die Aufrechterhaltung der Leistungsbereitschaft und -fähigkeit. Eine Zusammenarbeit von psychosozialer Beratung und Psychotherapie findet dann statt, wenn die therapeutische Arbeit wenig auf die Alltagsprobleme fokussiert, aber auch im Arbeits- und Lernverhalten Veränderungen angestrebt werden. In der Hochschulberatung haben sich Formen von Kurztherapien und niederfrequente Sonderformen bewährt. Letztere haben primär Halt gebende Funktion und sind indiziert, um Studierende zu stabilisieren, bis sie eine angemessene psychotherapeutische Betreuung gefunden haben oder damit der Kontakt zur Institution Universität aufrechterhalten und reflektierbar bleibt. Kurztherapien sind fokussierte Verfahren, für deren Anwendung ein abgegrenzter aktueller neurotischer Konflikt mit einer definierten neurotischen Psychodynamik vorliegen sollte. Hier sind verbindliche Vereinbarungen über Ziel und Umfang der Therapie zu treffen. Im Beratungszusammenhang wird diese therapeutische Sonderform besonders zur Indikationsprüfung oder bei deutlicher Ambivalenz eingesetzt.

Therapiegruppen eignen sich sehr für Studierende, die lieber zusammen mit anderen Studierenden an ihren Problemen arbeiten als in anderen sozialen Zusammensetzungen, sie sind besonders angezeigt, wenn die Therapiebedürftigkeit eng in Verbindung mit den Anforderungen des Studiums erlebt wird.

Gruppentherapien bieten einen Rahmen, unbewusste Phantasien, Wünsche und Motivationen aufzuspüren, mit dem Ziel neue Möglichkeiten aufzubauen, die Lebensrealität zu bewältigen. Die Ausrichtung kann dabei auf verschiedene Problemlagen Bezug nehmen, oder allgemein die Aufarbeitung einer als konflikthaft erlebten studentischen Lebenssituation ermöglichen. Neben der Entlastung, auch andere Studierende mit seelischen Problemen zu treffen, ermöglichen Gruppen soziales Lernen. In einem wenig vorstrukturierten Raum können Beziehungen aufgenommen und gestaltet werden, die in Gang gesetzten gruppendynamischen Prozesse vertiefen Selbsterleben und verdeutlichen emotionale Reaktionen auf andere Gruppenmitglieder. Dies ist ein Unterscheidungskriterium zu den im vorhergehenden Kapitel beschriebenen Gruppenveranstaltungen und Workshops, die zeitlich begrenzt sind und relativ fest umschriebene Zielsetzungen haben.

Therapiegruppen

Studierende mit Selbstwert- und Identitätsproblemen, die sich durch Ängste und Selbstzweifel beeinträchtigt fühlen, profitieren nach unseren Erfahrungen sehr vom Gruppensetting, da in einem geschützten Rahmen die jeweilige soziale Rolle erfahrbar ist und Gefühle und Erwartungen reflektiert sowie früheres Erleben durch Neues korrigiert werden kann.

Prüfungsangstgruppen, mit einem therapeutischen Ansatz, haben sich vor allem für Studierende bewährt, die vor dem Hintergrund einer narzisstischen Problematik große Probleme haben, sowohl die Prüfungsanforderungen als auch ihre persönliche Leistungen und ihre Fähigkeiten realistisch einzuschätzen. Das Gruppensetting erweist sich als günstig, den Sinn für eigene Realitäten und Möglichkeiten zu stärken und auf die äußeren universitären Bedingungen zu beziehen. Das Spannungsfeld von Selbstüberschätzung und Selbstüberforderung bzw. Selbstzweifeln und Selbstabwertung konnte aufgezeigt und durchbrochen werden.[22]

Gruppen können auf sehr spezielle Problemlagen zugeschnitten werden, beispielsweise auf Langzeitstudierende:[23] Obwohl in den von uns durchgeführten Therapiegruppen die Probleme der Teilnehmenden jeweils sehr unterschiedlich waren (narzisstische Störungen, Depressionen, soziale Isolation,

---

22 Theoretische, diagnostische und behandlungstechnische Aspekte von Prüfungsängsten werden von Busch (2001) diskutiert und ein spezifisches Gruppenmodell vorgestellt.

23 Ritter (1997) beschreibt ein hochschulspezifisches Gruppentherapiekonzept, das mit psychodramatischen Interventionen den Umgang der Studierenden mit (Lebens-)Zeit und begrenzenden Regeln erfahrbar macht.

Scham, Suizidalität, ungelöste Elternkonflikte) konnten sie in der Gruppe ihren Studienverlauf aufarbeiten, blockierende Muster erkennen und abbauen.

Gruppenangebot für Studierende mit Psychiatrie-Erfahrung

Nachsorgegruppen für Studierende, die in ambulanter oder stationärer psychiatrischer Behandlung waren, werden in den letzten Jahren von zunehmend mehr Beratungsstellen angeboten, da sie sich als notwendige Unterstützung erwiesen haben. Studierende, die eine psychiatrische Erkrankung überwunden haben oder noch in Behandlung sind, leiden oft unter der Angst, aufzufallen und als anders oder weniger belastungsfähig ausgeschlossen zu werden. Manche fürchten soziale Isolation und Stigmatisierung, da gesellschaftlich ein Aufenthalt in psychiatrischen Kliniken noch immer negativ bewertet wird, weshalb störende Auswirkungen auf soziale Kontakte und berufliche Perspektiven befürchtet werden. Es besteht die Gefahr, dass sie durch sozialen Rückzug ihre Situation zusätzlich erschweren. Gruppenangebote für diese Zielgruppe ist eine stärkende Rehabilitation „vor Ort", da sie sich gegenseitig austauschen können und gemeinsam an Bewältigungsstrategien für ihre Wiedereingliederung arbeiten und unterstützende Freundschaften gewinnen können.

Wir haben in diesem Kapitel exemplarisch zwei Beratungsschwerpunkte vorgestellt, die – auf unterschiedlicher Ebene – Differenzierungsprozesse von Beratungseinrichtungen abbilden, welche durch fachliche Reflexion von Beratungserfahrungen sowie durch Erwartungen von Personen und Einrichtungen der Hochschule angeregt werden. Anmerken wollen wir an dieser Stelle, dass die Möglichkeit eine entsprechende Spezialisierung zu entwickeln von den Ressourcen der jeweiligen Einrichtung (Größe des Teams und Qualifikation der Berater/innen) abhängt – nicht in jeder Hochschule wird es daher die beschriebenen Spezialisierungen geben. *Exemplarisch* sind die beschriebenen Beratungsschwerpunkte allerdings in einem doppelten Sinne: Eine Ausdifferenzierung des Beratungsangebotes (die durch fachliche Reflexion der Berater/innen und Erwartungen von außen entsteht) findet in jeder Einrichtung statt, die kontinuierlich und begleitet von fachlicher Reflexion Beratung anbietet – wenn auch auf Grund örtlicher Bedingungen und des Kompetenzprofils der Berater/innen unterschiedliche Beratungsschwerpunkte daraus hervorgehen. Exemplarisch sind die hier vorgestellten Schwerpunkte aber auch in dem Sinne, dass sie wichtige Themen der Hochschulberatung repräsentieren, mit denen diese sich in der einen oder anderen Weise auseinandersetzen muss.

Die Möglichkeit auf spezifische Anliegen oder Anforderungen konstruktiv mit einem adäquaten Beratungsangebot reagieren zu können, ist die Stärke von feldspezifischen Beratungskonzepten und der Stellung der Einrichtung inner-halb der Organisation. Bevor eine umgrenzte Schwierigkeit – beispielsweise eine durch Misserfolge entstandene, anhaltende Demotivation mit sozialem Rückzug – zu einer depressiven Dekompensation führt, können Aufklärung über belastende Bedingungen, über die Auswirkungen struktureller Probleme am Fachbereich und gezielte Hilfe zur Verbesserung der Lernkompetenz intervenieren und Prävention leisten. Psychosoziale und therapeutische Interventionen können von der inhaltlichen, organisatorischen und örtlichen Nähe einer Beratungsstelle zur Hochschule entscheidend profitieren. Die Entwicklung spezifischer Maßnahmen in der Hochschulberatung, auch wenn sie später von anderen Organisationseinheiten übernommen oder ausgelagert wurden, weisen diesen Standortvorteil überzeugend nach. Eine weitgehende Verlagerung psychosozialer Hilfe an externe Einrichtungen und private Praxen erschwert Studierenden den Zugang zu Rat und Hilfe und den Berater/innen und Therapeut/innen den Zugang zu dem sich stets verändernden Bedingungswissen über die Probleme ihres Klientels.

4 Die psychodynamische Dimension von Beratungsprozessen

Beratungen verlaufen in einem Prozess, der durch konkrete Anliegen, einen spezifischen Kontext und die Individualität der Beteiligten bestimmt wird. In den vorangegangenen Kapiteln haben wir die inhaltlichen Schwerpunkte der Hochschulberatung beschrieben. Ausgehend von den Anforderungen einer akademischen Ausbildung und den Themen, die Studierende in der Phase ihrer akademischen Laufbahn beschäftigen, sollte das Potential von Beratung als Orientierungs- und Entwicklungsangebot für Studierende hervorgehoben werden. Nicht Problemdefinitionen, diagnostische Kategorien oder methodische Konzepte sind der Ausgangspunkt von Beratung, sondern die lebensweltliche Seite der Anforderungen des Wissenschaftssystems, der Organisation Universität und die Probleme des Erwachsenwerdens. Die Merkmale psychosozialer Beratung, die sich hieraus ergeben, schließen ein relativ großes Spektrum möglicher Arbeitsthemen sowie möglicher Begegnungen zwischen Studierenden und Beratenden ein. Informationsveranstaltungen, Gespräche im Infozentrum oder im offenen Bereich der Beratungseinrichtung, Teilnahme an Trainings- und Selbsterfahrungsgruppen, therapeutischen Gesprächen und Krisenintervention – diese Arbeitsformen der Hochschulberatung implizieren unterschiedliche Formen von Interaktion. In manchen Arbeitsbereichen stehen strukturierende Kommunikationsformen im Vordergrund, in anderen zuhörende und verstehende, konfrontierende oder bestätigende, emotionszentrierte, aber auch pädagogisch-didaktische. Dieselbe Person kann daher von denen, die Beratung in Anspruch nehmen, in sehr unterschiedlichen Interaktionsweisen erlebt werden. Trifft ein Klient für ein Beratungsgespräch auf eine Beraterin oder einen Berater, dann ist das ganze in der Einrichtung gegebene Spektrum an Interaktionsmöglichkeiten atmosphärisch präsent, wodurch die Gesprächssituation in gewisser Weise akzentuiert und gestaltet wird, noch bevor sie begonnen hat. Eine Beratungsbeziehung ist immer durch sehr viel mehr bestimmt, als durch eine konkrete Gesprächskonstellation repräsentiert scheint. Da Beratung sowohl personen- als auch zielorientiert ist, lassen Setting und Gesprächsverlauf diversifizierte Interventionen zu (vgl. Jaeggi 2004, 169 f.). Die Beratungskommunikation entscheidet sich jeweils in der Dyade Berater/in und Klient/in, es ist ein komplexes Ineineinandergreifen von verbalen und nonverbalen Beziehungsfaktoren, von Interaktionserwartungen und Handlungsmustern. Neben dem Austausch von Informationen ist es immer auch eine dialogische Erfahrung. Die Steuerung durch

Rückgriff auf geeignete Interventionsformen ist für die einzelne Begegnung wichtig, um den individuellen Anliegen und Gesprächszielen gerecht zu werden. Eine angemessene Problemanalyse ist nur möglich, wenn die Interaktion gelingt – was auf den einzelnen Beratungsprozess Auswirkungen hat und darüber hinaus auch auf die prophylaktischen Angebote und auf zukünftige Maßnahmen. Aus diesen Gründen erscheint es uns wichtig, die Dynamik von Kommunikation/Interaktion und der Beziehung zwischen Studierenden und Beratenden herauszustellen.

Methodisch folgt das Gesprächsverhalten in der Beratungssituation dem Konzept der Klientenzentrierung – wobei die Realität des Studiums, des wissenschaftlichen Arbeitens und das Ernstnehmen von Entwicklungsaufgaben präsent sind, wie wir in den Explikationen und Beispielen der vorangegangenen Kapitel zu zeigen versuchten. Und dass die Produktivität eines Beratungsgespräches in vieler Hinsicht davon abhängt, dass es vom akademisch Üblichen abweicht und emotional berührt, lässt sich an den Fallbeispielen gut nachvollziehen. Um diese Qualität der Beratungskommunikation in den vielfältigen Interaktionsformen, in denen Studierende den Berater/innen begegnen, in situationsangemessener Form zu entwickeln und auch bei Belastung und in Konflikten aufrechtzuerhalten, ist eine kontinuierliche Reflexion der eigenen Arbeit, sind Fallbesprechungen (im Team und außerhalb) sowie Supervision erforderlich. Dabei sollte dem Zusammenwirken von Beziehungsmustern, Motiven, Erwartungen und Konfliktkonstellationen in den Beratungsgesprächen besondere Beachtung gelten; denn psychodynamische Aspekte sind zwar im Beratungshandeln weniger im Fokus der Aufmerksamkeit und weniger oft entscheidend für spezifische Interventionen als in therapeutischen Situationen, sie sind aber nicht weniger brisant. Auch im Umfeld von Beratungsgesprächen äußern sich innerpsychische Konflikte als psychosozialer Konflikt, als Missverständnis oder als Verständnisschwierigkeiten. Die durch die Institution vorgegebene Struktur verstärkt häufig die Wirksamkeit der jeweiligen geschlechts- und generationstypischen Haltungen und Einstellungen. Machtverhältnisse, subjektive Theorien, kulturelle Unterschiede, biographische Gebundenheiten und der institutionelle Kontext haben Auswirkungen, die sowohl das strukturell vorgegebene Setting prägen als auch die Psychodynamik beeinflussen.

Für die erforderliche Reflexion der Beratungsarbeit, insbesondere für die Reflexion der Beratungsbeziehung, scheint uns ein Rückgriff auf psychotherapeutische Konzepte hilfreich zu sein: Sie erleichtern es, die Phänomene von Übertragung und Gegenübertragung wahrnehmen und nutzen zu können und thematisieren eine prozessorientierte Gestaltung der Arbeitsbeziehung. Dies bedeutet nicht unbedingt, für die Beratungsarbeit insgesamt ein tiefenpsychologisches Konzept als psychologisches Orientierungsmodell zu favorisieren, wohl

aber sich für das Beziehungsgeschehen zu öffnen. Übertragung und Gegenübertragung sind zwar lange Zeit ausschließlich mit psychoanalytischer Theorie und
tiefenpsychologischen/psychodynamischen Psychotherapieformen in Verbindung gebracht worden, inzwischen aber ist eine Öffnung des Konzeptes für eine breitere Anwendung zu konstatieren.

Drei Entwicklungslinien lassen sich ausmachen, die zu dieser Öffnung geführt haben: Zum einen hat diese Veränderung sicher mit der Entfaltung der psychosozialen Arbeit und der fortgeschrittenen Professionalisierung verschiedener
Interventionsformen zu tun, die alle mit dem Medium Beziehung arbeiten. Zum
anderen hat die psychoanalyse-interne Diskussion um die Weiterentwicklung
und Ausdifferenzierung des Übertragungskonzeptes neben seiner Anwendung
für das Verstehen intrapsychischer Prozesse auch die interpersonelle Dimension
einbezogen (vgl. Thomä 1999) – ein Verständnis von Übertragung und Gegenübertragung, das dieses Konzept für verschiedenartige interaktionelle Konstellationen anwendbar macht. Und schließlich hat die durch die feministische Kritik
der 80er Jahre ausgelöste, sehr intensive Auseinandersetzung um Grenzverletzungen und sexuelle Übergriffe in ärztlichen, psychotherapeutischen und pädagogischen Beziehungen gezeigt,[1] dass es neben ethischen Standards und
Richtlinien für die betroffenen Professionen auch der Reflexionsinstrumente bedarf, mit denen helfende Beziehungen so betrachtet werden können, dass Reaktionen und Impulse der Helfer, die auf Bedürfnisse und Konflikte der Klienten
antworten, deutlich von den Bedürftigkeiten der Helfer selbst abzugrenzen sind.
Das psychoanalytische Konzept von Übertragung und Gegenübertragung stellt
hierfür wesentliche Anknüpfungspunkte zur Verfügung.

Jobst Finke (1999) hat für die Gestaltung und Reflexion psychotherapeutischer Beziehungen ein Modell vorgeschlagen, das sich auch gut auf Beratungsbeziehungen anwenden lässt. Finke unterscheidet Arbeitsbeziehung, Alter-Ego-
Beziehung, Übertragungsbeziehung und Dialogbeziehung. Die *Arbeitsbeziehung* knüpft an die Umgangsformen des Alltagslebens an, Berater und Klienten
kommunizieren auf der Ich-Ebene gleichrangiger Personen. Bei der Kontaktaufnahme, der ersten Problemklärung, dem Festlegen von Zeitrahmen, Bera-

---

1   So heißt es beispielsweise in der Information der Bundesvernetzung autonomer Frauennotrufe zum Thema „Sexuelle Übergriffe und Machtmissbrauch in Therapie und Beratung":
    „Auch das Eingehen einer sexuellen Beziehung mit einer Klientin ist sexueller Missbrauch,
    selbst wenn sie in sexuelle Kontakte einwilligt oder sich diese wünscht. Es ist nicht ungewöhnlich, dass eine Klientin sich in ihren Therapeuten verliebt. Sie hat das Recht, in der Therapie ihre Gefühle und (sexuellen) Wünsche frei zu äußern, ohne sich zu kontrollieren. Was
    die Klientin nicht wissen kann – der Therapeut aber wissen muss –, ist, dass sie dabei unter
    Umständen unbewältigte Konflikte und Gefühle, einschließlich des Gefühls des Verliebtseins, aus vorangegangenen Erfahrungen auf ihn überträgt" (BaF 2003, 2).

tungsziel und Arbeitsformen wird diese Beziehungsebene konstituiert; sie bildet dann während des gesamten Beratungsprozesses den Rahmen und den Hintergrund der gemeinsamen Arbeit; jede Veränderung der Ziele, des Zeitrahmens und der eingesetzten Methoden bedarf der expliziten Verständigung auf dieser Ebene. Die Arbeitsbeziehung ist das „Fundament der anderen drei Beziehungsformen" (Finke 1999, 14). Wohlwollen, Unterstützungsbereitschaft und Interesse von Beraterseite sind Voraussetzung für das Gelingen dieser Beziehungsebene, sie schafft die Sicherheit, die es dem Klienten/der Klientin ermöglicht, offen zu sein – auch bei Themen, die Intimes betreffen, möglicherweise beschämend und selbstirritierend sind.

Die *Alter-Ego-Beziehung* wird bei der ersten Beschreibung des Beratungsanliegens initiiert und dann kontinuierlich weiter aufgebaut. Sie basiert auf Empathie und Einfühlung in die Lebens- und Gefühlswelt der Klienten. Ihr Ziel ist es „den Erlebnisraum des Patienten auch in seinen unbewussten Anteilen zu erspüren" (ebenda, 26). Die Kommunikation weicht in dieser Beziehungsdimension sehr deutlich von der Alltagskommunikation ab, denn sie fokussiert einseitig die Selbstmitteilungen der Klienten; die Berater/in sieht ganz von persönlichen Einfällen, Meinungen und Stellungnahmen ab und stellt ihr Ausdrucksvermögen vollständig in den Dienst des besseren Verstehens des Klientenerlebens. Man lässt sich von der Erzählung inspirieren, bietet Bilder und Metaphern zur Veranschaulichung an, achtet auf die Körpersprache, bezieht deren Mitteilungen in die Beschreibungen ein und man greift – um Verstehen zu entwickeln – auf lebenspraktische wie theoretische Kontextualisierung zurück. Die Alter-Ego-Beziehung hat in der Beratung vor allem die Funktion, einen Kommunikationsraum entstehen zu lassen, der die Beratungskommunikation aus den im akademischen Umfeld üblichen Kommunikationsgewohnheiten ausgrenzt und den Ausdruck von Unsicherheit, Emotionalität, Affekten und Phantasmen nicht nur erlaubt, sondern ermutigt.

Sind Arbeitsbeziehung und Alter-Ego-Beziehung in allen Formen der Psychotherapie und der psychosozialen Beratung wichtige Voraussetzungen der Arbeit, die deshalb auch von Seiten der Professionellen intendiert und in ihrer Entfaltung bewusst unterstützt werden, so gilt dies für die Übertragungsbeziehung nicht. Psychoanalytische und tiefenpsychologische Psychotherapie, für die Übertragung und Gegenübertragung einen methodischen Stellenwert haben, nutzen, wenn auch unterschiedlich akzentuiert, das – langsame – Entstehen dieser Beziehungsdimension. Kognitive Verfahren, alle Varianten der Kurztherapie und natürlich ganz besonders Beratung wollen das Entstehen von Übertragung eher eingrenzen. Vermeiden lässt sich diese Beziehungsdimension nicht und auf Grund der wirksamen affektiven Anteile behält sie auch etwas Unberechenbares. Jobst Finke versteht unter *Übertragungsbeziehung* die „Verschränkung der ei-

gentlichen Übertragung, also die Wiederholung früh geprägter Beziehungserwartungen mit der aktuellen Therapeut-Patienten-Interaktion" (ebenda, 62). An
die Stelle der Empathie mit den Klient/innen tritt die Aufmerksamkeit für das
emotionale Erleben beider Seiten (= Fremd- und Selbstempathie). Ambivalenzen und Konflikte, aber auch die Idealisierung oder Erotisierung der Therapeu-
tin/des Beraters gehören in diese Beziehungsdimension – die Beratungsbeziehung selbst kann daher zum Thema werden. Wichtige Hinweise dafür, dass
Übertragung in die Beziehung wirkt, sind z. B. Klientenanspielungen auf die Beziehung, wenn der eigennützige Rahmen der Arbeit zum Thema wird, wenn sich
ein klagender Grundton einstellt oder wenn Schweigen an die Stelle von Bezie-
hungsmitteilungen tritt. Dabei ist der Kontext, der sich zwischen Ratsuchenden
und Beratern jeweils entfaltet, Mittelpunkt der Beobachtung und Ausgangspunkt
des Erschließens und Reflektierens des Beziehungsgeschehens. Auch in der Beratung sollte man ein Dominantwerden der Übertragungsbeziehung nicht völlig
übergehen. Zur Klärung kann man die Mitteilung von Beziehungserwartungen
anregen und bei der Vergegenwärtigung unbewusster Beziehungserwartungen
und Interaktionsmuster behilflich sein.

   Die vierte Beziehungsdimension, die *Dialogbeziehung* stellt sich meist nach
geglückter Klärung von Übertragungsmomenten, nach der Auflösung von Konflikten ein oder wenn die Klient/in einen wichtigen Schritt der Problembewältigung geschafft hat. Auf neuer Ebene entsteht dann eine relativ gleichgewich-
tige Beziehungsebene; es findet Austausch statt und die Berater/in ist für den
Klienten „das antwortende Du" (ebenda, 105). Die mitgeteilten Wahrnehmungen und Einsichten erweitern sich wechselseitig und auch die Gefühle, um die
es in dieser Beziehungsdimension geht, sind nicht in erster Linie Übertragungs-
und Gegenübertragungsgefühle (als Ortungsinstrumente für verdeckte Rollenzuweisungen), sondern entsprechen der aktuellen Interaktionserfahrung; sie
können als Ich-Botschaften mitgeteilt werden und helfen dem Klienten (im Sinne des kontextuellen Modells) Selbstwirksamkeit zu erleben sowie sich in
Kommunikationsformen zu üben, die das eigene Erleben bereichern und den
persönlichen Erfahrungsraum erweitern.

   Wie lässt sich dieses Modell für die Hochschulberatung nutzen? Die Bezie-
hungsdimensionen und Kategorien, die Finke in diesem Modell beschreibt – die
Arbeitsbeziehung bzw. das Herstellen eines Arbeitsbündnisses, die Arbeit mit
der Beziehung, die Funktion des Containings, Moment der Begegnung, Konflikte und Kollusionen, Übertragung und Gegenübertragung sowie Interpreta-
tionen und Deutungen – kommen zumindest der Möglichkeit nach auch in Beratungskommunikation vor – für die Reflexion des eigenen Beratungshandelns,
ob bei der individuellen Prozessreflexion, in Teambesprechungen oder Fallsu-
pervisionen, lassen sie sich daher gut verwenden. Zur Verdeutlichung werden

wir im Folgenden Beratungserfahrungen anhand des Modells von Finke beschreiben und einige Fallsituationen mit den zugehörigen Kategorien reflektieren.

4.1   Arbeitsbeziehung

Im Arbeitskontext von Beratung sind sehr unterschiedliche Arbeitsvereinbarun-
gen möglich. Neben Informationsfragen, die in der Regel wenig Hintergrundwissen über den Klienten oder die Klientin erfordern, kann es um die Unterstützung bei einer punktuellen Entscheidung gehen, um ein Verhaltenstraining, um
die Auflösung eines aktuellen Beziehungskonfliktes, aber auch um innere Konflikte der Person, die dann in eine therapeutische Gruppe oder zu Einzelgesprächen führen. Die Verständigung über das Anliegen, Verabredungen über den Ar-
beitsmodus bekommen im Kontext von Beratung den Charakter einer prozess-
haften Ausdifferenzierung der Arbeitsbeziehung zwischen Berater/in und
Klient/in. Eine besondere Bedeutung kommt dabei der Anfangssituation zu.

Eine Studentin – bereits im höheren Semester – beginnt im Erstgespräch ihre Si-
tuation zu schildern: „In meiner Wohngemeinschaft kann ich auf keinen Fall
länger bleiben, es kracht nur noch zwischen uns, weil meine Mitbewohnerin es
einfach nicht lassen kann, mich zu kontrollieren ... aber alleine wohnen ist nicht
drin im Moment, ich habe meinen Job verloren und im Moment keine Einkünfte.
Und außerdem muss ich in vier Wochen meine nächste Diplomprüfung machen.
...“
Die Beraterin (eine Notsituation diagnostizierend) erfragt weitere Rahmenbe-
dingungen und schlägt dann vor: „Vielleicht sollten wir gemeinsam überlegen,
ob es nicht einen Weg gibt, kurzfristig in ein Studentenwohnheim einzuziehen –
mindestens bis die nächste Prüfung geschafft ist und auch die anderen Schwie-
rigkeiten ein wenig geordnet sind.“
Die Reaktion der Klientin ist überraschend: Sie wird ärgerlich und weist die
pragmatische Lösungsebene empört zurück: „Ich wohne schon lange allein, ich
brauche Ihre Ratschläge nicht ... ich habe das alles doch nur erzählt, damit Sie
verstehen können, dass ich jetzt therapeutische Gespräche brauche. Ich kann
aber keine Therapie bezahlen und von der Krankenkasse bin ich z. Z. gesperrt.“
Die Verständigung über die Arbeitssituation und -beziehung war missglückt. Die
Beraterin hat aus dem Beratungskontext und den angesprochenen Schwierigkei-
ten der Studentin eine pragmatische, aktuelle Probleme angehende Erwartungs-
haltung unterstellt. Die Klientin war aus ihrem Hintergrund heraus selbstver-
ständlich davon ausgegangen, dass sie „therapeutische Gespräche“ benötige.
Und sie hatte wohl den Eindruck, dass dies in dieser Einrichtung oder bei die-

> *ser Beraterin ein Anliegen ist, das durch Beschreiben einer das Studium gefähr-*
> *denden Notsituation legitimiert werden muss.*
> *– Erst die Aufklärung dieses „Missverständnisses", das Besprechen der unter-*
> *schiedlichen Erwartungen sowie das Sich-Verständigen über die Arbeitsmög-*
> *lichkeiten der Beratungsstelle können nach einem solchen Start eine gemeinsam*
> *zu gestaltende Arbeitsbeziehung (wieder) ermöglichen.*

Deutlich wird an dem hier skizzierten Beispiel, dass schon bei der ersten Verständigung über Anliegen und Arbeitsziel Interaktionserwartungen und Übertragungsmomente wirksam sein können, die, wenn eine längerfristige Arbeitsbeziehung zustande kommt, durchaus zu einem späteren Zeitpunkt aufzugreifen wären, die allerdings auch dazu führen können, dass überhaupt keine Beratungsbeziehung entsteht. Deutlich ist auch, in welchem Maße der institutionelle Kontext „Studienberatung" den Erwartungshorizont prägt:

➢ Auf Seiten der Beraterin ist klar: Notsituationen verlangen eine pragmatische Lösung; die Funktionalität der Beratung in Bezug auf Prüfungs- und
   Studienerfolg hat eine gewisse Selbstverständlichkeit.
➢ Auf Seiten der Studentin ist genauso selbstverständlich: Wünsche nach therapeutischen Gesprächen können nicht einfach geäußert werden, sie müssen
   mit Schwierigkeiten legitimiert werden, deren Ausgangspunkt zumindest
   studienbezogen ist.

Nicht immer in dieser Deutlichkeit, aber als eine den Erwartungshorizont und
die Arbeitsmöglichkeiten bestimmende Dimension ist der institutionelle Kontext in jedem Beratungsprozess präsent. Beide an diesem Prozess Beteiligten
wissen – implizit oder explizit – um den universitären Kontext mit seinen Anforderungen sowie Entfaltungsspielräumen und gehören ihm in unterschiedlichen Positionen an. Die Effekte des durch die Institution bestimmten Erwar-
tungshorizontes bekommen beim Aushandeln der Arbeitsform aber auch deshalb ein besonderes Gewicht, weil das breite Spektrum an Arbeitsformen, das
eine Beratungsstelle bereithält, auch die Möglichkeit sequenzieller Prozesse in
unterschiedlichen Settings bietet – an eine Studieninformation kann sich eine
Beratung über einen persönlichen Konflikt anschließen; der Teilnahme an einem Kurs zur Verbesserung von Studientechniken kann ein Prüfungscoaching
folgen; nach einer Folge psychotherapeutischer Gespräche ist die Teilnahme an
einem Bewerbungstraining möglich. Zusammengefasst bedeutet dies: Die Definition einer Arbeitsbeziehung kann verändert werden, ohne dass die Beziehung zwischen den Personen grundsätzlich umdefiniert würde.

Vor diesem Hintergrund ist deutlich: Arbeitsziele und Arbeitsformen müssen in der Beratung immer sorgfältig und explizit ausgehandelt werden. Dabei geht es nicht nur darum, auf einer rational-kognitiven Ebene Themen festzulegen und ein Arbeitssetting (Einzelberatung oder Teilnahme an einer Gruppe bzw. einem Kurs) zu beschließen. Es ist hilfreich, auch die unbewusst ausgedrückte Seite des Anliegens wahrzunehmen und zu berücksichtigen. Körperausdruck und Emotionalität sind zu einer Diagnostik des „ersten Blicks" (Frommer 2000, 204 f.) angemessen zu verarbeiten. Gerade zu Beginn eines Beratungskontaktes kommt diesem – von vielen intuitiven Momenten getragenen – Verständigungsprozess eine große Bedeutung zu, aber auch prozessbegleitend bei jeder Verschiebung des Zieles, bei jeder Veränderung des Settings sowie bei jeder Irritation der Beziehung ist er erneut erforderlich, und dies nicht nur um Klarheit zu gewinnen über das, was zu tun ist, sondern auch um innerhalb der Beratungsbeziehung Raum zu schaffen für das interaktive Geschehen.

Da ein Beratungsprozess durchgängig auf Ziele orientiert ist und bleibt, ist die Arbeitsbeziehung durch ein weiteres Spezifikum gekennzeichnet: Der Berater bzw. die Beraterin grenzt Themen ein (und damit häufig weiterreichende Entwicklungswünsche aus), fokussiert psychodynamische Prozesse und steuert den Beratungsprozess auf das zu erreichende Ziel (sich im Seminar beteiligen können z.B.) hin.[2] Die Ansiedlung eines Beratungsangebotes in einem bestimmten gesellschaftlichen Feld hat zudem den Effekt, dass häufig auch die Vermittlung realitätsangemessener Wahrnehmungen dieses Feldes oder Wissen vom Typ „so geht es hier zu" in die Beratung einfließen.

Missglücken kann die Arbeitsbeziehung nicht nur durch aneinander vorbeilaufende Erwartungen wie in unserer Beispielsituation. Gerade in Beratungseinrichtungen, die ja ein Angebot von sehr unterschiedlichen Unterstützungsmöglichkeiten bereithalten, kann ein schneller Lösungsvorschlag, die Beantwortung von Informationsanfragen z.B., zwar eine Arbeitsbeziehung herstellen, jedoch eine, bei der das Arbeitsbündnis nicht weit genug reicht, um weitere Anliegen zum Thema zu machen. Eine andere Schwierigkeit entsteht durch eine zu große Nähe zur Institution Universität. Werden Berater/innen als sehr stark mit den akademischen Anforderungen identifiziert erlebt, dann erkennen Studierende ein eigenes Verweigern von Leistung oft gar nicht als ein mögliches Beratungsthema. Und – umgekehrt – kann ein wenig akademischer Habitus (bzw. eine entsprechende Raumausstattung) dazu führen, dass Sachkunde in Fragen des wissenschaftlichen Arbeitens gar nicht vermutet wird. Gerade weil

---

2   Techniken, die in der Fokaltherapie entwickelt worden sind – „vorgreifendes Verständnis",
    „selektives Weglassen", „szenisches Verstehen" –, können hier hilfreich sein. Vgl. Klüwer
    (1999).

in der Hochschulberatung sehr unterschiedliche Unterstützungsmöglichkeiten gegeben sind, empfiehlt es sich insbesondere den Erstkontakt offen und ohne Zeitdruck zu gestalten und die doppelte Kompetenz von Hochschulberater/innen – Feldkenntnis *und* psychologisch geschultes Einfühlungsvermögen – in Sprache, Haltung und Kommunikationsgestaltung kontinuierlich zum Ausdruck zu bringen.

4.2 Alter-Ego-Beziehung/Containment

Ist ein Arbeitsziel verabredet und eine darauf basierende Arbeitsbeziehung begonnen, dann geht es darum, dem Erleben des Klienten oder der Klientin innerhalb der Beratungsbeziehung Raum und Verständnis zu verschaffen – immer bezogen auf das formulierte Anliegen, das zunehmend nachvollziehbar werdende Orientierungsproblem bzw. den sozialen oder emotionalen Konflikt. In dem von Finke entwickelten Modell wird diese Beziehungsdimension als Alter-Ego-Beziehung bezeichnet (Finke 1999, 26 ff.), weil es darum geht, durch Einfühlung, Spiegelung und Wahrnehmen von Körpersprache die Erlebniswelt des Klienten beiden Beteiligten nahezubringen und verständlich zu machen. Ziel ist, den Klienten möglichst aus seinem Bezugsrahmen heraus zu verstehen, also Empathie zu entwickeln. Auch in Beratungsprozessen ist eine solche Alter-Ego-Beziehung erforderlich – sie entlastet und stützt, sie erlaubt es, auch Affekte und Unbewusstes in das Gespräch einzubeziehen und spiegelt durch die Haltung des/der Berater/in, dass Ambivalenzen und innere Konflikte erlaubt sind. Von der Alltagskommunikation unterscheidet sich die Kommunikation auf dieser Beziehungsebene deutlich: Stellungnahmen und Bewertungen von Beraterseite fehlen; über Emotionen und Affekte wird ohne Moralisierung gesprochen, Körperausdruck und sprachliche Mitteilung werden aufeinander bezogen, Wohlwollen wird signalisiert.

Im Beratungsgespräch bekommt diese Beziehungsdimension eine (gegenüber der Psychotherapie) zusätzliche Funktion. Sie markiert durch „therapeutisches Sprechen" auf der Interaktionsebene die Abgrenzung des „Innenraumes" von Beratung, in dem Persönliches geschützt Thema werden darf und soll, vom „öffentlichen" Bereich der Beratungseinrichtung, in dem Dinge verhandelt werden, die andere ruhig mitbekommen dürfen.[3] Das Aushandeln von Vertraulichkeit/Vertrauen geschieht durch Interaktionen auf der Alter-Ego-Ebene. Erst

---

3 Dass die Voraussetzung hierfür, das Einhalten der Schweigepflicht, gegeben ist, gilt es nicht nur mitzuteilen, sondern sowohl durch räumliche Bedingungen als auch durch institutionelle Umgangsweisen der Einrichtung insgesamt deutlich zu machen.

durch wohlwollendes Verstehen der Anliegen und des Selbstausdrucks einer Klientin und eines Klienten sowie durch Verzicht auf die im Feld üblichen Wertungen entsteht das Vertrauen, das aus der Repräsentantin der Institution (Universität) eine Beraterin werden lässt, der gegenüber man sich öffnen kann.

Die Alter-Ego-Beziehung schließt von Seiten der Berater/innen – vor allem in der ersten Phase eines Beratungsprozesses – häufig das Aushalten und Mittragen von feldtypischen Krisenerfahrungen ein. Gerade die Irritationen, Kränkungen und Niederlagen, um deren Verarbeitung es im weiteren Prozess gehen soll, müssen in der Erlebnisintensität und -qualität der Klient/innen mitgefühlt, nachvollzogen, verstanden und (aus-)gehalten werden. In Beratungsgesprächen hat dieses Containing[4] durch die Nähe der Einrichtung zu einem bestimmten Lebensbereich oft einen besonderen Akzent. Es bedeutet häufig, die Leid verursachende, kränkende und überfordernde Seite des sozialen Feldes (mit-)zutragen, dem die Beratungseinrichtung zugeordnet ist. Bei der Beratung von Studierenden gilt es z. B. die Ungerechtigkeiten des Prüfungssystems zu erleben, Enttäuschungen durch die Wissenschaft und die akademische Realität zu ertragen sowie das Verlorensein in der Anonymität der Großinstitution auszuhalten und für eine Weile aufzunehmen, damit die dahinterliegende subjektive Realität (z. B. des Scheiterns) vom Klienten überhaupt wahrgenommen und akzeptiert werden kann und Raum für Neuorientierung entsteht.

Olaf T. eröffnet das zweite Beratungsgespräch mit einer ausführlichen Beschreibung der Konkurrenzsituation, die in der Fakultät unter den Studierenden herrsche. „Keiner ist bereit jemanden zu unterstützen, nicht mal austauschen kann man sich über die Arbeit, an der man sitzt. Wenn ich ehrlich bin, kann ich das Juristenpack überhaupt nicht ausstehen, diese Arroganz und Abschätzigkeit anderen gegenüber, dieses dauernde Großtun ..." Bitterkeit und Enttäuschung sind spürbar, wenn Olaf spricht, doch als eigene anerkennen, kann er diese Gefühle nicht. Formulierungen dafür, die ihm von der Beraterin angeboten werden, nimmt Olaf nicht auf, sie lösen vielmehr einen neuen Schwall von erregten und abwertenden Beschreibungen der „unmöglichen" Atmosphäre aus. Erst nach einem längeren Austausch über das unterschiedliche Klima in den verschiedenen Fachbereichen der Universität ist es möglich, auf Olafs Anliegen zurückzukommen.

---

4   Hierunter ist die Fähigkeit der Psychotherapeut/innen gemeint, sich einer unmittelbaren Reaktion zu enthalten und sich von den Emotionen, die durch die Schilderungen des Patienten entstehen, nicht überwältigen zu lassen. Stattdessen wird Vorgängen der Beziehungsregulierung und des Verstehens Vorrang eingeräumt. Vgl. Mertens (2009), zum theoretischen Hintergrund dieses Begriffs Bion (1963).

In den beiden folgenden Gesprächen lässt sich seine Geschichte rekonstruieren: Olaf studiert im sechsten Semester Rechtswissenschaften. Das Grundstudium hat er gut geschafft – auch ohne ununterbrochen zu lernen. Die Gruppe, die sich zu Studienbeginn eher locker zusammengefunden hatte, war ein ganz guter Rahmen: Gemeinsam ging man in die Vorlesungen, traf sich auch mal abends in der Kneipe – einige gingen zusammen zum Sport – und die Vorbereitung auf die ersten Klausuren und Hausarbeiten hatte auch gut geklappt. Aber nach einigen Klausuren driftete die Gruppe dann auseinander, einer brach das Studium ab, eine andere wechselte den Hochschulort, zwei wurden ein Paar und hockten nur noch zusammen. Olaf fand sich in einer Arbeitssituation wieder, mit der er nicht gut zurechtkam. Die Atmosphäre unter den Mitstudierenden war stärker von Konkurrenz geprägt, man half sich nicht mehr selbstverständlich weiter, wenn es um eine Klausurvorbereitung ging. Alleine zu lernen und sich rechtzeitig zu disziplinieren, fiel Olaf schwer; er merkte, dass er sich unter Druck fühlte und fast ständig das Gefühl hatte, er müsse lernen. Dabei wurde er aber immer passiver, tat weniger, schwänzte Arbeitsgruppen, lenkte sich mit anderen Dingen ab. In den letzten Tagen vor der Klausur begleiteten ihn Angstgefühle fast den ganzen Tag über. Nachts schlief er unruhig. Und in der Klausur ging dann gar nichts mehr. Olafs Kopf war völlig leer – er konnte keinen Gedanken mehr fassen. Ihm war leicht übel.

Das Thema der sich nun anschließenden Sequenz des Beratungsprozesses sind Olafs Angstgefühle und seine Schwierigkeiten, für sein eigenes Arbeiten die Verantwortung zu übernehmen – eine Tagesstruktur zu finden, in der „Lernen" auch unabhängig von anderen Platz hat. In den nächsten Monaten entwickelt Olaf sich gut weiter, er übernimmt allmählich mehr Selbstverantwortung, lernt seine Aufgaben anzupacken und zu bewältigen. Er lernt auch, sich zuzugestehen, dass ihm manchmal Arbeiten misslingen, dass andere besser sind als er, dass es o.k. ist, in riskanten Situationen Angst zu fühlen. Die Ausbrüche gegen die Kommilitonen und die Fakultät aber bleiben; sie werden zwar seltener, aber verlieren kaum an Heftigkeit. Und es bleibt auch dabei, dass erst zu Olafs eigenen Problemen übergegangen werden kann, wenn die Beraterin sich auf diese externalisierenden Beschreibungen eingelassen hat. Ein Gefühl von „gemeinsam im Dreck suhlen" blieb nach solchen Gesprächsphasen. Erst nachdem eine Klausur erfolgreich bewältigt war, konnte es Olaf dank der erlebten narzisstischen Stärkung zulassen, dass die Beraterin leicht ironisierend mit seinem „Schimpfen" umging. Und allmählich konnte er dessen (Abwehr-)Funktion verstehen.

Olafs Beispiel zeigt, dass das Arbeitsbündnis zwischen ihm und seiner Beraterin über eine weite Strecke auch ein emotionales Bündnis gegen die Unbilden der Institution war. Seine Wahrnehmungen waren ja nicht falsch – in der Tat wird die akademische Konkurrenz (in einigen Fachbereichen stärker als in an-

deren) häufig in der beschriebenen Form ausgetragen. Und auch die erlebte Enttäuschung durch die Entsolidarisierung der Mitstudierenden ist verständlich
und wohlwollend nachzuvollziehen. Olaf aber brauchte mehr als ein solches
Angebot in der Alter-Ego-Dimension, er brauchte für eine längere Zeit die Beraterin auch als „Behälter" für den damit verbundenen Zorn und die aggressive
Entwertung der eigenen Fakultät. Drei beratungstypische Momente werden hier
sichtbar:

➢ Zum einen spielt die Nähe der Studienberatung zur Institution Universität
  (die diesen Konkurrenzdruck produziert und das Leiden daran zugleich aus
  der öffentlichen Kommunikation ausschließt) für dieses Bündnis eine große
  Rolle. Sie macht es überhaupt erst in dieser Weise erforderlich, denn nur, indem sie dieses Bündnis eingeht, grenzt sich die Beraterin ausreichend von
  den Normen der Institution ab, um eine vertrauensvolle Arbeitsbeziehung zu
  ermöglichen.

➢ Zum anderen aber verlangt auch das vereinbarte (pragmatische und zeitlich
  gebundene) Arbeitsziel ‚Prüfungsbewältigung', die affektive Problematik
  zunächst einmal unbearbeitet zu lassen.

➢ Und dennoch entsteht in diesem beratungsspezifischen Umgang mit den inneren Konflikten des Studenten eine Entwicklungschance auch für die affektive Problematik: Die Beratungsbeziehung ermöglicht eine Triangulierung[5]
  hinsichtlich der Institution Universität – eine Basis, auf der dann der eigene
  Anteil an den erlebten Schwierigkeiten wahrgenommen und bearbeitet werden kann.

Wohlwollendes Verständnis aufzubringen für Formen der inneren Konfliktbe-
arbeitungen, wie sie in dem Fallbeispiel „Olaf" deutlich werden, und die, aus
der akademischen Routine heraus betrachtet, unerwachsen wirken, fällt auch
Berater/innen nicht dauerhaft leicht, haben doch auch sie immer wieder mit (in
Jahrgangskohorten nachwachsenden) „Anfängern" und deren Problemen zu
tun, die sich nicht selten in Formen der Entwicklungsverweigerung ausdrücken.
Das Wissen um die Bedeutung der Alter-Ego-Beziehung und die (in zielorientierten Beratungsprozessen besonders) notwendige Containing-Funktion bieten
einen Schutz gegen die Übernahme von Bewertungen, die im Wissenschaftsbetrieb der Fakultäten für studentische Reaktionen, wie Olaf sie zeigt, vorhanden

---

5   Der Berater wird als trennende, beobachtende und reflektierende dritte Instanz wirksam, die
    dabei hilft, aus einer dyadischen Verstrickung in eine distanzierte, verstehende Position zu
    gelangen. Der Begriff Triangulierung verweist auf einen strukturellen Aspekt der Herausbil-
    dung von Mentalisierung und Reflexionsfähigkeit: die intrapsychische Fähigkeit, aus einer
    dritten Position heraus auf sich selbst in Beziehung zum anderen zu schauen. Eine Fähigkeit,
    die in frühen Beziehungserfahrungen wurzelt.

sind: „für das Fach nicht geeignet". Im Beratungsprozess könnte eine solche Bewertung dazu führen, mit Olaf zusammen nach fachlichen Alternativen zu suchen, in Studiengängen, die atmosphärisch weniger „konkurrent" sind. Olafs Probleme hätte das vermutlich nicht gelöst.

4.3   Dialogbeziehung und Momente der Begegnung

Jobst Finke bezeichnet die Ebene der therapeutischen Beziehung, auf der in für die Klienten bedeutsamer Weise über Beziehungen und das persönliche Verhältnis zur Welt gesprochen werden kann, als Dialogbeziehung (Finke 1999, 106 ff.). Berater/in und Klient/in begegnen sich hier auf einer personalen Ebene, auf der die Themen der Klienten relativ frei von Störungen im Kontakt verhandelt und das Mitteilen von Gegenübertragungsgefühlen innerhalb der Beziehung produktiv gemacht werden können. In der Regel entsteht diese Dimension erst im Verlauf eines längeren Prozesses, gelegentlich stellt sie sich auch situativ ein – wenn (wie etwa in manchen Gruppensituationen) die Intensität der Kommunikation oder eine Atmosphäre emotionaler Offenheit unverstellte Momente der Begegnung ermöglichen, in denen eingespielte Muster der Selbstregulierung nicht mehr so wie bislang funktionieren. Die Wirkungsforschung hat gezeigt, dass gerade die Möglichkeit der Begegnung auf dieser Ebene – jenseits der methodischen Unterschiede der einzelnen Psychotherapierichtungen – für den Erfolg psychotherapeutischen Handelns von großer Bedeutung ist.

Für Beratungsprozesse ist diese Beziehungsebene von ähnlichem Gewicht: Auch die Frage, ob eine Beratung erfolgreich (im Sinne von problemlösend) ist, kann davon abhängen, ob Berater/in und Klient/in in Wahrnehmung der unterschiedlichen Rollen und unter Nutzung der gemeinsamen Umgebung des sozialen Feldes zu einer Interaktion von Person zu Person finden. Dabei geht es häufig darum, eine sich ergebende Chance der Begegnung zu nutzen.

Auf dem Weg ins Sekretariat der Beratungsstelle begegnet mir auf dem Flur eine Studentin – sehr nervös und unruhig, offensichtlich auf der Suche nach Kontakt zu jemandem, der ihr weiterhelfen kann. Ich grüße kurz und frage nach ihrem Anliegen. „Ich muss ganz dringend eine wichtige Entscheidung treffen und brauche eine Beratung ... am besten sofort", ist ihre Antwort. „Na, ob das mit so viel Hektik geht ...", ist meine spontane Reaktion, während ich zu meinem Kalender greife, um zu sehen, was ich der Studentin vorschlagen kann – irgendwie hat mich die Nervosität der Studentin atmosphärisch, fast körperlich spürbar erreicht und die Bemerkung über ihre „Hektik" erfolgte spontan, ohne Reflexion. Für den übernächsten Nachmittag entdecke ich eine Lücke in meinem Termin-

> *plan und wir verabreden ein Beratungsgespräch. Als die Studentin mir dann zwei Tage später gegenübersitzt, eröffnet sie das Gespräch, indem sie sich bei mir für die Rückmeldung auf dem Flur bedankt, sie habe in dem Moment gespürt, wie aufgeregt und kopflos sie gewesen sei. „Aber jetzt bin ich wieder auf dem Teppich" – so beendet sie diese Sequenz und wendet sich dann ihrem Entscheidungsproblem als Thema zu.*

Was in diesem Beratungsfall spontan und eher unbeabsichtigt entstanden ist, eine „persönliche, authentische Verbindung",[6] die es der Studentin ermöglicht, durch die interaktive Regulierung einer überraschenden Situation zu einer Neuausrichtung der Selbstregulierung zu gelangen und sich selbst mit ihrem Problem in neuer/anderer Weise zu *fühlen*. Ein solcher Moment der Begegnung ist an die skizzierte Ebene der Dialogbeziehung gebunden, er entsteht aus einem lebendigen Kontakt zwischen Personen oder wird in einem solchen Kontakt aktiviert. Ein Begegnungsmoment erzeugt eine neue intersubjektive Umwelt, erweitert das gemeinsame Beziehungsfeld und verändert das Beziehungsniveau durch neu entstandenes Beziehungswissen. Dabei ist der Unterschied zwischen dem kognitiven Wissen und der Bereicherung des Erlebens gemeint. Noch weniger als in der Psychotherapie lässt sich das Entstehen dieser Beziehungsdimension in der Beratung dem Prozessverlauf folgend sicher erwarten oder methodisch gezielt herstellen. Die authentische Arbeit am Kontakt zu den Klienten bietet vielmehr die wichtigste Grundlage für das Entstehen dieser Beziehungsdimension. Allerdings lassen sich einige Kriterien angeben, deren Einhalten das Entstehen einer Dialogbeziehung erleichtert:

➢ In der Regel existieren im Umfeld einer Beratungseinrichtung spezifische Formen des Nichtkontaktes – Formen, die in der Beratungsarbeit nicht geteilt, sondern eher gekreuzt werden sollten. Im akademischen Feld, dem die Studienberatung angehört, ist es z.B. häufig üblich, Verbindlichkeit in den Arbeitsbeziehungen zu vermeiden. Man kann kommen oder wegbleiben, eine zugesagte Aufgabe erledigen oder abtauchen – dies alles hat sicher langfristig Auswirkungen auf den Studienerfolg, nicht aber auf die Ebene möglicher Arbeitsbeziehungen. Auf Verbindlichkeit zu beharren, die persönliche Dimension erfahrener Unverbindlichkeit spürbar zu machen, kann daher

---

6   Daniel N. Stern und die Bostoner Gruppe umschreiben mit diesen Worten Momente, in denen das implizite Beziehungswissen von Therapeut/in und Klient/in sich so überschneidet, dass auf Klientenseite etwas berührt und in Bewegung gebracht wird. Vgl. Stern et al. (2002).

hier (im Unterschied etwa zu der Beratungsarbeit mit Schülern) den Weg zu einer Dialogbeziehung öffnen.

➤ Ähnliche Effekte kann das offene Ansprechen impliziter Normen des Feldes haben. Eine wissenschaftliche Karriere z.B. gilt unter Geisteswissenschaftlern häufig als etwas, das man nicht offen anstreben kann, sondern das nur wenigen offensteht, die sich im Studienverlauf durch besondere Qualität und Brillanz hervortun. Gerade Studentinnen neigen dazu, dieser impliziten akademischen Norm auch in ihrem Selbstbild Geltung zu verschaffen. Offen von Ehrgeiz, Karrierewünschen und entsprechender Arbeitsinvestition zu sprechen, kann daher einen offenen Dialog in der Beratung ermöglichen. Und häufig findet ein „Moment der Begegnung" gerade in einer Gesprächssituation statt, in der die Beraterin, durch einen starken gefühlsmäßigen Eindruck „verführt", ein solches Tabu bricht.

In den oft eher kurzen Sequenzen, in denen Beratungsarbeit stattfindet, gelingt das Erreichen der dialogischen Beziehungsebene nicht immer. Berater/innen neigen dann dazu, das zu intensivieren bzw. zu wiederholen, was nach dem erreichten Verständnis der Klientensituation das Richtige zu sein scheint. Zu wissen, dass eine Dialogbeziehung nichts ist, was einfach da ist, wenn man wohlwollend, verständnisvoll und sachkundig auf jemanden zugeht, sondern vielmehr aus emotional bedeutsamer Begegnung entsteht, kann helfen geduldig mit aufrichtiger Metakommunikation die Fruchtlosigkeit von Beratung, die nicht berührt, zu thematisieren. Denn für manche Beratungsanliegen scheint eine dialogisch erreichte Übereinstimmung der Sichtweisen zwischen Berater und Klient, die sich eben nicht einseitig methodisch herstellen lässt, Voraussetzung für einen gelingenden Beratungsprozess. Beispielsweise lassen sich negative und dysfunktionale Selbstüberzeugungen nicht von außen, sondern nur innerhalb des Systems beeinflussen. In solchen Konstellationen lohnt es, sich auf den Weg zu machen, tiefer liegende Konflikte in der Person der Klient/in oder Blockierungen der Beratungsbeziehung zu verstehen.

4.4   Abwehrhaltungen und Beziehungsmacht

Die Arbeitsbeziehung von Berater/innen und Klient/innen ist sowohl durch die Aufgabenstellung als auch durch die situativen Bedingungen bestimmt. Die angesprochenen spezifischen Problemstellungen legen bestimmte – wie in den vorangehenden Kapiteln beschrieben – Intentionen und Interventionsmöglichkeiten für die Beratung nahe. Neben der grundsätzlichen Bereitschaft von Empathie und Anerkennung gegenüber den Studierenden setzen Beratende auch auf Herausforderung, Konfrontation und Förderung von Autonomie. Entsprechend sind Klarifizieren und Konfrontieren neben kognitiven, psychoedukativen und supportiven Techniken häufige Interventionsformen.

Allerdings ist nicht sicherzustellen, dass ein aus der Erfahrung begründetes Beraterhandeln tatsächlich den erwarteten Effekt hat und als klärend oder unterstützend erlebt wird. Denn die Persönlichkeit der Beteiligten, subjektive und intersubjektive Vorgänge wie Kollusionen, Verstrickungen, Übertragungen können den Beratungsprozess in unbeabsichtigter Weise mitsteuern und damit erschweren. Was eine Intervention bewirkt, was eine Haltung auslöst, um die sich der Berater bemüht, zeigt sich in den Antworten des Klienten. Die gelungene Kommunikation ist eine Verständigungsleistung, in der durch sprachliches und nonverbales Geschehen zwischen zwei Menschen eine Form von Gemeinsamkeit und gemeinsamem Erleben erreicht wird. Dabei gelangen nicht alle Momente dieses Abstimmungsprozesses ins Bewusstsein, ebenso wie auch die Momente der Differenz, des sich Nichtverstehens nicht immer klar zu fassen sind.

Beratung will Veränderung anregen: eine Entscheidung soll getroffen werden, Aufgaben anders strukturiert oder bearbeitbar werden. Trotz vorgetragenem Wunsch nach Hilfe bei der Lösung des Anliegens haben Menschen auch Ängste davor, sich oder eine Situation anders als bisher wahrzunehmen. Sie entwickeln Widerstand, verteidigen ihre Sicht, verweigern sich neuen Erfahrungen und „beweisen" ihren Berater/innen, dass die vorgeschlagenen Maßnahmen untauglich sind. Neben dem Gewinn, den dysfunktionales Verhalten manchmal mit sich bringt („die Mitbewohner sind sehr verständnisvoll und entlasten mich von einigen eher unangenehmen Pflichten"), dient es auch oft als Schutz vor Kränkungen. Diese „Gewinne" lassen die Ratsuchenden häufig auf einer Schonhaltung beharren. Beratungsverläufe stagnieren, wenn solche Abwehrhaltungen und die damit verbundenen impliziten Aufträge (alles beim Alten belassen, keine kritische Perspektive eröffnen, die Bedürftigkeit bestätigen, aber keine Forderungen stellen) an die Berater/in nicht aufgedeckt und reflektierbar werden.

Wesentlich für die Arbeitsatmosphäre im Beratungssetting sind die gegenseitigen Erwartungen, die sich aus vielerlei Merkmalen herausbilden. Dabei ist die Rollenaufteilung in Fragenden und Experten, von denen eine Antwort erwartet wird, strukturierend und mit unterschiedlicher Gestaltungsmacht verbunden – es gibt eindeutig komplementäre Rollenunterschiede. Berater/innen übernehmen einen Auftrag, in dem es mit den Mitteln ihrer Profession ausschließlich um das Beratungsanliegen des Klienten geht. Sie besitzen als Experten und Wissende eine relative Autorität, die von ihnen auch erwartet und eingefordert wird. Dennoch reagieren Studierende sensibel darauf, wenn mit Wissensüberlegenheit ein Statusunterschied vermittelt wird und sie sich in eine infantile Position gedrängt sehen. Das Gespräch verändert sich, einige reagieren gereizt, fühlen sich zu Widerspruch herausgefordert und andere werden zunehmend passiv. Sie wehren Angst vor Manipulation, Abhängigkeit und mangelnder Wertschätzung aggressiv oder depressiv ab. In solchen Konstellationen zeigen sich generationstypische Machtverhältnisse deutlich und konfliktbehaftet. Für einen konstruktiven Beratungsverlauf ist es entscheidend, wenn daraus erwachsende Spannungen nicht ausagiert werden müssen, die Berater/in beispielsweise nicht auf die „angebotenen" Machtkämpfe eingehen muss, sondern sie als Interaktionsfiguren auffassen kann, als einen Hinweis auf den aktuellen Zustand und die Wechselwirkung eines dyadischen Systems. Dann lassen sich die eigenen Gefühle wie auch die Interaktion regulieren und neu gestalten.

Menschen sind bestrebt, Verunsicherungen zu meiden und jeder hat die verschiedensten innerpsychischen Mechanismen zur Verfügung, um sich vor befremdlichen oder beunruhigenden Erfahrungen zu schützen. Eindrücke, die die empfundene Sicherheit in einer Situation oder das Selbstwertgefühl beeinträchtigen könnten, werden oft nicht wahrgenommen. Sie werden fehl gedeutet, uminterpretiert oder auf andere Weise abgewehrt. In der Interaktion eines Beratungsgesprächs finden Identifizierungen und Projektionen statt, Assoziationen und Wahrnehmungsschemata werden hervorgerufen, die sich oft in Zuschreibungen äußern. Werden diese nicht wahrgenommen, erschweren sie die gegenseitige Akzeptanz und Verständigung.

In den Medien wird regelmäßig – und besonders zu Zeiten, in denen kollektiv auf Umbruchzeiten Bezug genommen wird – nach kategorialen Einordnungen gesucht, mit denen sich die gegenwärtigen Studierenden beschreiben lassen. Je nach gesellschaftspolitischem Zeitgeist werden sie als im Gegensatz zu dominierenden Erwartungen beschrieben. Die aktuelle Generation wird dabei immer an vorhergehenden Generationen gemessen und mit Vorliebe an der eigenen. Kollektive Zuschreibungen bergen die Gefahr, dass mit der Wahrnehmung des Andersseins eine negative Bewertung verbunden ist. Gegenwärtig wird Studierenden häufig vorgeworfen, dass sie weniger engagiert, angepasster, unkritischer, konkurrenzbetont, oft oberflächlich sind; sie würden die Errungenschaften der früheren Generationen zu wenig anerkennen und weiterentwickeln. Das bezieht sich beispielsweise auf angeblich mangelhaftes Gender-Bewusstsein und unzureichend erscheinende Formen praktischer Solidarität, was, wenn es so ist, durchaus enttäuscht, aber nicht in eine emotionale Abwehrhaltung münden sollte. Die Irritationen über den ausbleibenden Generationskonflikt ihrer Klientel produziert beispielsweise bei Berater/innen häufig Misstrauen gegenüber den jungen Erwachsenen und führt zu abwertenden Zuschreibungen als unreif und unselbstständig. Manche negative oder distanzierende Zuschreibung geschieht auch aus der Idealisierung der eigenen gesellschaftlichen Position oder der eigenen Vergangenheit heraus. Besonders häufig wird die eigene Generation mit den ihr zugehörigen Haltungen und Zielsetzungen idealisiert. Bewertungen in der Wahrnehmung anderer lassen sich nicht ausblenden, aber kontrollieren. Es scheint immer wieder notwendig, solche Zuschreibungen zu reflektieren und mit lebensweltlichen Bedingungen und Veränderungsprozessen in Beziehung zu setzen, um sich – und die Ratsuchenden – vor Fehlschlüssen, Verallgemeinerungen oder gar Abwertungen zu schützen. Differenzierte Vergleichsstudien[7] legen nahe, dass jede Studierendengeneration auf ihre spezifische Weise (auf ihre je besonderen Bedingungen) reagiert, die unseren Respekt erfordert und mit der wir uns als Berater/innen offen auseinandersetzen sollten.

Zuschreibungen und Abwertungen, wie die hier genannten, können in sehr unterschiedlicher Form ein Gespräch erschweren. Der offene Streit ist ein eher seltener Fall, aber er kommt gerade bei jungen Erwachsenen mitunter vor und ist besonders dort möglich, wo Berater/innen administrative Entscheidungen der Fachbereichsverwaltung oder der Prüfungsämter vermitteln oder erläutern müssen. Der uneingeschränkten Offenheit für das Anliegen der Studierenden steht auf Seiten der Beratenden, neben der persönlichen „Rollenempfänglichkeit",[8] mitunter auch Erfahrungswissen entgegen. Jeder Mensch entwickelt in seiner Arbeitsorganisation Routinen. Dabei bilden sich auch dominierende Theorien über bestimmte Symptomatiken, Problemfelder und geeignete Lösungsstrategien heraus. Zum einen ist die schnelle Verfügbarkeit von Konzepten und Lösungsmustern Selbstbestätigung und vermittelt Gefühle von Kompetenz und beruflicher Sicherheit. Auf der anderen Seite verführen solche „Sicherheiten" zur Einnahme von relativ unflexiblen Haltungen, die sich in Form von „selbstgerechtem Wohlwollen" schädlich auf den Beratungsprozess auswirken. Im Gestus des Wohlwollens wird das Gegenüber zur unhinterfragten Selbstaffirmation funktionalisiert, um das eigene Urteils-, Wert- und Selbstsystem zu stabilisieren (vgl. Boothe & Streeck, 2001). In einem solchen Fall würde die Macht, die dem Berater im Beziehungsgeschehen erst einmal zugeschrieben wird, benutzt, um die Komplexität der Situation zu reduzieren und den Einfluss der Problemsicht des Beraters durchzusetzen.

Abwehrvorgänge sind als sowohl intrapsychisch als auch interaktionell organisierte Prozesse zu verstehen, wobei die Psychodynamik eines Beratungs-

---

7 Beispielsweise seien der Studierendensurvey – Entwicklungen zwischen 1983 und 2007 – (Bargel 2008) oder die Studien über das Alltagsbewusstsein der Studierenden in den 1980er und 1990er Jahren (Gapski, Köhler & Lähnemann 2000) genannt.

8 Damit sind die unterschiedlichen Aspekte des Beziehungsgeschehens gemeint, die wir in den vorangegangenen Abschnitten dargestellt haben.

verlaufs stark durch die „psychosoziale Abwehr", also die direkt im Gesprächsverlauf erkennbaren Vorgänge, bestimmt wird. Dies muss sich nicht durch
Schweigen, Widerspruch oder Ärger offenbaren, sondern verbirgt sich auch
hinter Ironie oder Scherzen.

4.5 Konflikte und Kollusionen

Neben dem aus der individuellen Psychogenese der Klienten und Klientinnen
stammenden Konfliktstoff, der bei (längeren) Beratungsprozessen in ähnlicher
Weise sichtbar werden kann wie in der Psychotherapie, gibt es auch beratungsspezifische Konfliktsituationen. Diese ergeben sich zum einen aus feldspezifischen Erwartungsdifferenzen (wie sie z. B. im ersten Fallbeispiel vorgekommen
sind); zum anderen aber aus Konfliktpotenzialen, die in der (meist wiederum
feldspezifischen) Personenkonstellation liegen:

> *Ana sucht die Beratungsstelle auf, weil sie sich in ihrem Studium unwohl fühlt und*
> *auch nicht so richtig weiß, wohin sie sich beruflich orientieren soll. Die ersten Ge-*
> *spräche ergeben, dass sich diese Unsicherheit auch auf andere Bereiche ihres Le-*
> *bens bezieht. Sie hat seit der 13. Klasse einen Freund, aber in der Uni flirtet sie*
> *auch mit Frauen. Sie denkt, dass sie eigentlich woanders studieren sollte, fühlt*
> *sich aber in ihrer Wohngemeinschaft so gut aufgehoben, dass sie doch bleibt …*
> *Da die nötige Entscheidungsfindung Zeit brauchen wird, empfehle ich ihr an der*
> *Frauentherapiegruppe der Beratungsstelle teilzunehmen – eine solche Beglei-*
> *tung über ein Jahr hin wird ihr guttun, denke ich. Ana reagiert zögerlich und will*
> *bis zu unserem nächsten Treffen darüber nachdenken. Doch auch eine Woche*
> *später ist sie weiter unentschieden. Sie weiß nicht, „ob das so das Richtige ist,*
> *nur mit Frauen". Sie denkt laut darüber nach, dass es auch schwer ist, in einer*
> *Gruppe zu Wort zu kommen. Und sie versucht mich zu überzeugen, dass es mit*
> *ihr doch nicht so schlimm steht, dass Therapie nötig ist. – Allmählich steigt Un-*
> *geduld in mir hoch; Anas Art zu reden, erscheint mir altklug. Sie spricht, als gin-*
> *ge das Ganze sie nicht wirklich etwas an. Und ich ärgere mich, dass sie mein An-*
> *gebot so gar nicht zu schätzen weiß. Zunächst freundlich, dann, als ich sie da-*
> *mit nicht erreiche, auch im Ton energischer, weise ich Ana darauf hin, dass es*
> *sich um ein Angebot handelt, das sie nicht annehmen müsse.*
> *Ana kämpft mit den Tränen, will aufstehen und gehen. Nur mit Mühe kann ich*
> *sie davon abhalten. Sie sinkt in den Stuhl zurück und weint eine ganze Weile still*
> *vor sich hin. Schließlich treffen wir eine neue Verabredung, „um aufzuräumen,*
> *was heute passiert ist".*
> *Dieses „Aufräumen" benötigt mehrere Sitzungen und fördert, was den Konflikt*
> *des skizzierten Gesprächs angeht, Vielschichtiges zutage:*

Für Ana hatte mein Angebot in mehrfacher Hinsicht etwas Bedrohliches. Es signalisierte, dass es nun ernst werden sollte mit der Problemlösung, was bei ihr panische Angstgefühle freisetzte – „sich festlegen müssen und dabei wieder alles falsch machen". Das altkluge Räsonnieren war Anas (bei ihren Eltern sehr erfolgreiche) Methode, sich und andere von ihren Angstgefühlen abzulenken. Zudem war auch mein Vorschlag „Frauengruppe" für Ana nicht unbelastet. Sie war (bei ihrer Mutter lebend) in einer Wohngemeinschaft groß geworden – „immer hat mir irgendwer vorgeschlagen, an einer Gruppe teilzunehmen". Anas Mutter ist Sozialpädagogin und nimmt seit vielen Jahren an „solchen Wachstumstherapien" teil.

Auf der anderen Seite war für mich die Frauentherapiegruppe ein wichtiger Bestandteil des Arbeitsschwerpunktes „Frauen", für den ich mich in der Beratungsstelle sehr engagiert hatte und mit dem ich identifiziert war – der Vorschlag „Frauengruppe" war daher auch auf Seiten der Beraterin nicht unbelastet. Hinzukam, dass Anas Familienmilieu mir nicht fremd war. Bekannte von mir leben in ähnlichen Konstellationen; auch der Stellenwert, den Therapie im Leben von Anas Mutter hatte, war mir aus dem weiteren Kolleginnenkreis vertraut. Diese Milieunähe hatte ich allerdings im Kontakt mit Ana gar nicht als solche wahrgenommen. Ana war mir sympathisch. Bis zu unserem Konflikt hatte ich das Gefühl mich leicht mir ihr verständigen zu können.

Neben den individuellen psychodynamischen Konfliktanteilen zeigt dieses Fallbeispiel auch Konfliktlinien, wie sie typischerweise in Beratungssettings vorkommen:

➤ Die gemeinsame Zugehörigkeit zum selben (in diesem Fall: akademischen) Feld, der beiden Seiten selbstverständliche Umgang mit bestimmten sozialen und kulturellen Milieus (hier die gebildete Alternativszene) – diese Merkmale von Beratungsprozessen, die häufig den Zugang und die Verständigung über ein Problem erleichtern, können sich auch so verschränken, dass Konfliktmöglichkeiten zunächst einmal verdeckt bleiben und zu Kollusionen[9] führen. Anders als Konflikte sind Kollusionen nicht durch den Zu-

---

9   Kollusionen bedeuten ein unbewusstes Zusammenspiel auf Grund eines gleichartigen, unbewältigten Grundkonflikts, der von beiden Interaktionspartnern in verschiedenen Rollen ausgetragen wird. Der Konflikt wird in den polarisierten Varianten des gleichen Grundkonflikts ausgelebt (Willi 1976). Die Verbindung begünstigt bei einem Partner die Einnahme der progressiven (überkompensierenden), beim anderen die der regressiven Position. Das progressive und regressive Abwehrverhalten bewirkt die gegenseitige Anziehung und dyadische Verklammerung der Partner. Der konstruktive Zustand liegt im Nebeneinander von regressiven und progressiven Phantasien und Neigungen. Das Zusammenspiel schlägt ins Destruktive um, wenn die Positionen extremer werden und der andere die Tendenzen repräsentiert, die man sich selbst versagt.

sammenprall verschiedener Interessen oder Strategien gekennzeichnet, sondern durch ein nahezu harmonisches Zusammenspiel, dem aber (wie bei der „altklugen" Unentschiedenheit der Klientin in unserem Fallbeispiel) die Lebendigkeit eines offenen Austausches fehlt und das Veränderung und Entwicklung blockiert.

➤ Nicht immer äußert sich eine solche Konfliktlage so direkt wie in unserem Beispiel. Auch ein offener Streit ist sicherlich der eher seltene Fall, aber er kommt gerade bei jungen Erwachsenen vor und man sollte sich ihm stellen. Chronisches Missverstehen, Widerstände und Verweigerung sind häufiger. Sie verweisen – in eher allgemein-diffuser Form – auf ein brüchiges Arbeitsbündnis oder auf eine konflikthafte Gesprächsdynamik. Und in der Zähigkeit eines Gesprächsverlaufs, im Oberflächlichwerden des Kontaktes verbirgt sich häufig eine Kollusion. Die negativen Folgen – meist Stagnation – des unbewussten Zusammenspiels treten nicht sofort in Erscheinung; Anflüge von Langeweile oder Ungeduld auf Beraterseite könnten (wie in unserem Beispiel) erste Hinweise sein.

Kollusionsbildung ist nichts Beratungsspezifisches. Eine Tendenz zu Kollusionsbildung ist in jeder Zweierbeziehung gegeben. Es gibt allerdings beratungsspezifische Formen und Aspekte. Kollusionen entstehen häufig aus dem Umgang mit feldspezifischem Material, und die Beratungssituation verführt Berater/innen leicht, die progressiven Pole der Interaktion zu besetzen. Im Beratungssetting – ein berufliches Arbeitsfeld, das wenig Gelegenheit zur narzisstischen Befriedigung bietet – besteht ein häufiges Interaktionsmuster, das zur Kollusion einlädt, in folgender Rollenaufteilung: Die professionelle Seite hält die rettende, heilende, gebende, richtungsweisende Position gegenüber einer schwachen, unselbstständigen und hilfsbedürftigen Person. Dabei verschafft die professionelle Rolle narzisstischen Selbstzuwachs und das Erleben von Selbstwirksamkeit, der Retter wird vom Schwachen idealisiert und in seiner Sicherheit sowie Kompetenz bestärkt – eine für Berater/innen verführerische Position.

4.6 Übertragung und Gegenübertragung

In den bisherigen Fallbeispielen und Analysen zur Beratungsinteraktion haben wir es bereits immer auch mit spezifischem Beziehungs- und Übertragungsgeschehen zu tun gehabt. Affektives, das in der Interaktion sowohl auf Berater- als auch auf Klientelseite angestoßen wird, spielt beim Aushandeln der Arbeitsbeziehung eine Rolle, trägt die Alter-Ego-Beziehung und macht eine Dialogbeziehung überhaupt erst möglich. Die zentrale Rolle von Affekten (bzw. ihre Abwehr) für die Entstehung von Konflikten und Kollusionen haben wir in den vorangehenden Abschnitten aufgezeigt. Die erfolgreiche Gestaltung einer Beratungsbeziehung macht es nötig, die in der unmittelbaren Interaktion oft unbewusst bleibenden affektiven Momente angemessen in die Arbeit einzubeziehen. Zugleich aber kann nicht übersehen werden: Die Psychodynamik eines Beratungsprozesses ist anders als die einer Psychotherapie. Sie unterliegt nicht nur Besonderheiten wie zeitliche Begrenzung und Zielorientierung, die auf das Setting im engeren Sinne zurückzuführen sind,[10] sie nimmt vielmehr auch eine feldspezifische Gestalt an, die aus der Aufgabenstellung der Beratungseinrichtung und ihrer institutionellen Einbindung erwächst. Die in unseren Beispielen jeweils gegebene gemeinsame Zugehörigkeit zum akademischen Feld etwa erleichtert auf der einen Seite die Verständigung über das Beratungsanliegen und die Zielorientierung der Arbeit, bietet daneben aber zugleich nicht nur spezifische Konfliktpunkte und Verführungen zu Kollusion und Verstrickung, sondern auch feldspezifische Rollenerwartungen, Idealisierungen und Enttäuschungsmöglichkeiten, die das Medium für Übertragung und Gegenübertragung bilden.

Bevor wir diese Spezifika genauer betrachten, möchten wir unser Verständnis der Begriffe „Übertragung" und „Gegenübertragung" umreißen, denn im Gegensatz zu dem im Kontext von Beratung sonst verbreiteten eher unscharfen oder metaphorischen Gebrauch dieser Kategorien wollen wir hier an das präzisere Verständnis der psychoanalytischen Literatur anschließen:[11] Jeder Mensch bildet durch Verinnerlichung typischer Interaktionsmuster und deren unbewusster Verankerung Schemata heraus, lebensgeschichtlich entstandene Reaktionsbereitschaften, die bei passenden Gelegenheiten als „Übertragung" ausgelöst werden. Die Übertragungen können von innen und außen entstehen und sind so als bifokale Prozesse zu verstehen, die die subjektive Realität bestimmen.[12] In therapeutischen Beziehungen sind Übertragungen eine „Kompromißbildung zwischen der Inszenierung unbewußter Konflikte aus der Vergangenheit und der realistischen Reaktion des Patienten auf die Persönlichkeit, die Interventionen und die Gegenübertragung des Analytikers" (Kernberg 2001, 246). Ergänzend verstehen wir „unter Gegenübertragung als emotionaler Ge-

---

10 Diese Merkmale teilt Beratung mit Formen fokussierter Kurztherapien auf der einen Seite und Supervision auf der anderen Seite.

11 Im psychoanalytischen Diskurs gibt es keine festgelegte technische Verwendung der Begriffe, die mit einem Verweis auf die entsprechende Literatur hier eingefügt werden könnte – vielmehr findet eine breite Debatte um Ausdifferenzierung und Sicherung der Klarheit der Terminologie statt. Einen Einblick in gegenwärtige Weiterentwicklungen und Auffassungen gibt Mertens (2009).

12 Wir beziehen uns hier auf die Überlegungen von Thomä (vgl. Thomä 1999, 829).

genreaktion des Analytikers sowohl die vom Patienten induzierten Anteile als auch mögliche Übertragungsdispositionen des Analytikers selbst." (ebenda, 313).[13] Gegenübertragung ist als ein gemeinsames Produkt zu verstehen, das aus dem Zusammenspiel beider Interaktionspartner resultiert. Beide Seiten – sowohl die Übertragung auf Klientelseite als auch die Gegenübertragung auf der professionellen Seite – sind bifokal in dem Sinne, dass sich realitätsangemessene Wahrnehmungen und Bewertungen des Hier und Jetzt mit Verengungen und Affektaufladungen mischen, die den Konflikten der Psychogenese entstammen, wenn auch die Anteile des (noch) unverstandenen Unbewussten auf der professionellen Seite deutlich geringer, im Idealfall unbedeutend sind. Das Übertragungsgeschehen ist ein intrapsychischer Vorgang – wenn es sich in Handlungen niederschlägt und zu einem reziproken Austausch der Interaktionspartner auf der Handlungsebene wird, spricht man von *Enactment*. Die Gefahr, sich in Handlungsdialoge verstricken zu lassen, ist überall da gegeben, wo Menschen in einen intensiven Dialog miteinander treten. Übertragung besteht aus Beziehungserfahrungen, aus komplexen Wünschen, Erwartungen und Reaktionen auf Reaktionen der anderen, die häufig in familiendynamische Konstellationen eingebettet sind. Gegenübertragungsgefühle und das Erkennen von Enactments können wesentlich dazu beitragen, den Ratsuchenden in seinem Erleben zu verstehen und können zur Regulierung der Beziehung genutzt werden.

In der Beratungsarbeit mit Studierenden, die auf die Themen Arbeit und Leistung fokussiert ist, gerät man sehr leicht in die Elternübertragung. Das Streben nach Autonomie und die Angst vor Abhängigkeit wiederholen sich in Beratungsverläufen: Einerseits wird Hilfe und Unterstützung erwartet, verbunden mit dem Wunsch Verantwortung zu delegieren, und dann dominiert wieder der Wunsch, die Probleme alleine bewältigen zu wollen, und es kommt zu aggressiver Abgrenzung, Trotz oder Wut. Zunächst massiv erwünschte Hilfestellungen werden im weiteren Verlauf der Arbeit als unwirksam zurückgewiesen und entwertet, die Ambivalenz von Abhängigkeit und Autonomie, wie sie den Eltern gegenüber virulent ist, wird auch in der Beratungszusammenarbeit ausgedrückt. Eine erkannte Elternübertragung kann den Beratungsprozess auch erleichtern und der Problemerkennung dienen. Die unbewusste Positionierung bzw. die angenommene Rolle erlauben Studierenden und Beratern mitunter sogar die stell-

---

13 Die Definition der Begriffe ist – das wird häufig kritisch angemerkt – z. T. zirkulär. Dabei handelt es sich jedoch um eine Zirkularität, die unvermeidbar ist, will man ein Geschehen erfassen, das in der Interaktion einer Beziehung überhaupt erst entsteht: Übertragung/Gegenübertragung beschreiben die weitgehend unbewusste Präsenz vergangener Erfahrungen in gegenwärtigen Interaktionen, die im Kontakt durch wechselseitige Resonanz erlebbar wird.

vertretende Verwirklichung von Wünschen: Den „guten" (Berater-)Eltern kann man beichten und gleichzeitig bei ihnen Verständnis und Akzeptanz erleben. Als „gute" Elternfigur kann man verzeihen und großzügig gewähren, was man in der privaten Elternposition oft nicht so widerspruchsfrei leisten kann.

Beratungssituationen – das wollen wir ausdrücklich betonen – sind nicht darauf angelegt, Übertragungsprozesse zu initiieren; Beratung stellt auch kein Setting dar, durch das Übertragungsreaktionen (im klassischen Sinne als Neuinszenierung unbewusster Konflikte) generell intensiviert und verstärkt werden. Beratung ist an progressiven Entwicklungen interessiert[14] und unterstützt Regression und Übertragung im psychoanalytischen Sinn ausschließlich situativ – z.B. wenn die Übertragungsdynamik für das im Beratungsprozess fokussierte Thema zentral ist oder wenn eine Irritation der Arbeitsbeziehung oder eine im Beratungsprozess entstandene Idealisierung bzw. Blockierung nur durch Intensivierung des Übertragungsgeschehens bearbeitbar gemacht werden können. Übertragung und Gegenübertragung im oben definierten Sinn sind vor allem als Reflexionskategorien auf Beratungssituationen anzuwenden. Zur Verdeutlichung auch hier ein Fallbeispiel:

> *Dina studiert ein naturwissenschaftliches Fach und befindet sich im zweiten Studienjahr. Sie ist auf den Rat einer Dozentin hin in die Beratungsstelle gekommen, da sie immer wieder vor Klausuren und Prüfungen krank wird, sich mit umfangreichen Entschuldigungen „abmeldet" und im Gespräch über ihre Schwierigkeiten schnell zu weinen beginnt. In unserem Erstgespräch stellt sich heraus, dass Dina nur wenige Kontakte zu anderen Studierenden hat, mit ganz wenig Geld auskommen muss und nach wie vor in ihrer Herkunftsfamilie lebt. Sie spricht ungern über ihre persönliche Situation, und wenn sie von ihren Schwierigkeiten im Studium spricht, neigt sie dazu, sich selbst zu beschuldigen. „Ich habe meine Chancen nicht genutzt und mich statt zu lernen immer viel zu sehr mit meinen Sorgen beschäftigt." Wir verabreden, uns zunächst einmal mit dem „Lernen" zu beschäftigen, um gemeinsam herauszufinden, was sie verbessern kann. Und bei diesem Vorhaben kommen wir in den folgenden Wochen gut voran. Dina gelingt es zunehmend, das, was sie tut, zu beschreiben, statt zu beklagen, einige meiner Tipps setzt sie sofort um. Dann aber erlahmt ihr Eifer plötzlich. Dina wird in unseren Gesprächen passiv und wortkarg. Mehr als „Es ist so wie immer, mein Kopf ist ganz schwer", ist aus ihr nicht herauszubekommen. Ich habe den Eindruck, dass dieses Schweigen nicht Ausdruck von Widerstand ist, sondern eher eine Not signalisiert, die sprachlos macht. Und so biete ich vorsichtig Verbalisierungen möglicher Hintergründe an: Krankheit, Misserfolg, Probleme in der Familie ... – nichts scheint zu passen. Ich erinnere mich an Di-*

14　In diesem Punkt gibt es eine Parallele zur Supervision (vgl. Gaertner 2001, 39).

nas Bemerkung aus der Anfangssitzung, sie habe sich statt zu lernen immer viel
zu sehr mit den eigenen Sorgen beschäftigt – eine Formulierung, die sich mir
wegen der ungewöhnlichen Wortwahl eingeprägt hat. „Hast du private Sorgen,
ist irgendetwas in deiner Familie nicht in Ordnung?", frage ich. Dinas Schweigen wird angespannter, Trotz und Abwehr sind zu spüren. In mir breitet sich so
etwas wie Genervtsein aus – ein Gefühl, das ich aus Situationen kenne, in denen
ich mich sehr bemühe, dennoch offenkundig etwas falsch mache, aber nicht he-
rausbekommen kann, was ich falsch mache. Ich warte ein wenig und sage dann:
„Irgendwie habe ich dich verletzt. Aber ich weiß nicht so recht, was ich falsch
gemacht habe. Sagst du es mir?"

„Du hast gar nichts falsch gemacht", heißt die Antwort, „es ist nur so wie immer. Immer hat man mich nach meiner Familie gefragt, aber ich hatte Probleme
in der Schule!"

Vor meinem inneren Auge taucht das Bild einer wohlwollenden Lehrerin auf, die
nicht versteht, was der Schülerin Probleme macht und auf „familiären Hintergrund" tippt.

Diese Spur hilft zunächst weiter: Dina hatte auf Grund der Migrationsgeschich-
te ihrer Familie in der Grundschule Schwierigkeiten dem Unterricht zu folgen –
zum einen, weil sie die Sprache noch nicht sicher beherrschte, zum anderen aber
auch, weil ihr die anderen Kinder in ihrem Bewegungsdrang und Ungestüm
Angst machten. Dina war nicht an Peergroups gewöhnt, sondern kannte Unterricht als einen eher stillen, disziplinierten Vorgang. Gefragt aber wurde sie von
der Lehrerin nach Problemen in der Familie. Und natürlich gab es Probleme:
Die Familie war erst vor zwei Jahren nach Deutschland gekommen, auch die Eltern waren noch damit beschäftigt eine für sie passende Lebensform zu finden,
es gab kleinere Geschwister ... Doch Dina konnte darin kein Problem erkennen,
für sie war es einfach so und zudem hätte sie mit „Fremden" auch nicht darüber gesprochen, sie hatte eher das Gefühl selbst etwas falsch zu machen, wenn
sie zu Hause „Sorgen" hatte. – Manche von Dinas Äußerungen, die ich bis dahin eher hingenommen hatte, konnte ich nun verstehen; unsere Arbeit kam ein
gutes Stück weiter.

Das Verständigungsproblem zwischen Dina und mir war damit aber nicht gelöst. Vielmehr durchlief der Beratungsprozess eine längere Krise, die von meiner Seite nur mithilfe mehrerer Supervisionssitzungen zu bewältigen war. Dina
erlebte mich immer wieder in der Lehrerin-Übertragung – da ich ihr wirklich
sehr gern helfen wollte, habe ich sicher viel dazu beigetragen. Manchmal kipp-
te dieses Bild auch und ich geriet in die Rolle derer, „die immer wissen, wie alles laufen muss und sich nur lustig machen". Besonders schwierig wurde die
Verständigung immer dann, wenn Dina nach einer Phase emotionaler Nähe wieder in Schweigen verfiel – dann wollte sie mich schonen, nicht weiter belasten,
eine Strategie, die sie ihrer Mutter gegenüber entwickelt hatte.

> *Dass Dinas Erleben sie in solchen Übertragungssituationen in wirklich existen-*
> *zielle innere Konflikte führte, war an ihrer angespannten Körperhaltung und*
> *dem kindlich-verlorenen Gesichtsausdruck abzulesen. Und zugleich war für*
> *mich spürbar, dass jedes Mal unser Kontakt und damit unsere Arbeitsbeziehung*
> *auf dem Spiel stand. Weiter ging es nur, wenn die jeweilige Übertragungsver-*
> *wicklung aufgelöst war, und erst nach mehreren Durchläufen konnte Dina aktiv*
> *daran mitarbeiten.*

Was machte die Arbeit an der Übertragung in diesem Fall so schwierig? Eine
Schwierigkeit lag sicher darin, dass gerade die symbolische Ebene – Bilder,
Vergleiche und Andeutungen, mit denen Übertragungsreaktionen häufig be-
nannt und Gegenübertragungsgefühle ausgedrückt werden – in interkulturellen
Beziehungen oft nicht greift, sondern eher Missverständnisse produziert. Be-
deutsamer aber waren beratungsspezifische Faktoren:

➤ Die große Nähe des Übertragungsgeschehens zum explizit vereinbarten Vorgehen machte es der Beraterin schwer, das eigene „Genervtsein" als Gegen-
  übertragungsgefühl zu erkennen und angemessen zuzuordnen. So erschloss
  sich nur schwer, dass die Beratungskonstellation selbst in gewisser Weise eine Wiederholung der für Dina hoch besetzten Schulsituation war. Auch jetzt
  hing ihr „Überleben" davon ab, die Anforderungen der Universität zu bewältigen; es gab auch hier Vertreterinnen der Institution (Dozentin, Beraterin),
  die ihr helfen wollten, auch hier machten ihr die anderen Studierenden in ihrer Undiszipliniertheit Angst und erneut geriet sie in Loyalitätskonflikte zwischen Familie und Ausbildung.
➤ Dass die Beratung letztendlich erfolgreich verlief, beruhte darauf, dass sich
  die Situation in einem Punkt von der Schulerfahrung unterschied: Lehrerin
  und Beraterin waren institutionell unterschieden. Diese Differenz war im
  Beratungsprozess jedoch alles andere als selbstverständlich, sondern musste
  als fühlbare und vertrauenswürdige immer wieder neu erarbeitet werden.
  Erst allmählich konnte die Beratung zu einem Zwischenraum entwickelt
  werden, in dem Austausch über Schule, Familie, Leistung und kulturelle Differenz möglich war.
➤ Wie in unserem Fallbeispiel ergeben sich Übertragungsreaktionen in der Beratung in der Regel situationsbezogen und spontan – themenabhängig und
  häufig eher von den verwendeten Methoden induziert als von Eigenarten der
  Person. Die professionelle Seite des/der Berater/in ist dabei in ihren unterschiedlichen inhaltlichen Facetten präsent. Übertragungen entstehen nicht
  unmittelbar erkennbar in Richtung auf frühe Objektrepräsentanzen. In Einzelfällen, vor allem in einem längeren Beratungsprozess, kulminieren bera-

tungsspezifische Übertragungsmomente dann zu einer klassischen Übertragung auf die Person der Berater/in. Häufiger jedoch ist die Aktivierung späterer Beziehungserfahrungen, die Berufsrollen einbeziehen und durch das atmosphärisch präsente Gesamtsetting der Beratungseinrichtung[15] fokussiert werden.

Übertragungsreaktionen in der Beratung sind – in diesem Punkt der Supervision ähnlich – eher „fluktuierend" und „spontan" (Oberhoff 2000, 54). Sie erfahren eine Fokussierung durch das Gesamtsetting der Beratungsstelle und verknüpfen sich vorwiegend mit den unterschiedlichen Facetten der professionellen Rolle der Berater/in. Entsprechend sind Gegenübertragungsreaktionen, die aus den verschiedenen Aspekten der Berufsrolle resultieren, für die Berater/in oft schwerer als solche zu erkennen,[16] zugleich aber besser verfügbar. Persönliche Übertragungsdispositionen dagegen verbleiben eher im Unbewussten, sie sind natürlich dennoch wirksam – ein nicht unbedeutender Arbeitsauftrag an die berufsbegleitende Supervision.

4.7 Handhabung psychodynamischer Prozesse

In jedem Beratungskontakt wirken Beziehungsfaktoren, Handlungsmuster und die unterschiedlichen Interaktionserwartungen in einem komplexen zielgerichteten Geschehen. Beziehungsregulierung geschieht in allen Beziehungen. In Beratungsgesprächen kontrollieren und regulieren Berater/innen – oft eher intuitiv als bewusst – nicht nur ihren eigenen Zustand, sondern spüren auch dem nach, wie sie ihr Gegenüber erleben und wie er oder sie auf sie reagiert. Anders als in Therapien werden in Beratungen Beziehungskonstellationen in der Regel nicht thematisiert und Übertragungsaspekte entsprechend meist nicht angesprochen. Es wird an konkreten Problemlösungen gearbeitet, aber es werden auch, wie in Therapien, Wachstumsimpulse angestoßen. Dem Klienten wird grundsätzlich eine Entwicklungsperspektive zugeschrieben und es wird stark ressourcenorientiert gearbeitet. In der Beratung werden Verstehens- und Erkenntnisprozesse, da es vorrangig um Problemanalyse und Problembewältigung geht, durch Klärungsprozesse erreicht.

---

15 Zu den Implikationen des Gesamtsettings von Beratung vgl. Großmaß (2004b).

16 Dies hat sicher damit zu tun, dass das professionelle Training von Berater/innen hinsichtlich ihrer persönlichen Dispositionen bisher in Zusatzausbildungen stattfindet, die auf die Psychotherapie ausgerichtet sind.

Psychotherapeutische Prozesse, in denen im Sinne des psychoanalytischen Settings der Boden für Deutungen bereitet wird, werden wegen des strukturierten und fokussierten Arbeitens in Beratungen kaum initiiert. Situativ und (vom Stellenwert innerhalb des Gesamtprozesses aus gesehen) passager kommen Deutungen im Sinne einer Verknüpfung der aktuellen Thematik mit unbewussten Bedeutungszusammenhängen natürlich dennoch vor. Und gerade weil es sich dabei nicht um ein etabliertes, von beiden Seiten als solches wahrgenommenes psychotherapeutisches Instrument handelt, kann eine Deutung wichtig sein und manchmal einen Wendepunkt in der Arbeit markieren. Kommen wir zur Verdeutlichung noch einmal auf die Fallgeschichte von Ana M. zurück:

> *Beim „Aufräumen" des in der Beratungsbeziehung entstandenen Konfliktes war die folgende Gesprächssequenz von zentraler Bedeutung:*
> *Ich hatte sehr ruhig und sehr vorsichtig deutlich zu machen versucht, warum mir Anas Erklärungen über Gruppen und die Schwierigkeit darin zu Wort zu kommen, abgehoben und abstrakt vorkamen, so, als ginge es gar nicht um Ana selbst. Anas Reaktion: „Aber du hast angefangen, von einer Gruppe zu sprechen, und jetzt, wo ich darauf eingehe, ist es wieder verkehrt."*
> *Beraterin: „Heißt das, dass du die ganze Zeit versuchst, es mir recht zu machen?"*
> *Ana (leicht vorwurfsvoll): „Das nicht, aber ich versuche Gründe vorzubringen, Argumente, ich gehe wirklich auf das ein, was du sagst. ... Was man umgekehrt nicht behaupten kann! Du nimmst nicht ernst, was ich sage ..."*
> *Beraterin: „Doch, aber ich werde den Eindruck nicht los, dass du meinen Vorschlag einfach nur wegreden willst. Dabei würde ich wirklich gern verstehen, warum du so gar nicht sehen kannst, dass ich dir etwas angeboten habe. ... Vielleicht ist eine Gruppe für dich ja auch nicht das Richtige ... Was ist es dann, was du brauchst?"*
> *Ana verstummt, rutscht im Sessel zurück, lässt die Schultern hängen und sinkt in sich zusammen. Sie wirkt kindlich und schutzbedürftig in dieser Haltung, ein wenig auch resigniert. Beraterin: „Irgendwie kommt es mir vor, als wärst du erschöpft vor lauter ‚Gründe vorbringen' ... oder überhaupt erschöpft und müde – wie ein Kind, das einfach nur Mama für sich allein haben will, sie aber nicht aus der Küche rausbekommt, wo sie sitzt und mit der Freundin redet."Ana beginnt zu weinen, wie in der Sitzung, in der unser Konflikt deutlich geworden war. Allerdings versucht sie nicht zu gehen, sie bleibt sitzen, das Weinen wird allmählich ruhiger und in einer Mischung aus Verletztsein und Trotz sagt sie schließlich „... und wenn schon ... die Erwachsenen haben sich doch auch für sich."*
> *In dem sich hieran anschließenden Gespräch wird deutlich, wie schambesetzt die in dieser Situation von Ana so überwältigend gefühlte Bedürftigkeit für sie ist. Und zugleich steckt in dieser Bedürftigkeit die ganze Verletztheit des in dieser Dimension zu kurz gekommenen Kindes.*

> *Mein Versuch, das, was Anas Körperhaltung ausdrückte, ihr selbst durch ein szenisches Bild zur Verfügung zu stellen, hatte sich als Deutung erwiesen.*

Auch an dieser Sequenz lässt sich Beratungsspezifisches aufzeigen:

Das szenische Bild des resignierten Kindes wird von der Beraterin weder als Deutung vorbereitet, noch als solche platziert. Dennoch taucht es in diesem Beratungsprozess nicht ohne Vorgeschichte auf: Kindliche Verweigerung, „Altklugheit", die Körperhaltung beim Weinen – all diese Anmutungen, die in der Fallbeschreibung der Beraterin enthalten sind, lassen sich zu einem Bild verdichten, das zu der dann erfolgten Deutung passt. Insofern kommt das szenische Bild nicht von ungefähr zustande, sondern entstammt dem Beratungsprozess – die parallel zu der zielorientierten Kommunikation atmosphärisch aufgenommenen Eindrücke von Anas innerer Verfassung haben sich zu diesem Bild verdichtet.

➤ Im Beratungsprozess hat eine Deutung einen punktuellen Stellenwert: Sie hilft die entstandene Blockierung aufzulösen und den aktuellen Konflikt im Hier und Jetzt zu klären. Gleichzeitig erlebt die Klientin, dass Affektives präsent sein darf und kindliche Bedürftigkeit auf Verständnis trifft. Ist die Konfliktklärung abgeschlossen, kehrt das Gespräch auf die verabredete Arbeitsebene zurück. Meist bleibt das Gefühl ein schwieriges und wichtiges Stück Arbeit gemeinsam bewältigt zu haben, die Beratungsbeziehung ist gestärkt worden. Kommt man an einer späteren Stelle des Prozesses noch einmal auf eine solche Deutung zurück, dann geht es weniger darum, diese auszubauen und zu intensivieren. Es ist die Erfahrung des gemeinsamen Bewältigens von Schwierigem, auf die rekurriert wird.

Welche methodischen Konsequenzen sind aus dem Vorkommen solcher Deutungen für Beratungsarbeit und Beratungsprozesse zu ziehen? Verwandelt sich eine Beratung an solchen Stellen in eine Psychotherapie? Oder sollte man umgekehrt versuchen, Situationen von einer psychodynamischen Intensität wie die hier beschriebene aus der Beratungsarbeit auszuschließen?

Weder das Eine noch das Andere. Beratungseinrichtungen haben unterschiedlich personennahe Aufträge, Berater und Beraterinnen sind unterschiedlich ausgebildet. In der Regel wird jemandem, der nicht tiefenpsychologisch ausgebildet ist, eine Deutung zwar gelegentlich unterlaufen, er wird sie jedoch nicht als Deutung, sondern mit den ihm zur Verfügung stehenden kommunikativen Mitteln behandeln. Bezogen auf Anas Reaktion, könnte er tröstend reagieren, um, wenn Ana sich beruhigt hat, auf die Sachebene zurückzukehren (Alltagsrepertoire); er könnte die an Ana wahrgenommenen Gefühle verbalisieren und sie so dabei unterstützen, ihre Reaktion zu verstehen (eine Reaktion aus dem Repertoire der klientenzentrierten Gesprächsführung); er könnte auch einfach abwarten, bis sie sich beruhigt hat und dann den Kommunikationsablauf (systemische Reaktion) oder Anas Verhaltensmuster (in Anknüpfung an verhaltenstherapeutische Methoden) analysieren. Alle Varianten können einen konstruktiven Beratungsablauf ermöglichen – die Ebenen allerdings, auf denen es weitergeht, wären unterschiedlich.

Man muss also nicht explizit etwas unternehmen, um Deutungen zu verhindern, die in einen Beratungsprozess nicht fachlich angemessen integriert werden können. Vielmehr ließe sich umgekehrt behaupten, Deutungen gibt es nur, wenn sie als solche verstanden werden – auf Klientenseite dadurch, dass sie wirken, auf Beraterseite dadurch, dass ein Deutungsereignis psychogenetisch interpretiert und in den Beratungsprozess integriert wird. Im Unterschied zur Psychotherapie hat die Deutung in der Beratung einen situativen Stellenwert; sie wird begrenzt genutzt und auf das vereinbarte Arbeitsziel zurückbezogen. Gerade auf dieses bezogen kann eine (erfolgreich verarbeitete) Deutung jedoch von großer Bedeutsamkeit sein.

Und unabhängig davon, ob man in der Beratung mit Deutungen arbeiten kann und will – es ist gut darum zu wissen. Denn auch wenn eine Deutung nicht methodisch vorbereitet und geplant erfolgt, sondern „unterläuft", hat sie intensive emotionale Effekte, auf die gelassen reagieren zu können, hilfreich ist.

Blicken wir noch einmal auf die diskutierten Aspekte der Psychodynamik von Beratung zurück: Alle von uns in Anlehnung an Finke herausgearbeiteten Dimensionen und Prozessmerkmale ließen sich auch in den untersuchten Beratungsgesprächen und -situationen auffinden. Die Differenzen zwischen Psychotherapie und Beratung verschwinden dadurch nicht – der unterschiedliche strukturelle Rahmen, die aus dem sozialen Raum Hochschule kommenden Akzente und Themen, das größere Spektrum möglicher Interaktionen sowie die Häufigkeit kürzerer Prozesse (verbunden mit den Möglichkeiten einer zeitlichen Sequenzierung) sind auch in den hier vorgestellten Fallbeispielen präsent. Dennoch erwiesen sich die aus dem psychotherapeutischen Kontext stammenden Kategorien und Konzepte als ausgesprochen nützliche Reflexionsinstrumente, die insbesondere in den konflikthaften Beratungsverläufen hilfreiche Einsichten eröffnen und Umwege vermeiden helfen. Beratungsprozesse verwandeln sich nicht in Psychotherapie, wenn man ihre Psychodynamik fachgerecht analysiert und reflektiert, sondern sie gewinnen als Beratungsprozesse an Qualität und Effektivität.

Damit ein in diesem Sinne psychodynamisch reflektierter Umgang mit dem Beratungsgeschehen möglich wird, bedarf es allerdings entsprechender fachli-

cher Qualifikation der Berater/innen: Neben der Sachkunde bezüglich des akademischen Feldes, neben dem Zugang zu den Informationen, die in einem Beratungsgespräch benötigt werden, neben den in der professionellen Beratung inzwischen selbstverständlichen Kommunikationskompetenzen erfordert ein pro-
duktiver Umgang mit dem Übertragungsgeschehen auch Kompetenzen im Umgang mit der Psychodynamik professioneller helfender Beziehungen. Überall
dort, wo solche Kompetenzen im Beratungsteam nicht vorhanden sind, empfiehlt es sich sie über Supervison gezielt hinzuzuholen.

5 Kooperationen und Interventionen im universitären Feld

Interventionen von Hochschulberatern zielen sowohl auf Einzelindividuen als auch auf die Institution selbst ab. Wie sich die Inhalte der Beratung auf psychologische Faktoren und auf Aspekte der Organisation und der Wissenschaftsabläufe beziehen, so bleiben auch Anregungen und Maßnahmen, die sich in der Beratungspraxis entwickeln, nicht auf die Studierenden beschränkt. Beratungsstellen arbeiten in vielfacher Hinsicht mit anderen Einrichtungen zusammen und sind auf Kooperationsnetze angewiesen. So führt bereits die Einbindung der Hochschulberatung in die Organisationsstruktur der Universität bzw. des Studentenwerkes (mit ihren jeweiligen Verwaltungsabläufen und Informationssystemen) zu einer Vernetzung mit anderen Einrichtungen und Verwaltungseinheiten.

Im einführenden Kapitel haben wir darauf hingewiesen, dass sich die Feldspezifik eines Beratungsangebotes an Hochschulen auch auf diesem Weg herstellt: Die Integration in die interne Verteilung von Informationen und Beschlüssen bezieht sich auf Zulassungsregularien und -termine ebenso wie auf hochschulpolitische Entscheidungen, Schwerpunkte des Bibliothekssystems oder die Termine für die Verleihung akademischer Grade. Dieses selbstverständlich zur Verfügung stehende bzw. abrufbare Wissen stellt eine wichtige Ressource der Beratung dar. Entscheidungen, die von den Studierenden für ihre jeweils individuelle Situation und persönliche Planung zu treffen sind, lassen sich nur dann realitätsangemessen konkretisieren, wenn zeitnah und präzise auf solches Wissen zurückgegriffen werden kann.

Neben diesen sich eher nebenbei herstellenden Verbindungen zur Organisation Universität bemühen sich Hochschulberatungen gezielt um Kooperationsbeziehungen, die für die Effektivität von Beratung und das Hineinwirken in den sozialen Raum Hochschule von Bedeutung sind. Da gerade hierbei die Spezifika der einzelnen Hochschule, das Konzept der jeweiligen Beratungseinrichtung sowie das Qualifikationsprofil und Engagement der einzelnen Berater und Beraterinnen eine wichtige Rolle spielen, können diese Kooperationsnetze von Universität zu Universität sehr unterschiedlich gestaltet sein. Inhalt und Umfang der Zusammenarbeit der zentralen Beratungsstelle mit den Fachbereichen sind beispielsweise davon abhängig, ob an Fachbereichen neben der Studienfachberatung auch ein Studienbüro[1] existiert, das in der Regel allgemeine Auskünfte über die Studiengänge gibt und in Prüfungsangelegenheiten berät.

Für jede Kooperation, die eine Beratungseinrichtung innerhalb oder außerhalb der Universität eingeht, gilt jedoch, dass sie einer doppelten Anforderung unterliegt: Sie soll die Wirksamkeit des Beratungshandelns stärken *und* sie darf den Schutzraum, den jede Beratung benötigt, nicht verletzen. Personen, die eine Beratungsstelle aufgesucht haben, dürfen für andere Einrichtungen nicht identifizierbar sein und die Vertraulichkeit von persönlichen Mitteilungen ist auf jeden Fall sicherzustellen. Kooperation zwischen Beratungseinrichtungen und Personen und Institutionen außerhalb sind daher in Konzepte und methodische Überlegungen eingebettet, die diese doppelte Anforderung berücksichtigen. Bevor wir einige Beispiele für Kooperationen beschreiben, die von der Beratungseinrichtung ausgehen, möchten wir uns jedoch der wichtigsten Kooperationsebene *innerhalb* einer Einrichtung zuwenden, dem Beratungsteam, das die Angebote und Kooperationen der jeweiligen Einrichtung gestaltet.

5.1   Kooperation im Team der Beratungsstelle

Wenn in der psychosozialen und pädagogischen Arbeit von „Team" gesprochen wird, ist damit eine kleine und zugleich komplexe Personaleinheit gemeint, die das Angebot der jeweiligen Einrichtung fachlich verantwortlich gestaltet. Mindestens zwei Voraussetzungen müssen erfüllt sein, um sinnvollerweise von einem Team zu sprechen: „interdisziplinäre Arbeit bezogen auf ein gemeinsames Arbeitsobjekt bzw. Klientel und eine entsprechende Arbeitsstruktur: z.B. gemeinsame Teambesprechung" (Pühl 2004, 402). In den zentralen Einrichtungen der Universitäten arbeiten solche Teams – multiprofessionell zusammengesetzt und gemeinsam mit der Aufgabe betraut, das Beratungsangebot der Hochschule zu gestalten. In die Entscheidung darüber, wie groß ein Beratungsteam sein soll und wie es personell zusammengesetzt ist, gehen sowohl explizit formulierte als auch als selbstverständlich vorausgesetzte Kriterien ein. Bietet z.B. das Studentenwerk einer Hochschule eine Sozialberatung oder eine psychotherapeutische Beratung an oder existiert an der Universität ein Career-Service (für die Begleitung des Übergangs in den Beruf), gibt es Schreiblabors oder Studienbüros an den Fachbereichen, dann wird von der zentralen Hochschulberatung weniger erwartet, die damit verbundenen Beratungsaufgaben auch zu vertreten.

---

1   Diese in vielen Hochschulen seit den 1990er Jahren entstandenen Service- und Informationsstellen in den Fachbereichen sind (namensgleich, aber) nicht zu verwechseln mit der Zentralen Beratungsstelle der Ruhr-Universität Bochum.

Gibt es innerhalb der Universität ein Interesse an einem pädagogisch-psycholo-gischen Schwerpunkt für die Beratungsarbeit, dann ist die Teamzusammenset-zung eine andere, als wenn für das Beratungskonzept ein starker Bezug auf die in der Hochschule vertretenen Fächer erwartet wird. In unserem Eingangskapi-tel haben wir deutlich gemacht, dass das universitäre Feld eine stärkere Dyna-mik aufweist als andere Bereiche, in denen es Beratungseinrichtungen gibt. Ge-genüber den Beratungsstellen der Universitäten, die ja selbst ein Produkt von Studienreformbemühungen sind, gibt es meist den ausdrücklichen Anspruch, die sich verändernden Anforderungen an das Studium und die akademische Ausbildung durch entsprechende Arbeitsschwerpunkte zu begleiten – eine Er-wartung, die sich auch in der Personalpolitik Geltung verschafft.

Wie ein Beratungsteam zusammengesetzt ist und welche Aufträge im Ein-zelnen an das Team herangetragen werden, ist im skizzierten Sinne kontextge-bunden; die Beratungsteams der einzelnen Hochschulen unterscheiden sich da-her auch, was die Größe (zwei bis acht hauptamtliche Berater/innen), die in ih-nen vertretenen Disziplinen (Psychologie, Pädagogik, Soziologie, Philosophie, Rechtswissenschaften, Naturwissenschaften …) und die beratungsspezifischen Kompetenzen angeht. Pädagogische und psychologische Fachlichkeit sollte al-lerdings in jedem Beratungsteam vertreten sein, genauso wie Kompetenz und Wissen bezogen auf Methoden des akademischen Arbeitens, die studentische Lebenswelt, das System Universität und die aktuell anstehenden hochschulpo-litischen Herausforderungen.

Die Basis der Kooperation im Team ist ein gemeinsam vertretenes Konzept, das die Kontextbedingungen und die fachlichen Standards von Beratung be-rücksichtigt – es ist im Team erarbeitet und wird je nach sich verändernden An-forderungen und notwendigen Schwerpunktverschiebungen neu akzentuiert. Die Inhalte und Verläufe von Beratungsgesprächen liefern den Mitarbei-ter/innen Erkenntnisse über notwendige inhaltliche Schwerpunkte der gesam-ten Einrichtung. Die Entwicklung prophylaktischer Konzepte, stützender Grup-penangebote und das Herstellen gezielter Öffentlichkeit für spezielle lebens-weltliche Themen basieren auf den Problemwahrnehmungen, die Berater/innen in der Einzelberatung gewinnen. In Übereinstimmung damit werden dann in der alltäglichen Beratungsarbeit einige Bereiche gemeinsam, andere arbeitsteilig abgedeckt. Manches Beratungsangebot wird auch durch zwei Berater/innen in Kooperation gestaltet, z. B. wenn in der Arbeit mit einer Gruppe die Aufgaben der inhaltlichen Strukturierung und der Prozesswahrnehmung besser arbeitstei-lig zu bewältigen sind oder wenn es als wichtig angesehen wird, dass beide Ge-schlechter vertreten sind; manchmal auch, weil unterschiedliche Herangehens-weisen an ein Thema in der Arbeit präsent sein sollen. In der Einzelberatung, der für Beratung paradigmatischen Gesprächssituation mit Studierenden, sind die Berater/innen demgegenüber vor allem auf die je persönlich entwickelte Fachlichkeit und die Fähigkeiten der individuellen Person verwiesen.

Beratungsteams stellen damit ein komplexes Gefüge von großer Individualisierung einerseits und gemeinsamer Gestaltung und Vertretung eines fachlich begründeten Konzeptes andererseits dar. Konzepttage, Teambesprechungen, Fall- und (häufig auch) Teamsupervision[2] sind die Arbeitsformen, in denen dieses Gefüge zur inneren Kooperation findet und das von der Einrichtung getragene Beratungsangebot gestaltet. Wie bei anderen Gruppen wirken auch in einem Team sowohl Kohäsionsenergien, die den Zusammenhalt stärken, als auch Diffusionskräfte, die Tendenzen der Abgrenzung/Subgruppenbildung und Isolation Einzelner hervorrufen. In den Beratungsteams der Hochschulberatung sind diese Energien und Tendenzen hochschulspezifisch geprägt. Die in einem Team vertretenen Wissenschaftsdisziplinen sind als kooperierende häufig sehr produktiv und im Sinne von Synergie erfolgreich, sie befinden sich – durch das akademische Wertesystem einerseits und die innerhalb von Beratung sich herausbildenden Kompetenzhierarchien andererseits – aber auch in einer Konkurrenz. So bilden sich in der wechselseitigen Be- (manchmal auch Ab-)wertung von bildungsbezogenen, informationsintensiven und psychologischen Kompetenzen innerhalb eines Beratungsteams häufig die akademischen Fächerhierarchien ab. Auch die für die Entwicklung von Beratungskompetenz erforderlichen Zusatzqualifikationen (Gesprächsführung, Verstehen entwicklungspsychologischer Prozesse, Gruppendynamik/Gruppenpädagogik, Schreibberatung, psychotherapeutische Ausbildung) werden oft nach beratungsinternen Bewertungskriterien (z.B. Nähe zur Psychotherapie) oder nach beratungsexternen Bewertungskriterien (z.B. Nützlichkeit für Projekte anderer Einrichtungen der Universität) hierarchisiert. Bourdieu hat darauf hingewiesen, dass gerade bei den „neuen Professionen", zu denen ja auch Beratung gehört, die in allen beruflichen Feldern stattfindende Konkurrenz insofern eine besondere Bedeutung bekommt, als nicht nur das individuelle Vorwärtskommen als „Gewinn" in der Konkurrenz verhandelt wird, sondern auch die Definition des (noch nicht vollständig festgelegten) Berufes (Bourdieu 2001, 202 f.). Um was es bei der Beratung wirklich geht, was gute Beratung ausmacht, ist daher auch in den Beratungsteams nicht nur eine inhaltlich-fachliche Frage, sondern auch ein Feld der (individuellen wie der akademischen) Konkurrenz. Gute persönliche Beziehungen im Team verbessern die Arbeitsatmosphäre und -ergebnisse und es scheint günstig, wenn die Zuweisung von Arbeitsschwerpunkten transparent erfolgt. Die Möglichkeit im Rahmen der Beratungsstelle nach fachlichen Interessen entsprechende Zusatzaufgaben übernehmen und sich ein individuelles Kompe-

---

2   Für die differenzierte Beschreibung von Team- und Fallsupervision s. Belardi (2005).

tenzprofil erarbeiten zu können, stärkt ein Team und reduziert negative Aspekte von Konkurrenz.[3] Wie die Relation der im Team vertretenen wissenschaftlichen Disziplinen so hat auch die Geschlechterrelation Auswirkungen auf Formen von Konkurrenz und Kooperation: Beraterinnen stellen in den Beratungseinrichtungen die Mehrheit des Personals, in den Leitungsfunktionen, in den Kontakten zur universitären Leitungshierarchie und in den Berufsverbänden sind die männlichen Mitarbeiter im Verhältnis dazu häufiger vertreten. Darin spiegelt sich eine Dynamik, die alle Berufe in (auf Grund der kulturellen Genese) weiblich konnotierten Berufsfeldern kennzeichnet – das Prestige der Berufe ist geringer als das von gleichrangigen Tätigkeiten, die männlich konnotiert sind, was bei den männlichen Mitarbeitern zu einem höheren äußeren Anerkennungsbedarf führt (vgl. McLeod 2004, 279 f.).

Dass es sich bei Einrichtungen der Hochschulberatung um Teams handelt, die sich in den Inhalten ihrer Arbeit explizit aus der akademischen Konkurrenz ausklinken und zudem über ein hohes Maß an Einsicht in die relevanten Konfliktbereiche verfügen sowie über eine große Kommunikationskompetenz, setzt die angesprochenen Diffusionsdynamiken nicht außer Kraft, ermöglicht aber eine offene und kompetente Umgangsweise damit. Hinzu kommt, dass das Beratungsteam sich innerhalb einer Organisation bewähren und in einem Feld etablieren muss, die durch andere Kommunikationsformen und Praktiken gekennzeichnet sind; das Beratungsangebot kann nur durch das Team als Ganzes produktiv entwickelt werden – ein Umstand, der in der Regel hilft, den Teamzusammenhalt zu stärken. Auch eine Vernetzung der einzelnen Mitarbeiter/innen mit Fachverbänden, Kollegialeinrichtungen und im wissenschaftlichen Diskurs (s. dazu 5.7) stärkt die Kooperation im Team; sie kann als Prophylaxe hinsichtlich einer zu großen Identifizierung mit dem Beratungsteam gelten und die professionelle Entwicklung der Einzelnen wie des Teams insgesamt stärken.

5.2   Arbeit in Gremien

Entscheidungen über Lehrkonzepte, Studiengänge, Zulassungsbedingungen und die Gestaltung des akademischen Lebens finden, soweit sie innerhalb der Hochschule getroffen werden, in einem parallel zur jeweiligen Leitungsstruk-

---

3 Konkurrenz kann leistungssteigernd wirken – aber auch destruktiv, vor allem, wenn das besondere Engagement der Mitarbeiter/innen weniger aus intrinsischen und fachlichen Gründen als aus Bedürfnis nach einer Sonderstellung im Team heraus erfolgt oder der Abwertung der Routinearbeit bzw. der Leistung von Teamkolleg/innen dient (vgl. Sieckendieck 2009).

tur ausdifferenzierten Gefüge von Selbstverwaltungsgremien statt. Beratungseinrichtungen und -teams haben eine doppelte Motivation, sich in diese Entscheidungsprozesse einbeziehen zu lassen bzw. von sich aus aktiv zu werden.

Eine Begründung ergibt sich aus der Entstehungsgeschichte von Beratung an
Hochschulen, ihrer organisatorischen Einbindung und ihrer (gesetzlich geregel-
ten) Aufgabenstellung. Wir haben in unserem Einführungskapitel vom historischen Hintergrund aus zu verdeutlichen versucht, dass die Herkunft fachlich
ausgewiesener Beratung aus einer Studienreform auch zur Folge hat, dass Beratung dann im Weiteren von Fakultäten, Rektoraten und Zentralen Einrichtungen bei Veränderungsvorhaben und Reformprozessen mitgedacht und einbezogen wird. Rückmeldung an und Mitarbeit in Gremien gehören daher zum Auf-
gabenkatalog der Hochschulberatung – beratungsspezifische Kompetenzen sollen eingebracht und Erfahrungen aus der Beratungsarbeit zur Verfügung gestellt
werden.

Eine zweite Begründung für das Engagement in universitären Gremien und
hochschulöffentlichen Diskussionen über die Gestaltung der Universität erwächst in und aus der Beratungsarbeit selbst: In Beratungsgesprächen werden
ja nicht nur die persönlichen Orientierungsschwierigkeiten von Studierenden
sichtbar, es sind vielmehr auch strukturelle Irritationspunkte der Institution zu
erkennen. Viele Verwaltungsabläufe und fachbezogene Regelungen sind für das
System Universität funktional, auf die Lebenswirklichkeit Studierender bezogen aber belastend – dies hat insbesondere für diejenigen unter den Studierenden Auswirkungen, deren Situation von der meist unterstellten (aber weit seltener zutreffenden) „Normalbiografie" abweicht: studierende Eltern z.B., internationale Studierende, Studierende des zweiten Bildungsweges oder solche mit
Migrationshintergrund. Auf die Konsequenzen hinzuweisen, die sich aus festgelegten Fristen (für Einschreibung, Studienabschluss, Stipendienbewerbung)
oder aus Prüfungsordnungen und Vorschriften für Fächerkombinationen für die
Studien- und Lebensbedingungen einer inzwischen sehr differenzierten Studentenschaft ergeben, ist häufig die Aufgabe von Berater/innen in Gremien und
Projektgruppen. Dabei wird mit Beratungserfahrungen in Form von Statistiken[4]
und anonymisierten Fallgeschichten[5] (durch die weder einzelne Personen noch
Gruppierungen von Studierenden identifiziert werden können) operiert, die

---

4   Statistiken über die Inanspruchnahme von Beratung, wie sie in den Jahresberichten der Ein-
     richtungen mitgeteilt werden, aber auch Daten aus den Studien von HIS, den Sozialberich-
     ten des Studentenwerks oder aus den Jahrbüchern der Hochschulen – soweit diese Zahlen zu
     Problembereichen und Entwicklungstendenzen bei Studierenden in Beziehung gesetzt wer-
     den können.

5   Einige der von uns herangezogenen Fallgeschichten sind in einem solchen Kontext entstan-
     den.

quantitativ bzw. qualitativ sichtbar zu machen vermögen, welche Anforderungen und Belastungen für die Studierenden mit den getroffenen Entscheidungen verbunden sind. In vielen Fällen lassen sich solche Rückmeldungen in die Entscheidungsprozesse einbeziehen und praxistauglichere Lösungen werden möglich.

Obwohl der geforderten organisationsbezogenen Kompetenz der Berater entsprechend, wird die Wahrnehmung dieser Aufgaben von Seiten der Hochschulleitung, der Verwaltung und der Fakultätsgremien nicht immer leicht gemacht. Die Dynamik der Hochschulentwicklung produziert auch in den universitären Gremien einen großen Zeitdruck, das Eingehen auf studentische Lebens- und Arbeitsbedingungen verlangt Spezifizierung und Ausdifferenzierung von Reglungen – so werden Berater/innen in den Debatten häufig als Verlangsamer wahrgenommen und entsprechend begrenzt. Die – bezogen auf die Machtstrukturen der Organisation Universität – schwache Position von Beratungseinrichtungen macht eine Marginalisierung leicht. Hinzu kommt, dass viele Wissenschaftler/innen ein Bild des begabten, leistungsstarken Studenten favorisieren und pflegen, der frei ist von anstrengenden Lebenssituationen und psychischen Konflikten. An einem solchen Bild gemessen erscheinen Berater dann als Anwälte von (vermeintlich im Leistungsbereich) schwachen Studierenden, für die die Universität schon genug getan habe, indem sie Beratungsangebote bereithält.[6] In der Kommunikation zwischen Beratungseinrichtung und Fakultäten bildet sich zudem das Verhältnis zwischen Alltagsberatung und professioneller Beratung ab – auch Hochschullehrer/innen führen Beratungsgespräche mit Studierenden, diese sind jedoch in den alltäglichen Lehrbetrieb eingebunden und erfolgen in der akademischen Alltagssprache, während die speziell für Beratung ausgebildeten Mitarbeiter/innen der Beratungsstellen über methodisches Know-how verfügen und außerhalb von Bewertungs- und Prüfungskontexten operieren. Auf diesem Hintergrund werden Rückmeldungen aus den Beratungseinrichtungen oft als übertrieben eingeschätzt und Vorschläge zur Verstärkung fachkompetenter Beratung als Abwertung des Selbstbildes eines „guten Hochschullehrers" erlebt. Da dies alles unter Bedingungen knapper Ressourcen stattfindet, verwandeln sich auch die Diskussionen um Beratungsanliegen gelegentlich in polemische Debatten.

---

6 Dass dieses Bild sich nicht mit der Realität deckt, sondern eine feldspezifische Stereotypenbildung darstellt, sei explizit betont – psychische Vulnerabilität bzw. hohe soziale Belastungen sind kein Hinweis auf eingeschränkte intellektuelle Leistungsfähigkeit. Die Abwertung von Studierenden, die aus welchen Bedingungen heraus auch immer, nicht optimal funktionieren, dient der Abwehr von höheren Standards in Lehre und personeller Ausstattung.

Um in Universitätsgremien wirksam sein zu können, bedarf es daher von Beraterseite der Beharrlichkeit, eines der Situation angemessenen Sprachhabitus[7] und immer wieder auch der Bündnispartner. Solche Bündnispartner für die Verbesserung der studentischen Lebens- und Arbeitsbedingungen finden sich leichter unter Hochschullehrer/inne/n, die in der fachlichen Lehre oder der Hochschuldidaktik besonders engagiert sind und dadurch die Studiensituation auch aus der Perspektive der Studierenden kennen. Sie finden sich in sozialwissenschaftlichen Instituten, die hochschul- oder beratungsnah forschen. Und häufig sind auch Personalräte, Gleichstellungsbeauftragte, Frauenräte und Antidiskriminierungskommisionen quasi natürliche Bündnispartner, weil sie – wenn auch mit anderen Perspektiven – ähnlich wie Berater/innen mit Aspekten der Lebenswelt Hochschule befasst sind. Die hochschulpolitischen Vertretungen der Studierenden – Fachschaften und ASTA – haben häufig von Problemen, die auch in der Beratung sichtbar werden, eine eigene hochschulpolitisch eingeordnete Wahrnehmung. Wenn eine gute Kommunikationsbasis zwischen den studentischen Vertretungen und der Beratungseinrichtung hergestellt werden kann, ist es (trotz der Fluktuation in den studentischen Gremien) möglich, in konkreten Einzelpunkten gemeinsam eine Verbesserung der studentischen Situation zu erreichen. In der Vergangenheit waren solche punktuellen Kooperationen beispielsweise bei der Veränderung von Klausurzeiten für behinderte Studierende, beim Schaffen einer Kinderzone im Umfeld von Hörsälen oder bei der Einrichtung von Wohnheimen nach dem Wohngruppenmodell erfolgreich.

5.3   Interventionen in den Sozialraum Hochschule

Nicht nur das System Universität, auch ihre lebensweltliche Seite, das akademische Feld, ist in Bewegung und von einer Dynamik gekennzeichnet, die nicht ausschließlich von den (meist im Zentrum stehenden) Bereichen Forschung, Lehre und Hochschulpolitik ausgeht. Jede einzelne Universität stellt ein dichtes kommunikatives Feld dar, in dem sozialer und virtueller Austausch stattfindet, Wandzeitungen Aufmerksamkeit erregen und informelle und formelle Gruppen aufeinandertreffen. Im Sozialraum Hochschule artikulieren die verschiedenen

---

7   Eine sprachlich und persönlich überzeugende Darstellungsform für die Diskussion von Beratungserfahrungen in den universitären Gremien zu entwickeln, ist eine eigenständige Kompetenz, um die sich von Beraterseite zu bemühen durchaus sinnvoll ist. Weder der Expertengestus quantifizierender Szenarien ist in diesen Situationen angemessen (da daraus keine konkreten Lösungsvorschläge abgeleitet werden können) noch die Problembeschreibungen, die Berater/innen für Teambesprechung und Supervision entwickeln (da diese dem Individuellen verhaftet bleiben).

Status- und Interessengruppen ihre Perspektiven auf Forschung und Lehre sowie auf das akademische Leben insgesamt: Gesamtgesellschaftliche Themen und Konfliktfelder tauchen in ihrer akademischen Gestalt auf und Konflikte entzünden sich an einzelnen Vorkommnissen oder Strukturen, die nicht den Kriterien von Fairness und akademischer Redlichkeit entsprechen.

Die damit verknüpften Fragen und Irritationen erreichen auch die Hochschulberatung, sie kommen als Anfragen und Beratungsanlässe vor oder werden zum Schwerpunkt einzelner Beratungsprozesse; manchmal berühren sie auch direkt die Position der Beratungseinrichtung innerhalb der Universität bzw. die einzelner Berater/innen. Hochschulberater/innen erfahren in der Arbeit mit den Studierenden, aber auch in der persönlichen Kooperation mit Lehrenden und Mitarbeiter/innen anderer Servicebereiche relativ frühzeitig von aufkommenden Themen und Problemen und – auf Grund der Angebotsstruktur von Beratungsarbeit – können als Beratungseinrichtungen auch relativ schnell darauf reagieren. Und so sind einige Bereiche, die heute zur Infrastruktur von Hochschulen gehören – Career-Services, Familienbüros, girls-day-Aktivitäten, Schreibberatung sowie die Etablierung von Studiengruppen – aus ersten Initiativen von Beratungseinrichtungen hervorgegangen. Themen, die über die Beratungsarbeit als die studentische Lebenswelt belastende zu erkennen sind, werden aufgegriffen, im Team diskutiert und in Kooperation mit anderen – Berufsberater, Frauenbeauftragte, Leiter/innen von Studienkollegs, einzelnen Wissenschaftler/innen, manchmal Instituten oder Fakultäten – in Angebote übersetzt und im Prozess ihrer Etablierung dann von anderen Einrichtungen aufgegriffen und weitergeführt.

Bei Konflikten allerdings, die die akademische Community beschäftigen und erregen, werden sich Mitarbeiter/innen von Beratungsstellen eher mit Stellungnahmen zurückhalten – repräsentieren die Berater doch als Personen ein Kommunikationsangebot, das offen sein will für unterschiedliche Anliegen, nicht aber Partei in hochschulpolitischen Konflikten. Diese Zurückhaltung ist nur dann nicht angemessen, wenn es genau um die Themen geht, die durch Beratung repräsentiert werden – um Offenheit der Hochschule für alle an akademischer Ausbildung und Wissenschaft Interessierten, unabhängig von Herkunft und Geschlecht; um die Transparenz der Zugangswege und Erfolgsmöglichkeiten oder um Fairness in der akademischen Konkurrenz. Und dies gilt noch einmal besonders, wenn es sich um Themen handelt, zu denen Berater/innen aus fachlicher Sicht bzw. aus ihren Arbeitserfahrungen etwas beizutragen haben.

So kann es erforderlich sein, Ungerechtigkeiten und Grenzverletzungen, die im akademischen Alltag vorkommen, häufig aber tabuisiert werden, zum Thema zu machen und damit hochschulöffentliche Diskussionen bzw. hochschulinterne Lösungen überhaupt erst zu ermöglichen. Berater/innen können dabei auf eine beratungsspezifische Kompetenz zurückgreifen – nämlich die in Beratungsprozessen benötigten und deshalb methodisch entwickelten Beschreibungen von peinlichen, schwierigen, verletzenden Erfahrungen und Gefühlen in einer Sprache, die weder bagatellisiert noch beschuldigt oder beschämt. Diese Aufgabe hat sich beispielsweise in den 1990er Jahren bei der hochschulinternen Auseinandersetzung mit und um sexuelle Übergriffe innerhalb der Universität gestellt. Die Thematik war über längere Zeit stark tabuisiert – vor allem wenn es nicht um von außen kommende Einzeltäter ging, sondern um Mitglieder der jeweils eigenen Statusgruppe. Die Diskussionen verliefen u. a. deshalb häufig affektgeladen und waren zudem auch politisch brisant, da sie in eine Phase aktiv betriebener Gleichstellungspolitik fielen und in der Regel von darin engagierten Studentinnen und Wissenschaftlerinnen und/oder den Frauenbeauftragten initiiert wurden. An einer Reihe von Hochschulen haben Beraterinnen in dieser Situation die Rolle übernommen, aus ihrer Arbeit berichtend der Verharmlosung des Problems entgegenzuwirken und gleichzeitig zur Möglichkeit sachlichen und lösungsorientierten Verhandelns beizutragen; die beratungsspezifische Gesprächkompetenz Emotionen und Affekte vorwurfsfrei zu benennen und Verantwortlichkeiten ohne Schuldzuweisung zu formulieren, macht solche Interventionen möglich.[8]

Ein Beispiel sei hier zur Veranschaulichung angeführt: Auf die folgende Fallgeschichte – in einem Vortrag zum Thema sexuelle Übergriffe beschrieben – wurde in den Diskussionen innerhalb der Universität immer wieder rekurriert, wenn deutlich werden sollte, dass nicht nur manifeste körperliche Gewalt die Opfer beschädigt, sondern dass jede Form sexueller Übergriffe zu einer persönlichen Belastung wird, sowohl im intim-privaten Bereich als auch in Studium und Wissenschaft:

Es geht um Petra M., eine Studentin der Geschichtswissenschaften, die in der Beratungsstelle der Hochschule eine längere Einzelberatung wahrgenommen hat. Frau M. nimmt telefonisch mit der Beratungsstelle Kontakt auf, ihre Hausärztin habe ihr empfohlen, sich an die Einrichtung zu wenden. Ihr Problem: Sie könne nicht mehr in die Uni gehen. Einen Gesprächstermin zu vereinbaren, ist wegen dieses Problems schwierig, gelingt aber unter einigen sie schützenden Voraussetzungen. Petra M. beschreibt ihren Werdegang und ihre aktuelle Situation. Bis zum Beginn der Abschlussarbeit war sie eine engagierte und erfolgreiche Studentin. Dann gab es private Probleme sowie ein Problem bei der Themenfindung für die Abschlussarbeit; sie erkrankte und hat sich von diesem Zeitpunkt an zunehmend aus der Uni zurückgezogen, bis sie nach einigen Monaten

---

8   Vgl. hierzu: Großmaß (2000, 253–257) und Püschel (1992).

selbst gemerkt hat, dass ihr das nicht hilft. „Ich habe mich dann gezwungen, wieder in die Uni zu gehen. Und dann hatte ich diese Angstanfälle. Das ist nicht immer gleich. Mal geht es ganz gut, dann vergesse ich, daran zu denken, und kann in der Bibliothek arbeiten. Aber manchmal überfällt es mich schon auf dem Weg. Allein die Vorstellung, durch die Halle zu gehen, löst Panik aus, Herzklopfen, weiche Knie. Dann geh' ich wieder nach Hause und fühl mich ganz schrecklich. In so einer Situation bin ich dann neulich zu meiner Ärztin gegangen.“

An das Erstgespräch schließt sich eine längere Sequenz von Gesprächen an, in denen das vorrangige Ziel ist, Petra wieder einen selbstverständlichen Umgang mit ihrem Studium und ihrer Abschlussarbeit zu ermöglichen (Arbeitspläne, ein Paargespräch, Entspannungsübungen und die Erarbeitung von Verbesserungen ihres Alltagslebens sind Teil dieses Prozesses). Allmählich geht es der Studentin besser. Sie fühlt sich wohler, beginnt an ihrer Magisterarbeit zu schreiben, die Angstanfälle bleiben. Die Beratung wendet sich nun noch einmal den Panikanfällen selbst zu: Wann treten sie auf? Wo ist es am schlimmsten? Welche Visionen begleiten sie? Was ist bedrohlich? – Räumliches Zentrum ihrer Angst ist die zentrale Halle der Universität, so das Ergebnis. Die für Petra M. schwierigste Tageszeit ist, kurz bevor die Mensa öffnet. Eher beiläufig erzählt Petra in der darauf folgenden Sitzung, dass sie, als sie noch Hilfskraft war, eine Zeit lang anonyme Anrufe erhalten hat, in denen eine Männerstimme sie zu Telefonsex aufforderte, ihr erzählte, wie aufregend es sei, sie durch die Halle gehen zu sehen, ihre Kleidung beschrieb ... Petra hatte tagelang nicht ans Telefon gehen können. Als private Konflikte dazukamen und die Themenfindung für ihre Abschlussarbeit so schwierig wurde, zog sie sich noch mehr zurück, bis sie erkrankte. Nun, da sie davon spricht, ist sie etwas verlegen. Sie ist der Meinung, mit so etwas müsse eine emanzipierte Frau fertig werden können. Dass es eine Verbindung zu ihren persönlichen Problemen geben könnte, darauf war sie nicht gekommen. Sie hatte die Erlebnisse auch längst vergessen ...[9]

Meistens ist das Engagement von Hochschulberater/innen nicht in dieser Weise öffentlich; häufiger sind Beratungssituationen, die zwar an das öffentliche Sichtbarwerden von Beratungskompetenz anknüpfen, selbst aber – wie in der Beratung von Studierenden – in einem sozialen und kommunikativen Schutzraum stattfinden. Da die Mitarbeiter von Beratungsstellen in der beruflichen Praxis eine hohe Kompetenz im Umgang mit „schwierigen" Studierenden und konflikthafter Kommunikation entwickeln, werden sie auch als Mediatoren angefragt oder zu „schwierigen" Gesprächen dazugeladen. Wenn beispielsweise

---

9   Der vollständige Text dieser „Intervention in den Sozialraum Hochschule" ist zu finden in Großmaß (1996, 113–131).

ein Promovend sich auffällig zurückzieht, eine junge Mitarbeiterin unübersehbar mager ist, wollen sich Hochschullehrer zwar ihrer Fürsorgepflicht stellen, sind aber unsicher und holen Rat ein bzw. bitten um Gesprächsmoderation. Manchmal stellt sich in solchen Beratungen heraus, dass es um Themen geht, die nicht nur Einzelnen Probleme bereiten. Dann ist es naheliegend, Veranstaltungen für Hochschulangehörige anzubieten, in denen ein Austausch über Schwierigkeiten und Handlungsweisen möglich ist und in dem z. B. neue Kommunikationsformen ausprobiert werden können. Als Themen, für die es solche Angebote von Seiten der Hochschulberatung in Vergangenheit bereits gegeben hat, sind beispielsweise zu nennen: „Wie mit Studierenden sprechen, die durch eine Prüfung gefallen sind?", „Was tun, wenn man den Eindruck hat, ein Kollege/eine Kollegin sei psychisch nicht ‚in Ordnung' oder süchtig?", „Stalking innerhalb der Hochschule", „Fürsorge oder Einmischung?"

Auch in diesem Arbeitsbereich hat sich die in der Beratungsarbeit mit Studierenden entwickelte Doppelstruktur bewährt – Offenheit für den Beratungsbedarf einzelner Personen und zielgruppenbezogene Veranstaltungen zu übergreifenden Themen. Solche Veranstaltungen können (wie über lange Jahre in der Universität Bielefeld) über das interne Weiterbildungsangebot organisiert oder im Programm der betrieblichen Gesundheitsförderung angekündigt werden.

Ein weiterer Kontext, in dem es sich in den vergangenen Jahren als sinnvoll erwiesen hat, der hochschulöffentlichen Diskussion Beratungserfahrungen zur Verfügung zu stellen, ist die seit Ende der 1990er Jahren breit geführte Diskussion um die Erhöhung des Anteils an internationalen Studierenden in den deutschen Universitäten. Dass die Erhöhung des Anteils ausländischer Studierenden gesellschaftlich wünschenswert und politisch gewollt ist, ist weitgehend anerkannt – in Deutschland ausgebildete Akademiker stellen in Bezug auf ihre Heimatländer wichtige Verbindungen dar und spielen sowohl für die politische als auch für die wirtschaftliche Kooperation eine bedeutende Rolle. Dass es an den Universitäten in vielen Fachbereichen Integrationsprobleme gab und gibt, ist andererseits kaum zu übersehen. Denn der Erwerb der deutschen Sprache, die Schriftsprachkompetenz und das Sicheinlassen auf das akademische Leben am Hochschulort sind wichtige Voraussetzungen sowohl für den Studienerfolg als auch für positive Erfahrungen mit dem Gastland generell. Dies alles steht aber in einem Spannungsverhältnis zu den Zulassungsbedingungen, den Regularien für den Aufenthaltsstatus und den aus der Perspektive vieler Herkunftsländer spärlichen Stipendienmöglichkeiten in Deutschland, die zudem mit hohen Lebenshaltungskosten verbunden sind. Die Diskussion dieser Probleme und die Überlegungen zu einer besseren Unterstützung der internationalen Studierenden konfrontierten die Hochschulen auch mit den spezifischen Studienbedin-

gungen einer Gruppe von Studierenden, die sie bis dahin kaum zur Kenntnis genommen hatten. Die Studierenden, die selbst bereits in Deutschland aufge-
wachsen sind, aber aus Migrationsfamilien stammen, sind nämlich häufig ähnlichen Irritationen ausgesetzt wie diejenigen, die erst zum Studium nach
Deutschland kamen. Zwar sind diesen Studierenden die allgemeinen Lebensbedingungen vertraut und aufenthaltsrechtliche Fragen spielen für sie keine Rolle, z. T. sind sie deutscher Staatsangehörigkeit, z. T. haben sie die Staatsangehörigkeit ihrer Herkunftsfamilien und werden verwaltungstechnisch als Bildungsinländer geführt.[10] Im Hochschulalltag ging es diesen Studierenden z. T. aber
ähnlich wie vielen der internationalen Studierenden; sie werden mit zwei sich
ausschließenden Wahrnehmungsmodi konfrontiert, auf die sie selbst kaum Einfluss nehmen können: Gibt es vom Phänotyp her keine große Differenz zum
deutschen Spektrum der individuellen äußeren Erscheinung und wird hohe
Sprachkompetenz und sicherer individueller Umgang mit dem akademischen
Betrieb praktiziert, dann werden diese Studierenden als ‚deutsch' wahrgenommen – jede im Alltag auftretende Schwierigkeit, jede sichtbar werdende Anpas-
sungsarbeit, jede Abweichung vom Alltäglich-Selbstverständlichen wird damit
zum persönlichen Problem der betreffenden Studierenden, das kaum kommunizierbar ist. Weicht ihr äußeres Erscheinungsbild deutlich vom „deutschen" Phänotyp ab, dann werden sie in der Wahrnehmung meist einer bestimmten Aus-
ländergruppe zugeordnet – Stereotype greifen und die entsprechenden Verein-
nahmungen oder Ausgrenzungen werden vorgenommen.

Die Lebenswelt Hochschule hält auf diese Weise – meist für Angehörigen
der Mehrheitskultur unbemerkt – Kränkungen und Diskriminierungserfahrun-
gen bereit, die in den konkreten Einzelsituationen kaum vermittelt werden können; dies führt auch dazu, dass die Betreffenden verstummen, sich auf vertrau-
te bzw. leicht herzustellende Beziehungen zurückziehen – was wiederum zur
Unsichtbarkeit der zu leistenden Identitätsarbeit beiträgt. Es ist kein Zufall, dass
Studierende mit Migrationshintergrund ähnlich wie internationale Studierende
häufig In-Groups bilden. An vielen Hochschulorten existieren mehr oder weniger sichtbar communities asiatischer und südamerikanischer Studierender, es
gibt stabile, häufig schon vor dem Studium entstandene Geselligkeitskreise von
Studierenden mit Migrationshintergrund und Studiengruppen bzw. Freundschaften von internationalen Studierenden aus unterschiedlichen Herkunftslän-
dern. Achtet man im Hochschulalltag darauf, ob diese Segregation wahrgenom-

---

10 Bakshi Hamm (2007) hat auf Basis von Auswertungen statistischer Daten herausgearbeitet,
    dass die hier angesprochenen Gruppen auch eher geringe Chancen auf eine wissenschaftli-
    che Karriere in Deutschland haben, wobei die Chancen der „Bildungsinländer" noch einmal
    besonders klein zu sein scheinen.

men wird und wie man darüber kommuniziert, dann wird der Zusammenhang
mit der deutschen Hochschulkultur meist nicht gesehen; man hört vielmehr Verweise auf ethnische Besonderheiten der jeweiligen Studierenden.

Beratungsprozesse mit Studierenden, die einer dieser Subgruppen angehören,[11] verweisen eher auf eine gegenteilige Realität. Die Lebenswelt Hochschule insgesamt wird von denjenigen, die wichtige geteilte Selbstverständlichkeiten nicht bereits mitbringen, als eine Kultur erlebt, die voller unerklärter Gepflogenheiten steckt, welche man sich individuell erschließen muss. Die Trennung von Versorgung und Studium – um einige Beispiele zu nennen – bestimmt
das deutsche Universitätssystem, ist aber hinter dem Erscheinungsbild der
Hochschulen mit Mensa, Cafeterien, WG-Aushängen, Partyankündigungen
und Hochschulsport kaum zu vermuten; der häufig lockere Umgangston zwischen Lehrenden und Studierenden, der dennoch eine hierarchische Distanz
wahrt, erschließt sich genauso wenig von selbst wie die Bedeutung der akademischen Diskussion für das Wahrgenommenwerden als Person oder die Differenz zwischen Mündlichkeit und akademischer Schriftsprache.

Diese Perspektive in die Überlegungen zur besseren Integration internatio-
naler Studierender einzubringen, war aus Beratungserfahrungen heraus naheliegend. Sich an Begrüßungstagen und Einführungswochen mit Vorträgen und In-
formationsblättern zu beteiligen – die Implizites explizit und damit verhandel-
bar machen – war eine praktische Konsequenz.

Interventionen wie diese haben einen doppelten Effekt: Dem Sozialraum
Hochschule werden Beratungserfahrungen zur Verfügung gestellt. Gleichzeitig
ist das öffentliche Sprechen über die Normalität der von jedem Gaststudierenden
zu leistenden psychischen Integrationsarbeit für die Betreffenden entlastend und
eine Einladung, bei Belastungen Hilfe/Beratung in Anspruch zu nehmen.

5.4   Beratungsnetzwerke –
Kooperation mit den Fachberatungen

Einige Kooperationsbeziehungen innerhalb der Hochschule sind der Studienberatung per Gesetz (s. § 14 HRG[12]) nahegelegt bzw. auferlegt. Dazu gehören –

---

11 Interkulturelle Offenheit ist auch in der Hochschulberatung nichts selbstverständlich Gege-
    benes, sondern ein in fachlichen Auseinandersetzungen zu erarbeitender Prozess. Vgl. Groß-
    maß (2002).

12 Der § 14 (HRG, in der Fassung von 2002) schreibt den Hochschulen Studienberatung als
    Aufgabe vor; die jeweiligen Landesgesetze konkretisieren die Aufgabenstellung und die Ko-
    operationsverbindlichkeiten für ihren Geltungsbereich genauer, sodass die Rahmenbedin-
    gungen in den Bundesländern nicht in jedem Punkt identisch sind. Als Beispiel für eine sehr

neben den Prüfungsämtern und den Career-Services – vor allem die studien-
fachbezogene Beratungsangebote in den Fakultäten. In der inzwischen 30-jäh-
rigen Geschichte der Ausdifferenzierung von Beratung an Hochschulen hat sich
in den Universitäten eine diesem Auftrag entsprechende Doppelstruktur etabliert: Neben einer zentralen Beratungseinrichtung, in der hauptberufliche Bera-
ter/innen tätig sind, gibt es auf der Ebene der Fakultäten und Fachbereiche Beratungsangebote, die auf die einzelnen Studiengänge und Studienfächer bezogen sind. Hier wird Beratung als Nebenaufgabe ausgeübt – die Organisationsform ist von Hochschule zu Hochschule, manchmal auch von Fakultät zu Fakultät unterschiedlich: z. T. wird diese Aufgabe von Lehrenden übernommen,
die in den Grundstudiumsveranstaltungen tätig sind, z. T. wird sie im Umfeld
des Prüfungsamtes angesiedelt, z. T. gehört die Fachberatung zu den Aufgaben
der Studiendekane, an einigen Universitäten ist ein Fachberatungssystem entwickelt worden, in dem jeweils Lehrende mit studentischen Tutoren ein Beratungsangebot gestalten. Dem Spektrum studentischen Orientierungsbedarfs ist
mit dieser Doppelstruktur in einer Form Rechnung getragen, die sowohl Fachkompetenz als auch Vertrauensschutz gewährleisten kann. So bietet die zentrale Beratungseinrichtung psychologisch und pädagogisch geschulte Beratungskompetenz sowie Unabhängigkeit von den Fakultätsstrukturen, kann aber nicht
die Atmosphäre, die Kultur und die aktuellen Fachdiskurse der einzelnen Fachbereiche und Fachdisziplinen einer Hochschule kennen und vermitteln. Gerade
das aber können die Fachberater leisten, während persönliche Anliegen und pä-
dagogisch-psychologische Hilfestellungen sie häufig überfordern und Beratung
hier wegen der organisatorischen Nähe zu Leistungsanforderungen und Prüfungen auch nicht wirklich geleistet werden kann – individuelle Unsicherheiten
und persönliche Schwächen thematisiert man nicht gern in sozialen Kontexten,
in denen es auch um Renommee und Prestige geht.

Das Verhältnis zwischen zentraler Beratungseinrichtung und fachbezogenen
Beratungsangeboten ist mit der skizzierten Arbeitsteilung jedoch nur unvoll-
ständig beschrieben. In der Regel gibt es zwischen diesen beiden Ebenen der
Hochschulberatung ein ausdifferenziertes Netz von Kooperationsbeziehungen,
dessen aktive Gestaltung zu den Arbeitsbereichen der zentralen Beratungsstelle gehört.[13] Die studienfachnahen Berater/innen werden mit den ihnen selbst
nicht unmittelbar zugänglichen, aber für ihren Beratungsauftrag relevanten In-

---

klare Regelung und Aufgabenbestimmung sei auf das Berliner Hochschulgesetz (BerlHG
§ 28) verwiesen.

13 Als Beispiel für Beratungsnetzwerke, die nicht (wie in den meisten Universitäten) im Laufe
    von Arbeitserfahrungen gewachsen/ausgestaltet worden sind, sondern als Projekt initiiert
    und ausgearbeitet wurden, ist das „Netzwerk Studienbegleitender Hilfen" an der Universität
    Dresden zu nennen (Nestmann 2002).

formationen versorgt. Dazu gehören Neuerungen in den Zulassungsverfahren (benachbarter Fächer bzw. anderer Hochschulen), regelmäßige Hinweise auf Förderungsmöglichkeiten und fachübergreifende Lehrangebote (in den jeweils relevanten Schlüsselkompetenzen z. B.). Auch die Sprechzeiten und das Kursangebot der Beratungsstelle selbst werden jeweils aktuell mitgeteilt – offene Sprechstunden; Trainingsgruppen in Kommunikation, Präsentation und anderen Soft Skills; Unterstützungsangebote für einzelne Zielgruppen unter den Studierenden; psychotherapeutische Gruppen und spezielle Beratungsangebote zu Fragen des akademischen Arbeitens und des studentischen Lebens, um einige Beispiele zu nennen. Da die in den Fakultäten beratend Tätigen häufig auch diejenigen sind, denen Studierende mit Schwierigkeiten persönlicher oder sozialer Art auffallen und die Grenzen ihrer eigenen Kompetenzen erleben, sind Überweisungsmodalitäten für die psychologische Beratung zu verabreden. Regelmäßige Arbeitstreffen zwischen Fachberatern und Mitarbeitern der zentralen Beratungseinrichtung sind wünschenswert. Auch wenn sie nicht immer wahrgenommen werden, stellen sie doch eine wichtige Form der Vernetzung und Kooperation dar. Bei den Treffen spielen sowohl Fragen des Settings, der Gesprächsführung und des Übergangs von der studienfachbezogenen Beratung zur pädagogisch-psychologischen Beratung eine Rolle als auch die Grenzen des in dem jeweiligen Setting Bewältigbaren sowie der Austausch über Erfahrungen aus dem Beratungsalltag. Auf Fakultätsebene ist es eher selten der Fall, dass dieselben Personen über längere Zeit Beratungsaufgaben wahrnehmen – deshalb gilt es auch immer wieder, neu Hinzukommende zu integrieren und in die gemeinsam zu tragende Beratungskultur einzuführen.

Auch Kooperationsbeziehungen wie die hier angesprochenen haben eine persönliche Dimension und gelingen unterschiedlich gut oder intensiv. Mit manchen Personen oder zu manchen Fächern können die Arbeitsbeziehungen so ausgebaut werden, dass gemeinsame Projekte entstehen, in denen wissenschaftliche Fachkompetenz und Beratungskompetenz produktiv zusammenfließen. So kann es dazu kommen, dass Berater/innen regelmäßig an den Einführungsveranstaltungen einzelner Fächer/Fakultäten mitwirken, bestimmte Arbeitstechniken (wissenschaftliches Schreiben oder Rhetorik) in Proseminaren an fachspezifischen Inhalten vermitteln[14] oder dass Tutoren für die Orientierungswochen oder die Studieninformation von den Mitarbeiter/innen der Beratungsstelle geschult und supervidiert werden. Da, wo fachspezifische Vorbereitung auf die Abschlussprüfung stattfindet (in den juristischen Fakultäten einiger Hochschulen z. B. oder in Examens- oder Doktoranden-Kolloquien), können

---

14 Mit solchen Arbeitsformen einer „Schreibwerkstatt im Seminar" (vgl. Püschel 1998c) wurden z. B. an der FU Berlin gute Erfahrungen gemacht.

Berater/innen auf die psychische Belastung in Prüfungsphasen vorbereiten und über die Selbstorganisation in arbeitsintensiven Lebensphasen informieren. Das Spektrum möglicher Kooperationen ist breit – die praktizierten Formen je nach strukturellen und personenbezogenen Gegebenheiten unterschiedlich.

So war – um auch hierfür ein Beispiel zu nennen – an der Fakultät Biologie der Universität Bielefeld schon Ende der 1970er Jahre die Idee entstanden, alle Studienanfänger des Faches gemeinsam in das Studium einzuführen. Dabei wurde ein doppeltes Ziel verfolgt: Die Studierenden sollten bei Vorlesungsbeginn bereits mit der Fakultät und den Arbeitsformen des Faches vertraut sein und sie sollten bereits andere Studierende kennengelernt und eine Bezugsgruppe gefunden haben, die sie durch das erste Semester begleiten konnte. Das Projekt einer Orientierungswoche unmittelbar vor Beginn des Wintersemesters entstand daraus, es wurde von vier Lehrenden getragen, von Seiten der Fakultät mit Hilfskraftmitteln (5-Stunden-Verträge für das Semester) finanziell unterstützt und von Mitarbeiter/inne/n der Zentralen Studienberatung begleitet. Die Einladung für die Orientierungswoche wurde sehr verbindlich formuliert und durch das Studierendensekretariat verschickt – sodass eine Teilnehmerquote von 80–90 % realisiert werden konnte.

Der erste Durchlauf fand in einem der Universität angegliederten Institut unter räumlichen Bedingungen statt, die für ein solches Großgruppen-Setting sehr günstig waren. Die Studienanfänger/innen wurden durch gruppenpädagogische Verfahren im Plenum in acht Kleingruppen von 12–15 Teilnehmer/innen aufgeteilt, die jeweils von einem studentischen Tutor und einem Lehrenden bzw. Studienberater während der ganzen Woche geleitet wurde. Gearbeitet wurde in einem Wechsel von Kleingruppe und Plenum, am Ende des Tages gab es jeweils einen kurzen Erfahrungsaustausch im Veranstalterteam. Themen der Einführungswoche waren: Kennenlernen der Teilnehmer/innen in den Kleingruppen; Erkundung der Universität; Austausch über Wohn- und Freizeitmöglichkeiten sowie über die Studienfinanzierung; Stadtrundgang; Interviews mit Professoren der Fakultät; Besichtigung von Labors, Arbeitsräumen sowie der Anlage der Verhaltensforschung; Einführung in die Studienordnung und Besprechung individueller Studienpläne, Austausch mit älteren Studierenden über Schwierigkeitsgrad der Anforderungen im ersten Semester und über Bewältigungsmöglichkeiten.

Die Intensität dieser am gruppendynamischen Großlabor orientierten Arbeitsform hatte zum einen ausgesprochen produktive Ergebnisse – die studentischen Gruppen hielten ausnahmslos über das ganze Wintersemester hinweg (z. T. über das gesamte Studium) und es entwickelte sich eine interessante Arbeitsbeziehung zwischen den Mitarbeitern der Beratungsstelle und den Lehrenden der Fakultät, die für die erfolgreiche Weiterführung des Projektes „Orientierungswoche" über ca. 20 Jahre nicht unwesentlich war. Zum anderen aber erwies sie sich als sehr arbeitsintensiv und in Bezug auf die Moderation der Großgruppe (sowohl der Plenumsveranstaltungen als auch der informell sich entwickelnden Dynamik) zu sehr von den sozialpsychologischen Kenntnissen der Berater/innen abhängig. Die Orientierungswochen der kommenden Jahre wurden daher wieder fakultätsnäher angesiedelt: Die Veranstaltung fand nun in Räumen der Universität statt; die Kleingruppen wurden ausschließlich von den studentischen Tutoren geleitet, die Lehrenden übernahmen die Organisation des Plenums und der Arbeitseinheiten zur Studienorganisation; die Berater/innen blieben im Hintergrund ansprechbar und übernahmen die Schulung der Tutoren an einem Wochenende Anfang Oktober in einer Bildungsstätte außerhalb der Universität. In dieser Schulung stand inhaltlich die Planung der Orientierungswoche im Zentrum, zugleich aber ging es um Gruppenleitungs- und Gesprächsführungskompetenzen. Die Themen der Orientierungswoche selbst erwiesen sich über viele Veranstaltungen hinweg als beständig.

Diesem Beispiel merkt man noch deutlich die hochschulpädagogische Atmosphäre der 1970er/1980er Jahre an, in der die Integration der Studienanfänger/innen in die „Massenuniversität" ein wichtiges Thema war. In veränderter Form, stärker auf die Informationsbedürfnisse der Studienanfänger abgestellt und auf das Vertrautwerden mit den institutionellen Bedingungen der Fachbereiche ausgerichtet, gibt es solche Orientierungsveranstaltungen jedoch nach wie vor; sie finden in Regie der einzelnen Fakultät und häufig mit großem Engagement der Fachschaften statt – im Zentrum der Vernetzungskooperation der Hochschulberatung stehen sie nicht mehr. Die Themen, die heute wichtige Kooperationsanlässe sind, beziehen sich eher auf fachspezifische Formen des Lernens, auf die mögliche Unterstützung der (durch den Bologna-Prozess angestoßenen) Schwerpunktverlagerung von Lehren zum Lernen – Lernberatung ist inzwischen nicht nur in den Beratungseinrichtungen, sondern auch in der fachbezogenen Beratung ein bedeutender Schwerpunkt geworden. Die Erwartungen der Studierenden richten sich in erster Linie an die Lehrenden, die ihnen jedoch aus vielfältigen Gründen nicht nachkommen können. Eine Zusammenführung von Lernberatung und Vermittlung fachwissenschaftlicher Kompetenzen liegen nahe und es zeichnet sich ab, dass eine kompetente Lernberatung auch besonders für die international angelegten Masterstudiengänge erforderlich ist. Hier treffen Studierende aufeinander, deren bisherige Hochschulsozialisation mit unterschiedlichsten Unterrichts- und Lernkulturen verknüpft ist.

5.5   Supervision und Coaching

Supervision[15] – ursprünglich in der psychotherapeutischen Ausbildung und parallel dazu in der sozialen Gemeinwesenarbeit entwickelt – ist heute ein Verfahren berufsbezogener Reflexion, das in vielen fachlich anspruchsvollen Berufsfeldern eingesetzt wird, für die Beziehungen zu anderen Personen zentral sind. Mitarbeiter/innen sozialer Einrichtungen nehmen Supervison genauso in Anspruch wie Lehrer/innen und ärztliche Teams. In der Psychotherapie, in Beratungsberufen und im seelsorgerischen Bereich gilt die berufsbegleitende Supervision inzwischen als Qualitätssicherungsmaßnahme, wobei die emanzipatorische Perspektive (vgl. Wittenberger 2008) im Vordergrund steht: fachlich eigenständiges und persönlich kongruentes Verhalten gilt es zu stärken.

Im Wissenschaftsbereich ist eine personenbezogene Supervision, die auf eine wachsende Bedeutung der Beziehungsdimension in den angesprochenen Berufsfeldern verweist und sich beratend auf berufsbezogene Belastungen und Konflikte der Person einlässt, wenig etabliert. Zwar werden inzwischen bezogen auf die Lehrtätigkeit und deren Qualifizierung supervisorische Verfahren in die hochschuldidaktische Praxisbegleitung einbezogen (vgl. Wildt 2006), Angebote für Supervision von Wissenschaftler/innen in ihrer Berufsrolle insgesamt gibt es dagegen kaum. Monika Klinkhammer (2004) hat in ihrer Sekundärstudie über die Arbeitsbedingungen von Wissenschaftlerinnen herausgearbeitet, dass diese Arbeitsbedingungen – nach den für andere Berufsfelder geltenden Kriterien – für einen hohen Supervisionsbedarf sprechen. Zugleich zeigen aber die von ihr durchgeführten Interviews,[16] dass die befragten Wissenschaftlerinnen wenig Affinität zu Arbeitsformen wie Supervision zeigen. Klinkhammer erklärt dies mit dem in der Wissenschaftskultur verbreiteten „Einzelkämpfertum" (ebenda, 400) und findet im Körperbild und Gesundheitsbewusstsein der befragten Frauen Hinweise dafür, dass Belastungen im Berufsfeld häufig verleugnet werden (ebenda, 347 ff.) – in der leistungsorientierten akademischen Kultur scheint eine Belastungswahrnehmung selbst zur Belastung zu werden. Hinzu kommt, dass die befragten Wissenschaftlerinnen die Bedingungen akademi-

---

15 Gemeint ist ein Beratungsformat, das die Aufgabe hat, berufliche Erfahrungen personenbezogen zu reflektieren und die emotional belastenden Situationen so zu bearbeiten, dass persönliches Wachstum unterstützt und die fachliche Handlungskompetenz stabilisiert bzw. verbessert werden. Zur Geschichte von Supervision s. Schwendenwein & Kaliske (2001); Belardi (2005). Zum heutigen Stand der Konzeptionalisierung von Supervision vgl. Belardi (2006) (beschreibt Einsatzfelder und Schwerpunkte im Bereich Beratung und Psychotherapie); Möller (2001) (untersucht Methoden der Supervision als Instrument der Teamentwicklung).

16 Die Anzahl der durchgeführten Interviews (34) erlaubt allerdings keine generalisierenden Rückschlüsse.

schen Arbeitens für nicht unmittelbar vergleichbar mit anderen Berufsfeldern halten und deshalb eine hohe Erwartung an die Feldkompetenz möglicher Berater/innen formulieren (ebenda, 400).[17]

Vielleicht ist es dieser letzte Punkt, der dazu führt, dass Hochschulberater/innen eher für Supervisionsanliegen von Wissenschaftler/innen in Anspruch genommen werden als hochschulexterne Fachkräfte; Feldkompetenz ist von ihnen durch die Erfahrungen im Kernbereich ihrer Tätigkeiten (= Beratungsarbeit mit Studierenden) zu erwarten.[18] Allerdings – so die Erfahrungen aus der Praxis – bedarf es einiger zusätzlicher Voraussetzungen, damit entsprechende Anfragen formuliert werden. In der Regel wird ein Supervisionsanliegen erst geäußert, wenn es bereits Arbeitskontakte auf anderer Ebene gegeben hat, wenn Beratungskompetenz (z.B. über schwierige und verletzende Erfahrungen zu sprechen, ohne zu bagatellisieren oder zu beschämen) erfahren werden konnte, wenn in Gremien oder in der direkten Kooperation zur Lösung studentischer Probleme miterlebt wurde, dass Vertraulichkeit hinsichtlich persönlicher Themen gewahrt wird. Dass es solcher Kompetenzbeweise bedarf, ist eigentlich nicht verwunderlich – die in unserem ersten Kapitel mit Blick auf die Studierenden analysierten Merkmale des Wissenschaftssystems (Exzellenz und Selektion) gelten für Wissenschaftler/innen natürlich umso mehr. Persönliche Konflikte, Durchsetzungsprobleme und die Notwendigkeit Kränkungen zu verarbeiten (wenn beispielsweise ein Antrag auf Forschungsförderung leer ausgegangen ist) sind zwar normale Begleiter des akademischen Alltags, werden sie in der Hochschulöffentlichkeit bekannt, beschädigen sie jedoch das individuelle Prestige. Auch die in unserem Einführungskapitel beschriebene Wirksamkeit von Gender in den universitären Strukturen wie in den Verhaltensunterschieden zwischen Wissenschaftlern und Wissenschaftlerinnen wird im Kontext von Supervision deutlich. So wenden sich Wissenschaftler der jüngeren Generation, deren Qualifikationsphase nicht ganz abgeschlossen ist (Habilitation/Bewerbungsphase), in Konflikt- oder Entscheidungssituationen durchaus auch mit Supervisionsanliegen an die Hochschulberatung, wenn auch in etwas geringe-

---

17   Dass es in den Universitäten seit einigen Jahren – erfolgreiche – Mentoren-Modelle gibt, die durchaus sehr persönliche Karrierefragen aufgreifen und individuelle Unterstützung anbieten, spricht dafür, dass Feldspezifik bei den in der Universität nützlichen Beratungsformaten eine größere Rolle spielt, als z.B. in dem von Klinkhammer zugrunde gelegten Supervisions-Konzept (Klinkhammer 2004, 425 ff.) angenommen. Mentoren-Modelle lehnen sich an das in der Universität traditionell etablierte Fördermodell für Nachwuchswissenschaftler/innen an, lösen es aber aus den formellen und organisatorischen Abhängigkeiten und stellen die „symbolische" Seite der Förderung (individuelle Kommunikation, Wirksamkeit erfolgreicher Modelle, Teilhabe an sozialem Kapital) ins Zentrum.

18   Zur genaueren Beschreibung des Transfers von Beratungserfahrung mit Studierenden in supervisorische Feldkompetenz s. Großmaß (2001, 14–17).

rer Zahl als ihre weiblichen Kolleginnen. Etablierte Wissenschaftler dagegen tun dies höchst selten. Supervisionswünsche von Teilnehmern aus Forschungsprojekten, die Kommunikationsstörungen in der Projektgruppe unter professioneller Anleitung bearbeiten wollen, werden von männlichen Projektleitern durchaus auch einmal explizit zurückgewiesen, während Projektleiterinnen sich oft eigenständig darum bemühen.

Kommt eine Supervisionsvereinbarung zustande, dann können unterschiedliche Fragen der individuellen beruflichen Entwicklung zum Thema werden: Probleme des Zeitmanagements, Konflikte mit Kolleg/inn/en, Fragen der Koordination von Familie und Wissenschaft, Schwierigkeiten im Umgang mit den Machtstrukturen in der Universität oder bei der Förderung von Nachwuchswissenschaftler/innen, aber auch Erfahrungen mit sexueller Belästigung oder Stalking.

> *Die folgende Supervision, die aus einer Beratungskooperation (der Überweisung einer Studentin mit Schreibproblemen) entstanden ist, ist dem Jahresbericht einer Beratungsstelle entnommen und bezieht sich auf ein Interaktionsproblem mit einem Studierenden: Die Initiative geht von der Hochschullehrerin Frau M. aus, sie ruft an und fragt, ob ich ihr einen Rat geben könne. Wir verabreden ein Gespräch in der Beratungsstelle. Die dann stattfindende Supervisionssitzung verläuft nach einer methodisch klaren Struktur: Zunächst berichtet Frau M. von dem Fall, der ihr Sorgen macht: Sie muss einem Studenten eine sehr schlechte Klausur zurückgeben und hat Angst hierfür nicht die richtige Form zu finden. Ich erfrage zunächst **auf der Sachebene** alle institutionell und individuell relevanten Details, damit ich mir die Situation möglichst konkret vorstellen kann, um deren Bewältigung es geht. Der Student ist Frau M. nicht unbekannt, sie hat ihn in Sprechstundenkontakten und am Rande von Lehrveranstaltungen als sehr impulsiv erlebt, er wird schnell laut und kann Kritik anscheinend nicht gut vertragen. Da Frau M. als einzige Prüferin eines Spezialgebietes, für das der Student sich offenkundig interessiert, gern Klarheit über die Standards und Anforderungen in ihrem Bereich vermitteln will, liegt ihr sehr daran, dass die Rückmeldung über die Klausur gelingt. In zwei Tagen ist der nächste Sprechstundentermin, dann soll die Klausur besprochen werden. Frau M. möchte es gern hinbekommen, dass ihre Kritik als sachliche gehört wird und der Student sich „endlich" mit seinen Defiziten auseinandersetzt. In einem zweiten Schritt versuche ich die **Interaktionsgeschichte** der anstehenden Sprechstundensituation zu verstehen. Auf Nachfragen wird deutlich, dass Frau M.s Unsicherheit der bevorstehenden Situation gegenüber eine relevante Vorgeschichte hat. Schon mehrfach hat sie versucht, den Studenten auf Irrtümer und unhaltbare inhaltliche Positionen hinzuweisen; einmal in einer Seminarsitzung, dort hat der entsprechende Hinweis einen Redeschwall von nur schwer nachzuvollziehenden Theoriekonstruktionen ausgelöst; ein zweites Mal in einer Sprechstunde, in der*

eine Referatsgliederung zu besprechen war, hier endete das Gespräch in hefti-
gen Vorwürfen von Seiten des Studenten, sie habe seine Idee nicht begriffen und
wolle ihn nicht verstehen. Ich wechsle nun auf die Individualebene und frage
nach, wie sie persönlich mit solchen Reaktionen zurechtkomme, auch ihre Ge-
fühle zu reflektieren ist mir wichtig. „Die spürbare Aggression ist schon bedroh-
lich", antwortet sie, „doch normalerweise kann ich solchem Verhalten schon
sehr deutlich meine Autorität entgegensetzen und Grenzen stecken. Doch in die-
sem Fall fühle ich mich eher hilflos, irgendwie ziemlich hilflos ..." Im Gespräch
versuchen wir, dieses „irgendwie" genauer zu fassen: Der Student wirkt nicht
nur aggressiv und überheblich, er strahlt auch Unsicherheit aus, wirkt manch-
mal wirr. „Ich glaube, wenn ich ihn deutlich in seine Grenzen verweise, passiert
etwas, ich weiß nicht was", fasst Frau M. ein latentes Angstgefühl in Worte.
Schrittweise wird deutlicher, worin die Blockierung liegt: Frau M. ist unsicher,
ob der junge Mann, mit dem sie es zu tun hat, psychisch ganz gesund ist. Des-
halb ist sie, wenn sie mit ihm spricht, nicht klar und setzt ihre Autorität nicht ein.
Sie ist zurückhaltend und schonungsvoll, sie will sicherstellen, dass er sich nicht
provoziert fühlt. Dabei wirkt sie möglicherweise unklar und in ihrer Bewertung
willkürlich oder gar verletzend. Nachdem dies klar geworden ist – Frau M. wirkt
sichtlich entlastet –, können wir in einem weiteren Schritt Verhaltensmöglichkei-
ten besprechen, die der Möglichkeit Rechnung tragen, dass der Student sehr la-
bil, vielleicht psychisch krank ist. Was bedeutet es z.B., wenn jemand im institu-
tionellen Kontext Universität psychotisch agiert? Was kann man in einer solchen
Situation tun? Gibt es Hilfe, die man im Zweifelsfall herbeirufen kann? Welches
Verhalten ist angemessen jemandem gegenüber, der psychisch labil ist? Verträgt
es sich wirklich nicht mit dem professionellen Verhalten einer Lehrenden? ...
(Großmaß 2001, 18 f.)

In der Regel ist eine Supervision von Wissenschaftler/innen wie in unserem
Beispiel eine Einzelsupervision und selten handelt es sich um einen längeren
Prozess. Bei Themen, die Problembereiche betreffen, die innerhalb der Hochschule als strukturelle Probleme anerkannt sind, kann Supervision auch für eine Gruppe angeboten werden. – Voraussetzung dafür ist allerdings, dass die Zusammensetzung der Gruppe und die Arbeitsformen auch den für Supervision erforderlichen Vertrauensschutz sicherstellen. So sollten die Teilnehmer/innen
aus unterschiedlichen Fachbereichen/Arbeitseinheiten kommen und die Vertraulichkeit all dessen, was in der Gruppe zur Sprache kommt, muss sichergestellt – d.h. als Grundregel vereinbart und immer wieder hervorgehoben – werden. Auch die thematische Beschreibung des Angebotes sollte sich auf Themen
beziehen, die zumindest in der angesprochenen Gruppe als „legitime" gelten.
So gab es z.B. an der Universität Bielefeld unter der Überschrift „Wissenschaft

als Beruf" eine Supervisionsgruppe für Habilitandinnen. Ein solches Gruppenangebot für Supervision rekurriert auf die im akademischen Feld anerkannte Belastung dieser Phase des Qualifizierungsprozesses: Die Nachwuchswissenschaftler/innen befinden sich nun – mit befristeter Finanzierung – jenseits der Ausbildungsphase mit ihrer doppelten Valenz (Wissenschaft und/oder Berufsfeld außerhalb der Universität) und zugleich in einer, was den persönlichen Erfolg angeht, hochriskanten Position. Erfolgsdruck und Unsicherheit der Position im universitären Feld erreichen ihren Höhepunkt, was gerade in einer Lebensphase, in der biografisch Familiengründung und Etablierung anstehen, nicht leicht zu verkraften ist. Als weiteres Beispiel kann eine Supervisionsgruppe angeführt werden, die sich an wissenschaftliche Mitarbeiterinnen richtete, die in Gremien aktiv sind. Die Gruppe wurde über das interne Fortbildungsprogramm angekündigt – die Teilnahmemöglichkeit war begehrt. Auch in diesem Fall wird eine in der Universität „legitime" Problematik zum Thema. Dass Frauen, die in Leitungs- oder Selbstverwaltungsgremien tätig sind, mit Schwierigkeiten umgehen lernen müssen, die aus der männlich konnotierten Hierarchie der Universität resultieren, kann zumindest unter engagierten Hochschulmitarbeiterinnen als Tatsache gelten. An einer solchen Gruppe teilzunehmen, wird deshalb nicht als selbstentwertend erlebt – auch dann nicht, wenn in der supervisorischen Arbeit eigene Persönlichkeitsanteile deutlich werden, die der strukturellen Problematik zur Wirksamkeit verhelfen. Psychische Barrieren im beruflichen Handeln zu erkennen und abzubauen, ist das zentrale Ziel jeder Supervision, die mit der Fähigkeit von Berater/innen mit sozial-emotionalen Lernprozessen umzugehen, erreicht werden kann.

Wie bei der Einzelsupervision stehen auch bei einer Gruppensupervision die Themen und Anliegen der Person im Zentrum, die ein Thema einbringt, es können aber – anders als bei einer Einzelsupervision – auch die Kompetenzen und Erfahrungen der anderen Teilnehmer/innen genutzt werden und man kann von den Anliegen der anderen auch „passiv" profitieren. Allgemein stehen als Ziel für die teilnehmenden wissenschaftlichen Mitarbeiter ein besseres Konfliktmanagement, Burn-out Prophylaxe und die Förderung von Effizienz in Forschung und Lehre im Mittelpunkt. Aber es gibt auch studentische Gruppen, die von Hochschulberater/innen Supervision erhalten, vor allem dann, wenn sie als Tutor/innen oder Mentor/innen selbst Studierende beraten und meist großen Bedarf haben, Beratungsstrategien und Interventionen zu reflektieren. Bei studentischen Mentor/innen (wie sie beispielsweise an einzelnen Fachbereichen der Freien Universität Berlin sowohl in der Studieneingangsphase als auch zur Unterstützung in der Studienabschlussphase eingesetzt werden) kommen häufig Schwierigkeiten vor, die aus Rollenkonflikten resultieren. Besonders wenn es um die Vermittlung von Leistungsstandards und das Einhalten von (zeitlichen)

Begrenzungen geht, fällt es schwer, diese zu vermitteln und einzufordern. Die Identifikation mit der Tendenz, sich einschränkenden Vorgaben zu widersetzen und die Scheu, substantielle Kritik zu üben, scheinen solche Aufgaben zu erschweren und bedürfen der Entlastung in der Supervisionsgruppe.

Bei einem dritten Typ der Supervison, der Supervision von Teams oder Arbeitsgruppen, geht es weniger um die einzelnen Personen als um die Kooperation der Gruppe, deren Kommunikationsformen und die Qualität der zu leistenden Arbeit. Hochschulberater/innen werden gerne deshalb angefragt, da sie Organisationskompetenz besitzen, und versprechen neben einer personenzentrierten und/oder gruppendynamischen Perspektive auch die Binnenprobleme der Institution zu kennen. Anfragen nach Teamsupervision erfolgen beispielsweise aus Forschungsprojekten – hier ist das Verhältnis von Förderung und Konkurrenz ein häufiges Thema oder auch die Möglichkeiten eines solidarischen Umgangs mit dem Zeit- und Ergebnisdruck bei zeitlich begrenzten Forschungsaufträgen. Gelegentlich wird eine Teamsupervision auch von Arbeitsgruppen erbeten, in denen unterschiedliche Statusgruppen (Wissenschaftler/innen, Sekretärinnen und wissenschaftliche Angestellte mit Serviceaufgaben) über längere Zeit zusammenarbeiten (müssen) – dann beziehen sich die Themen sehr oft auf zurückliegende, nicht ausgesprochene Kränkungen, auf Ungerechtigkeiten in der Arbeitsverteilung und auf unterschiedlich nahe, im Team schwierig zu balancierende Beziehungen (Freundschaften wie Feindschaften sind gewachsen, Liebesbeziehungen entstanden und wieder auseinandergegangen). Ein Arbeitsschwerpunkt bei Teamsupervisionen ist – wenn man von der Vermittlung und Moderation bei akuten Konflikten absieht – das Herausarbeiten von Deutungs- und Handlungsmustern, die in den Interaktionen der Teammitglieder sichtbar werden, das Offenlegen von Rollenzuweisungen und das Anregen von Verständigungsprozessen. Teamsupervision fokussiert auf Veränderung, auf die Erweiterung von Handlungsspielräumen und eine Verbesserung der Kommunikation und Kooperation.

Obwohl häufig im selben Zusammenhang behandelt[19], ist *Coaching* doch ein von Supervision zu unterscheidendes Verfahren. Beide Formate arbeiten personenzentriert, beziehen Emotionen und Motive in die Arbeit ein und fokussieren den beruflichen Lebensbereich – dies jedoch mit unterschiedlichen Schwerpunkten und Zielen. Beim Coaching handelt es sich um ein Verfahren, das (durch Übernahmen von Methoden aus der humanistischen Psychologie) in Management und Personalführung entwickelt worden ist, sich zuerst an Füh-

---

19 Auch die oben zitierte Untersuchung von Klinkhammer (2004) spricht häufig von „Supervision und Coaching" bzw. mal von „Supervision" und mal von „Coaching", ohne dass die beiden Verfahren voneinander abgegrenzt würden.

rungskräfte im Management richtete und erst danach auch im Kultur- und Sozialbereich Fuß fassen konnte.[20]

> *Eine junge Wissenschaftlerin wendet sich an die Beratungsstelle, weil sie vor einer wichtigen Entscheidung steht. Die Beraterin ist der Wissenschaftlerin aus der Gremienarbeit bekannt. In ihrem Institut fühlt sich die Wissenschaftlerin relativ isoliert, sie gehöre nicht zum inneren Kreis um den Institutsleiter, wohl weil sie ihre eigenen Themenschwerpunkte weitergeführt hat und auch darüber – an einer anderen Universität – promoviert hatte. Sie fühlt sich vom Kommunikationsfluss abgeschnitten und oft mit wenig prestigeträchtigen Routinearbeiten überhäuft. Nun hat sie gehört, dass an einer anderen Universität eine Gastprofessur zu besetzen wäre, die ihr in ihrer inhaltlichen Ausrichtung sehr entspricht. Sie möchte nun systematisch überlegen, ob und mit welcher Strategie sie sich möglichst überzeugend und erfolgreich auf diese Professur bewerben kann. Sie möchte auch die Risiken abwägen, die darin liegen, ihren Vertrag aufzuheben oder auszusetzen. Sie fürchtet, ohne Absicht in Konkurrenzen zwischen den Institutsleitern zu geraten, einen Ruf als illoyale Mitarbeiterin zu bekommen und möchte abschätzen, wie es am Institut weitergehen könnte, wenn sie sich zur Bewerbung entschließt, aber nicht berufen wird.*

Schwerpunkt und Ziel eines Coachings ist die Begleitung und Unterstützung der beruflichen Karriere – entweder als Unterstützung in einer besonders anforderungsreichen Karrierephase (wie beim Prüfungscoaching oder der bereits genannten Coaching-Gruppe für Doktorandinnen) oder zur Begleitung von Entscheidungs- und Planungsprozessen von nächsten bzw. zukünftigen Karriereschritten. In der ersten Form wird Coaching in der Universität gelegentlich nachgefragt, wenn die Bewerbung für eine Professur oder Leitungsposition außerhalb von Wissenschaft geplant wird; in der zweiten Form, wenn der aktuelle Tätigkeitsbereich unbefriedigt lässt oder die erwarteten Gratifikationen ausbleiben.

5.6 Beratung innerhalb einer sich ändernden akademischen Kultur

In einigen der bisher beschriebenen Kooperationen und Interventionen zeigt sich nicht nur die Ausdifferenzierung professioneller Beratung im Hochschulbereich, sondern zugleich eine Veränderung der akademischen Kultur. Unge-

---

20 Zur genaueren Beschreibung dieses Formats vgl. Rauen (2005).

fähr seit Beginn der 1990er Jahre lässt sich in den Universitäten ein Interesse
daran beobachten, Konflikte und Belastungen – die emotionalen und gesundheitlichen „Kosten" der Organisation, des Wissenschaftssystems und der akademischen Konkurrenz – als etwas zu betrachten, das nicht nur individuell und
privat zu bewältigen ist, sondern auch im Sozialraum Hochschule Beachtung
finden sollte. Manche Initiativen von Personalräten, die Tätigkeiten von Gleich-
stellungsbeauftragten und aktivierende Sozialforschung innerhalb der Universität (z. B. zur Geschlechterkultur) gehören zu den vorbereitenden Prozessen;
aber auch Einflüsse von außerhalb der Hochschule sind für diese Veränderungen sicherlich bedeutsam. So gewinnen heute in der Universität (wie in anderen Unternehmenskulturen) die internen Kommunikationsformen an Gewicht
und ebenso Fragen einer angemessenen Balance von Leistung und individuellem Wohlgefühl. Arbeitskreise gegen sexuelle Diskriminierung,[21] Programme
zur „gesundheitsfördernden Hochschule"[22] oder das Audit „familienfreundli-
che" Hochschulen[23] zielen nicht mehr auf die Veränderung einzelner Missstän-
de, sondern streben eine qualitative Veränderung der Universität als Arbeits-
und Lernumgebung an. Im Unterschied zu den im akademischen Feld üblichen
Initiativen zur Gestaltung der sozialen Seite der Hochschule, die von der Verwaltung, den Selbstverwaltungsorganen oder Statusgruppenvertretungen ausgehen, zielen diese Programme auf Veränderungen der Organisationskultur, die
sich auf alle Statusgruppen und das Arbeitsklima insgesamt auswirken (sollen).
Die Erhebung von Bedürfnissen und Problemen gehört zu den Instrumentarien,
genauso wie Steuerkreise, die von der Leitungsebene bis zu den Nutzern der
Einrichtung alle Ebenen der Organisation einbeziehen, Zielvereinbarungen anstreben und Kooperation sowie das Aushandeln vertretbarer Lösungen anregen.
   Die Prozesse, die auf diese Weise eingeleitet werden können, sind in ihrer
Wirksamkeit weder so bedeutend, wie von den Initiatoren oft angekündigt,
noch, wie häufig von Kritikern eingewendet, auf Protokoll- und Berichtspro-
duktion reduziert. Ihre Wirksamkeit liegt vor allem auf der kommunikativen
Ebene, indem Themen und Anliegen Legitimität erhalten, die üblicherweise im

---

21 Solche Arbeitskreise – mit der Aufgabenstellung der Prävention und Entwicklung von Op-
    ferschutz – wurden an einigen Hochschulen häufig im Umfeld der Frauen- oder Gleichstel-
    lungsbeauftragten, z. T. aber auch auf Senatsbeschluss als Kommission gegründet.
22 Dabei handelt es sich um ein Zertifizierungsverfahren, das zunächst von einzelnen Hoch-
    schulen angestrebt wurde; seit 1995 wurde ein Arbeitskreis der beteiligten/interessierten
    Hochschulen gegründet (http://www.gesundheitsfoerdernde-hochschulen.de/ [27.5.2009]);
    seit 1997 ist das Projekt „Health Promoting Universities" in das Programm „Gesunde Städ-
    te der WHO" aufgenommen.
23 Gemeint ist das Audit „Familiengerechte Hochschule" der berufundfamilie GmbH
    (http://www.beruf-und-familie.de/index.php?c=22 [16.6.2009]), nach dem inzwischen
    (Stand Juni 08) 75 Hochschulen auditiert wurden.

Reglungsprozedere der Organisation kaum vorkommen: Themen, die eine Relation zwischen der Leistungsfähigkeit der Organisation (= Qualität von Forschung und Lehre, Förderung des wissenschaftlichen Nachwuchses) und den Belangen der in diesen Arbeitsfeldern tätigen Personen herstellen. Verbesserungen in der Kinderbetreuung, die Etablierung von Gesundheits- und Präventionsprogrammen, die Vereinbarung von „Regeln fairen Umgangs" und Anregungen zur gesunden Ernährung im Arbeitsalltag gehören zu den Ergebnissen dieser Art der Organisationsentwicklung.

Mit Beratung hat dies alles insofern zu tun, als die Balance zwischen individuellen/psychischen Verarbeitungsformen und institutionellen/sozialen Prozessen bei beiden Interventionsformen eine Rolle spielt. Beratungsangebote für Studierende, Supervision und Coaching (= Arbeitsbereiche der Hochschulberatung) nehmen die individuelle Psyche zum Ausgangspunkt und stärken die persönliche Entwicklung und Leistungsfähigkeit derjenigen, die diese Unterstützung von sich aus suchen. Organisationsentwicklungsmodelle, die nach dem Setting-Modell arbeiten, gehen von der Arbeits- und Lernumgebung der in der Organisation Tätigen aus und wollen die Leistungsfähigkeit der Organisation (nachhaltig) stärken sowie deren Innovationsbereitschaft fördern. Das sind keine identischen Ziele – es kommen jeweils andere Aspekte des Verhältnisses der Individuen zum Sozialen in den Blick und in konkreten Einzelfragen kommt es durchaus zu unterschiedlichen Zielsetzungen –, aber es gibt auch Überschneidungen und Kooperationsinteressen. Die Hochschulberatung profitiert davon, dass Themen, die in ihren Arbeitsbereichen Bedeutung haben, nun auch von anderer Seite mit Legitimität versehen werden; die Organisationsentwicklungsprogramme profitieren davon, dass in den Beratungseinrichtungen professionelle Gesprächskompetenz und Wissen über die psychische Dimension des akademischen Arbeitens zu finden sind. So ist es kein Zufall, dass einzelne Beratungsangebote für das wissenschaftliche Personal in die Gesundheitsprogramme integriert werden und Berater/innen in Arbeitskreise gegen Diskriminierung oder Ausschüsse zur Familienförderung eingeladen werden.

Die hier skizzierten Veränderungen der akademischen Kultur haben allerdings auch weiterreichende Effekte: Beiräte, Arbeitskreise und Projektstellen für Gesundheitsförderung, Familienfreundlichkeit, Abbau von Diskriminierung schaffen Kommunikationsnetze, in denen Konflikte und Defizite der akademischen Kultur nicht nur themenbezogen sichtbar werden, sondern auch in ihrer Beziehungsdimension – und d.h. in anderer Weise als in den formellen Abläufen der Organisation – besprochen, verständlich gemacht und z.T. gelöst werden. Es entsteht auf diese Weise nicht nur neues Interesse an Teamsupervision und Konfliktmanagement, diese neuen Formen der Kommunikation müssen auch vor dem universitären „Klatsch" geschützt und mit den formalen Strukturen der Hochschule (Fach- und Dienstaufsicht, Richtlinien der Personalverwaltung ...) kompatibel gemacht werden. Die Koordinierung der unterschiedlichen Ebenen wird erforderlich und ein Bedarf an professionellen Kompetenzen in Gesprächsführung, Vertrauensschutz und bezogen auf das Verhältnis von Formellem und Informellem entsteht. Wenn hierfür nicht externe Kompetenz herangezogen wird bzw. neue Stellen geschaffen werden, ist auch dies ein Bereich, in dem sich die Beratungseinrichtungen der Hochschule vernetzen und engagieren können und im Bedarfsfall von einzelnen Hochschulangehörigen bereits in Anspruch genommen werden.

Beratungsdiensten wird von Politik und Wissenschaft zunehmend eine bedeutende Rolle zugewiesen, mit dem Ziel menschliche Ressourcen für Gesellschaft und Wirtschaft sinnvoll nutzbar zu machen. Mit dem gestiegenen Bewusstsein über den Nutzen steigen auch die Ansprüche an Qualität und Professionalität von Beratung.[24] Inwieweit das zu einer Stärkung der internen Beratungsangebote, zu weiteren Spezialisierungen oder zu einer stärkeren Vernetzung führen wird, bleibt abzuwarten.

5.7   Kooperation mit Fachverbänden und Kollegialeinrichtungen

In unserem Einführungskapitel haben wir darauf verwiesen, dass die Verknüpfung mit dem wissenschaftlich-fachlichen Beratungsdiskurs eine wichtige Voraussetzung für die professionelle Entfaltung von Hochschulberatung darstellt. Die Vielfältigkeit der dargestellten Kooperationen und das Spektrum der möglichen Ausdifferenzierung von Beratung in der Universität macht diese Notwendigkeit noch einmal sehr deutlich. Denn nur wenn Klarheit über den Schwerpunkt der Beratungsarbeit herrscht, wenn das fachliche fundierte Beratungsangebot an die Studierenden im Mittelpunkt der Arbeit steht, wenn das Beratungsgespräch – der Dialog mit den einzelnen Personen, die Beratung aufsuchen – zentraler Bezugspunkt der eigenen Fachlichkeit bleibt, nur dann ist sichergestellt, dass Beratungskompetenz entsteht und sich weiterentwickelt. Blickt man unter dieser Perspektive auf das akademische Feld und die Aufgaben, die von diesem an die Berater und Beraterinnen herangetragen werden, dann ist deutlich, dass sich in den damit verbundenen Kooperationen Kompe-

---

24 Systeme und Verfahrensweise werden jedoch als reformbedürftig verstanden. Gefordert wurden – beispielsweise von der OECD – die Entwicklung klarer und eindeutiger Qualitätsstandards zur Neutralität der Information und der Beratung ebenso wie Qualitätskriterien für die Beraterqualifikation (vgl. Schiersmann, Bachmann, Dauner & Weber 2008, 6).

tenzen bezüglich der akademischen Kultur und des Wissenschaftssystems entfalten und weiterentwickeln können, nicht aber die beratungsspezifischen
Kompetenzen. Diese können nur durch kollegialen Austausch, Supervision, in
entsprechenden Zusatzausbildungen und Weiterbildungen erworben und in den
Kerntätigkeiten psychosozialer Beratung weiterentwickelt und ausgebaut sowie in der wissenschaftlichen Auseinandersetzung (unterschiedlicher Wissenschaftsdisziplinen) mit dem Beratungsprozess und mit Beratung als Interventi-
onsform konzeptionell gefasst werden. Die im akademischen Feld angesiedel-
ten Kooperationen und Vernetzungen führen auf Seiten der Berater/innen eher
zum Diffuswerden des Beratungsspezifischen, als dass sie zu dessen Professionalisierung beitragen.

Die Beteiligung der Hochschulberater/innen am fachlichen Diskurs – durch
Ausbildung, Weiterbildung, Mitarbeit in Berufsverbänden, Mitarbeit bei dem,
was man „Beratungswissenschaft" nennen könnte, und durch die Praxisanleitung von professionellem Nachwuchs – ist deshalb nicht nur für die Weiterentwicklung von Beratung als professioneller Tätigkeit von Bedeutung, sondern
auch für die Kompetenzsicherung der Berater und Beraterinnen selbst. Wo und
wie sich die Einzelnen beteiligen sollten, dazu lassen sich kaum „Ratschläge"
geben, nicht nur weil Beratung als eine multiprofessionelle Institution auch
Fachkräfte unterschiedlicher Fachrichtung benötigt, die sich dann auch meist
von ihren eigenen Herkunftswissenschaften und deren Denkstil mehr angezogen fühlen als von denen der Kolleg/inn/en. Auch der jeweilige Weiterbildungs-
bedarf hat meist mit der akademischen Sozialisation der Mitarbeiter und Mitarbeiterinnen zu tun: Pädagogen und Soziologinnen haben andere Zugänge zu
Beratung als Psychologinnen oder Juristen und benötigen deshalb auch jeweils
andere Ergänzungen ihres Kompetenzprofils. Hinzu kommt, dass die Beratungsarbeit immer eine Arbeit mit der eigenen Person ist; Dialogfähigkeit,
Wertschätzung von Emotionen und inneren Prozessen sind nicht nur ein Produkt von Ausbildung und Training, sondern auch eine höchst persönliche An-
gelegenheit. Ausbildung, Beratungsstil und Zugehörigkeit zu einer Beratungskultur lassen sich deshalb nicht nur von den beruflichen Anforderungen her bestimmen, sondern müssen auch zu den Personen passen.

Statt allgemeiner Beschreibungen, die notwendig abstrakt bleiben müssten,
haben wir uns deshalb entschieden, an dieser Stelle unsere eigene wissenschaftliche und beratungsspezifische Vernetzung zu beschreiben – nicht weil wir sie
für modellhaft hielten, sondern weil sich so beispielhaft die Ebenen, um die es
geht, sichtbar machen lassen und weil auf diese Weise manche Akzente unserer
Beschreibung von Beratung explizit werden, die der persönlichen Verortung der
Autorinnen zuzurechnen sind.

Wege in die Hochschulberatung: R. G.

In gewisser Weise ist mein Weg in den Beratungsberuf nicht untypisch für diese „neuen Professionellen" – die Studienerfahrung führt vom ursprünglichen Berufsziel (das als ein Weg von der Schule in die Schule zu eng scheint) weg, die „neuen" Möglichkeiten der Selbsterfahrung in Gruppen wecken ein Interesse an der „Arbeit mit der Person" (der eigenen und der der anderen): Nach einem ursprünglich als Lehrerstudium begonnenen Germanistik- und Philosophie-Studium (Pädagogik als drittes Fach kommt später hinzu) fällt bei mir Mitte der 1970er Jahre die Entscheidung nicht in die Gymnasiallehrer-Laufbahn einzusteigen, sondern mich auf berufliche Tätigkeiten in der offenen Bildungsarbeit vorzubereiten. Lehraufträge an Einrichtungen der Erwachsenenbildung, Beteiligung an studentischen Seminarprojekten und Tutorentätigkeit an der Universität führen – angeregt durch eine Tutorenausbildung in der Zentralen Beratungsstelle der Universität – in eine gruppenpädagogische Ausbildung und in gruppendynamische Weiterbildungen. Dass ich mich schließlich auf eine Stelle als Studienberaterin an einer anderen Universität beworben habe, ist einerseits aus diesen Erfahrungen gespeist, war aber sicher auch deshalb attraktiv, weil so die Nähe zum akademischen Leben – zur Alma Mater – erhalten blieb.

Die Einrichtung, in die ich kam – die Zentrale Studentenberatung der Universität Bielefeld –, war noch im Aufbau. Zunächst hatten dort zwei (männliche) Berater mit psychologischem Schwerpunkt ihre Arbeit aufgenommen. Meine berufliche Tätigkeit in der Hochschulberatung bestand zu Beginn in den Aufgaben, die in den aus den Studienreformbemühungen der 1970er Jahre hervorgegangenen Gesetzen mit „Allgemeiner Studienberatung" umschrieben sind: Studieninformation von Studienbewerbern und Studierenden, Unterstützungsangebote für die „Nachrücker" aus den Vergabeverfahren der ZVS, Gruppenangebote zu „Studientechniken", Kooperation mit der Berufsberatung (für Abiturienten und Hochschüler des Arbeitsamtes) und den Fachberatungen an den Fakultäten. Tutorentrainings für die Einführungsveranstaltungen der einzelnen Fächer kamen schnell hinzu. Und im „psychobewegten" Klima der 1980er Jahre (Selbsterfahrungsgruppen und Psychotherapie wurden von Studierenden selbstverständlich nachgefragt) war die psychologische Dimension von Beratung in allen Bereichen der Arbeit präsent. Da ich für einige Zeit die einzige weibliche Beraterin blieb, wurde ich – auch die Frauenbewegung war auf ihrem Höhepunkt – für persönliche Probleme und Schwierigkeiten vor allem Ansprechpartnerin für Studentinnen. Leistungsdruck, Beziehungsprobleme, Essstörungen, aber auch Selbstentfaltungswünsche waren die zentralen Themen. Um den damit verbundenen Anforderungen gerecht werden zu können, habe ich relativ schnell psychotherapeutische Aus- und Weiterbildungen begonnen – Gesprächspsychotherapie, eine Weiterbildung in Bioenergetik/Gestalttherapie und schließlich eine Ausbildung in tiefenpsychologischer Gruppentherapie. Die zuletzt genannte psychotherapeutische Ausbildung blieb für mich prägend, zum einen, weil die

Gruppenperspektive fachlich begründet in die therapeutische Arbeit eingebunden wurde, zum anderen, weil der tiefenpsychologische Zugang zum Verstehen der Themen, Schwierigkeiten und Affekte junger Erwachsener sich in meiner Arbeit als besonders produktiv erwies. Ich arbeitete allerdings auch weiterhin in dem Gruppendynamik-Verband mit, in dem ich meine ersten Trainings erhalten hatte, und nutzte die Publikationsmöglichkeiten der Zeitschrift, um Beratungserfahrungen zu formulieren und mich mit den Herausforderungen des „Therapeutischen" auseinanderzusetzen.

Die 1970er/80er Jahre können als die Gründungsphase professioneller Hochschulberatung bezeichnet werden, in denen viel experimentiert wurde und grundlegende Arbeitskonzepte entstanden. Die Bielefelder Einrichtung entwickelte – in einem kontinuierlichen, z.T. mühevoll die Grenzen der Disziplinen auslotenden Diskussionsprozess – ein integriertes Beratungsmodell, das nicht organisatorisch zwischen psychologischer Beratung und Studienberatung unterschied, sondern in einer täglichen offenen Sprechstunde für alle Anliegen von Studierenden ein Kommunikationsangebot bereithielt: Auf der gemeinsam mit den Klienten erarbeiteten Problemsicht basierend wurde der Beratungsprozess in die eine oder andere Richtung gestaltet. Gruppenangebote zu solchen Themen und Problemen, die sich in der Arbeit als überindividuell erwiesen, ergänzten die Einzelberatung. So entstand ein Arbeitsschwerpunkt „Frauen", es wurde ein regelmäßiges Angebot zu Problemen der Studienabschlussphase entwickelt, „Arbeits- und Lerntechniken" waren Thema regelmäßiger Kursangebote, parallel gab es therapeutische Gruppen mit wechselnden thematischen Akzenten.

Die Entwicklung von Arbeitskonzepten innerhalb einer gerade erst werdenden Fachdisziplin gelingt nicht aus der Initiative/den Ausbildungen und Kompetenzen des Einzelnen bzw. des jeweiligen Teams allein, sondern erfolgt in Anlehnung an andere Fachdisziplinen und in Kooperation mit Verbänden sowie durch Beteiligung am überregionalen kollegialen Austausch und am fachwissenschaftlichen Diskurs. Die für mich relevanten „Anlehnungen" ergaben sich zum einen aus den bereits in die Beratungsarbeit mitgebrachten Bezügen: Der im studierten Hauptfach „Philosophie" erlernte theoretische Zugang zu sozialen Phänomenen, die sozialtheoretische Reflexion, blieb durchgängig Instrument auch zum Verstehen von Beratung. Der gruppendynamische Verband, in dem ich meine ersten Ausbildungen erhalten hatte, blieb lange Reflexionsforum für die beruflichen Erfahrungen und mein politisches Engagement führte auch in der Universität Bielefeld zu frauenpolitische Vernetzung sowie zu einer langfristigen wissenschaftlichen Zusammenarbeit mit einer Hochschullehrerin der Fakultät für Pädagogik. Hinzu kamen feldspezifische Kooperationen: Eine enge Kooperation der ZSB mit den kommunalen Beratungseinrichtungen führte (durch persönliche Diskussionen mit Kolleg/innen aus der Erziehungsberatung und einem psychologischen Beratungsdienst für Erwachsene) zu einer Anbindung an den psychologischen Fachdiskurs über Beratung; der systematische Erfahrungsaus-

tausch mit anderen Hochschulberatungen (in der ARGE Studentenberatung, heute GIBeT e.V.) förderte die Konzeptentwicklung in der eigenen Einrichtung; die Nähe zu Arbeitsgruppe „Diagnose und Beratung" der Fakultät Pädagogik stellte eine Verbindung zur sich entwickelnden Beratungswissenschaft her und die psychotherapeutische Ausbildung eröffnete den Zugang zur klinischen Psychologie.

Dieses Umfeld so klar zu benennen, ist deshalb nicht unbedeutend, weil darin die ganz spezifische Mischung von regionalen Bedingungen, individuellen Wissenschaftsbezügen, individuellem Engagement und allgemeinen kulturellen Voraussetzungen einer sich entfaltenden „neuen" Profession erkennbar wird, aus denen sich Akzente und theoretische Schwerpunkte einer individuellen Professionalisierung gestalten.

Das Bemühen zu verstehen, was man selbst gerade beruflich tut und Konzepte zu entwickeln, die es ermöglichen, die eigene Fachlichkeit auch gegenüber Hochschulverwaltung und Hochschulleitung zu vertreten, war ein wichtiger Antrieb, nicht nur innerhalb der eigenen Einrichtung und der weiteren Kollegialgruppe der Hochschulberater/innen Analysen zur Verfügung zu stellen und Ideen zu veröffentlichen, sondern mich auch am wissenschaftlichen Diskurs über Beratung zu beteiligen. In der theoretischen Grundorientierung bin ich dabei – trotz psychologischer Schulung im Beruf und sozialwissenschaftlicher Sozialisation im fachlichen Diskurs und dem verfolgten Lehrforschungsprojekt zur feministischen Theoriebildung – meiner ursprünglichen Disziplin „Philosophie" enger verbunden geblieben, als ich selbst über lange Zeit geglaubt habe.

Wege in die Beratung: E. P.

Meinen ursprünglichen Wunsch, Meteorologie zu studieren, habe ich schon zu Schulzeiten aufgegeben. Zu düster wurden mir die Aussichten geschildert, sich als Frau in diesem männerdominierten Studium und Berufsfeld zu behaupten. Heute weiß ich, dass meine Abwendung von einer mathematisch-naturwissenschaftlichen Ausbildung exemplarisch ist für etliche Frauen meiner Generation. Eine Grundorientierung habe ich damals aber nicht aufgegeben: Ich wollte eine angewandte Wissenschaft studieren. Die Psychologie mit den vielfältigen Perspektiven hat mich schnell angezogen. Ich habe in Tübingen, Heidelberg und Mannheim studiert und schon während meines Hauptstudiums im Mannheimer Sonderforschungsbereich für Sozialpsychologische Entscheidungsforschung gearbeitet. Nach meinem Studium habe ich an diesem, von der Deutschen Forschungsgemeinschaft geförderten Sonderforschungsbereich, noch weiter gearbeitet, zuerst in einem Projekt, das sich mit sozialem Lernen beschäftigte und für einen Bewilligungszeitraum von drei Jahren habe ich anschließend ein Projekt selbst beantragt und geleitet. Wir (ein Team von zwei Psychologinnen und drei studentischen Hilfskräften, die ihre Diplomarbeiten im Projektkontext erstellten) haben untersucht, wie das Informationsverhalten und die Entscheidungsfindung von Hauptschüler/innen vor der Wahl einer Lehrstelle verbessert werden können.

Zu diesem Zeitpunkt war meine Entscheidung für die klinische Psychologie schon gefallen, ich fühlte mich aber noch nicht lebenserfahren genug für eine Arbeit in der Klinik. Die Beschäftigung am Sonderforschungsbereich hat mir aber ermöglicht, mich in der Lehre und Betreuung von Abschlussarbeiten zu erproben, in inneruniversitären Gremien mitzuarbeiten und mit meiner therapeutischen Ausbildung zu beginnen. Ich habe die Grundausbildung in Verhaltenstherapie absolviert, meine Ausbildung mit der wissenschaftlichen Gesprächstherapie fortgesetzt und begleitend in der Free Clinic in Heidelberg (einem selbstverwalteten Projekt des alternativen Gesundheitswesens, mit einem Schwerpunkt in Suchttherapie und -prophylaxe) mitgearbeitet. In der Free Clinic lernte ich Methoden des Encounters und gestalttherapeutische Verfahren kennen und leitete erste Workshops in Zusammenarbeit mit den Frauenzentren in Heidelberg und Mannheim.

Nach Abschluss des Forschungsprojekts habe ich die Gelegenheit bekommen, einige Monate in einer Familienberatungsstelle zu hospitieren. Von dort aus habe ich mich für die ausgeschriebene Stelle an der Zentraleinrichtung Studienberatung und Psychologische Beratung der Freien Universität (ZE) beworben und bin noch immer glücklich darüber, dass ich ausgewählt wurde. Was mich an der Stelle interessiert hatte, war die Möglichkeit, meine bisher erworbenen beruflichen Kompetenzen (wissenschaftliches Arbeiten, Auseinandersetzung mit Formen des Lernens, mit Gruppenpsychologie und mit Prozessen der Entscheidungsfindung) mit meinem Wunsch nach klinischer Arbeit zu verbinden. Die Arbeitsschwerpunkte der Einrichtung, die schon damals neben Einzelberatung, Kurztherapien und Krisenintervention einen Schwerpunkt auf die Entwicklung präventiver Projekte gelegt hatte, kamen mir sehr entgegen. Zum Beispiel konnte ich mein Wissen über das Optimieren von beruflichen Entscheidungsprozessen junger Menschen in das Projekt der „Fremdsprachenorientierten Eingangsphase" einbringen, das von der ZE und dem Sprachlabor gemeinsam durchgeführt wurde. Mein Interesse, Selbsthilfeprojekte zu fördern, brachte mich schnell in Kontakt mit zwei Kollegen des Studentenwerks Berlin. Gemeinsam haben wir die Gründung von Selbsthilfegruppen in Studentenwohnheimen unterstützt und deren Arbeit begleitet. Die Möglichkeit zwei Jahre die Freie Universität im Verwaltungsrat des Studentenwerks Berlin zu vertreten, hat mir viele Einblicke in verschiedenste Bereiche des studentischen Lebens in Berlin ermöglicht.

An der Freien Universität wurde damals begonnen, frauenspezifische Forschung zu institutionalisieren, mit der 1981 gegründeten Zentraleinrichtung für Frauenforschung und Frauenstudien ergaben sich schnell gemeinsame Anliegen. So haben wir untersucht, ob weibliche Studierende einzelner Fachbereiche sich in ihren Anliegen nach Beratung von ihren Kommilitonen unterscheiden (was sie nach unseren Ergebnissen 1982 nicht taten). Die Zusammenarbeit mit der ZE Frauen blieb über viele Jahre sehr lebendig, wir arbeiteten in einer Arbeitsgruppe, die sich mit Vorfällen sexueller Diskriminierung beschäftigten (dieser Arbeitskreis ist jetzt im Aufgabenbereich der zentralen Frauenbeauftragten), wir diskutierten die Notwendigkeit frauenspezifischer Beratungsangebote, die ins Programm der ZE aufgenommen wurden, wir führten im Rahmen des Hochschulsonderprogramms II (1991 bis 1992) das Projekt „Frauenförderung als Beitrag zur Studienreform" durch, veranstalteten eine Tagung ("Studentinnen im Blick der Hochschulforschung"), brachten gemeinsam ein Studentinnenhandbuch für die Freie Universität heraus und waren in verschiedenen Gremien aktiv, die die Studienreform ausgestalten sollten.

Hochschulpolitisch liegt mir die Verbesserung der Studien- und Arbeitsbedingungen von Frauen an der Universität nach wie vor sehr am Herzen: Über viele Jahre war ich im wissenschaftlichen Beirat der ZE Frauen, im Plenum der später eingerichteten Frauenbeauftragten präsent und bin heute Mitglied im Frauenrat der Universität.

Zu Beginn meiner Tätigkeit an der Freien Universität gab es eine sehr aktive hochschuldidaktische Arbeitsgruppe. Über diese Kontakte hat sich eine Mitarbeit am Weiterbildungsprogramm der Universität für wissenschaftliche Mitarbeiter ergeben. Ich habe Veranstaltung zum Selbstmanagement, der Zukunftsorientierung von Wissenschaftlerinnen und zum Umgang mit Schreibblockaden durchgeführt. Aus dieser Zusammenarbeit ist die konzeptionelle Mitwirkung am „Rhoda-Erdmann-Programm" erwachsen, ein Weiterbildungsprogramm, das seit 1997 gezielt wissenschaftlich tätigen Frauen während ihrer Qualifikationsphasen von Promotion und Habilitation unterstützt.

Im Laufe meiner Mitarbeit in ZE habe ich an vielen Tagungen der GIBeT e.V. (Gesellschaft für Information, Beratung und Therapie an Hochschulen) oder der früheren ARGE (Arbeitsgemeinschaft der Studentenberater) teilgenommen. Der kollegiale Austausch und die Zusammenarbeit im Team haben einen wesentlichen Anteil daran, dass hochschulpolitische Perspektiven und Entwicklungen in der täglichen Beratungsarbeit reflektierbar bleiben, und haben immer wieder Anlass gegeben, eigene Erfahrungen zu analysieren und zu dokumentieren. Die Beratungsjahrbücher der Einrichtung und Publikationen, die von Kolleg/innen herausgegeben wurden, bildeten dazu besonderen Anreiz. Die Sommeruniversität der Freien Universität Berlin und die Berliner Sommer-Uni der Berliner Akademie für weiterbildende Studien (eine Veranstaltungsreihe, die von allen Berliner Universitäten getragen war) gaben mir wiederholt Anlass mich mit einzelnen Aspekten, die mir (auch) aus dem Beratungsalltag am Herzen lagen, vertiefend zu beschäftigen, beispielsweise mit Kommunikationsstrukturen in Gruppen, der Diskrepanz zwischen Integrationswillen und Integrationsfähigkeit, dem Wertewandel in der Gesellschaft, mit Identität und Einstellung gegenüber dem Fremden oder mit dem Zusammenhang von Arbeitsverhalten und Persönlich-

keitsaspekten. Die Mitarbeit bei solchen Veranstaltungen hat nicht nur inhaltlich bereichert, sondern auch Kontakte erschlossen und Einbindung in die Universität unterstützt.

In der ZE sind die Arbeitsbereiche der Studienberatung und die der Psychologischen Beratung voneinander getrennt, aber wir haben im Team immer Wert auf gemeinsame Diskussionen, Projekte und Veranstaltungen gelegt. Der Vorteil der unmittelbaren Einbindung in den Informationsfluss der Studienberatung und der Hochschulorganisation lernte ich besonders bei einem von der EU geförderten Studienaufenthalt in Frankreich und Großbritannien schätzen, bei dem ich Organisation und inhaltliche Schwerpunkte der dortigen psychologischen Beratung und Psychotherapie kennenlernen konnte.

Viele Studierende, die in die Psychologische Beratung kommen, suchen einen Therapieplatz bei niedergelassenen Kolleginnen und Kollegen, es kommen aber auch Patient/innen, denen es nicht ausreichend gelingt, ihre Probleme aus dem studentischen Lebensalltag in ihre Therapie einzubringen bzw. Therapieergebnisse auf ihren Alltag zu übertragen. Aus diesen Beobachtungen heraus habe ich mit einem Kollegen eine Arbeitsgruppe gegründet, die sich mit Arbeitsstörungen von Studierenden befasste. Der Kollege leitete in seiner Praxis einen Arbeitskreis für Studierende, die mit dem Schreiben ihrer Abschlussarbeiten oder Promotionen große Schwierigkeiten hatten, und er teilte meine Ansicht, dass Therapeut/innen zuweilen die Symptomatik Arbeitsstörungen zu wenig beachten. An dieser Arbeitsgruppe nahmen auch Kolleg/innen des Studentenwerks bzw. der Technischen Universität teil. Aus dieser Zusammenarbeit heraus hat sich ein neues Arbeitsfeld für mich erschlossen: meine Mitarbeit in der Ausbildung von Psychologischen Psychotherapeut/innen, denen ich als Dozentin, Supervisorin und Lehrtherapeutin nun meine therapeutischen Erfahrungen weitergeben kann.

6 Perspektiven der Hochschulberatung

Wer in der Hochschulberatung tätig sein will, muss sich flexibel auf ein ständig sich veränderndes Arbeitsumfeld einlassen können. An verschiedenen Stellen dieses Buches haben wir hervorgehoben, dass Feldkompetenz ein wesentliches Merkmal gelungener Beratung ist. Hochschulpolitik und die Reformen, denen die Universität und das Studium unterliegen, haben Einfluss auf Beratungskonzepte und die Organisation der Beratungsangebote. Entsprechende Problemanalysen werden bei der Beratungsarbeit berücksichtigt, soweit Hochschulforschung und Erziehungswissenschaften sie bereitstellen bzw. durch Auswertung der eigenen Beratungserfahrungen und der örtlichen Studienbedingungen selbst erarbeitet. Wenn wir im Folgenden nun eine Einschätzung aktueller und zukünftiger Beratungsaufgaben versuchen, stehen deshalb auch die durch den Bologna-Prozess in Gang gesetzten Veränderungen von Studium und Ausbildungsbedingungen im Zentrum.

Die in den vergangenen zehn Jahren durch den Bologna-Prozess und die nationale Hochschulpolitik angestoßene radikale Umstrukturierung der Hochschulen hat an den Universitäten bereits heute zu grundlegenden Veränderungen geführt. Die Hochschulpolitik hat – im Sinne höheren Outputs und effektiverer Strukturen – „Ausbildung" verordnet und neue Lernziele definiert. In der Konsequenz haben die Wahlmöglichkeiten in vielen Bereichen zugenommen, die Freiräume für eigene Entwicklung und Zielfindung jedoch sind kleiner geworden. So verfügen Studierende in der Studienstruktur der BA-Studiengänge auf Grund der Dichte von in Modulen angeordneten Lerninhalten über weniger Spielraum, Lernkompetenz zu entwickeln. Die Zurücknahme forschungsnaher Lehre wird es zudem schwerer machen, selbstbestimmt zu lernen und eigene fachliche Interessenschwerpunkte zu erarbeiten. Die Wissenschaft bleibt den Graduierten und einem Teil der Masterstudierenden vorbehalten. Gleichzeitig wird sich durch frühere Einschulung und Verkürzung der Gymnasialzeit das Einstiegsalter in die akademische Ausbildung verringern. Der Großteil der Studierenden wird in Zukunft jünger sein als heute; gleichzeitig macht die Vielzahl unterschiedlicher Studienprofile der miteinander konkurrierenden Universitäten die Studienfachentscheidung zunehmend komplexer und unübersichtlich. Auch die erwünschte Mobilität von Studierenden und Wissenschaftlern (bezüglich Auslandsaufenthalten und individueller Profilbildung) wird zumindest für die Studierenden gegenwärtig nicht gerade erleichtert, sondern durch Zeitdruck und uneinheitlichen Anerkennungsregeln zwischen Hochschulen national und international eher erschwert. All dies hat Auswirkungen auf die Beratungsanliegen der Studierenden und auf die Beratungsschwerpunkte in den Einrichtungen. Nicht nur die Studienstruktur mit ihren Entscheidungsanforderungen wird neue Akzente in der Beratung bedingen, sondern auch die Zielvorgaben, die sich an die Wissenschaft richten; die Erhöhung der Absolventenzahlen, eine weitere Internationalisierung, Exzellenz und Akquise von Forschungsmitteln werden die Atmosphäre im akademischen Feld verändern.

Die genannten Aspekte haben Auswirkungen auf die Lebensbedingungen der Studierenden, sie werden die Lern- und Arbeitssituation verändern und sie gehen mit einer Umgestaltung des Wissenschaftskonzepts einher. Die von uns beschriebenen Aufgabenbereiche von Hochschulberatung werden dadurch nicht hinfällig, Arbeits- und Motivationsprobleme, Entscheidungskonflikte, Orientierungssuche in den Statuspassagen werden auch in Zukunft zentrale Anliegen an Beratung sein. Die Problemlagen werden nach unserer Einschätzung allerdings andere Formen annehmen und die Anforderungen an die Hochschulberatung neu akzentuieren. Viele der öffentlich diskutierten und manchmal beklagten Folgen der Hochschulreform haben allerdings auch damit zu tun, dass die Umstrukturierungen sich im Prozess befinden und noch nicht abgeschlossen sind. Übergangsphasen sind von Ungleichzeitigkeiten gekennzeichnet und generell von Verunsicherungen begleitet, was zusätzliche Probleme schafft. Aber auch, wenn alle mit dem Bologna-Prozess verbundenen Zielsetzungen umgesetzt sind, wenn die konsekutive Studienstruktur, die weitere Internationalisierung von Studium und Wissenschaft sowie der Zuwachs an Flexibilisierung geglückt sind, wird Hochschulberatung sich veränderten Anforderungen stellen müssen.

6.1   Verändertes Studienangebot, anderes Klientel

Stärkere Ausdifferenzierung von Studiengängen und die damit verbundenen größeren Wahlmöglichkeiten können von den Studierenden gut genutzt werden, wenn ihnen das Wissen darüber situationsangemessen zur Verfügung steht. Der Informationsbedarf über Studienbedingungen, Zulassungsvoraussetzungen und Studienanforderungen ist daher in den letzten Jahren enorm gestiegen: Das Bachelor-Studium kann sowohl ein Grundlagenstudium sein, am besten ein berufsqualifizierendes, es kann auch in der Kombination unterschiedlicher Schwerpunkte erste Einblicke in Fachrichtungen geben und an den Überschneidungspunkten spezifische Fokussierung ermöglichen. Daraus ergeben sich Einsichten in Fachinhalte und Themen, die Veränderungen des eigenen Ausbildungsganges anregen können. Der Wunsch, nach den ersten Semestern die ursprünglichen Fachkombinationen zu verändern, entspricht in etwa den Nebenfachwechseln, wie es sie in den bisherigen Magisterstudiengängen gab – eine Situation, in der sowohl die fachliche Beratung als auch eine übergreifende, persönliche Ziele und Motive einbeziehende Beratung erforderlich sein können. Zusätzlicher Beratungsbedarf entsteht heute zum Abschluss des Bachelor-Studiums und dies in der aktuellen Übergansphase, in der das neue Ausbildungsmodell weder innerhalb noch außerhalb der Hochschule als etabliert gelten kann, auf mehreren Ebenen.

Die durch den Bologna-Prozess eingeführten neuen Studiengänge sind bis jetzt weder bei den Studierenden noch bei den potentiellen Arbeitgebern unumstritten. In beiden Gruppen gibt es viele Menschen, die diese Qualifikation als ungenügend ansehen. Viele Studierende wollen ihr Studium über den Bachelor-Abschluss hinaus weiterführen, fast alle wollen zumindest diese Wahl haben. Hochschulpolitisch beabsichtigt dagegen ist eine leistungsabhängige Lenkung. Die Raten (zu denen Absolvent/innen danach dem Arbeitsmarkt zur Verfügung stehen bzw. zu einem weiterführenden Studium zugelassen werden sollen) werden von Seiten der politischen Akteure nicht offen diskutiert, aber angestrebt. Klar ist, dass die konsekutive Studienstruktur u.a. der Selektion dient.[1] Eine solche Lenkung mag für die Nachwuchsplanung von Wissenschaft und außeruniversitären Berufsfeldern sinnvoll sein, auf Seiten der Studierenden sind selektive Strukturen, die zudem nicht offen ausgehandelt werden, verunsichernd, sie erzeugen Stress und schränken beim Finden des individuellen Bildungsweges und dem Erreichen des gewünschten Ziels ein. Diejenigen, die weiterstudieren wollen – und das ist heute an den Universitäten der größte Teil –, stehen vor großen Entscheidungsproblemen. Der Zugang zu den Masterstudiengängen ist nicht nur begrenzt, sondern auch sehr kompliziert. Jeder Masterstudiengang definiert eigene Zulassungsvoraussetzungen, bestimmte inhaltliche Schwerpunkte im vorangehenden Bachelor werden verlangt, ein bestimmter Notendurchschnitt ist erwünscht, eng definierte Leistungsprofile und zusätzliche Sprachzertifikate sollen nachgewiesen sein, schriftliche Motivationsschreiben werden gefordert, Empfehlungsschreiben sollen beigelegt werden, Auswahlgespräche oder Assessments werden veranstaltet und die Bewerbungsfristen sind zudem uneinheitlich. Bei manchen Wünschen für ein weiterführendes Studium ist es schwierig vor Ort eine Möglichkeit in der gewünschten Fachausrichtung zu er-

---

1   Z.B. FU 2008: lediglich 9 % der Studierenden streben den Bachelor als höchsten Abschluss an; 27 % der Befragten waren sich diesbezüglich noch unsicher; 48 % beabsichtigen, einen fachwissenschaftlichen Master zu absolvieren und 16 % planen einen lehramtsbezogenen Masterabschluss. Diese Zahlen stehen in deutlichem Widerspruch zu Forderungen aus Politik und Wirtschaft, die von 80 bis 60 % eine Berufseinmündung nach dem Bachelorabschluss wünschen.

halten, bei anderen ist es national oder international sehr schwierig, die bisherigen Studienleistungen entsprechend anerkannt zu bekommen und zu wechseln. Die durch den Reformprozess angestrebte Mobilität und Flexibilisierung wird auf diese Weise bürokratisch erschwert.

Gegenwärtig entstehen an vielen Hochschulorten sehr interessante Studienangebote, über die aber kaum jemand einen Überblick besitzt. Konkurrenz um Studierende und um Forschungsgelder sowie mangelnde Abstimmung zwischen Hochschulen machen es Beratern und Ratsuchenden schwer, zwischen den bestehenden Alternativen zu entscheiden. Will man angesichts dieser Situation die Aufgaben von Beratung umreißen, so bestehen sie vor allem darin, Anleitung zur gezielten Informationssuche zu geben, Hilfestellung bei der Erarbeitung der individuell relevanten Entscheidungskriterien zu leisten und die Studien- und Zugangsmöglichkeiten der eigenen Universitäten transparent darzustellen. Ob und wie sich eine klarere Struktur für die Zukunft herstellt, lässt sich noch nicht absehen. Aktuell ist die Tendenz zu beobachten, dass Zusammenschlüsse zwischen Partnerhochschulen oder regionalen (Fach-)Hochschulen[2] für ein möglichst breites Übergangsspektrum sorgen sollen. Damit ist sicher auch die Absicht verbunden, als Standort für die Studierenden attraktiver zu werden – ob dies eine langfristig sich stabilisierende Entwicklung darstellt oder eines der kurzlebigen Übergangsphänomene lässt sich allerdings nicht sicher einschätzen.

Welche Bedürfnisse *zukünftiger* Studierender lassen sich vorhersehen? Mit Unterstützungswünschen angesichts komplexer Entscheidungssituationen sind Beraterinnen und Berater an den Hochschulen sicher weiterhin konfrontiert, unter den Bedingungen der Flexibilisierung von Studium, Aus- und Weiterbildung auch in zunehmendem Ausmaß. Sie müssen Informationen aufbereiten und zur Verfügung stellen, insbesondere die Profile der angebotenen Studienfächer im Vergleich zu anderen Hochschulen darstellen, Beratungsbedarf erkennen und vor allem Orientierung bieten. Noch mehr als früher wird es wichtig werden Anleitung zu geben, wie Informationen gezielt zu gewinnen und zu gewichten sind. Frageverhalten und Erwartung von Ratsuchenden werden stärker auf Fokussierung und gezielte Informationsvertiefung ausgerichtet sein. Der Wunsch nach Vorbereitung auf Bewerbungsverfahren und Hilfe bei Interpretation und Auswertung von (Self-)Assessments wird hinzukommen.

Wir haben bereits angesprochen, dass die Unterstützung bei der Entscheidungsfindung für den *individuellen Studienweg* große Bedeutung gewinnen wird. Nach unserer Einschätzung werden sich in diesem Aufgabenbereich wei-

---

2   So haben sich beispielsweise im Netzwerk CLUSTER elf europäische Technische Universitäten zusammengeschlossen.

tere Veränderungen daraus ergeben, dass Hochschulberatung sich zum einen auf neue Zielgruppen einrichten muss und zum anderen institutionell weitere Differenzierungen der Beratungsdienste wahrscheinlich werden. Wenn die erwartete Flexibilisierung der akademischen Ausbildung Realität wird (ein Teilzeitstudium z.B. überall neben dem Vollzeitstudium angeboten wird oder mehr BA-Absolventen nach einer Phase der Berufstätigkeit zum Masterstudium an eine Hochschule zurückkehren), dann führt dies auch zur Ausdifferenzierung der Studienanfänger-Population, die Beratung beim (Wieder-)Eintritt in die Universität benötigt. Berufserfahrene Studieninteressenten werden Beratung nachfragen, um passgenaue Weiterbildungswege für sich zu finden. Und die Verbindung von Berufspraxis und Studium erfordert bei einem Teilzeitstudium – anders als die Vorläufigkeit der meisten heute neben dem Studium ausgeübten Jobs – eine stabile Alltagsorganisation und ein verlässliches Lernverhalten. Auch in diesem Bereich wird ein Beratungsbedarf entstehen, der nicht gänzlich neu ist, aber als Beratungsschwerpunkt doch neu zu gestalten ist. Gleichzeitig verändert sich die Gruppe der klassischen Studienanfänger.

Auswirkungen der Verkürzung der Schulzeit und der Trend zu früherer Einschulung lassen sich schon heute bemerken, die Studieninteressierten werden jünger und Informationsveranstaltungen über Studienangebote oder Bedingungen der Fachentscheidungen werden häufiger auch von Eltern, Großeltern und Lehrer/innen besucht, die andere Fragen stellen als die Schüler/innen. Das gesunkene Eintrittsalter wird dazu führen, dass Eltern bei der Studienwahl für ihre Kinder Verantwortung übernehmen wollen, und ebenso dazu, dass Schüler/innen (aus Überforderung) die Entscheidung selbst auch delegieren möchten. Für Schüler/innen wird sich der Druck erhöhen und die Angst vor falschen Entscheidungen vergrößern, aber auch die Verführung im stillen Widerstand gegen elterliche Entscheidungen Studienmotivation oder Interessen zu opfern. Formal mag es vielleicht zwingend sein, dass Eltern ihre minderjährigen Kinder an der Hochschule immatrikulieren, aber es ist auch vorstellbar, dass damit Konflikte verbunden sind, die Studienmotivation und Studienleistung langfristig beeinträchtigen können. Mit Sicherheit werden dann in nachfolgende Bildungsentscheidungen nicht gelöste Ablösungskonflikte verstärkt hineinspielen. Die Entwicklungsaufgaben, die Studienanfänger zu meistern haben, die Bewältigung der Ablösung und den Aufbau von Alltagsroutinen und Lernkompetenzen, ändern sich allerdings nicht, sie werden nach wie vor Irritationen und Beratungsbedarf auslösen. Berater/innen werden sich ihrerseits auf Lebensauffassungen eines jüngeren Klientels einstellen müssen – ebenso wie auf vermehrte Bedürfnisse nach Einflussnahme und Kontrolle von Seiten der Eltern. Vielleicht werden Beratungskonzepte notwendig, die sich speziell an die Eltern jugendlicher Studierwilliger richten.

Nicht nur Eltern wünschen, dass sich junge Menschen für eine Ausbildung entscheiden, in der sie sich zu zufriedenen, leistungsfähigen und kreativen Menschen entwickeln können. Auch über den familialen Bereich hinausreichende „objektive" Interessen sprechen dafür, diesen Prozess zu unterstützen. Subjektives Leid *und* gesellschaftlicher bzw. ökonomischer Verlust durch Fehlentscheidungen sollen abgebaut werden. Die Hochschulberatung hat daher auch aus der Perspektive des Wissenschaftssystems die Aufgabe daran mitzuwirken, dass geeignete Maßnahmen und Gelegenheiten geschaffen werden, die es Studieninteressierten ermöglichen, sich über Interessen, Motivation, Eignung und Werthaltungen klar zu werden, Zugänge zu ihrem Selbst zu finden und Gelegenheit zu haben, Selbstwirksamkeitsüberzeugungen auszubauen. Denn nur dann entwickeln sich (im Sinne der „illusio" Bourdieus) tragfähige fachliche und wissenschaftliche Identifikationen. Studienberatung und fachspezifische Eignungstests sollten sich ergänzen und die Beratungs- und Informationsangebote der Hochschulen sind stärker mit unterstützender *Beratung* in der Schule zu verknüpfen.

An etlichen Beratungsstellen intensiviert sich z.Z. die Zusammenarbeit zwischen Schulen und Universitäten. Erfreulich ist es, wenn Schulen entsprechende Arbeitsschwerpunkte schaffen und Hochschulberater/innen dabei unterstützend mitwirken. Dann können gezielt Maßnahmen entwickelt werden, die über die an Universitäten oder Schulen bereits üblichen Informationsveranstaltungen hinausgehen. Die Kooperation mit Schulen ermöglicht es Maßnahmen zu initiieren, die Schüler/innen auf Anforderungen vorbereiten, durch Einübung von entsprechenden Arbeitsmethoden ihre Studienfähigkeiten verbessern, die ihnen vor allem aber die Möglichkeit geben, ihre Fähigkeiten und Interesse an akademischer Bildung zu fördern. Für den Bereich MINT (mathematische, informationswissenschaftliche, naturwissenschaftliche und technische Studienfächer) werden bereits an vielen Hochschulen entsprechende Kooperationsprogramme erfolgreich durchgeführt. In der studienvorbereitenden Arbeit mit Schüler/innen sind gerade Konzepte, die von der Unterstützung von Hochschulberater/innen profitieren, besonders geeignet, auch Schüler/innen mit Migrationshintergrund anzusprechen[3], da es bei dieser Zielgruppe häufig (im Kontakt gut zu überwindende) Fremdheitsgefühle der akademischen Kultur gegenüber gibt, die von der Universität fernhalten. Die Studierenden-Quote dieser Bevölkerungsgruppe ist in unserem Land noch immer beschämend niedrig. Auch hier gibt es ein doppeltes Motiv aktiv zu werden: die Förderung von Chancengleich-

---

3   Beispielsweise hat der „Studienkompass" der Stiftung der Deutschen Wirtschaft zum Ziel, Jugendliche aus bildungsfernen Familien für ein Studium zu motivieren und bei der Studienfachwahl zu unterstützen.

heit und Durchlässigkeit im Bildungssystem – ein wichtiger Auftrag der Beratungseinrichtungen – *und* die Angewiesenheit von Wissenschaft und akademischen Berufsfeldern auf diese Zielgruppe.

Ermutigung und Unterstützung bei der Klärung von Perspektiven sind nicht nur vor Aufnahme des Studiums wichtig. Statuspassagen sind Phasen des Übergangs und getroffene Entscheidungen bedürfen nach entsprechenden Erfahrungen der Reflexion und mitunter der Revision. Angebote von Beratungsstellen bieten dazu Gelegenheit. Mit der Umstrukturierung der Studienfächer verschieben sich die Schwierigkeiten der Studienfachwahl in das Studium hinein. Die komplexen Entscheidungen, die mit dem Ende des Bachelor-Studiums notwendig werden und für die in den hoch strukturierten Studienabläufen wenig Zeit bleibt, belasten die Studierenden in ihrer Abschlussphase. Komplexe Entscheidungen werden meist als verunsichernd erlebt und die Entscheidung, ob nach dem Bachelor-Studium eine Arbeit gesucht wird, eine Hinwendung zur Wissenschaft oder ein Ergänzungsstudium erfolgen soll, ist sehr vielschichtig und für viele schwierig. Zu erwarten ist hier großer Beratungsbedarf, um den Entscheidungsprozess zu begleiten, aber auch Beratungen, die durch negative Konsequenzen von bereits getroffenen Entscheidungen notwendig werden: Da Studierende bei dem skizzierten Problembereich unter Zeitdruck stehen, fällen sie häufig Entscheidungen, die sie später bedauern. Andere fürchten, dass sie durch das aufwendige Erkunden von Alternativen und die Intransparenz der Möglichkeiten ihr Studium ungewollt unterbrechen müssen. Der Aufgabenbereich für Berater/innen ist in diesen Situationen umfassend: Es geht sowohl um Motivationsklärung, Herausfinden von Zukunftsperspektiven, Fragen der Laufbahn- oder Bildungsberatung als auch um die Entwicklung der persönlichen und beruflichen Identität. Wenn die individuelle Seite von Persönlichkeitsentwicklung und Fachbezug nicht auf der Strecke bleiben soll, muss den Studierenden Experimentieren im Auffinden der individuellen Lernwege ermöglicht werden. Die notwendigen Leistungen, die von der „Wissensgesellschaft" erwartet werden, setzen selbstgesteuertes Lernen im Austausch mit Lehrenden voraus, gleichzeitig wird aber genau dieser Freiraum durch ausufernde Regulierung beschnitten. Beratungserfahrungen aus diesem Arbeitsbereich werden sicher immer wieder Rückmeldungen an universitäre Gremien erforderlich machen, um die (gerade in der Anfangsphase der Reform auftretenden) strukturellen Mängel abzumildern und die Entwicklung der Institution Universität zu befördern.

Beratungen, die sich auf den studentischen Alltag und die Lebenswelt Universität beziehen, werden möglicherweise durch die jüngeren Studierenden neue Akzente bekommen, aber in ihrem Kern nach wie vor einen Arbeitsschwerpunkt darstellen. Die straff regulierte Studienorganisation vieler Bachelor-Studiengänge wird manchen jungen Studienanfänger/innen zunächst entgegenkommen, um die Veränderungen und Anforderungen der „Außenwelt" mit ihren inneren Bedürfnissen, Erwartungen und Ängsten in Einklang zu bringen. Die mit relativ häufigen Leistungskontrollen verknüpften Studienbedingungen können anderseits auch überfordern. Besonders wenn junge Menschen noch kein gefestigtes Selbstbild haben, ist die Aufgabe unter neuen Bedingungen in einer fremden Umwelt und bei häufiger Leistungskontrolle einen (Rang-)Platz zu finden, bedrohlich. Es wird für diese Studierendengruppe wichtig sein, Orientierungshilfe angeboten zu bekommen, um zwischen persönlichen, intellektuellen oder strukturellen Anpassungsproblemen unterscheiden zu lernen und angemessene Bewältigungsstrategien aufzubauen. Dies wird es nach unsrer Einschätzung notwendig machen, Dozent/innen und Studienfachberater/innen für diese Probleme und Auswirkungen von Reifungskonflikten zu sensibilisieren.

Aus der aktuellen Beratungsarbeit wissen wir, dass auf Seiten der Studierenden ein großes Bedürfnis besteht, regelmäßige Rückmeldungen über ihre Fortschritte zu erhalten, um eigene Leistungen realistisch einzuschätzen. In einigen europäischen Ländern lernen Studienanfänger/innen in den ersten Semesterwochen Dozenten oder Dozentinnen kennen, die ihnen als Mentoren oder Tutoren im Laufe des Studiums zur Seite stehen. Im Allgemeinen sind regelmäßige Treffen zumindest einmal im Semester vorgesehen, in denen über Studienerfahrungen und Ergebnisse berichtet werden soll und bei denen anstehende fachliche Entscheidungen diskutiert werden können. Indem wahrgenommene Schwierigkeiten kommuniziert werden, soll eine Chronifizierung vermieden und langfristig die Gefahr des Studienabbruchs vermindert werden. Die Gelegenheit über Studienerfahrungen zu reflektieren, fördert auf beiden Seiten die Aufmerksamkeit und die Wertschätzung den Anstrengungen des Studiums gegenüber. Solche Aufgaben definieren eine Schnittstelle von Beratungsinhalten, die bislang teilweise von Studienfachberatern, Studienberatern bzw. psychologischen Beratern übernommen werden. Die mit dem Bolognaprozess angestoßene und in einigen Bundesländern durch die Studiengebühren finanziell realisierte Ausdifferenzierung der Beratungsdienste ermöglicht hier Kooperationen und die Entwicklung von neuen Beratungsansätzen.

In Finnland wurde ein Modell erprobt, das über verbindliche Gespräche über den Studienverlauf hinausgeht: Studienfachberater und/oder Dozenten erstellen gemeinsam mit den Studierenden individuelle Arbeitspläne, auf die in Beratungen zurückgegriffen werden kann (aber nicht muss).[4] Dies ermöglicht den Stu-

---

4   Ansela, Haapaniemi & Pirttimäki (2006) beschreiben das Konzept der persönlichen Studienpläne für Studierende und die Möglichkeiten, die sich für eine begleitende Beratung daraus ergeben.

dierenden, sich an kurzfristigen und langfristigen Arbeitszielen zu orientieren und bietet ihnen Gelegenheit, sehr spezifisch Defizite in Kompetenzen und Fachinhalte zu identifizieren und daran orientiert persönliche Arbeitsziele zu formulieren und Lernwege zu planen. Neben dem offiziellen Curriculum existiert so ein persönlicher Lernplan, der auf Wunsch mit Berater/innen und Dozent/innen reflektiert und kontrolliert werden kann. Dies fördert eine Haltung, die wesentlich ist, nimmt man die Anforderungen von selbstbestimmtem Lernen ernst: Es verhilft zu arbeitsbezogener Selbstaufmerksamkeit und Selbstfürsorge. Die einseitige Fixierung auf Ergebnisse wird aufgehoben und der Fokus auch auf den Arbeitsprozess und das Erproben von Methoden und Lernstrategien gelegt. Pädagogische Instrumente wie Arbeitsjournal und Portfolio werden einerseits mit personenbezogener Beratung und andererseits mit fachspezifischer Rückmeldung und Beurteilung verbunden. Durch individuelle Zielvereinbarungen und bei Bedarf entsprechende Verweise an dezentrale oder zentrale Beratungsstellen können erkennbare fachliche oder emotionale Probleme behoben werden. Solche Maßnahmen fördern die Lern- und Planungskompetenzen der Studierenden und wirken somit der Gefahr entgegen, im Laufe des Studiums „verloren" zu gehen. Sie sind auch ein gutes Beispiel, wie Angehörige von zentralen Hochschulberatungen mit Dozent/innen und Fachberater/innen zusammenarbeiten können.

In den letzten Jahren hat die Internationalisierung an deutschen Hochschulen zugenommen, ein Trend, der sich vermutlich weiter verstärken wird und dazu führt, dass in den Lehrveranstaltungen Menschen mit deutlich unterschiedlichen Voraussetzungen (in Bildungsbiografie, Lernkompetenzen und Fachwissen) aufeinandertreffen. Masterstudiengänge und Graduiertenkollegs ziehen (internationale) Studierende an, die in einer mitunter sehr anderen Hochschulkultur sozialisiert wurden. Die gegenseitigen Erwartungen von Studierenden bzw. Promovierenden und Hochschullehrer/innen stimmen nicht immer überein. Sowohl Lerntradition, Standards wissenschaftlichen Arbeitens als auch Interaktionsformen sind mitunter diskrepant und die fehlende Übereinstimmung mit der umgebenden Kultur löst Verunsicherung oder Versagensängste aus und beeinträchtigt den Studienerfolg. Wenn beispielsweise eine chinesische Studentin erfährt, dass deutsche Dozenten Eigeninitiative erwarten und Widerspruch durchaus zu schätzen wissen, wird sie vermutlich durch eine verinnerlichte Autoritätsbindung trotz dieses Wissens gehemmt sein, Betreuung einzufordern oder eigene Forschungsideen zu verteidigen.[5] Beratung kann hier aufklären und den Aufbau neuer Lernstrategien und angemessener Verhaltensformen unter-

---

5   In der Lernkultur angelegte Schwierigkeiten chinesischer Studierender mit wissenschaftlichen Hausarbeiten an deutschen Hochschulen beschreiben Stork & Zhao (2008).

stützen. Dabei werden an die Berater/innen in Zukunft sicher mehr Erwartungen an fremdsprachliche Kompetenzen gestellt als in vergangenen Jahren.

Die Kommunikationsgewohnheiten des akademischen Alltags haben sich in den letzten Jahrzehnten insgesamt stark verändert. In Zusammenhang mit dem veränderten Beratungsbedarf sowohl der Studienanfänger/innen als auch der (bereits berufserfahrenen) Studierenden von Aufbau- und Weiterbildungsstudiengängen bedeutet dies Umstellungen in der Beratungsarbeit, erforderlich sind neue Bringstrukturen. Der Medieneinsatz nimmt entsprechend auch für die Hochschulberater/innen zu: Online und Telefonberatung, multimedial aufbereitete Lerneinheiten zu grundlegenden Kompetenzen akademischen Arbeitens oder auch zur Orientierung auf dem Arbeitsmarkt sind dafür Beispiele, die von den Beratungseinrichtungen in unterschiedlichem Ausmaß eingesetzt werden. Die Erstellung von Lernmodulen und medial aufbereiteten Informationen sind Arbeitsfelder, in denen sich überregionale Kooperation bewährt hat. Sie liefern Hintergrundwissen und Lerninhalte, auf denen (orts-)spezifische persönliche Beratung aufbauen kann.

Beraterinnen und Berater werden sich langfristig nicht nur auf jüngere Studierende und ihre Eltern einstellen müssen, sondern auch auf Erwachsene, die sich durch weiterführende oder ergänzende Studien beruflich weiterentwickeln wollen. Die Leistungsanforderungen, die sich aus den Ansprüchen, Verlockungen, aber auch Verpflichtungen eines lebenslangen Lernens ergeben, werden in ihren Folgen sicherlich auch die Hochschulberatung beschäftigen.

6.2   Veränderte Beratungsstruktur

Die Umstellung auf konsekutive Studiengänge und die damit verbundene Ausweitung der Studienalternativen haben einen erhöhten Betreuungs- und Beratungsbedarf hervorgerufen. Damit sind neue Koordinationsaufgaben entstanden: Studienbüros an den Fachbereichen, die dezentralen Prüfungsbüros auf Fakultätsebene, Studienzentralen, Infoservices arbeiten inzwischen an vielen Hochschulen mit der Studierendenverwaltung in enger Kooperation. Die Bündelung verschiedener Leistungen der Hochschulen für Studierende und Studienbewerber sowie der Ausbau dezentraler Studienbüros stellen Berater/innen vor neue Anforderungen: Die einzelnen Einrichtungen müssen in ihrer spezifischen Aufgabenzuweisung *unterscheidbar* sein, ohne zu einer für die Studierenden belastenden Zuständigkeitsvielfalt zu führen; sie müssen die eigenen wie die jeweiligen Schwerpunkte der anderen Einrichtungen gut kennen, um passgenau aufeinander zu verweisen und für die Durchlässigkeit der Beratungsdienste und der Studierendenverwaltung zu sorgen. Die besondere Herausforderung liegt bei solchen Servicenetzen in den gestiegenen Koordinationsaufgaben, der Weiterbildung des Personals und in der Qualitätssicherung. Nicht nur dem Informationsanliegen der Studierenden und Studieninteressierten soll entsprochen werden. Unterstützung für die *Verarbeitung* der Informationen und Exploration des spezifischen Anliegens haben einen hohen Stellenwert, setzen aber Beratungsmöglichkeiten voraus.

Die organisatorischen Umgestaltungen haben das Ziel, das Wissen der verschiedenen Informationsträger zusammenzuführen, zu vernetzen und ihre Erreichbarkeit für Studierende zu erhöhen. Das Anliegen, Studierenden ein unkoordiniertes Verwiesenwerden zu ersparen, ist begrüßenswert, die implizite Gefahr allerdings, Beratung durch Informationsgespräche zu ersetzen und damit zur Informationsflut beizutragen, statt die Informationsverarbeitung zu unterstützen, ist – dies zeigen bereits vorliegende Erfahrungen[6] – nicht klein und für das Lernklima insgesamt kontraproduktiv. Die Kernaufgabe von Hochschulberatung, hinter Informationswünschen auch den Beratungsbedarf zu erkennen und darauf zu reagieren, setzt eine hohe Kompetenz voraus, die als ausgebildete bei professionellen Berater/innen zu erwarten ist, nicht aber bei den Mitarbeiter/innen der anderen Serviceeinrichtungen. Für die Wahrnehmung von Beratungsbedarf zu sensibilisieren und die Mitarbeiter/innen der verschiedenen Anlaufstellen entsprechend zu schulen, scheint unerlässlich. Die Unterschiede in der professionellen Hilfestellung zwischen Informationsgesprächen und Beratung müssen für Ratsuchende und Universitätsangehörige deutlich sichtbar sein, damit beratungsrelevante Aspekte nicht unbearbeitet bleiben. Diese zu identifizieren, Anliegen in ihrer Komplexität zu erfassen und zu kommunizieren, ist ein unverzichtbares Profilmerkmal professioneller Beratung. Hochschulberater/innen müssen sich auch in Zukunft dafür einsetzen, diese Qualität zu entwickeln und zu sichern. Für Berater/innen bedeutet die Zusammenfassung von zentralen Dienstleistungen Entlastung von Routineanfragen und Zuständigkeitsproblemen. Diese Entlastung setzt erforderliche Kapazitäten für die zunehmenden Koordinationsaufgaben, Vernetzungen und den erhöhten Supervisionsbedarf der Fachstudienberater/innen und Servicemitarbeiter/innen frei. Allerdings wäre es paradox, wenn ein neuer Aufgabenschwerpunkt, nämlich Supervision und Vernetzung von Beratungsaufgaben, der sich auf die spezifische Kompetenz von Hochschulberater/innen begründet, einen Qualitätsverlust der Kernaufgabe Beratung von Studierenden zur Folge hätte. Dies möchten wir mit Verweis auf das vorangehende Kapitel hervorheben – liegt doch in dem sich

---

6 Von Colbe-van de Vywer & Just-Nietfeld (2007) verweisen auf das strukturelle Problem, dass durch die Zusammenlegung verschiedener Aufgabenbereiche in eine Studienzentrale Beratungsangebote zugunsten einer intensivierten Informationsgabe reduziert wird.

aus der Beratungserfahrung ergebenden Wissen und den damit verbundenen Interventionsmöglichkeiten in die soziale Realität der Hochschule auch die Verführung, sich in abgeleiteten Aufgaben so weitgehend zu engagieren, dass die zentrale Aufgabe der Beratung aus dem Blick gerät. Im Zentrum der Hochschulberatung steht weiterhin das Beratungsgespräch, in dem den Orientierungsbedürfnissen der Person folgend Probleme, innere und äußere Konflikte, Emotionales sowie die Auseinandersetzung mit der äußeren Realität des Studiums wahrgenommen und den Ratsuchenden kommunikativ zur Verfügung gestellt wird. Hochschulberater sollten diese Basis ihrer Professionalität nicht vernachlässigen, sondern davon ausgehend eine aktive Rolle in den Reformprozessen der Hochschule übernehmen und die Umstrukturierung dazu nutzen, *Beratung* auszubauen und für zentrale sowie dezentrale Angebote fachlich begründete Konzepte zu entwickeln.

6.3   Selektion und Exzellenz

Bildungspolitisches Ziel sollte sein, Studieninteressierten je nach Eignung die bestmögliche Ausbildung zu bieten. Von Seiten der Studieninteressierten besteht der Wunsch nach einem ausdifferenzierten Angebot, von Seiten der Hochschulen dominiert das Interesse, möglichst früh geeignete Studierende für sich zu gewinnen. Viele Universitäten und Fachhochschulen entwickeln ein hochschuleigenes Profil, mit entsprechenden fächerspezifischen Anforderungsprofilen, die nach innen und außen kommuniziert werden. Vergleicht man die heute diskutierten Strategien und Problembeschreibungen bei der „Passung" von Studienangebot und Studienbewerbern mit denen noch vom Beginn der 1990er Jahre, dann ist ein deutlicher Akzentwechsel festzustellen. Im Zentrum stehen nicht mehr Fragen von „richtiger" Verteilung und frühzeitiger „richtiger" Information, sondern die stärker wettbewerbsorientierten Kriterien von „Exzellenz" (bei Hochschulen und Wissenschaftlern) und von „Leistungsstärke" und „Begabung" bei Studienbewerbern und Studierenden. Die „richtige" Auswahl der für das eigene Forschungs- und Ausbildungsprofil „geeigneten" Studierenden scheint dabei selbst bereits zu einem Exzellenzkriterium geworden zu sein. Bildungspolitischer Auftrag der Universitäten und Exzellenzinitiativen geraten damit in ein Spannungsverhältnis, mit dem sich auch die Hochschulberatung auseinandersetzen muss.

So gestalten die Hochschulen entsprechend ihrer Verantwortung für die Studierenden inzwischen (fast) überall studienbegleitende Beratungs- und Betreuungsangebote. Die Ausgestaltung des Angebots richtet sich dabei allerdings nicht ausschließlich an den Bedürfnissen der Studierenden aus, sondern auch am (angestrebten) Hochschulprofil. Die modernen (deregulierten) Hochschulen steuern die Rahmenbedingungen des Studiums entsprechend ihrer strategischen Ziele, die vom eigenen (angestrebten) Profil und dem Rang im Wettbewerb mit anderen Hochschulen bestimmt sind. Der Studienerfolg hängt jedoch nicht nur von der akademischen Exzellenz der Hochschule und der intellektuellen Brillanz der Studierenden ab, sondern von der Gestaltung des gesamten Studienprozesses, also auch von der Lernumwelt und den lebensweltlichen Rahmenbedingungen des Studiums. Die Wünsche, die von Seiten der Wirtschaft und Hochschulleitungen explizit an die Beratung gerichtet werden, beziehen sich auf die Mitarbeit bei der Qualitätssicherung des Studiums und haben vor allem den störungsfreien Ablauf eines attraktiven und leistungsfähigen Studienbetriebs im Blick. Störungen bei einzelnen Studierenden sollen von Fachberatern und Dozentinnen erkannt und Defizite durch den gezielten Verweis auf die zentrale Studienberatung oder die Psychologische Beratung behoben werden. Dass die psychologische Beratung auch von den Hochschulleitungen wieder stärker als Qualitätsmerkmal der universitären Infrastruktur wahrgenommen wird und dass psychische Irritationen nicht mehr vor allem als Problem der intellektuell „schwachen" Studierenden gesehen werden, ist eine atmosphärische Veränderung, die in manchen Beratungseinrichtungen neue Energie freisetzt.

Die Einbeziehung in die Qualitätssicherung des Studiums bedeutet eine Vernetzung innerhalb der Universität, um die Hochschulberater früher oft gerungen haben. Mit einer gestiegenen Anerkennung der Bedeutung von Beratung sind allerdings auch neue Anliegen verbunden: Berater/innen sollen ihre spezifischen Kenntnisse einbringen bei der Entwicklung von Auswahlverfahren, um geeignete Studienbewerber/innen zu finden, entsprechend der profilbildenden Schwerpunktsetzungen in den Bachelor-, Master- und Doktoratsphasen. Beratungseinrichtungen sollen Unterstützung für die Entwicklung von Lernberatung an den Fachbereichen bieten und an Maßnahmen mitarbeiten, die den Studierenden jeder Phase den Übergang in das Berufsleben erleichtern. Wenn die in Politik und Wirtschaft diskutierten Modelle für eine weitere Strukturreform der Hochschulen umgesetzt werden, würde auch dies den Bedarf an qualifizierten Berater/innen noch einmal erheblich steigern. Beispielsweise sollen sich die Mittelzuweisungen nicht mehr an den Aufnahmekapazitäten der Hochschule orientieren, sondern sich an Zielvereinbarungen über Absolventenzahlen binden.

So wichtig es ist, in all diesen Bereichen das in der Beratung erworbene Wissen einzubringen, so richtig es sein kann, dass Coaching- und Monitoring-Methoden, die stärker als andere Beratungsmethoden den Aspekt der Leistungssteigerung im Blick haben, an Bedeutung gewinnen sollten – so lässt sich doch nicht übersehen, dass manche der gewünschten Aktivitäten nicht gut mit den institutionellen und organisatorischen Voraussetzungen von Beratung zu verbinden sind. Wer sich an Auswahlverfahren beteiligt, kann von den Studierenden kaum noch vertrauensvoll als „Dritte/r" (zwischen persönlichen Konflikten und Belastungen einerseits und den Anforderungen der Universität andererseits) wahrgenommen werden. Beratungsangebote, die räumlich und personell mit der Lernberatung der Fakultäten oder den Trainings des Career-Service vermischt wahrgenommen werden, sind Teile des Ausbildungsbetriebes geworden und keine Orte mehr, zu denen man sich im Ungeklärtem, mit gespürten, aber noch nicht verstandenen Irritationen oder mit Verweigerungswünschen auf den Weg macht. Berater/innen, die mit dem Leistungsprofil der Hochschule identifiziert sind und in dieser Weise auch den Ratsuchenden begegnen, laden zur Eltern- oder Lehrer-Übertragung ein – ein für den Beratungsprozess oft hinderlicher Effekt.

Hochschulberatung muss in den einzelnen Beratungsprozessen wie bei der Kooperation mit anderen Einrichtungen der Universität nach unserer Ansicht den in der Leistungsorientierung weniger beleuchteten Aspekt des Studiums und der akademischen Ausbildung (mit-)betonen: die psychischen und biografischen Entwicklungsaufgaben, die neben und mit dem Lernen bewältigt werden müssen sowie die kreative Seite von Umwegen und situativen Erfahrungsgelegenheiten. Wir haben beschrieben, dass bereits in Gesprächen mit Studienbewerbern und Studienanfängern die Fragen der Orientierung nach dem ersten Studienabschluss eine große Rolle spielen. Der Studienbeginn scheint kaum mehr Raum für Orientierung zu bieten und als Moratorium genutzt werden zu können – frühzeitig werden Fragen nach der Leistungsfähigkeit und des Übergangs vom Studium in den Beruf bzw. vom Erststudium in das weiterführende Studium in den Blick genommen. Die Anforderungen des Arbeitsmarktes und die Selektionsmechanismen der Hochschulen, die Bemühungen nach profilkonformen Studierenden in jeder Ausbildungsphase erzwingen diese Haltung. An vielen Punkten wird Beratung sich hier für Entschleunigung einsetzen müssen.

Die Situation wäre allerdings missverstanden, wenn man ihr mit dem Bild begegnet, dies alles werde den Studierenden von außen, gegen ihren Willen aufgezwungen. Auch die Studierenden selbst streben nach Wettbewerbsvorteilen: Eine gute Ausbildung und der Erwerb überfachlicher Kompetenzen entsprechen der eigenen Zielvorstellung vieler Studierender. Sie wollen neben Fachwissen auch Strategien und Kompetenzen erwerben, die die Effizienz ihrer Arbeit steigern und ihre Chancen auf dem Arbeitsmarkt vergrößern. Man kann den damit häufig verbundenen Wunsch nach Coaching als Modernisierungseffekt verstehen – ein weiterer Schritt in der Verschiebung kultureller Steuerungsmechanismen in das Individuum: Selbstorganisation und Selbststeuerung werden von Seiten der Institutionen erwartet und vom Individuum gewünscht. In der zunehmenden Kompetenzorientierung der Studierenden spiegelt sich im Übrigen auch eine Verschiebung im gesellschaftlichen Verständnis von Beratung, die über die Hochschulberatung hinausgeht. Das Beheben von Defiziten und die Bewältigung von Problemen stehen nicht allein im Zentrum der Anliegen. Es wird Unterstützung bei der Entfaltung individueller Möglichkeiten gesucht. Die Hochschulen und Beratungseinrichtungen haben die Pflicht solche Bildungswünsche auch zu beantworten. Bei der Vermittlung von Schlüsselqualifikationen sollte Beratung auch auf förderliche oder auch hinderliche Aspekte des mitgebrachten Habitus Bezug nehmen. Fachkultur, Umgangsformen, mitunter auch die Kleiderordnung sind an verschiedenen Fachbereichen einer Universität durchaus verschieden. Je nach Anpassungswunsch und Anpassungsdruck können sich Studierende an die relativ äußeren Merkmale anpassen, den mitgebrachten Habitus kann man aber weder abstreifen noch einfach abtrainieren. Berater/innen können die Studierenden auf solche Merkmale und deren ausschließende oder hinderliche Wirkung hinweisen und sie können zum Experimentieren mit dem „Eigenen" in Interaktionssituationen einladen.

Nicht aus dem Blick verlieren sollten wir, dass – obwohl viele der z. Z. diskutierten und umgesetzten Veränderungen der Studienstruktur ausdrücklich das Ziel größerer Durchlässigkeit von Ausbildungsgängen und der Erhöhung der Studierendenzahlen haben – mit den neuen Strukturen auch neue Ausschlüsse verbunden sind, die in Beratungssituationen sichtbar werden und entsprechende Beratungsschwerpunkte sowie Rückmeldung in die universitären Gremien erforderlich machen. So scheint es z.B. ein Effekt der Kompetenzorientierung zu sein, dass die durch die soziale und Bildungsherkunft bestimmten kulturellen Ressourcen und individuellen Dispositionen (wieder) mehr Gewicht bekommen und zu ungleichen Chancen führen, sodass es in vielen Fällen gerade nicht intellektuelle Leistungsdifferenzen sind, die den Bachelor-Abschluss als ausreichend oder vorläufig einschätzen lassen bzw. bei einem Auswahlgespräch oder Assessment zu Erfolg oder Misserfolg führen. Dass die modularisierten Studiengänge – zumindest solange es nicht die gleichberechtigte Wahl des Teilzeitstudiums gibt – schlechter mit einer Eigenfinanzierung per Job zu verbinden sind, bedeutet, dass viele Studierende sich mit der Kreditfinanzierung ihrer Ausbildung beschäftigen (müssen). Dabei geht es dann nicht nur um die notwendige Information über tragbare Finanzierungsmodelle – es erfordert auch Verhandlungsgeschick mit/bei den Banken und eine zuversichtliche Einschätzung der eigenen beruflichen Zukunft. Ein weiteres Beratungsthema, das unter den Bedingungen konkurrenzorientierter und individuell flexibilisierter Ausbildungsgänge einen neuen Akzent bekommt, ist die Frage von persönlichen Bindungen und Beziehungen, von Kinderwünschen und Lebensplanung. Deutlich ist in den öffentlichen Diskussionen wie in den individuellen Selbstbeschreibungen der Studierenden, dass für die meisten der jetzt Studierenden oder ein Studium Planenden das berufliche Vorwärtskommen Priorität hat und die Kontinuität von Beziehungen bei Hochschulwechsel (z.B. in der Masterphase) schwierig bzw. zum organisatorischen Problem wird.

Das Streben nach Exzellenz sollte sich nicht nur aus den angesprochenen Gründen speisen, sondern – um auf die Übernahme verantwortungsvoller beruflicher Aufgaben vorzubereiten und die individuellen Voraussetzungen für „lebenslanges Lernen" zu schaffen – auch auf die persönlichkeitsbildenden Aspekte der Hochschulsozialisation beziehen. Beratungseinrichtungen können aus ihrem Fachwissen heraus, aber auch auf Grund der in der Beratungsarbeit erworbenen Kenntnisse über die Struktur der Ausbildung, die Fachkultur und die Arbeitsatmosphäre dazu beitragen, dass die in der Person liegenden Kompetenzen wie Selbstreflexion, Selbstverantwortung, die sozialen Kompetenzen und die Fähigkeit der Verantwortungsübernahme nicht vergessen werden. Beratung kann individuell fördern, hat aber auch die Chance in die Institution hinein zu wirken und Weichen zu stellen. Neben der personenbezogenen Ausrichtung der psychosozialen Beratung sind auch die Grundprinzipien einer förderlichen Entwicklungspolitik zu beherzigen: Strukturen fördern und sich nicht auf das Individuelle beschränken lassen.

6.4   Aspekte der Profession

Wir haben in den einzelnen Kapiteln dieses Buches die Tätigkeit der Beratung als ein professionelles Handeln bezeichnet, das der fachlichen Aus- und Weiterbildung bedarf. Beratung als hauptberufliche Tätigkeit stellt selbst eine (der „neuen") Profession(en) dar – multidisziplinär hinsichtlich der akademischen Basisausbildung, aber durch Gesprächs- und Feldkompetenz sowie pädagogische und psychologische Qualifikation zu eigenständiger Fachlichkeit ausgebildet. Für die Fachrichtung der Hochschulberatung haben wir in diesem Buch versucht, die Erfahrungen und Konzepte zu beschreiben und auszuarbeiten, die auf dem heutigen Stand (nach einem Etablierungsprozess von mehr als 30 Jahren) zur Verfügung stehen und auf die professionelles Handeln im akademischen Feld zurückgreifen kann. Damit ist jedoch weder ein Kanon von Tätigkeiten festgeschrieben, noch die abschließende Kontur *der* Profession verkündet. Die (seit der Mitte des 20. Jhs. auch in anderen Bereichen von Gesundheitsversorgung, Bildung, sozialer Arbeit entstehenden) „neuen Professionen" zeichnen sich ja gerade dadurch aus, dass gesellschaftliche Veränderungsprozesse die Aufgaben ausdifferenzieren und die am Professionalisierungsprozess

beteiligten Fachkräfte ihre Kompetenzen und Zielvorstellungen in die Definition der Fachrichtung einbringen.[7] Für den Bereich der Hochschulberatung haben wir in unserem Einführungskapitel nicht nur die feldspezifischen Aspekte,
sondern auch Schritte des Professionalisierungsprozesses nachgezeichnet.
Wenn wir nun von dieser Grundlage aus nach vorn blicken, lassen sich einige
Aspekte benennen, die für die Bewältigung der Aufgaben, die durch den z.Z.
stattfindenden Umstrukturierungsprozess der Hochschulen entstehen, nicht be-
deutungslos sind:

Beratung hat in den letzten zehn Jahren eine Schlüsselfunktion im Bildungs-,
Berufs- und Beschäftigungssystem bekommen. Internationale Vergleiche der
Bildungssysteme, die weitergehende Individualisierung von Ausbildungsprozes-
sen mit den entsprechenden Anforderungen der (auch bildungsbiografischen)
Selbststeuerung, aber auch die Ausdifferenzierung der Beratungsrichtungen
selbst haben dazu beigetragen, dass Beratung in diesem Feld ihre Nischenpositi-
on verliert und mehr in die Aufmerksamkeit von Öffentlichkeit und Politik rückt.
Überregional sichtbare Zugänglichkeit und Koordinierung der Beratungsangebote sind genauso Forderungen, die damit einhergehen, wie die Forderung nach einer beratungsspezifischen Wirkungsforschung. Im wissenschaftlichen Bereich
nehmen bereits seit einigen Jahren sozialwissenschaftliche Forschungen zu Beratung zu, es sind Handbücher erarbeitet worden, die gemeinsame Grundlagen
aller Fachrichtungen von Beratung herausarbeiten, die Spezifika der einzelnen
Einsatzfelder beschreiben und unterschiedliche Beratungsansätze zusammen-
stellen – auch wir haben in unserer Beschreibung der Hochschulberatung darauf
zurückgegriffen. Ob aus diesen Forschungsansätzen eine eigenständige „Beratungswissenschaft" entsteht, wird in den Fachdiskursen diskutiert, ist aber unserem Eindruck nach noch offen. Entscheidend scheint uns, dass ein Bedürfnis
nach einer stärkeren wissenschaftlichen Begleitung besteht und ebenso die Absicht, den methodologischen Anforderungen gerecht zu werden. Gerade die bereits relativ weit ausgearbeiteten Fachrichtungen der Beratung, und dazu gehört
neben der Erziehungs- und Berufsberatung sicher auch die Hochschulberatung,
sollten sich mit ihrem Fachwissen, ihren Erfahrungen und der supervisionsge-
schulten Reflexivität an den Fachdiskursen beteiligen – in ihren jeweiligen (Ba-
sis-)Wissenschaften, in den Berufsverbänden oder in beratungswissenschaftli-
chen Diskursen.

Für die Arbeit innerhalb der Universitäten sind aus dem Stand des Professionalisierungsprozesses auch Ansprüche an die Arbeit und das fachliche Selbstbewusstsein abzuleiten. Berater/innen entwickeln eine spezifische Kompetenz,

---

7   Auch unsere Definition und Beschreibung der Fachrichtung Hochschulberatung stehen nicht
    außerhalb dieses Prozesses, sondern sind Teil davon.

die sowohl universitätsspezifisch ist (alles, was in Beratungsprozessen über die akademische Welt, die Arbeits- und Studienbedingungen sowie die Bedürfnisse der Studierenden erkennbar wird), als auch (hinsichtlich der Kommunikationskompetenzen der Beratungsbeziehung) einen Gegenpol zum Akademischen darstellt bzw. ein Refugium für das im rationalen Diskurs von Wissenschaft und Leistungskonkurrenz Ausgegrenzte. Das damit verbundene Versprechen auf ein spezielles Mehrwissen wird heute weder von den Berater/innen immer ausreichend vertreten, noch von Seiten der Universitäten angemessen aufgegriffen – oft werden externe Berater einbezogen, die wenig Kenntnisse über Feldspezifik haben und ihre Prämissen/politische Funktion nicht offenlegen. Die nationalen und internationalen Verbände[8] der Hochschulberater haben hier die zentrale Aufgabe, sich für Qualitätssicherung und Unabhängigkeit der Beratung zu engagieren.

---

8   Als Beispiel seien die deutsche GIBeT (www.gibet.de [29.8.2009]) und die europäische Vereinigung FEDORA (www.fedora.eu.ork [27.8.2009]) genannt.

Literatur

A

Ahrbeck, Bernd (2000): Der ödipale Konflikt im pädagogischen und therapeutischen Prozess. In: Ahrbeck, Bernd & Jürgen Körner (Hrsg.): *Der vergessene Dritte – Ödipale Konflikte in Erziehung und Therapie*. Neuwied, Berlin: Luchterhand, 106–118.

Ansela, Maarit, Haapaniemi, Tommi & Säde Pirttimäki (2006): *Personal Study Plans for University Students. A Guide for Study Counsellors*. University of Kuopio: Learning Centre.

B

Bachmann, Nicole, Berta, Daniela, Eggli, Peter & Rainer Hornung (1999): *Macht Studieren krank? – Die Bedeutung von Belastung und Ressourcen für die Gesundheit der Studierenden*. Bern: Huber.

BaF (2003): Bundesvernetzung autonomer Frauennotrufe (BaF): *Sexuelle Übergriffe und Machtmissbrauch in Therapie und Beratung*. Verfügbar unter: http://www.frauen-gegen-gewalt.de/index.php?dok_id=80 (28.4.2010).

Bakshi Hamm, Parminder (2007): Chancengleichheit für Frauen mit Migrationshintergrund an Hochschulen in Deutschland. In: *soFid. Frauen- und Geschlechterforschung, 2*, 11–30.

Bamler, Vera (2007): Geschlechtsreflektierende Beratung in der Phase der Berufsorientierung. In: Sickendiek, Ursel, Nestmann, Frank, Engel, Frank & Vera Bamler (Hrsg.): *Beratung in Bildung, Beruf und Beschäftigung*. Tübingen: dgvt-Verlag, 169–183.

Bargel, Tino (2008): *Wandel politischer Orientierungen und gesellschaftlicher Werte der Studierenden. Studierendensurvey: Entwicklungen zwischen 1983 und 2007*. Berlin: Bundesministerium für Bildung und Forschung.

Bargel, Tino, Ramm, Michael & Frank Multrus (2008): *Studiensituation und studentische Orientierungen. 10. Studierendensurvey an Universitäten und Fachhochschulen*. Bonn: Bundesministerium für Bildung und Forschung.

Barnow, Sven & Dorothee Bernheim (2002): Verhaltenstherapeutische Kriseninterventionsansätze. In: *Psychodynamische Psychotherapie, 1*, 108–115.

Beck, Ulrich (1986): *Risikogesellschaft – auf dem Weg in eine andere Moderne*. Frankfurt: Suhrkamp.

Beck, Ulrich (Hrsg.) (1998): *Individualisierung in modernen Gesellschaften*. Frankfurt: Suhrkamp.

Belardi, Nando (2005): *Supervision: Grundlagen, Techniken, Perspektiven*. München: Beck.

Belardi, Nando (2006): Supervision und Praxisberatung. In: Steinbach, Christoph (Hrsg.): *Handbuch Psychologische Beratung*. Stuttgart: Klett-Cotta, 310–319.

Berk, Laura E. (2005): Entwicklungspsychologie. 3., aktualisierte Aufl., München: Pearson Studium.

Berthold, Kirsten, Nückles, Matthias & Alexander Renkl (2007): Lerntagebücher als Medium selbstgesteuerten Lernens: Wie viele instruktionale Unterstützung ist sinnvoll? *Empirische Pädagogik, 21*,119–137.

Berzbach, Frank (2000): Die latenten Selektionen der Universität. *Das Hochschulwesen, 48*, 113–116.

Bion, Wilfred R. (1963): *Elements of Psycho-Analysis*. London: William Heinemann.

Blos, Peter (1995): *Adoleszenz: eine psychoanalytische Interpretation*. Stuttgart: Klett-Cotta (6. Aufl.).

BMBF (Bundesministerium für Bildung und Forschung) (Hrsg.) (2004): *Die wirtschaftliche und soziale Lage der Studierenden in der Bundesrepublik Deutschland 2003*. (17. Sozialerhebung), Berlin.

BMBF (Bundesministerium für Bildung und Forschung) (Hrsg.) (2007): *Die wirtschaftliche und soziale Lage der Studierenden in der Bundesrepublik Deutschland 2006*. (18. Sozialerhebung), Berlin.

BMBF (Bundesministerium für Bildung und Forschung) (Hrsg.) (2008): *Internalisierung des Studiums*. (Sonderauswertung der 18. Sozialerhebung), Berlin.

Bodenmann, Guy (2004): *Klassische Lerntheorien. Grundlagen und Anwendungen in Erziehung und Psychotherapie*. Bern: Huber.

Bödiker, Marie-Luise & Walter Lange (1975): *Gruppendynamische Trainingsformen*. Reinbek bei Hamburg: Rowohlt.

Bohleber, Werner (1996): *Adoleszenz und Identität*. Stuttgart: Klett-Cotta.

Bohleber, Werner (2004): Adoleszenz, Identität und Trauma. In: Streeck-Fischer, Annette (Hrsg.): *Adoleszenz – Bindung – Destruktivität*. Stuttgart: Klett-Cotta, 229–242.

Boothe, Brigitte & Ulrich Streeck (2001): Selbstgerechtes Wohlwollen in der Psychoanalyse. *Psychotherapie und Sozialwissenschaft, 2*, 278–291.

Bourdieu, Pierre (1988): *Homo akademicus*. Frankfurt: Suhrkamp.

Bourdieu, Pierre (2001): *Meditationen. Zur Kritik der scholastischen Vernunft.* Frankfurt: Suhrkamp.

Bourdieu, Pierre & Loïc J. D. Wacquant (1996): *Reflexive Anthropologie.* Frankfurt: Suhrkamp.

Brendel, Sabine & Sigrid Metz-Göckel (2001): „*Das Studium ist schon die Hauptsache, aber ...*" *Maschinenbau, Wirtschafts- und Erziehungswissenschaften aus Sicht von Studierenden einer Universität und einer Fachhochschule im Revier.* Bielefeld: Kleine Verlag.

Brunotte, Ulrike (2000): Ritual und Erlebnis. Theorien der Initiation und ihre Aktualität in der Moderne. *Zeitschrift für Religions- und Geistesgeschichte,* 52. Jg., H 4, 349–367.

Buchholz, Michael B. (1997): Psychoanalytische Professionalität. Andere Anmerkungen zu Grawes Herausforderung. *Forum Psychoanalyse, 13,* 75–93.

Buchholz, Michael B. (2007): Evidenz-basierte Praxis oder Praxis-basierte Evidenz? Alternativen zur RCT-Zwangsjacke. *DGPT: Psycho-Newsletter Nr. 60.*

Busch, Thomas (2001): Prüfungsängste – „wunde Punkte" in der Person. Schwierigkeiten und Möglichkeiten in der Beratungs- und theoretischen Arbeit mit narzisstisch gefärbten Prüfungsängsten. In: Friedrich-Schiller-Universität Jena (Hrsg.): *Brennpunkt Beratung. Tagungsbericht zur Fachtagung der ARGE 2001,* 61–91.

C

Clauß, Annette (2007): Der persönliche Lernweg – Entwicklungen in der Hochschullehre in den Niederlanden. *Das Hochschulwesen, 55,* 110–117.

Colbe-van de Vywer, Isabel von & Juliane Just-Nietfeld (2007): Zu den Auswirkungen der Einrichtung einer Studienzentrale auf die Kernaufgaben der Zentralen Studienberatung: Information und Beratung. *Zeitschrift für Beratung und Studium, 2,* 101–103.

Csikszentmihalyi, Mihaly (1997): *Kreativität. Wie Sie das Unmögliche schaffen und Ihre Grenzen überwinden.* Stuttgart: Klett-Cotta.

D

Deutsche Shell (Hrsg.) (2002): *Jugend 2002. 14. Shell Jugendstudie. Zwischen pragmatischem Idealismus und robusten Materialismus.* Frankfurt: Fischer.

Deutsche Shell (Hrsg.) (2006): *Jugend 2006. 15. Shell Jugendstudie. Eine pragmatische Generation unter Druck.* Frankfurt: Fischer.

Dilk, Anja (2008): Es fehlt die Kumpelebene. Großer Druck, schlechtere Chancen: Doktorandinnen an der Uni. *Erziehung und Wissenschaft 3/2008,* 42.

DSW (Deutsches Studentenwerk) (Hrsg.) (1999): *Sonderauswertung zur 15. Sozialerhebung des Deutschen Studentenwerkes „Studium und psychische Probleme".* Bonn.

DSW (Deutsches Studentenwerk) (2004): *17. Sozialerhebung 2004.* Verfügbar unter: http://www.studentenwerke.de/se/ (16.6.2009)

E

Ehrenberg, Alain (2004): *Das erschöpfte Selbst. Depression und Gesellschaft in der Gegenwart.* Frankfurt am Main: Campus.

Erikson, Erik H. (1968): *Identity – Youth and crisis.* London: Faber & Faber.

Erikson, Erik H. (1971): *Identität und Lebenszyklus – drei Aufsätze.* Frankfurt: Suhrkamp.

Esselborn-Krumbiegel, Helga (2002): *Von der Idee zum Text. Eine Anleitung zum wissenschaftlichen Schreiben.* Paderborn: Schöningh UTB (3. Aufl. 2008).

Esselborn-Krumbiegel, Helga (2006): *Leichter lernen. Strategien für Prüfung und Examen.* Paderborn: Schöningh UTB.

F

Finke, Jobst (1999): *Beziehung und Intervention. Interaktionsmuster, Behandlungskonzepte und Gesprächstechnik in der Psychotherapie.* Stuttgart: Thieme.

Frank, Andrea, Haacke, Stefanie & Swantje Lahm (2007): *Schlüsselkompetenzen: Schreiben in Studium und Beruf.* Stuttgart, Weimar: J. B. Metzler.

Freud, Sigmund (1930): *Das Unbehagen in der Kultur.* Frankfurt: Fischer GW XIV, 419–506.

Freund, Alexandra M. (2003): Die Rolle von Zielen für die Entwicklung. *Psychologische Rundschau, 54,* 233–242.

Freyberger, Harald J. (2002): Kriseninterventionsansätze in der Psychodynamischen Psychotherapie. *Psychodynamische Psychotherapie, 1,* 84–92.

Friebertshäuser, Barbara (1992): *Übergangsphase Studienbeginn. Eine Feldstudie über Riten der Initiation in eine studentische Fachkultur.* Weinheim/ München: Juventa.

Frommer, Jörg (2000): Qualitative Diagnostikforschung in der Psychotherapie. *Psychotherapie und Sozialwissenschaft. Bd. 2,* 203–223.

Fuchs, Peter & Enrico Mahler (2000): Form und Funktion von Beratung. *Soziale Systeme 6,* 351–368.

Furchner, Ingrid, Großmaß, Ruth & Gabriela Ruhmann (1999): Schreibberatung oder Studienberatung? Zwei Einrichtungen, zwei Zugangsweisen. In: Kruse, Otto, Jakobs, Eva-Maria & Gabriela Ruhmann: *Schlüsselkompetenz*

Schreiben. Konzepte, Methoden, Projekte für Schreibberatung und Schreib-didaktik an der Hochschule. Neuwied/Kriftel: Luchterhand, 37–60.

G

Gaertner, Adrian (2001): Szenen verstehen in der Supervision. *Forum Supervision, 9*, 32–50.

Gapski, Jörg, Köhler, Thomas & Martin Lähnemann (2000): „Alltagsbewußt-sein und Milieustruktur der westdeutschen Studierenden in den 80er und 90er Jahren." *HIS Kurzinformation A 1/2000*, Hannover.

Gennep, Arnold van (1986): *Übergangsriten.* Frankfurt/M.: Campus (Original: Les rites de passage 1909).

Glaser, Barney G. & Anselm L. Strauss (1971): *Status Passage.* Chicago: Aldine; London: Weidenfeld and Nicholson.

Gödde, Günter & Edith Püschel (2006): Schreibhemmungen und Arbeitsstörun-gen bei Studierenden – Auswege aus einem Circulus vitiosus. In: Buchholz, Michael B. & Günter Gödde (Hrsg.): *Das Unbewusste in der Praxis.* Gießen: Psychosozial Verlag, 480–512.

Großmaß, Ruth (1996): Grenzverletzungen – „Psychische Folgen sexueller Übergriffe auf Studentinnen". In: Heintz, Sybille & Susanne Staudinger: *Ein anderer Blick in die Universität.* Regensburg (CH-Druck und Verlags-GmbH), 113–131.

Großmaß, Ruth (2000): *Psychische Krisen und Sozialer Raum.* Tübingen: dgvt-Verlag.

Großmaß, Ruth (2001): Beratungserfahrungen produktiv machen – Supervisi-onsangebote der Zentralen Studentenberatung. In: Zentrale Studentenbera-tung der Universität Bielefeld (Hrsg.): *ZSB-Jahresbericht 2001*, 14–20.

Großmaß, Ruth (2002): Migration als Stressfaktor im Studium – Überlegungen zur interkulturellen Offenheit von Beratung. In: Nestmann, Frank & Frank Engel (Hrsg.): *Die Zukunft der Beratung.* Tübingen: dgvt-Verlag, 323–334.

Großmaß, Ruth (2004a): Psychotherapie und Beratung. In: Nestmann, Frank, Engel, Frank & Ursel Sickendiek (Hrsg.): *Das Handbuch der Beratung.* Bd. 1, Tübingen: dgvt-Verlag, 89–102.

Großmaß, Ruth (2004b): Beratungsräume und Beratungssettings. In: Nest-mann, Frank; Engel, Frank & Ursel Sickendiek (Hrsg.): *Das Handbuch der Beratung. Bd. 1 „Disziplinen und Zugänge".* Tübingen: dgvt-Verlag, 487–496.

Großmaß, Ruth (2006a): Wissenschaft immer noch ein für Frauen fremdes Ter-rain? *alice – Magazin der Alice Salomon Fachhochschule Berlin. 13/2006*, 10–14.

Großmaß, Ruth (2006b): Psychosoziale Beratung im Spiegel soziologischer Theorien. *Zeitschrift für Soziologie, 6/2006*, 485–505.

Großmaß, Ruth (2007): Beziehungsgestaltung in der Beratung. *Klinische Sozialarbeit, 3*, Heft 4, 7–8.

Großmaß, Ruth & Roswitha Hofmann (2007): Übergang ins Studium – Entwicklungsaufgabe und Statuspassage im Spiegel von Beratungserfahrungen. *Verhaltenstherapie & Psychosoziale Praxis, 39*, H 4, 799–805.

Großmaß, Ruth & Edith Püschel (2005): Interaktion und Psychodynamik in der Beratung. *Psychodynamische Psychotherapie, 4*, 217–232.

Großmaß, Ruth & Edith Püschel (2006): Hochschulberatung als eigenständiges Praxisfeld. Feldspezifik – Merkmale – Besonderheiten. *Zeitschrift für Beratung und Studium, 1*, 113–118.

H

Hartung, Manuel J. (2008): Die effizienten Idealisten. In: *Zeit-Online* vom 13.9.2008. Verfügbar unter: www.zeit.de/2008/37/Erwiderung-Jugend (28.4.2010).

Haubl, Rolf (2008): Die Angst, persönlich zu versagen oder sogar nutzlos zu sein. *Forum der Psychoanalyse, 4*, 317–329.

Heine, Christoph, Egeln, Jürgen, Kerst, Christiane, Müller, Elisabeth & Sang-Min Park (2006): Bestimmungsgründe für die Wahl von ingenieur- und naturwissenschaftlichen Studiengängen. *HIS Hannover A 2/2006*.

Heine, Christoph, Spangenberg, Heike, Schreiber, Jochen & Dieter Sommer (2005): Studienanfänger 2003/04 und 2004/05. Bildungswege, Motive der Studienentscheidung und Gründe der Hochschulwahl. *HIS Hannover A 15/2005*.

Heublein, Ulrich, Schmelzer, Robert, Sommer, Dieter & Johanna Wank (2008): Die Entwicklung der Schwund- und Studienabbruchquoten an den Deutschen Hochschulen. *HIS Hannover Projektbericht*.

Herpertz, Sabine C., Caspar, Franz & Christoph Mundt (2008): *Störungsorientierte Psychotherapie*. München, Jena: Urban & Fischer.

Hinsch, Rüdiger & Ulrich Pfingsten (2007): *Gruppentraining sozialer Kompetenzen GSK*. Weinheim, Basel: Beltz.

Hofmann, Roswitha (1999): Abitur: Was nun? Was tun! Seminare zur Entscheidungsfindung für Abiturientinnen und Abiturienten. In: Zentrale Studentenberatung der Universität Bielefeld (Hrsg.): *ZSB-Jahresbericht 1999*, 21–39.

Holm-Hadulla, Rainer M. (Hrsg.) (2001): *Psychische Schwierigkeiten von Studierenden*. Göttingen: Vandenhoeck & Ruprecht.

Holzkamp, Klaus (1995): *Lernen – subjektwissenschaftliche Grundlegung*. Frankfurt: Campus.

Huber, Ludwig (2007): Hochschule und gymnasiale Oberstufe – ein delikates Verhältnis. *HSW 1*, 8–20.

J

Jaeggi, Eva (2004): Beziehungsgestaltung in zeitbegrenzten Psychotherapien. *Psychodynamische Psychotherapie, 3*, 167–176.

Jeammet, Philippe (2004): Lustvermeidung und Destruktivität zur Regulation von Beziehungsdistanz. In: Streeck-Fischer, A. (Hrsg.) (2004): *Adoleszenz – Bindung – Destruktivität*. Stuttgart: Klett-Cotta, 289–242.

K

Kahl-Popp, Jutta (2004): Lernziel: Kontextbezogene psychotherapeutische Kompetenz. Gedanken zur psychoanalytischen Ausbildung. *Forum der Psychoanalyse, 20*, 403–418.

Kalantzi-Azizi, Anastasia (2008): Die kognitive Verhaltenstherapie – ein Good Practice Modell für die Psychologische Beratung von Studierenden. *Zeitschrift für Beratung und Studium, 3*, 2–8.

Keiderling, Constanze (2007): Das Wohnheimtutorenprogramm des Studentenwerkes Berlin. *Zeitschrift für Beratung und Studium, 2*, 49–51.

Kernberg, Otto (2001): *Affekt, Objekt und Übertragung. Aktuelle Entwicklungen der psychoanalytischen Theorie und Technik*. Gießen: Psychosozial-Verlag.

Keupp, Heiner & Renate Höfer (Hrsg.) (1997): *Identitätsarbeit heute*. Frankfurt: Suhrkamp.

Keupp, Heiner & Manfred Zaumseil (Hrsg.) (1978): *Die gesellschaftliche Organisierung psychischen Leidens*. Frankfurt/M.: Suhrkamp.

Klinkhammer, Monika (2004): *Supervision und Coaching für Wissenschaftlerinnen. Theoretische, empirische und handlungsspezifische Aspekte*. Opladen: Verlag für Sozialwissenschaften.

Klüwer, Rolf (1999): *Studien zur Fokaltherapie*. Frankfurt: Suhrkamp.

Knigge-Illner, Helga (1998): Das Examen schaffen. Ein Workshop zur Bewältigung von Prüfungsangst. In: Freie Universität Berlin, Zentraleinrichtung Studienberatung und Psychologische Beratung: *Beratungsjahrbuch 1998*, 58–66.

Knigge-Illner, Helga (1999): *Keine Angst vor Prüfungsangst. Strategien für die optimale Prüfungsvorbereitung*. Frankfurt/M.: Eichborn.

Knigge-Illner, Helga (2001): ‚Die Doktorarbeit schaffen' – Erfahrungen mit Workshops für DoktorandInnen. In: Freie Universität Berlin, Zentraleinrichtung Studienberatung und Psychologische Beratung: *Beratungsjahrbuch 2001*, 93–100.

Knigge-Illner, Helga (2002): *Der Weg zum Doktortitel. Strategien für die erfolgreiche Promotion*. Frankfurt/M.: Campus (2. Aufl. 2009).

Knigge-Illner, Helga & Otto Kruse (Hrsg.) (1994): *Studieren mit Lust und Methode. Neue Gruppenkonzepte für Beratung und Lehre*. Weinheim: Deutscher Studien Verlag.

Köhler, Thomas (2002): Studierendenmilieu im Wandel: Neuer Konformismus und Re-Zentralisierung? *Gruppendynamik und Organisationsberatung, 33,* 27–41.

Kootz, Johanna & Edith Püschel (Hrsg.) (1992): *Studentinnen im Blick der Hochschulforschung: Empirie und Studienreform*. Freie Universität Berlin.

Krais, Beate & Gunter Gebauer (2002): *Habitus*. Bielefeld: transcript.

Kruse, Otto (1993): *Keine Angst vor dem leeren Blatt. Ohne Schreibblockaden durchs Studium*. Frankfurt: Campus. (12. Aufl. 2007).

Kruse, Otto (Hrsg.) (1998): *Handbuch Studieren. Von der Einschreibung bis zum Examen*. Frankfurt/M.: Campus concret.

Kruse, Otto & Edith Püschel (1994): Schreiben, Denken, Fühlen. Ein Workshop gegen Schreibhemmungen. In: Knigge-Illner, Helga & Otto Kruse (Hrsg.): *Studieren mit Lust und Methode. Neue Gruppenkonzepte für Beratung und Lehre*. Weinheim: Deutscher Studien Verlag, 39–68.

L

Langmaack, Barbara (2001): *Einführung in die Themenzentrierte Interaktion TZI*. Weinheim: Beltz.

Laroche, Anja, Pöpsel, Stephan & Katja Störkel-Hampe (2008): Uni-Trainees – Ein Projekt zur Unterstützung der Studienwahl. *Zeitschrift für Beratung und Studium, 3,* 63–65.

Leuzinger-Bohleber, Marianne (2001): Spätadoleszenz – ein biographischer Kristallisationspunkt? Versuch einer pluralistischen, modellzentrierten Annäherung an spätadoleszente Entwicklungsprozesse. In: Holm-Hadulla, Rainer M. (Hrsg.): *Psychische Schwierigkeiten von Studierenden*. Göttingen: Vandenhoeck & Ruprecht, 14–39.

Liebau, Eckart & Ludwig Huber (1985): Die Kulturen der Fächer. In: *Neue Sammlung 3 „Lebensstil und Lebensform"*, 314–339.

Lücke, Nicole (2008): Was tun, wenn's brennt? *duzMagazin, 2,* 29.

Luhmann, Niklas (1984): *Soziale Systeme*. Frankfurt: Suhrkamp.

Luhmann, Niklas (1997): *Die Gesellschaft der Gesellschaft*. 2 Bde, Frankfurt: Suhrkamp.

M

McLeod, John (2004): *Counselling – eine Einführung in Beratung*. Tübingen: dgvt-Verlag.

Menne, Franz Rudolf (2007): Das „Akademische Auskunftsamt für Studien- und Berufsfragen" der Universität Köln (1923–1938). Entwicklung, Ausrichtung und Arbeitsalltag einer frühen Beratungseinrichtung. *Zeitschrift für Beratung und Studium, 2*, 86–91.

Mertens, Wolfgang (2009): *Psychoanalytische Erkenntnishaltungen und Interventionen*. Stuttgart: Kohlhammer.

Metz-Göckel, Sigrid & Marion Kamphans (2002): Gespräche mit der Hochschulleitung zum Gender mainstreaming. *Zeitschrift für Frauenforschung und Geschlechterstudien, 20*, H 3, 67–88.

Metzig, Werner & Martin Schuster (2006): *Prüfungsangst und Lampenfieber*. Berlin, Heidelberg: Springer (3. Aufl.).

Möller, Heidi (2001): *Was ist gute Supervision. Grundlagen – Merkmale – Methoden*. Stuttgart: Klett-Cotta.

Möller, Heidi & Michael Bruns (2001): Suizidgefährdung und Suizid. In: Franke, Alexa & Annette Kämmerer (Hrsg.): *Klinische Psychologie der Frau*. Göttingen: Hogrefe, 633–657.

Moeller, Michael Lukas (2007): *Anders helfen: Selbsthilfegruppen und Fachleute arbeiten zusammen*. Gießen: Psychosozial-Verlag.

Müller, Ursula (2006): Between Change and Resistance: Gender Structures and Gender Cultures in German Institutions of Higher Education. In: *IFF-Info Universität Bielefeld, 23*, Nr. 31, 7–20.

N

Negt, Oskar (1995): *Achtundsechzig – politische Intellektuelle und die Macht*. Göttingen: Steidl.

Nenninger, Peter (1996): Motiviertes selbstgesteuertes Lernen als Grundqualifikation akademischer und beruflicher Bildung. In: Lompscher, Joachim & Martin Hautzinger (Hrsg.): *Lehr- und Lernprobleme im Studium*. Bern, Göttingen: Huber, 23–38.

Nestmann, Frank (2002): *Beratung als Ressourcenförderung: Präventive Studentenberatung im Dresdner Netzwerk Studienbegleitender Hilfen (DNS)*. Weinheim: Juventa.

Nestmann, Frank (2008): Die Zukunft der Beratung in der sozialen Arbeit. *Beratung aktuell, 9,* Heft 2, 72–97.

Nestmann, Frank & Frank Engel (Hrsg.) (2002): *Die Zukunft der Beratung.* Tübingen: dgvt-Verlag.

Nestmann, Frank, Engel, Frank & Ursel Sickendiek (Hrsg.) (2004): *Das Handbuch der Beratung. 2 Bde.* Tübingen: dgvt-Verlag.

Nückles, Matthias, Schwonke, Rolf, Berthold, Kirsten & Alexander Renkl (2004): The use of public learning diaries in blended learning. *Journal of Educational Media, 29,* 49–66.

O

Oberhoff, Bernd (2000): *Übertragung und Gegenübertragung in der Supervision. Theorie und Praxis.* Münster: Daedalus.

OECD & Europäische Gemeinschaften (Hrsg.) (2004): Berufsberatung – ein Handbuch für Politisch Verantwortliche. Verfügbar unter: www.lifelong guidance.at/qip/mm. nsf/.../EU-Policy-Handbook.PDF (28.4.2010).

P

Pabst-Weinschenk, Marita (1995): *Reden im Studium. Ein Trainingsprogramm.* Frankfurt/M.: Cornelsen.

Piaget, Jean (1959): *The language and thought of the child.* London: Routledge.

Piaget, Jean (2003): *Meine Theorie der geistigen Entwicklung.* Weinheim/Basel/Berlin: Beltz.

Plois, Berhard (2005): Institutionelle psychodynamische Beratung. *Psychodynamische Psychotherapie, 4,* 191–205.

Pühl, Harald (2004): Teamsupervision. In: Nestmann, Frank, Engel, Frank & Ursel Sickendiek (Hrsg.): *Das Handbuch der Beratung.* Bd. 1. Tübingen: dgvt-Verlag, 391–406.

Püschel, Edith (1986): Trotz allem studieren – Beratung und Therapie an französischen Hochschulen. *Zeitschrift für Theorie und Praxis der Studien- und Studentenberatung, 2,* Heft 2, 69–78.

Püschel, Edith (1992): Vorfeld, Vorspiel, Vorfall. Psychologische Ursachen, Bedingungen, Folgen und Auswege. In: Frauenbeauftragte der Freien Universität Berlin (Hrsg.): *Sexuelle Diskriminierung und Gewalt gegen Frauen an der Hochschule.* Dokumentation einer Vortragsreihe Wintersemester 1991/1992.

Püschel, Edith (1994): Das Risiko wagen! Gruppenangebote zur Studienfachwahl. In: Knigge-Illner, Helga & Otto Kruse (Hrsg.): *Studieren mit Lust und*

Methode. Neue Gruppenkonzepte für Beratung und Lehre. Weinheim: Deutscher Studien Verlag, 69–91.

Püschel, Edith (1998a): Die Qual der Wahl. In: Kruse, Otto (Hrsg.): *Handbuch Studieren. Von der Einschreibung bis zum Examen*. Frankfurt/M.: Campus.

Püschel, Edith (1998b): Jours-fixes für Examenskandidatinnen und Promovendinnen. In: Freie Universität Berlin, Zentraleinrichtung Studienberatung und Psychologische Beratung: *Beratungsjahrbuch 1998*, 67–68.

Püschel, Edith (1998c): Schreibwerkstatt im Fachseminar. In: Freie Universität Berlin, Zentraleinrichtung Studienberatung und Psychologische Beratung: *Beratungsjahrbuch 1998*, 66–67.

Püschel, Edith (2001): Zukunftswerkstatt für Studentinnen in der Studienabschlussphase. In: Freie Universität Berlin, Zentraleinrichtung Studienberatung und Psychologische Beratung: *Beratungsjahrbuch 2001*, 103–107.

Püschel, Edith (2005): Verbesserung der Schreibkompetenz durch Lernen in der Gruppe. In: Freie Universität Berlin, Zentraleinrichtung Studienberatung und Psychologische Beratung: *Beratungsjahrbuch 2005*, 87–90.

Püschel, Edith (2007): Das Zusammenspiel von Internet und persönlicher Beratung. In: *Harzer Hochschultexte Nr. 10*. Werningerode: Hochschule Harz (FH), 133–137.

Püschel, Edith (2008): Blended Guidance in der Prüfungsphase: Netzwerk Studienabschluss. *Zeitschrift für Beratung und Studium*, 3, 23–27.

Püschel, Edith & Ruth Großmaß (2005): Psychologische Studentenberatung – Zwischen Aufbruch und Depression. *Psychosozial*, *102*, 120–130.

R

Rambøll-Studie (2007): *Bestandaufnahme in der Bildungs-, Berufs- und Beschäftigungsberatung und Entwicklung grundlegender Qualitätsstandards*. Verfügbar unter: http://www.bmbf.de/pub/berufsbildungsforschung.pdf [vom 20.01.2010].

Rauen, Christopher (2005): *Handbuch Coaching*. Göttingen: Hogrefe.

Reysen-Kostudis, Brigitte (1994): Emotionale Entwicklung im Studium. Selbsterfahrungsgruppe für Studierende. In: Knigge-Illner, Helga & Otto Kruse (Hrsg.): *Studieren mit Lust und Methode. Neue Gruppenkonzepte für Beratung und Lehre*. Weinheim: Deutscher Studien Verlag, 166–184.

Reysen-Kostudis, Brigitte (2005): Fit im Kopf. In: Freie Universität Berlin, Zentraleinrichtung Studienberatung und Psychologische Beratung: *Beratungsjahrbuch 2005*, 79–86.

Reysen-Kostudis, Brigitte (2006): Fürs Leben lernen. Neue Konzepte zur Vermittlung von Arbeitstechniken an der Universität. *Zeitschrift für Beratung und Studium, 1*, 75–81.

Reysen-Kostudis, Brigitte (2007a): *Leichter Lernen. Für ein erfolgreiches Lernmanagement in Studium und Beruf.* Heidelberg: mvg.

Reysen-Kostudis, Brigitte (2007b): Wie Lesen Wissen schafft. Das 4-Phasen-Modell zur Bearbeitung wissenschaftlicher Texte im Studium. In: Berendt, Brigitte, Voss, Hans-Peter & Johannes Wildt (Hrsg.): *Neues Handbuch Hochschullehre.* Berlin: Raabe Beitrag G 3.7.

Riecher-Rössler, Anita (2002): Krisenintervention heute – integrativ und interdisziplinär. *Psychodynamische Psychotherapie, 1,* 79–83.

Ritter, Renate (1997): Zur inneren Motivationslage bei Studierenden über 30. Ein Konzept hochschulspezifischer Gruppentherapie. *Beiträge zur Hochschulforschung, 19,* 283–302.

Rogers, Carl R. (1972): *Die nicht-direktive Beratung = Counseling and psychotherapy.* München: Kindler.

Rogers, Carl R. (1998): *Eine Theorie der Psychotherapie, der Persönlichkeit und der zwischenmenschlichen Beziehungen – entwickelt im Rahmen des klientenzentrierten Ansatzes.* 3. Aufl., Nachdr. Köln: Gesellschaft für wissenschaftliche Gesprächspsychotherapie e. V.

Rott, Gerhart (2006): Bologna-Prozess und Studienberatung. *Zeitschrift für Beratung und Studium, 1,* 42–47.

Rott, Gerhart (2007): Wissenserwerb und Kompetenzentwicklung im Studium – neue Rollenanforderungen. *Zeitschrift für Beratung und Studium, 2,* 31–36.

Rückert, Hans-Werner (1994): Wann, wenn nicht jetzt? Über das Aufschieben. In: Knigge-Illner, Helga & Otto Kruse (Hrsg.): *Studieren mit Lust und Methode. Neue Gruppenkonzepte für Beratung und Lehre.* Weinheim: Deutscher Studien Verlag, 119–143.

Rückert, Hans-Werner (1999): *Schluss mit dem ewigen Aufschieben. Wie Sie umsetzen, was Sie sich vornehmen.* Frankfurt/M.: Campus (6. Aufl. 2006).

Rückert, Hans-Werner (2001): Arbeitsstörungen in der Psychologischen Beratung: Das endlose Aufschieben. In: Freie Universität Berlin, Zentraleinrichtung Studienberatung und Psychologische Beratung: *Beratungsjahrbuch 2001,* 100–102.

Rückert, Hans-Werner (2006a): Welche Beratung braucht der Bachelor? *Zeitschrift für Beratung und Studium,* 24–28.

Rückert, Hans-Werner (2006b): Passfähigkeit oder Complexity Perception – Nach welchen Kriterien sollte sich die Studienfachwahl richten? *Zeitschrift für Beratung und Studium, 1,* 106–112.

S

Schiersmann, Christiane, Bachmann, Miriam, Dauner, Alexander & Peter Weber (2008): *Qualität und Professionalität in Bildungs- und Berufsberatung*. Bielefeld: Bertelsmann.

Schmidbauer, Wolfgang (1979): *Selbsterfahrung in der Gruppe. Theorie, Praxis, Ergebnisse*. Reinbeck b. Hamburg: Rowohlt.

Scholle, Klaus (2007): Professionalisierung Allgemeiner Studienberatung. *Zeitschrift für Beratung und Studium*, 2, 1–6.

Scholz, Gudrun (1975): *Selbsterfahrungsgruppen in pädagogischen Studiengängen – ein Vergleich von Inhalt, Verlauf und Ergebnis solcher Gruppen mit bzw. ohne institutionellen Leiter*. Hamburg: AHD (Blickpunkt Hochschuldidaktik, 36).

Scholz, Michaela (2007): Zukunftswerkstatt. Gemeinsam den Weg in die Zukunft finden. In: Freie Universität Berlin, Zentraleinrichtung Studienberatung und Psychologische Beratung: *Beratungsjahrbuch 2007*, 94–99.

Schuch, Waldemar (1983): *Formierung psychosozialer Prozesse. Zur Problematik bürokratischer Hilfen*. Gießen: focus.

Schulz von Thun, Friedemann (2004). *Miteinander reden*. 3 Bde. (12. Auflage). Reinbek bei Hamburg: Rowohlt.

Schumann, Wilfried (2006): Psychologische Beratung für Studierende – ein Blick in die Zukunft. *ZBS*, 1, 97–102.

Schwendenwein, Joachim & Dirk Kaliske (2001): Zur Geschichte der Supervision. *info sozial;* verfügbar unter: www.info-sozial.de/Archiv [26.08.2008].

Sickendiek, Ursel (2009): Persönliche Beziehungen am Arbeitsplatz. In: Lenz, Karl & Frank Nestmann (Hrsg.): *Handbuch persönliche Beziehungen*. Weinheim & München: Juventa, 465–487.

Spazier, Dieter & Jörg Bopp (1975): *Grenzübergänge – Psychotherapie als kollektive Praxis*. Frankfurt M.: Suhrkamp.

Stahl, Eberhard (2002): *Dynamik in Gruppen – Handbuch der Gruppenleitung*. Weinheim: Beltz.

Stein, Katarina (2007): Studienberatung an den Schnittstellen – Übergang Schule-Studium-Beruf. In: Sickendiek, Ursel, Nestmann, Frank, Engel, Frank & Vera Bamler (Hrsg.): *Beratung in Bildung, Beruf und Beschäftigung*. Tübingen: dgvt-Verlag, 253–266.

Steinbuch, Ursula (1994): Redetraining. Abbau von Redeangst. In: Knigge-Illner, Helga & Otto Kruse (Hrsg.): *Studieren mit Lust und Methode. Neue Gruppenkonzepte für Beratung und Lehre*. Weinheim: Deutscher Studien Verlag, 144–161.

Steinbuch, Ursula (1998): *Raus mit der Sprache. Ohne Redeangst durchs Studium*. Frankfurt/M.: Campus (3. Aufl. 2005).

Stern, Daniel N., Sander, Louis W., Nahum, Jeremy P., Harrison, Alexandra M., Lyons-Ruth, Karlen, Morgan, Alec. C., Bruschweiler-Stern, Nadja & Edward Z. Tronick (2002): Nicht-deutende Mechanismen in der psychoanalytischen Therapie. Das ‚Etwas-Mehr' als Deutung. *Psyche, 56*, 974–1001.

Stiehler, Sabine (2004): Studien- und Studentenberatung. In: Nestmann, Frank, Engel, Frank & Ursel Sickendiek (Hrsg.): *Das Handbuch der Beratung.* Bd. 2, Tübingen: dgvt-Verlag, 877–889.

Stork, Antje & Jin Zhao (2008): Chinesische Studierende an deutschen Hochschulen: „Terra incognita" wissenschaftliche Hausarbeit. *Das Hochschulwesen, 56*, 112–117.

Streeck-Fischer, Annette (Hrsg.) (2004): *Adoleszenz – Bindung – Destruktivität.* Stuttgart: Klett-Cotta.

Studentenwerk Berlin (Hrsg.) (2008): *Die wirtschaftliche und soziale Lage der Studierenden in Berlin. Sonderauswertung zur 18. Sozialerhebung des Deutschen Studentenwerkes,* Berlin.

T

Thiersch, Hans (1992): *Lebensweltorientierte soziale Arbeit. Aufgaben der Praxis im sozialen Wandel.* Weinheim/München: Juventa.

Thomä, Helmut (1999): Zur Theorie und Praxis von Übertragung und Gegenübertragung im psychoanalytischen Pluralismus. *Psyche, 53*, 820–873.

Trimborn, Winfrid M. (2008): Möglichkeiten und Grenzen der Transformation in krisenhaften Schwellensituationen. In: Dreyer, Karl-Albrecht & Manfred G. Schmidt (Hrsg.): *Niederfrequente psychoanalytische Psychotherapie.* Stuttgart: Klett-Cotta, 223–245.

U/V

Urhahne, Detlef (2008): Sieben Arten der Lernmotivation. Ein Überblick über zentrale Forschungskonzepte. *Psychologische Rundschau, 59*, 150–166.

Vester, Michael (2004): Die Illusion der Bildungsexpansion. Bildungsöffnungen und soziale Segration in der Bundesrepublik Deutschland. In: Engler, Stefanie & Beate Krais (Hrsg.): *Das kulturelle Kapital und die Macht der Klassenstrukturen. Sozialstrukturelle Verschiebungen und Wandlungsprozesse des Habitus.* Weinheim/München: Juventa, 13–53.

W

Wampold, Bruce E. (2001): *The Great Psychotherapy Debate. Models, Methods and Findings*. Mahwah NJ/London: Lawrence Earlbaum Associates.

Weinberger, Sabine (2005): *Klientenzentrierte Gesprächsführung – Lern- und Praxisanleitung für psychosoziale Berufe* (10. Aufl.). Weinheim: Juventa.

Wildt, Johannes (Hrsg.) (2006): *Consulting, Coaching, Supervision: eine Einführung in Formate und Verfahren hochschuldidaktischer Beratung*. Bielefeld: Bertelsmann.

Will, Herbert (2006): *Psychoanalytische Kompetenzen*. Stuttgart: Kohlhammer.

Willi, Jörg (1976): *Die Zweierbeziehung: Spannungsursachen, Störungsmuster, Klärungsprozesse, Lösungsmodelle*. Reinbek b. Hamburg: Rowohlt.

Wittenberger, Gerhard (2008): Emanzipatorische Praxis – Psychoanalyse – Supervision. *Forum Supervision, 16* (31), 66–76.

Wosnitza, Marold (2000): *Motiviertes selbstgesteuertes Lernen im Studium – theoretischer Rahmen, diagnostisches Instrumentarium und Bedingungsanalyse*. Landau: Verlag Empirische Pädagogik.